- 경전해설 51~60
  - 중뢰진 重雷震(51)   373
  - 중산간 重山艮(52)   389
  - 풍산점 風山漸(53)   404
  - 뇌택귀매 雷澤歸妹(54)   419
  - 뇌화풍 雷火豐(55)   435
  - 화산려 火山旅(56)   453
  - 중풍손 重風巽(57)   471
  - 중택태 重澤兌(58)   489
  - 풍수환 風水渙(59)   505
  - 수택절 水澤節(60)   523

- 경전해설 61~64
  - 풍택중부 風澤中孚(61)   541
  - 뇌산소과 雷山小過(62)   560
  - 수화기제 水火旣濟(63)   579
  - 화수미제 火水未濟(64)   595

- 색인
  - 주역 경문 색인   619
  - 본문 색인   631

- 저자 소개   635
- 교정위원 소개   636

새로 쓴

대산주역강의

저자 대산 김석진(1928~)

대산 주역시리즈 2 새로 쓴 **대산주역강의** ② 하경

- 초판   2019년 10월 12일   • 4쇄 2023년 4월 1일
- 저자   대산 김석진
- 교정위원 김병운 김태국 박남걸 변상용 선창곤 신성수 윤상철
           이난숙 이연실 이응국 이찬구 임채우 최정준
- 교정교열 이애주 이우붕 남연호   • 2쇄 교정 김수길 장수영 송인한
- 편집   이연실 윤치훈
- 마케팅   손주현 김시연 최진형
- 표지 題字 박남걸 / 篆刻 박범석 / 디자인 이경일 이연실 윤여진
- 발행인   윤상철   • 발행처 대유학당 since1993
- 출판등록 2002년 4월 17일 제 2020-000096호
- 주소   서울 성동구 아차산로 17길 48. SK V1센터 1동 814호
- 전화   (02) 2249-5630
- ISBN   978-89-6369-105-3 03140   CIP제어번호 2019038275
- 정가   30,000원

새로 쓴

대산주역강의

추천의 말씀

『주역周易』은 수천 년 동안 온축된 동아시아인들의 지혜의 보고寶庫이다. 또한 줄곧 경전의 으뜸의 자리를 차지해 왔다.

『주역周易』은 점을 통해 하늘(天)과 신(神)의 뜻을 묻던 점서의 부분과, 대자연과 우주만물의 심오한 원리를 담고 있는 철학서의 부분으로 구성된다. 주역의 괘효사에 나타난 점 사상을 가만히 들여다보면, 우선 인간이 맞닥뜨린 현 상황에 대한 평가와 판단을 제시한 다음, 한걸음 더 나아가 그 운명에 대한 새로운 행동과 삶의 방향을 제시한다. 주역은 인간을 운명적 숙명론적 존재가 아니라, 새로운 운명의 주체가 되는 길을 구조적으로 제시하고 있는 것이다.

또한 주역의 지혜는 대자연과 우주만물의 이치를 깊이 통찰하여 이를 체득하고 실천하여 우주만물의 흐름에 동참코자 하는 것이다. 이 자연의 이치를 상象이나 수數 등으로 설명해내는 다양한 해석학의 입장이 등장하게 된다.

대산 김석진 선생의 주역강의는 리理를 먼저 설명하고, 그 리가 나온 배경으로 상象과 수數를 강조해온 이른바 상수리象數理의 일원적 삼원론이라는 방법론을 바탕으로 하는데, 이를 통해서 일반인들의 주역에 대한 기본적인 이해는 물론, 매우 근원적이면서도 종합적인 동양의 지혜를 담아내는 명강의로 높이 평가받게 되었다.

돌이켜보면, 대산 김석진 선생의 주역강의는 시대적으로 매우 중요한 문화사적 의미를 담고 있다. 선생은 1980년대 말 동양사상의 명운이 경각의 위기에 처했을 때, 혜성처럼 나타나 주역에의 열기는 물론 전통문화와 동양 사상의 새로운 부흥의 가능성에 서광을 던져 주신 분이다.

1980년대 말에 서울의 중심지 흥사단 대강당을 가득 메운 일반 대중의 배움의 열기, 전국 곳곳으로 퍼지며 강의실을 가득 메운 5000여 명이 넘는 수강생, 13개월이 소요되는 강의일정을 뜨거운 열기로 함께한 사제 간의 열정 등 많은 일화를 남기기도 했다.

참으로 보기 드문 이러한 문화현상을 보면서, 이는 전적으로 대산 선생의 숭고한 뜻과 몸과 마음을 바쳐 가르치고자 한 실천정신에 바탕해서 이루어진 것으로, 경탄과 깊은 존경의 마음을 표하지 않을 수 없다. 물론 이러한 성과는 선생이 가지신 전통학문의 기반과 인접학문에 대한 통찰력, 더욱이 한말이래로 주역학을 통해서 전달되는 민족사적 메시아적 혼의 흐름을 체득하지 않고서는 이루어낼 수 없는 경지에서 나온 것으로 생각된다.

선생께서 어언 92세의 연세에도 불구하고 20년 전에 출간된 주역강의록을 새로이 수정 보완해서『새로 쓴 대산주역강의』를 만들었다는 소식을 전해 들었다. 주역을 연구하고 가르치는 사람으로서 선생의 높은 뜻과 꼿꼿한 모습에 감동의 마음이 없을 수 없다.

역도易道를 공부하고 실천하고자 하는 사람의 하나로서, 진심으로『새로 쓴 대산주역강의』의 개정 출간을 축하하며, 대산 선생과 제자들의 정성으로 이루어진 열매가 우리의 삶을 더 윤택하게 해 주고, 그 오묘한 지혜는 후학들에게 더욱 깊고 깊은 통찰력으로 활짝 꽃피워 인간의 삶과 행복에 기여할 것으로 크게 기대하며 추천사를 대신한다.

2019년 秋分 성균관대학교 교수 김성기 金聖基

서 문

　사람이 세월과 더불어 나이를 먹어간다면, 책은 그 사람과 더불어 연륜의 무게를 더하는 것 같다. 내가 처음으로 책을 세상에 낸 것은 1988년 서울 올림픽이 열리는 무진년이었다. 회갑을 맞아 제자들이 사제師弟간의 대화록으로 『주역과 세계』를 엮어 낸 것이다. 이 책은 주로 주역의 기초에 대한 문답이었지만 많은 역우易友들의 사랑을 받았고, 이로 인해 서울과 대전은 물론이요, 청주, 인천, 춘천, 제주, 진천 등지에서도 주역 원전 강의가 활성화되는 계기가 되었다.

　옛날 선비들도 주역이라면 어렵다고 엄두를 내지 못했는데, 원전 강의에 대한 전국적인 호응은 그 당시로서는 뜻밖이었다. 이 무렵에 나온 책이 『대산주역강의』1,2,3(한길사, 1999)이었다. 경문을 풀이한 현장 강의를 그대로 수록한 이 책은, 강의실에 오지 못하는 사람들도 손쉽게 주역을 공부할 수 있어 주역 대중화의 길을 열었다는 평가를 받기도 했다.

　그런데 작년 말부터 이 강의록을 다시 쓰면 좋겠다는 생각이 들었다. 책이 나온 지 20년이 지나는 동안 모두 좋은 책이라고 칭찬을 하였지만, 나 자신은 항상 부족함을 느꼈기 때문이다.
　역易은 미래관적 학문으로, 지시식변知時識變하고 피흉취길避凶趣吉하여 진퇴進退와 동정動靜을 분명히 하게 해준다. 그러므로 공자께서는 「계사전」에 "각각 그 갈 바를 가리킨다(各指其所之)."고 하셨다. 역

易에는 성인의 말씀이 있고, 그 성인의 말씀은 모든 사람이 제각기 가야 할 길을 말로써 가리켜 주고 있는 것이다.

5천 년 전에 복희씨가 괘卦와 효爻라 하는 부호를 그려서 정치·경제를 운영하는 수단으로 삼다가, 3천 년 전에 문자가 생기자 주나라 문왕이 복희씨의 괘상에 설명을 붙이고, 그 아들 주공이 효爻의 자리를 보아가며 설명을 붙였다. 그런데 괘·효라는 것은 변하고 바뀌는 것이기 때문에 '바꿀 역' 자를 써서 '역易'이라 하고, 그 괘효를 설명한 것은 글이었기에 '글 경' 자를 써서 '경經'이라 하여 '역경易經'이라고 한 것이며, 또 주나라 때 완성되었으므로 '주역周易'이라고 한 것이다.

그 후 공자께서 『주역』에 열 가지 해설(십익十翼)을 붙여 집대성하셨으니, 실로 주역이란 학문은 문자를 사용하기 이전부터 현재에 이르기까지 모든 역사를 초월한 학문이며, 네 분 성인께서 수천 년을 거쳐 완성한 동양 최대의 경전이요 최고의 철학이다. 이러한 경전을 강의했다고 해서 강의록을 냈으니, 어찌 두려운 마음이 없고 미진하고 부족함이 없을 수 있겠는가! 주문공朱文公께서 역책易簀하시기 사흘 전까지 『대학』의 「성의장誠意章」을 고치신 마음도 그러하였을 것이다.

다만 내 나이가 90이 넘어서 눈이 침침하고 오랫동안 책상에 앉아 있기가 어려워 제자들의 도움이 필요했다. 그래서 상경은 이전利田, 시중時中, 철산哲山, 수산秀山, 가란嘉蘭, 백산白山의 순서로 나누어 교정을 보고, 하경은 지산智山, 동천東川, 겸산謙山, 서천筮泉, 명산明山의 순서로 교정보게 하고, 계사전 이하는 건원乾元과 금전錦田이 맡아서 교정을 본 뒤에 그 교정본을 내가 다시 읽고 수정하는 방식을 택했다. 각자가 제출한 교정본을 보니 참으로 괄목상대刮目相對요 청출어람靑出於藍이었다. 다만 문체가 서로 다른 점이 걱정이었다. 그래서 상하경上下經은 수산秀山이, 계사繫辭 이하는 건원乾元이 총괄적인 교정을 맡아 수고해주었다.

이렇게 새 책이 나오는 중에 근 50년을 살았던 대전을 떠나 서울로 이사를 하였다. 연초에 기해년의 둔괘屯卦를 다스려 정괘鼎卦로 만드는 치둔입정治屯立鼎을 하고, 다시 만사혁신萬事革新해서 혁괘革卦로 완성해야 한다고 했는데, 점괘의 변화에 따라 이사를 하고, 홍역학회洪易學會를 재건하며, 새 강의록을 만드니, 이것이야말로 새로이 맛있는 밥을 해서 선현께 바치고, 또 더 많이 밥을 해서 후학들을 기르는 일이 아니겠는가!

1985년부터 대중에게 주역 강의를 시작한 지 어언 35성상! 어렵고 힘든 일도 수없이 많았지만, 그 때마다 자천우지自天祐之가 되었고, 늘 제자들이 함께 해주었다. 지금까지 20여 권의 책을 냈고, 그 때마다 교정해온 것을 보고 느끼지만, 나보다 더 뛰어난 제자들인 것 같아 마음이 든든하다. 이번 교정 작업에 정성을 다해준 교정위원들 13명의 노고를 치하하며, 힘을 더해준 정선晶仙, 지산誌山에게도 고마움을 전한다.

내 평생 동안 주역 강의를 들어 준 7,000여 명의 학인學人들에게도 이 자리를 빌려 고마움을 전하고 싶다. 앞으로도 모두가 힘을 합해 간방艮方의 정신문화를 지키고 발전시키는 데 앞장서기를 바라고, 그러한 정신운동에 이 책이 일조를 한다면 더 바랄 것이 없겠다. 끝으로 치둔입정으로 나온 이 책을 읽고 배우는 이마다 자천우지自天祐之가 있길 바라며, 마무리에 애써준 대유학당에 고마운 뜻을 전한다.

2019 己亥年 觀月
서울 風納洞 書齋에서 大山 金碩鎭

일러두기

1. 이 책의 편제

이 책은 『주역』 원전을 3권으로 나누어 제1권은 기초개념 및 주역 상경(30괘), 제2권은 주역하경(34괘), 제3권은 계사전·설괘전·서괘전·잡괘전 및 부록편을 수록하였다.

제1권의 기초개념 편에서는 주역의 기초이론과 기본 용어에 대한 해설 등을 실어 일반 독자들이 쉽게 이해할 수 있도록 하였고, 제3권의 부록편에서는 주역 연구에 필요한 도본과 연구 자료 등을 실어서 주역을 전공하는 이들에게 편의를 제공하고자 하였다. 그리고 독자들이 일목요연하게 참조할 수 있도록 각 권 뒤에 〈색인〉을 별도로 실어놓았다.

2. 64괘 강의 내용

건곤(乾坤)괘를 제외한 62괘의 경우, 다음과 같은 순차로 구성하였다.
① 괘의 전체 뜻 : 괘상과 괘명 및 괘의
② 괘사
③ 단전
④ 대상전
⑤ 육효의 효사 및 소상전

⑥ 읽을거리
⑦ 관련된 괘 : 도전괘, 배합괘, 착종괘, 호괘
⑧ 총설
⑨ 편언片言

　대산 선생 강의 중에 말씀하신 괘와 관련된 일화나 괘 해석에 도움이 될 내용은 '읽을거리'로, 괘 전체의 뜻과 효사의 내용을 요약 정리한 것은 '총설'이라는 이름으로 괘 해설 마지막 장에 실었으며, 각 교정자가 생각하는 괘의 요지 또는 생각할 점을 '편언'이라는 제목으로 간략하게 실었다.

3. 내용의 특색

　이 책의 가장 중요한 특색은 주역 연구에 평생을 바쳐 역도易道를 체득하신 대산 선생의 심법과 자취가 그대로 녹아들어 있다는 점이다. 또한 대산 선생의 강의 내용을 가능한 한 쉬우면서도 강의현장의 느낌을 살리기 위해서 구술방식(구어체)을 택하여 독자의 이해도를 높였다.

4. 그 외

① 주역의 괘명은 두음법칙을 따르지 않았다. 履괘와 離괘는 '리'로, 臨괘는 '림', 旅괘는 '려'로 썼다.
② 한글세대를 위하여 한글을 넣은 후 한자를 병기하였다.
③ 본문 중 『주역』 외의 경문과 연관된 것은 각주로 처리하였다.

5. 원문 및 현토

① 이 책을 편집하는 데 그 원본은 『삼경정문三經正文』(여강출판사, 1986)을 기본으로 하였고, 현토의 경우는 『삼경언해三經諺解』(보경문화사, 1984)를 기본으로 하였다.

② 발음 및 토吐는 선현先賢들의 문구 해석에 따라 다소 다름이 있으나, 여기서는 주로 정자程子와 주자朱子의 학설을 참고하였다.

③ 본문의 연문衍文과 탈자脫字 및 오기誤記에 대한 설 중 아래에 정리한 사항은 대산大山 김석진金碩鎭 선생의 견해를 좇아 수정하고, 다음과 같이 근거자료를 설명했다.

상경				
괘	위치	원문	수정문	근거
坤	단전	主而有常	主利而有常	程傳
屯	괘명	괘명 屯 준	「둔」	古音
同人	단전	同人曰	삭제	本義
大有	구삼	公用亨于天子	'亨' 발음 : '향'	本義
隨	단전	隨時之義	隨之時義	王肅本
隨	육이	係小子면 弗兼與也리라	係小子는 弗兼與也라	本義
賁	괘명	괘명 賁 분	「비」	언해본
大畜	구삼	曰閑輿衛	日閑輿衛	程傳·本義
大畜	상구 효상	何天之衢니 何天之衢오	何天之衢오 何天之衢는	本義

하경				
괘	위치	원문	수정문	근거
遯	괘명	괘명 遯 둔	「돈」	古音, 언해본
萃	괘명	괘명 萃 췌	「취」	서괘전,잡괘전
萃	괘사	萃는 亨王假有廟니	萃는 王假有廟니	程傳·本義
鼎	괘사	元吉亨하니라	元亨하니라	程傳·本義
艮	단전	艮其止는	艮其背는	晁說之

계사 이하				
괘	위치	원문	수정문	근거
계사	상11	立成器하야	立象成器하야	蔡淵
계사	상12	其不可見乎아 子曰	'子曰' 삭제	本義
계사	하2	斲木爲耜	발음⇒「촉」	古音
계사	하6	而微顯闡幽하며 開而當名하며	微顯而闡幽하며 當名하며	本義, 開字를 마저 뺌
계사	하10	~故曰爻요 ~故曰物이요 ~故曰文이요	~故로 曰爻요 ~故로 曰物이요 ~故로 曰文이요	大山
계사	하12	能研諸侯之慮	能研諸慮	程傳
설괘	3	天地定位하며	天地定位에	也山

목 차

- 머리말　　　　　　　　　　　　7
- 일러두기　　　　　　　　　　　11
- 목 차　　　　　　　　　　　　15

- 경전해설 31~40
  - 澤山咸(31)　　　　　　　　　19
  - 雷風恒(32)　　　　　　　　　35
  - 天山遯(33)　　　　　　　　　52
  - 雷天大壯(34)　　　　　　　　68
  - 火地晉(35)　　　　　　　　　85
  - 地火明夷(36)　　　　　　　　101
  - 風火家人(37)　　　　　　　　120
  - 火澤睽(38)　　　　　　　　　135
  - 水山蹇(39)　　　　　　　　　155
  - 雷水解(40)　　　　　　　　　169

- 경전해설 41~50
  - 山澤損(41)　　　　　　　　　189
  - 風雷益(42)　　　　　　　　　207
  - 澤天夬(43)　　　　　　　　　225
  - 天風姤(44)　　　　　　　　　244
  - 澤地萃(45)　　　　　　　　　261
  - 地風升(46)　　　　　　　　　280
  - 澤水困(47)　　　　　　　　　294
  - 水風井(48)　　　　　　　　　314
  - 澤火革(49)　　　　　　　　　336
  - 火風鼎(50)　　　　　　　　　352

- 경전해설 51~60
    - 重雷震(51)   373
    - 重山艮(52)   389
    - 風山漸(53)   404
    - 雷澤歸妹(54)   419
    - 雷火豊(55)   435
    - 火山旅(56)   453
    - 重風巽(57)   471
    - 重澤兌(58)   489
    - 風水渙(59)   505
    - 水澤節(60)   523

- 경전해설 61~64
    - 風澤中孚(61)   541
    - 雷山小過(62)   560
    - 水火旣濟(63)   579
    - 火水未濟(64)   595

- 색인
    - 주역경문 색인   619
    - 본문 색인   631

- 저자 소개   635
- 교정위원 소개   636

대산주역강의

● 경전해설 31~40

澤山咸(31)
兌
艮
택 산 함

▌함괘의 전체 뜻

주역 64괘를 상·하경으로 나누어서, 상경上經은 30괘를 놓고 하경은 34괘를 놓았습니다. 상경은 천도天道이기 때문에 하늘괘(☰)와 땅괘(☷)를 맨 먼저 놓았으며, 반면에 하경下經은 인사人事가 되기 때문에 남녀가 만나 교합하는 함괘咸卦를 맨 먼저 놓았지요. 그 남녀가 부부가 되어 가정을 이루는 것이 함괘 다음의 항괘恒卦입니다. 남녀가 만나 가정을 이루는 것으로부터 인사가 시작되기 때문에, 인사적인 하경에서는 함괘와 항괘를 맨 먼저 놓은 것이지요.

위에는 태상절 못괘(☱)이고 아래는 간상련 산괘(☶)입니다. 못과 산, 그러니까 '택산澤山'이 괘상이고, 괘명은 몸과 마음으로 다 느낀다는 '함咸'입니다.

'택산'은 교합을 뜻합니다. 자연으로 보면 하늘과 땅이 교합하는 것이고, 사람으로 보면 젊은 남녀가 교합하는 거지요. 하늘의 기운이 산을 통해 내려오면 땅은 못을 통해 하늘로 기운을 올려 보내는데, 이것을 산과 못이 기운을 통했다 해서 '산택통기山澤通氣'라고 합니다. 가령 하늘에서 비가 오면 산이 먼저 받아 땅으로 흘려보내고, 땅은 그 빗물을 못에 모았다가 수증기로 만들어 하늘로 올려 보내는 것 아니겠어요? 그래서 산을 하늘의 성기性器라 하고, 못을 땅의 성기라고 합니다.

인간으로 말하면 태상절(☱) 못괘는 소녀이고 간상련(☶) 산괘는 소남입니다. 어리고 젊은 소녀와 소남이 만나서 교합하는 것이 가장 잘 느낄 수 있지요. 천지는 '택산'으로 느끼고, 사람은 소녀와 소남이 서로 느끼는 것입니다. 괘명으로 볼 때도, '마음 심心'을 해야 '느낄 감感' 자인데 '함咸' 자는 '마음 심'이 없네요. 몸으로 마음으로 모두 느끼는 것이라서 '마음 심' 자를 빼고 '느낄 함, 다 함'이라고 하는 것이지요.

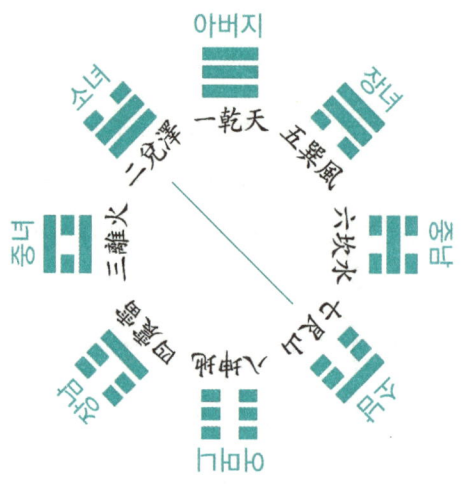

선천팔괘도 : 소녀와 소남이 만나 택산함괘를 이루었다.

괘사

咸은 **亨**하니 **利貞**하니 **取女**면 **吉**하리라.
함   형   이정   취녀   길

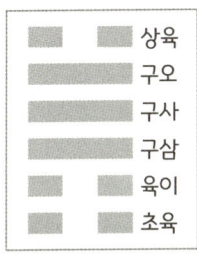

직역 함은 형통하니 바르게 함이 이로우니 여자를 취하면 길하리라.

- 咸 : 느낄 함, 다 함. 取 : 취할 취

점례 감수성이 예민하다. 남자는 정열적이고 여자는 감정적이다.

강의 남녀가 서로 느껴야 형통해집니다. 서로 떨어져 살던 남남, 더구나 성性이 다른 남녀가 만나 교합하여 부부가 되고 가정을 이루니 형통한 일일 수밖에요. 앞길이 훤하게 통했습니다(咸亨). 그러나 느끼지 말아야 할 사람끼리 느끼면 안 되죠. 꼭 혼인할 사람끼리 예를 갖춰 부부가 되어야 합니다(利貞).

함은 남녀가 혼인하는 것으로서, '취할 취取' 밑에 '계집 녀女' 하면 '장가들 취娶' 자입니다. 장가들면 길하다는 말이죠. 남자가 여자를 취하는 것을 남선어녀男先於女라 하였고, 또 남은 양으로 동動하는 것이고 여는 음으로 정靜한 것입니다.

지금은 예식장에서 동시에 행례를 하지만, 예전에는 남자가 혼행을 차리고, 여자의 집에 가서 예식을 올린 후 신부를 신행해 왔습니다. 그래서 '남선어녀'로 동적인 남자가 먼저 정적인 여자를 찾아간다는 의미에서 '취녀取女'라고 하는 것입니다. '취녀'라는 두 글자는 바로 혼인한다는 말입니다. 이렇게 혼인을 하여 가정을 이루게 되니 길한 것이죠(取女吉).

단전

象曰 咸은 感也니
단왈 함 감야

柔上而剛下하야 二氣ㅣ 感應以相與하야
유상이강하 이기 감응이상여

止而說하고 男下女라 是以亨利貞取女吉也니라.
지이열 남하녀 시이형이정취녀길야

天地ㅣ 感而萬物이 化生하고
천지 감이만물 화생

聖人이 感人心而天下ㅣ 和平하나니
성인 감인심이천하 화평

觀其所感而天地萬物之情을 可見矣리라!
관기소감이천지만물지정 가견의

직역 「단전」에 이르기를, 함은 느낌이니, 유가 올라가고 강이 내려와 두 기운이 느껴 응함으로써 서로 더불어 한다. 그쳐서 기뻐하고, 남자가 여자의 아래로 내려오기 때문에 '형이정취녀길亨利貞取女吉'이 되는 것이다. 천지가 느껴서 만물이 화생하고, 성인이 인심을 느껴서 천하가 화평하게 되니, 그 느끼는 바를 살피면 천지만물의 정을 볼 수 있을 것이다.

- 柔 : 부드러울 유, 순할 유 / 剛 : 굳셀 강 / 感 : 느낄 감

강의 괘이름이 '다 함' 자이지만, 좀더 구체적으로 보면 '느낄 감' 자로 봐야 한다는 공자님의 말씀입니다(咸感也). '느낄 감'인데, 어떻게 느꼈는가 하는 근본원인을 알아야죠. 당초에 위의 괘는 하늘괘인 건(☰)이고 아래는 땅괘인 곤(☷)이어서, 하늘과 땅이 교류를 안 해서 막힌다는 '막힐 비否' 자의 천지비(䷋)괘였습니다. 하늘괘가 내려오고 땅괘가 위로 올라가야 지천태(䷊)괘가 되어, 천지가 통하고 만물이 나오는 태평한 세상이 됩니다.

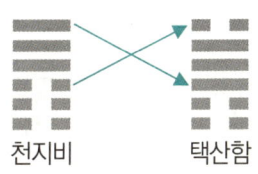
천지비   택산함

마찬가지로 남녀가 따로 있으면 자식을 낳지 못합니다. 그래서 천지가 막혀 있다는 천지비괘에서 남녀가 사귀는 괘로 만들어야 되는 것인데, 그 변화를 설명하는 것이 바로 '유상이강하'입니다. 천지비괘의 육삼六三 유柔가 올라가 상육上六이 되고, 상구上九 강剛은 내려와 구삼九三이 되니, 막힌다는 비괘에서 사귀고 느낀다는 함괘를 이루게 되었다는 것이지요(柔上而剛下).

이렇게 음기운과 양기운이 서로 감응해서, 위에 있던 양은 아래로 내려오고 아래 있던 음은 위로 올라가니, 소남(☶)이 아래에 있고, 소녀(☱)가 위에 있게 되었습니다. 그러니 소남은 자기 스스로 아래로 내려가 그치고 소녀는 자기를 위하고 대접해서 위로 올려주니 기뻐하는 것이지요(止而說 男下女). 이것이 바로 남녀·음양뿐만 아니라 천지만물 모두가 사귀는 이치입니다. 즉 '감응'은 자리를 바꾸는 것이고, '상여相與'는 한 괘를 이루고 한 몸이 되는 것입니다(二氣感應以相與).

함괘는 남자가 여자 아래에 있는데, 간상련 소남괘가 태상절 소녀괘 아래에 있습니다. 남자의 기운은 아래로 내려가고 여자의 기운은 위로 올라가 서로 기운이 통하는 거나 한가지죠(男下女).

이렇게 '유상이강하'함으로써 '이기감응이상여'하고 '지이열'하고 '남하녀'하니, 이로써 괘가 형통하고 또 바르게 해서 이로운 것이 되고, 또 여자를 취해서 혼인하게 되어 길한 것입니다(是以亨利貞取女吉也).

'함'이라는 것은 한 남녀만 느끼는 것이 아니라 천지도 느끼고 있다고 공자께서 덧붙이신 말씀이지요. 천지가 느끼면 그 느끼는 기운이 화하여 이 세상에 만물이 나오게 됩니다(天地感而萬物化生). 또 느낀다는 것이 꼭 남녀나 천지만 느끼는 것은 아니지요. 옛날에는 성인이 백성을 다스렸으니, 백성을 다스림에 있어서는 인심을 느꼈습니다. 인심의 소재가 어디에 있고 인심의 흐름이 어디에 있는지 그것을 잘 읽고 느껴서 거기에 합당한 정치를 했습니다. 인심을 읽을 줄 모르면서 정치를 하면 사회가 혼란에 빠지지만, 인심을 느끼고 정치를 하면 천하가 화평해집니다(聖人感人心而天下和平).

그러므로 그 느끼는 바를 봄에, 천지만물의 실정이 거기에 있다는 것을 알 수 있다고 한 것이지요. 이 감정, 표정, 실정 등의 참뜻이 바로 느끼는 데 있습니다. 진정으로 느껴야 하는 것이지요. 그래야만 천지만물이 진정으로 느끼는 실정을 볼 수 있습니다(觀其所感而天地萬物之情 可見矣).

대상전

象曰 山上有澤이 咸이니 君子ㅣ 以하야 虛로 受人하나니라.
상왈 산상유택 함   군자 이   허   수인

직역 「대상전」에 이르기를, 산 위에 못이 있는 것이 함이니, 군자가 본받아서 비움으로써 사람을 받아들인다.

- 虛 : 빌 허 / 受 : 받을 수

강의 간상련(☶) 산괘 위에 태상절(☱) 못괘가 있는 것이 느낀다는 '함'이니, 함괘를 보고 본받아 '비움(虛)'으로써 사람을 받아들여야 한다는 말입니다(虛 受人).

남녀가 서로 느낀다는 것은 혼인한다는 뜻인데, 혼인을 할 때 조건만을 가지고 하면 안 됩니다. 한 나라의 통치자가 백성을 다스리는 데에도 '허虛'로 '수인受人'해야 합니다. 통치자뿐만 아니라 친구끼리도 이해관계를 따져 조건을 두고 사귀어서는 안 됩니다. 마음을 비우고 진정한 우정으로 친구가 되어야 합니다.

우리나라의 백두산은 정상에 큰 못이 하나 있어요. 천지天池가 위에 있고 백두白頭의 산이 아래에 있어 택산함의 상입니다. 하경의 처음이 함괘이니 후천이 열리는 것이 '함'인 것이죠. 그런데 백두산을 일컬어 근대에 불함산不咸山이라고 한 것은, 국토분단이 되어 남북이 막혀서 아직 함의 시기가 이르지 못했기 때문이지만, 불함에는 '함하지 아니하리오?'라는 뜻이 들어 있고, 또 '신 불市'의 뜻이 있습니다. '신神이 느껴 감응하는 산(市咸山)'이라는 뜻이지요. '불함'이 '함산'이

되고, 신이 감응하는 산이 되는 날 통일이 오는 것입니다.

▌효사와 소상전

初六은 咸其拇라.
초육　함 기 무

象曰 咸其拇는 志在外也라.
상 왈 함 기 무　　지 재 외 야

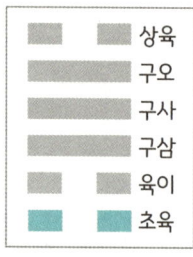
상육
구오
구사
구삼
육이
초육

직역 초육은 그 엄지발가락에 느낌이라. ◆「상전」에 이르기를, '함기무'는 뜻이 바깥에 있음이라.

■ 拇 : 엄지발가락(엄지손가락) 무

점례 남녀가 처음으로 사귄다. 데이트한다.

강의 음이 맨 처음에 있어 초육입니다. 느낀다는 함괘에서 초육은 맨 아래에 있기 때문에 엄지발가락으로 느끼는 것입니다. '무拇'는 원래 엄지손가락을 뜻하지만 엄지발가락으로 풀이합니다. 괘卦를 인체에 비유하면, 괘의 상효는 머리이고 초효는 발가락입니다. 앉으면 초육이 궁둥이가 되고, 서면 발가락이 되고, 누워 있어도 발가락이 되죠.

 '발가락으로 느낀다'는 것은 초육의 음이 구사 양과 느끼는 것입니다. 맨 처음에 음양남녀가 서로 만나는데 발가락으로 느낀다는 것은, 심장에서 가장 먼 곳에서부터 서서히 느낀다는 뜻이죠(咸其拇).

◆소상전 초육이 사귀고 느끼는 이유는, 자기와 음양 응이 되는 외

괘의 구사에게 느끼려 하는 목적이 있다는 것입니다(志在外也).

六二는 咸其腓면 凶하니 居하면 吉하리라.
육이 함기비 흉   거 길

象曰 雖凶居吉은 順하면 不害也라.
상왈 수흉거길   순   불해야

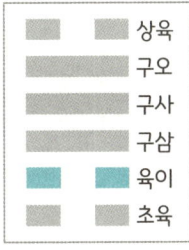

직역 육이는 그 장딴지에 느끼면 흉하니, 머물러 있으면 길하리라. ◆「상전」에 이르기를, '비록 흉하나 머물러 있으면 길한 것'은, 순하면 해롭지 않은 것이다.

■ 腓 : 장딴지 비(초육보다 위에 있으므로 장딴지에 비유)

居 : 있을 거

점례 여자가 순종하면 좋다. 뜻이 맞지 않는다고 밖으로 뛰쳐나가지 말고 집안에서 해결한다.

강의 음이 두 번째에 있어 육이입니다. 초효가 엄지발가락이라면 육이는 장딴지에 해당합니다. 느낀다는 것은 곧 '감동'하여 움직이는 것입니다. 정응인 구오 양이 먼저 요구한 뒤에 육이 음이 움직여야 음양의 이치에 맞지요. 그런데 초육 엄지발가락이 느낄 때 장딴지도 같이 느끼면, 음이 먼저 움직이는 것이라서 교감이 이루어지지 않아 흉하다고 했지요(咸其腓凶). 그래서 음인 육이가 가만히 있어야 구오와 교감이 일어나 길한 것이지요(居吉).

◆**소상전** 장딴지가 느껴져서 흉하지만 가만히 거해서 길하다(雖凶居吉)고 한 것은, 아래에서 순하게 있으면 교감이 이루어져서 해롭지 않다는 뜻입니다(順不害也).

九三은 咸其股라. 執其隨니 往하면 吝하리라.
구삼   함기고   집기수   왕   인

象曰 咸其股는 亦不處也니 志在隨人하니 所執이 下也라.
상왈 함기고   역불처야   지재수인   소집   하야

상육
구오
구사
구삼
육이
초육

직역 구삼은 그 넓적다리에 느낌이라. 그 따르는 이를 잡으니 가면 인색하리라. ◆「상전」에 이르기를, '넓적다리에 느낌'은 또한 처하지 않음이니, 뜻이 따르는 사람에게 있으니 잡는 바가 아래이니라.

- 股 : 넓적다리 고 / 執 : 잡을 집 / 隨 : 따를 수

점례 남편은 제 성질대로 하지 말고 아내의 마음을 헤아린다.

강의 양이 세 번째에 있어 구삼입니다. 육이의 장딴지를 지나 구삼은 넓적다리에서 느끼는 것입니다. 구삼이 하괘의 마지막이므로, 구삼에서 느끼면 이제 하체가 완전히 느껴집니다(咸其股). 넓적다리가 느끼게 될 때에는 따르는 사람끼리 서로 부둥켜안습니다. 서로가 서로를 따라서 교감이 이루어지니 서로를 껴안는 것이지요(執其隨). 그때 만약 싫다고 떨어지면 느끼는 도에서는 인색한 것이니 잘못되는 것이 됩니다(往吝). 남녀의 성기를 상징하는 넓적다리로 느낄 때도

가만히 있어야 합니다. 음과 양이 서로 느낌의 속도가 다르므로 보조를 맞추어 가야하지요.

◆**소상전** 구삼은 양이므로 넓적다리가 느끼는데 가만히 처해 있지를 아니하고(亦不處) 홀로 앞서가려고 서두르니, 그럴 때에는 따르는 이를 잡아야 합니다. 내 뜻이 상대, 즉 따르는 이에게 있으니(志在隨人), 아래에서 움직이지 않는 대로 가만히 잡고 있어야 육이의 '순불해'와 마찬가지로 교감이 잘 이루어진다는 것이지요(所執下也).

九四는 貞이면 吉하야 悔ㅣ 亡하리니
구사 정 길 회 망

憧憧往來면 朋從爾思리라.
동동왕래 붕종이사

象曰 貞吉悔亡은 未感害也요 憧憧往來는 未光大也라.
상왈 정길회망 미감해야 동동왕래 미광대야

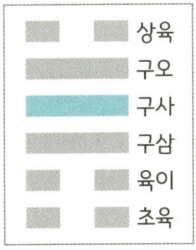

직역 구사는 바르게 하면 길해서 뉘우침이 없어지리니 자주자주 오고 가면 벗이 네 뜻을 좇으리라. ◆「상전」에 이르기를, '정길회망'은 느껴서 해롭지 않음이요, '동동왕래'는 빛나고 크지 못함이라.

■ 悔 : 뉘우칠 회, 후회 회 / 憧 : 자주 동, 동경할 동, 그리워할 동 / 朋 : 벗 붕 / 從 : 좇을 종 / 爾 : 너 이

점례 부부가 성숙한 생활을 하는 때이다. 연애는 자주 쫓아다녀야 하고 사업은 사람을 많이 만나야 한다. 영업사원이다.

강의 양이 네 번째에 있어 구사입니다. 구사는 심장에 해당합니다. 육체 중 하체가 다 느껴졌고 교감이 된 후에 마음까지 완전히 느껴지는 것이지요. 바르게 하면 길하다고 한 것은 양이 네 번째 자리에 바르지 않게 있기 때문에 말한 것인데, 그것은 곧 남녀가 처음 느끼려고 할 때에는 곧바로 바르게 되지 않는 것을 의미합니다. 바르게 해야 서로가 완전한 교합을 이루지요. 그래서 바르게 하면 길해서 그동안에 교합이 잘 안 되던 후회가 모두 없어지는 것입니다(貞吉悔亡).

그렇게 완전히 교합하면 궁극적인 쾌감을 이루는 때이기 때문에 서로가 자주자주 가고오고 하면서 교감을 하게 됩니다(憧憧往來). '동동왕래'를 통해 이제 서로의 생각이 하나로 일치되는 것이죠(朋從爾思). 이렇게 해서 완전히 교합하는 것이 끝나면 잉태가 됩니다.

잉태가 되면 열 달 만에 아기를 낳는데, 함괘 구사로부터 열 번째 괘에 해당하는 산택손괘(䷨)의 육삼에 가면 '삼인행 즉손일인三人行則損一人'이라 하여 아기를 낳게 됩니다. 이 '동憧' 자는 왕래가 끊이지 않는 모양이지만, 사춘기 시절에 상대를 간절히 그리워하는 동경의 마음도 의미합니다. 이 말이 중요하므로 '동동왕래 붕종이사'에 대하여 공자께서 「계사전」에 다시 언급하셨습니다.*

◆**소상전** 바르게 하면 길해서 뉘우침이 없어진다는 것은(貞吉悔亡) 느껴서 해롭지 않다는 것을 말합니다(未感害也). 청춘남녀가 교감하여 사랑을 나누는 것이 해로울 바가 없는 것이죠. 그렇지만 남녀가 교감하기 위하여 자주자주 오고 가는 것은(憧憧往來) 본능적 행동이므로, 그것이 광대한 것이 되지는 못하죠(未光大也). 비단 남녀가 느

---

* 「계사하전」 5장 (3권 264쪽) 참조.

끼는 이야기에만 그치지 않지요.

구사는 구오 임금 밑에 있는 대신입니다. 대신이 한 나라를 다스리기 위해서는 국민과 잘 응해야 합니다. 자주자주 오가며 민심을 살피는 것은 관리로서 당연한 직분이므로, 밖으로 자랑할 정도의 광대한 것은 못 됩니다. 구사가 동하면 수산건괘(䷦)가 되는데 똑같이 '왕래'가 나옵니다(往蹇來連).

九五는 **咸其脢**니 **无悔**리라.
구 오 함 기 매   무 회

象曰 咸其脢는 **志末也**일세라.
상 왈 함 기 매   지 말 야

직역 구오는 등심에 느낌이니 후회가 없으리라.
◆「상전」에 이르기를, '함기매'는 뜻이 없기(끝이기) 때문이다.

■ 脢 : 등심 매(보이지 않는 등) / 无 : 없을 무 / 悔 : 뉘우칠 회 / 末 : 없을 말, 끝 말

점례 만사 다 잊고 마음수양이나 한다. 마음을 비우고 서로 의지하는 노부부이다.

강의 양이 다섯 번째 있어 구오입니다. 구사의 동동왕래가 끝난 다음의 단계를 등심에 비유한 것입니다. 남녀교합의 절정이 어떤 것인지는 언급하지 않았으나, 동동왕래로 절정에 이를 때는 서로 얼굴을

보지만, 그 이후의 느낌은 서로 알 수 없기 때문에 보이지 않는 등심에 비유하고 있습니다. 등심에서 느낄 때의 교감상태는 마치 잔잔한 물결과도 같다고 할 수 있습니다. 인생으로 보면 노년기에 해당합니다. 이때는 모두 정력이 쇠퇴해서 늙은 부부가 등이나 맞대고 사는 것입니다(咸其脢). 이미 절정을 느꼈기 때문에 등으로만 느끼는 것이라고 해서 무슨 후회가 있는 것은 아니죠(无悔).

이것을 정치적 의리적으로 풀이하면, 구오는 양이 양자리에 바르고 외괘에서 중을 얻어 백성의 마음(인심)을 느끼는 데 욕심 없이 느끼는 것입니다. 앞에 있는 눈, 코, 입, 배는 모두 욕심꾸러기이지만 뒤의 등은 욕심이 없는 곳입니다. 그래서 욕심 없는 등심으로 느껴야 한다는 것이죠. 정치도 그런 마음자세로 해야 모든 국민들이 잘살게 되어 후회가 없다는 뜻이지요.

◆**소상전** 등심에서 느낀다는 것은 아예 느낀다는 것에 대한 뜻 자체가 없게 되었음을 말합니다(志末). '말末'은 또한 느낌의 끝자락이라는 뜻도 됩니다. 느낌의 끝자락에서 더 이상 다른 뜻을 두지 않는 것이죠. 또 육이와 짝이 되었기 때문에 다른 데 마음을 둘 필요가 없는 것입니다. 『정전』(이천역전)에는 '지말志末'을 심천말心淺末이라 하여 마음이 얕고 지엽적인 것으로 풀이했습니다.

上六은 咸其輔頰舌이라.
상육　함기보협설

象曰 咸其輔頰舌은 滕口說也라.
상왈　함기보협설　등구설야

직역 상육은 볼과 뺨과 혀로 느낌이라. ◆「상전」에 이르기를, '함기보협설'은 구설에 오름이라.

- 輔 : 볼때기 보 / 頰 : 뺨 협 / 舌 : 혀 설 / 滕 : 오를 등 / 說 : 말씀 설

점례 구설수에 오른다. 말조심한다.

강의 음이 맨 위에 있어 상육이죠. 성인이 3천 년 전에 이 괘를 보고 남녀교합에 대한 얘기를 한 것입니다. 태괘(☱)는 입이 되므로 기뻐하며 말하고 웃는 것이 됩니다. 서로 볼때기나 대고 뺨이나 대고 혀나 대고 해서 느끼고 있으니 입으로만 느끼는 것입니다(咸其輔頰舌). 이는 남녀 교합의 마무리 느낌이면서 인생으로는 노년기의 애정 표현이기도 합니다.

◆**소상전** 태괘(☱)는 입이 되어 구설口說에 해당합니다. 상육이 바로 그 구설에 올랐네요. 노쇠해서 서로 입과 혀만 가지고 느끼는 것이죠. 구설에 오른다는 것을 정치하는 것으로 말하면, 나라와 민족을 위하여 큰 정치를 하겠다고 큰소리를 치며 입으로만 허풍을 치고 실천은 못한다는 것을 말합니다(滕口說). 다시 말해 구설정치는 국민을 감동시키지 못한다는 말입니다. 정성이 부족하기 때문이죠. 그래서 『정전』은 지성至誠을 강조하고 있습니다.

▌ 관련된 괘

① **도전괘** : 뇌풍항(䷟)   ② **배합괘·착종괘** : 산택손(䷨)

③ **호 괘** : 천풍구(䷫)

총설

태(☱)소녀와 간(☶)소남이 교감하는 함괘가 하경 맨 처음에 놓임으로써, 하경이 인사적이고 후천적이라는 것을 상징적으로 보여주고 있습니다. 청춘남녀의 교감만이 아니라 사람과 사람이 서로 진정으로 느끼기 위해서는, 조건없이 마음을 비우고 만나는 지혜가 있어야 합니다(以虛受人).

함괘가 남녀합궁의 장면이라면, 초효는 쑥스러워 하는 남녀가 교합을 하기 위해 슬그머니 엄지발가락부터 갖다 대는 것이고, 이효는 장딴지까지 닿게 되어 흥분을 가라앉히는 것이고, 삼효는 넓적다리 부분까지 합치됨과 동시에 서로 포옹하는 것이고, 사효는 합궁의 빈도가 자주 있게 되어 쾌감의 절정으로 가는 것이며, 오효는 교합이 끝나고 서로 어루만지며, 상효는 다시 볼을 대고 즐거운 말이 오가는 것입니다.

3천 년 전에 한 말입니다만, 예나 지금이나 인간의 본능적인 행위와 감정은 같은 것이죠.

편언

인사의 시초는 남녀의 교합으로부터 시작하므로, 하경의 처음에 함괘를 놓았습니다. 남녀 교합에서 중요한 것은 상대를 인정하는 것입니다. 요즘은 쾌감을 얻기 위한 수단으로 전락한 것이 남녀교합이지만, 주역은 남녀교합을 거룩한 생명의 잉태로써 설명하고 있습니다. 성공적인 잉태를 위해 남녀는 서로를 존중하고, 상대에 맞춰서 감정을 조절해야한다는 뜻입니다.

雷風恒(32)
震
巽
뇌 풍 항

항괘의 전체 뜻

　위는 진하련(☳) 우레괘이고 아래는 손하절(☴) 바람괘로, 뇌풍雷風의 상이 되고, 그 이름은 항구하다는 뜻의 항괘恒卦입니다. '항상 항恒' 자는 '심방 변(忄)'에 '뻗칠 긍亘'으로 마음이 한없이 뻗친다는 의미입니다. 못(☱)과 산(☶)이 기운을 통해서 느낀다는 것이 함괘咸卦가 되듯이, 우레(☳)와 바람(☴)은 지구상에 생명이 존재하게 하는 기상현상으로 없어서는 안 되는 것입니다. 우레와 바람이 일시적인 현상이지만 항구하게 없어서는 안 되는 것이죠.
　위의 진괘는 장남이고 아래의 손괘는 장녀인데, 모두 부모에게서 나와 성장한 것입니다. 즉 성장한 남녀가 어른으로서 책임을 지며 가정을 꾸려 나가는 것이지요. 성장한 남녀가 부부가 되어 이루어놓은 가정은, 살아가면서 겪게 되는 모진 풍파風波에도 늘 항구해야 합니다. 부부가 혼인을 하면서 맹세한 약속을 끝까지 지켜야 하는 것이죠. 그래서 '뇌풍雷風'은 '항恒'입니다.
　택산함괘(☶)와 뇌풍항괘(☳)는 도전괘의 관계에 있습니다. 함괘를 반대편에서 보면 뇌풍항괘이고, 항괘를 반대편에서 보면 택산함괘입니다. 그래서 도전괘라고 합니다.
　함괘 다음에 항괘를 놓은 이유는 함咸으로써 남녀가 느껴 첫날밤을 지내고, 이제 부부가 되어 가정을 이루었으니 항구해야 하기 때문이죠. 저 하늘의 해와 달과 같이 변치 말자고 약속한 부부는 언제까지나 항구해야 합니다. 그래서 괘의 차례를 설명한 「서괘전」에서 "부부는 항구하지 않을 수 없기 때문에, 함괘 다음에 항괘를 놓았다."*고 했습니다.

『중용』에도 "군자의 도는 부부로부터 그 단서가 시작된다."**고 했습니다. 그렇다면 오륜도 부자유친父子有親부터가 아니라 부부유별夫婦有別부터이고, 천하만사가 모두 부부에서부터 기초가 되는 것이 아니겠습니까? 「잡괘전」에도 "남녀가 교합하는 '함咸'은 신속하고, 부부가 가정을 이루는 '항恒은 항구하다(咸 速也 恒 久也)."고 해서 남녀의 사귐 뒤에 부부의 항구함이 있다고 하였지요.

▌ 괘사

恒은 **亨**하야 **无咎**하니 **利貞**하니 **利有攸往**하니라.
　항　　형　　　무구　　　이정　　　　이유유왕

직역 항은 형통해서 허물이 없으니 바르게 함이 이로우니 가는 바를 둠이 이로우니라.

■ 恒 : 항상할 항 / 无 : 없을 무 / 咎 : 허물 구, 잘못 구

점례 현상을 유지한다. 부부관계는 물맛 밥맛처럼 담담하다. 그저 참고 이

---

* 夫婦之道 不可以不久也 故 受之以恒
** 『중용』 12장 : 君子之道 造端乎夫婦

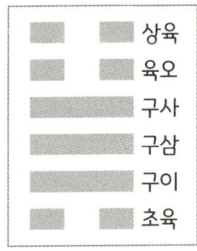

해하며 지낸다.

강의 항괘는 함괘와 마찬가지로 형통한 괘입니다. 남녀가 만나는 것도 형통하고 부부가 되는 것도 형통하지요(恒亨). 하늘이 배필을 정해주어 천생연분을 만나 부부가 되는 것이 무슨 허물이 있겠습니까? 그 자체는 아무런 허물이 없는 것입니다(无咎). 그러나 함괘도 바르게 해야 한다고 했듯이 항괘도 바르게 해야 한다고 했습니다. 바르게 한다는 것은 부부간에 서로 지켜야 할 도리와 부부유별夫婦有別의 예를 지키는 것이죠. 부부가 일심동체로 바르게 한다면 이로운 것입니다(利貞). 그리고 이렇게 바르게 해나간다면 가정을 잘 이끌고 인생항로를 항해하는데 있어서도 이로운 것이죠(利有攸往).

▌단전

象曰 恒은 **久也**니 **剛上而柔下**하고 **雷風**이 **相與**하고
단 왈 항 구 야 강 상 이 유 하 뇌 풍 상 여

巽而動하고 **剛柔**ㅣ **皆應**이 **恒**이니
손 이 동 강 유 개 응 항

恒亨无咎利貞은 **久於其道也**니
항 형 무 구 이 정 구 어 기 도 야

天地之道ㅣ **恒久而不已也**니라.
천 지 지 도 항 구 이 불 이 야

> 利有攸往은 終則有始也일세니라.
> 이유유왕　종즉유시야
>
> 日月이 得天而能久照하며 四時ㅣ變化而能久成하며
> 일월　득천이능구조　　사시　변화이능구성
>
> 聖人이 久於其道而天下ㅣ化成하나니
> 성인　구어기도이천하　화성
>
> 觀其所恒而天地萬物之情을 可見矣리라!
> 관 기 소 항 이 천 지 만 물 지 정　　가 견 의

직역 「단전」에 이르기를, 항은 오래함이니, 강강이 올라가고 유유가 내려오며, 우레와 바람이 서로 더불고, 공손하면서 움직이고, 강과 유가 다 응하는 것이 항이다. '항형무구이정恒亨无咎利貞'은 그 도에 오래함이니, 하늘과 땅의 도가 항구해서 그치지 않는 것이다. '이유유왕利有攸往'은 마치면 시작이 있기 때문이다.

　해와 달이 하늘을 얻어 오래 비출 수 있으며, 사시가 변화해서 오래 이룰 수 있으며, 성인이 그 도에 오래해서 천하가 화하여 이루어지니, 그 항구한 바를 보아서 천지만물의 정을 볼 수 있을 것이다.

- 已 : 말 이, 그칠 이 / 攸 : 바 유(≒所) / 往 : 갈 왕 / 久 : 오래 구 / 照 : 비출 조

강의 괘사를 풀이한 「단전」입니다. 항은 오래한다는 뜻을 지닌 '구(久)'와 뜻이 통하지요(恒久也). 항괘는 삼음삼양괘三陰三陽卦로, 위에는 곤삼절(☷) 땅괘이고 아래는 건삼련(☰) 하늘괘인 지천태괘(䷊)에서 온 것입니다.

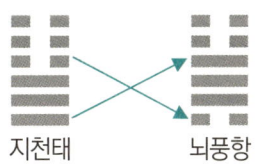

태괘泰卦는 땅괘가 위에 있고 하늘괘가 아래에 있어서, 위에 있던 하늘기운은 아래로 내려오고(天氣下降) 아래에 있던 땅기운은 위로 올라가(地氣上昇) 천지가 서로 통한다는 괘이지요. 이 지천태괘에서 아래에 있던 초구(양)가 위로 올라가고, 위에 있던 육사(음)이 아래로 내려와서 뇌풍항괘가 된 것입니다.

즉 항괘(䷟)는 양이 올라가 우레괘(☳)가 되고 음이 내려와 바람괘(☴)가 되어, 양(장남)은 위에 있고 음(장녀)은 아래에 있어 제자리를 찾은 것입니다(剛上而柔下). 항은 부부가 이루어가는 가정이니 규범이 있어야 하고, 아내와 남편 사이에 질서가 있어야 하는 것이지요.

우레와 바람이 더부는 가운데 천지기운이 통하여 만물이 자라나고, 인간에게는 장남과 장녀의 성숙한 남녀가 서로 만나 부부가 되어 가정을 꾸려 살림하며 사는 것입니다. 이렇게 천지와 인간의 살림살이가 '뇌풍雷風'의 상이고 '장남·장녀'의 상이며, '항恒'의 뜻이 되는 것이지요(雷風相與).

항괘는 음이 내려와 바람괘(☴)가 되면서 겸손하게 되고, 양이 올라가 우레괘(☳)가 되면서 움직이게 되어 '손이동巽而動'이라 했습니다. 안으로 마음이 공손한 후에 밖으로 움직여야 하는 것입니다. 그렇게 해서 부부간에 이해하고 협력하고 화합해서 항구한 가정을 이루는 것이지요(巽而動).

또한 항괘를 보면 초육의 유(음)는 구사의 강(양)과 응하고, 구이의 강은 육오의 유와 응하고, 구삼의 강은 상육의 유와 응하고 있으니, 여섯 효의 강과 유가 모두 응하고 있습니다. 그러므로 서로 마음이 통하고 남(강)과 여(유)가 서로 잘 응해서 항구한 것이 된다는 말입니다(剛柔皆應). 이상과 같이 '강상유하, 뇌풍상여, 손이동, 강유개응'의 조건으로 '항'이 되는 것이지요(恒).

괘사에 '항은 형통한 것이니 허물이 없으며 바르게 함이 이롭다(恒亨无咎利貞)'고 한 것은, 단적으로 말해서 부부의 도에 함께 오래한다는 뜻입니다. '바르게 함이 이롭다'는 것은 곧 그 도를 오랫동안 유지하며 지켜나간다는 뜻이고, 그 도를 오랫동안 지켜나가는 것이 곧 바른 것이죠(久於其道也).

천지의 도는 항구해서 끝이 없습니다. 해가 가면 달이 오고 달이 가면 해가 오고, 1년이 지나면 또 다른 해가 와서 끝없이 천도가 운행하니, 천지는 끊임없는 것입니다(天地之道 恒久而不已也).

소녀와 소남이 혼인을 하게 된 것이 하나의 '종즉유시終則有始'입니다. 함괘에서 이미 종을 이루고 항괘로 시작된 것이지요. 소녀는 처녀 시절을 마감하고 소남은 총각 시절을 마감하여, 그동안 처녀총각으로 살아 왔던 삶을 모두 마감합니다. 이렇게 처녀총각 시절을 끝내면 부부夫婦로서 새 운명을 시작하는 것입니다. 새롭게 개척해서 새롭게 나가니까 '유시有始'가 되지요. '종즉유시'야말로 진정 항구한 것입니다. 왜냐하면 겨울은 종終이고 봄이 시始라고 한다면, 시始는 언제나 종終 속에 들어 있으니 종終은 시始를 늘 잉태하고 있는 것이죠. 이렇게 종즉유시를 하니 가는 바를 둠이 이로울 수밖에요. 남녀가 그냥 연애로 만났다가 헤어지는 것은 종즉유시가 못 되지만, 예를 갖추어 시집가고 장가가니 처녀총각 시절을 끝내고 부부로 '시'하기 때문에 가는 바를 둠이 이로운 것입니다(利有攸往 終則有始也).

항恒이라는 것이 부부가 가정을 이루는 것만 뜻하는 것이 아닙니다. 저 해와 달이 하늘에서 자리를 잡아 밤낮으로 계속해서 비추고 있으며(日月得天而能久照), 봄·여름·가을·겨울이 계속 변화하면서 1년이라는 사시가 끊임없이 오래도록 이루어지고 있습니다(四時變化而能久成). 그렇듯이 성인은 그 도에 오래함으로써, 천하가 성인의 항구한 도를 본받아 감화되어서 이루어집니다(聖人 久於其道而天下化成).

그렇다면 항구하다는 것을 간단히 볼 문제가 아니지요. 항구한 바를 봐서 천지만물의 모든 실정이 다 거기에 있음을 알 수 있는 것입니다. 항괘에서 말하는 항구지도恒久之道를 상실하면, 참된 항구의 정情은 소멸됩니다. 그러므로 그 항구한 바를 보면, 천지만물의 모든 참된 실정이 항구한 데 있음을 볼 수 있으리라는 뜻입니다(觀其所恒 而天地萬物之情 可見矣).

대상전

象曰 雷風이 恒이니 君子ㅣ 以하야 立不易方하나니라.
상왈 뇌풍 항 군자 이 입불역방

직역 「대상전」에 이르기를, 우레와 바람이 항이니 군자가 본받아서 서있는 방소를 바꾸지 않느니라.

- 易 : 바꿀 역 / 方 : 방소 방, 자리 방, 위치 방

강의 위에는 우레괘이고 아래는 바람괘인 것이 항괘입니다. 후천팔괘로 보면 진뢰(☳)는 동방 양목陽木이고, 손풍(☴)은 동남방 음목

陰木이니 음양의 나무로 되어 있습니다. 나무가 뿌리를 내리고 서 있으면 가지를 뻗고 꽃이 피고 열매를 맺습니다. 나무가 서 있는 방소를 바꾸지 않고 그 자리에 가만히 있어야, 가지가 자라서 꽃이 피고 열매를 맺는 것이지, 나무를 이리저리 옮기면 시들어 죽고 맙니다.

  가정을 이루는 것도 마찬가지이죠. 음목을 아내로 보고 양목을 남편으로 본다면, 남녀가 혼인을 하고 서로 다른 곳으로 가지 않고 같이 살면 가지가 자라서 꽃이 피고 열매를 맺습니다. 뿌리를 내려서 가지를 치듯이 아들딸을 낳는 것이지요.

  나무가 서서 방소를 바꾸지 않아 꽃피고 열매 맺듯이, 부부도 일심동체가 되어 가정에서 방소를 바꾸지 않으니 자식을 낳고 살림을 하는 것입니다. 이것이 서 있는 방소를 바꾸지 아니한다는 말입니다(立不易方). 요즘으로 말하면, 예식장에서 둘이 서서 혼인서약을 하고 예식을 행했을 때 맹서한 것을 바꾸면 안 된다는 뜻입니다.

효사와 소상전

初六은 浚恒이라 貞하야 凶하니 无攸利하니라.
초육   준항   정   흉   무유리

象曰 浚恒之凶은 始에 求深也일세라.
상왈 준항지흉   시   구심야

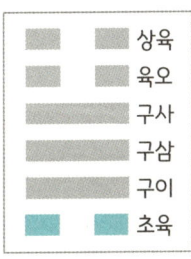
상육
육오
구사
구삼
구이
초육

직역 초육은 항상함만 판다. 고집해서 흉하니 이로울 바가 없느니라. ◆「상전」에 이르기를, '항상함만을 파서 흉함'은 시작에 너무 깊은 것을 구하기 때문이다.

■ 浚 : 팔 준 / 貞 : 곧을 정, 바를 정, 고집할 정

점례 남편의 외도를 모르고 집에서 내조만 하다 속는다.

강의 음이 맨 처음에 있어 초육입니다. 초육은 항구함을 깊이 파고 들어갔습니다. 뇌풍항괘의 아래 바람(☴)은 안으로 자꾸 들어가는 것이고, 외괘의 우레(☳)는 움직여 나가는 것입니다. 더구나 초육은 정적인 음으로서 안으로 들어가는 것이고, 상대되는 구사는 동적인 양으로서 밖으로 발동하는 것이지요. 그런데 초육과 구사가 음양으로 응했으니, 초육의 남편은 구사가 됩니다. 구사 남편이 밖으로 동해 나가는 것을 모르고, 초육 아내는 부부의 도가 항구한 것만 너무 깊이 믿고 있는 것입니다(浚恒).

여자는 정고한 면이 장점이지만, 이런 상황에서는 제 고집만 믿고 정고하게만 나가면 흉하니 이로울 바가 없다는 말입니다(貞凶无攸利).

◆**소상전** '항구하게만 파고들다 보니 흉하다(浚恒之凶)'는 것은, 처

음 시작부터 구사를 너무 믿고 깊게 구했기 때문입니다(始求深也). 정자程子의 『역전易傳』에는, 초육이 음이므로 어두워서 항상함의 마땅함을 얻지 못한 것으로 보았습니다(陰暗 不得恒之宜也).

九二는 悔ㅣ 亡하리라.
구 이 회 망

象曰 九二悔亡은 能久中也라.
상 왈 구 이 회 망 능 구 중 야

직역 구이는 뉘우침이 없어지리라. ◆「상전」에 이르기를, '구이가 뉘우침이 없어짐'은 중도에 오래할 수 있기 때문이다.

점례 더하지도 덜하지도 말고 그대로만 나아가면 후회는 없다.

강의 양이 두 번째에 있어 구이입니다. 64괘에서 중을 얻은 효는 거의 다 좋은데, 여기의 구이도 후회스러운 일이 생긴다 해도 그런 후회가 모두 없어진다고 했습니다(悔亡). 남편에 해당하는 육오는 음유하고 자신은 강건하니, 가정살림이라는 면에서 보면 불만이 있을 수 있기 때문에 후회가 있다고 했지요. 구이가 중을 얻기는 했지만, 양으로서 음자리에 있기 때문에 생긴 후회입니다.

◆**소상전** 구이가 가정살림을 하는데 후회스러운 일이 참 많지만 그런 후회가 없어지게 되었다는 것은, 구이가 '중'을 얻어 항구함을 지

켰기 때문입니다(能久中也). 구이는 내괘에서 중을 얻고 육오와 음양 응을 이루고 있어서 좋습니다.

九三은 不恒其德이라 或承之羞니 貞이면 吝하리라.
구삼　불항기덕　　혹승지수　정　　인

象曰 不恒其德하니 无所容也로다.
상왈 불항기덕　　　무소용야

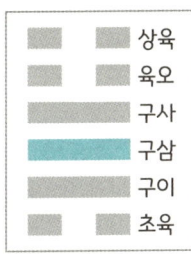

직역 구삼은 그 덕에 항상하지 않기 때문에 혹 부끄러움을 이으니, 고집하면 인색하리라. ◆「상전」에 이르기를, '그 덕에 항상하지 않음'이니 용납할 바가 없는 것이다.

■ 承 : 이을 승 / 羞 : 부끄러울 수 / 容 : 용납할 용

점례 신의를 지키지 못해서 수치스런 일을 당한다. 그 곳을 쫓겨난다.

강의 양이 세 번째에 있어 구삼입니다. 구삼이 양이 양지리에 있어서 바르게는 있지만, 한편으론 양효에 양자리라서 강하기만 한데다 중을 잃고 있기 때문에, 제발 항구하라고 해도 그렇게 하지를 못합니다(不恒其德).

그래서 외도를 하는 등 항구하지 못한 짓만 하고 다니며 부끄러움을 잇게 되었는데(或承之羞), 부끄러운 짓을 이어가면서 항구하지 못한 것을 고집 부려(貞固) 계속해 나가면, 부부의 도에서는 인색한 것입니다(貞吝). 주자朱子는 마지막 부분을 '바르게 하여도 인색하다'(貞

咎)고 했습니다. 구삼이 동히면 감괘(☵)가 되어 험한데 빠지는 격입니다.

◆**소상전** 양이 양자리에 있어 강하기만 하고 중을 못 얻었으므로, 자기 힘만 너무 믿고 경거망동하여 항구하지 못한 것이죠. 그러니 부끄럽게만 되고 용서받거나 용납 받을 수 없게 된 것입니다(无所容也).

九四는 **田无禽**이라.
구사   전 무 금

象曰 久非其位어니 **安得禽也**리오?
상 왈 구 비 기 위   안 득 금 야

직역 구사는 밭에 새가 없음이라. ◆「상전」에 이르기를, 그 자리가 아닌데 오래하니 어찌 새를 잡겠는가?

- 田 : 밭 전, 사냥할 전(≒佃) / 禽 : 날짐승 금, 새 금 / 安 : 어찌 안

점례 소리만 요란하고 소득이 없다. 빈털터리다.

강의 양이 네 번째에 있어 구사입니다. 구사는 양으로 음자리에 있어 위位가 부당한데다 중을 얻지 못했어요. 그런데 외괘 진(☳)의 움직이는 체에 처했으니, 망동妄動하고 있는 상입니다. 응하는 초육 음은 하염없이 구사만 믿고 있지만, 구사 양은 정처 없이 외도外道만 일삼는 격이죠. 이리저리 떠돌아다니기만 하니 어딜 가든 결실을 거

두지 못합니다. 물론 자식을 낳고 가정을 꾸리지도 못하니, 밭에 곡식이 없어 새도 얼씬거리지 않는 형상입니다. 남편이 자기의 본분을 지키지 못해 살림이 텅 비었다는 말입니다(田无禽).

◆**소상전** 구사와 정응인 초육은, 구사를 너무 믿고 있다가 믿는 도끼에 발등 찍힌 바가 되었습니다. 구사가 밖에서 못된 짓을 하더라도 잠깐만 했으면 되는데, 오래도록 제 위치를 지키지 못했어요(久非其位). 사냥을 하면 새를 잡고 가정을 꾸리면 살림이 불어야 하는데, 구사가 그렇지 못해 아무것도 가진 게 없다는 말입니다(安得禽也).

六五는 **恒其德**이면 **貞**하니 **婦人**은 **吉**코 **夫子**는 **凶**하니라.
육오   항기덕   정   부인   길   부자   흉

象日 婦人은 **貞吉**하니 **從一而終也**일세요
상왈 부인   정길   종일이종야

夫子는 **制義**어늘 **從婦**하면 **凶也**라.
부자   제의   종부   흉야

직역 육오는 그 덕에 항상하면 바르니, 부인은 길하고 남편은 흉하니라. ◆「상전」에 이르기를, 아내는 바르게 해서 길하니 하나를 좇아서 마치기 때문이요. 남편은 의리로 주장해야 하거늘 아내를 좇으면 흉한 것이다.

■ 貞 : 바를 정 / 從 : 따를 종 / 終 : 마칠 종 / 制 : 만들 제, 다스릴 제, 주장할 제

점례 여자는 좋고 남자는 나쁘다. 남편이 아내에게 주권을 빼앗긴다.

강의 음이 다섯 번째에 있어 육오입니다. 남자든 여자든 항구하면 그것은 일단 바른 것입니다(恒其德貞). 다섯 번째 자리는 양자리인데 음이 와 있어요. 음은 아내인데 양자리에 와 있으니, 남편이 아내한테 자리를 빼앗기고 아내가 주도권을 잡는 상입니다. 그래서 부인으로 말하면, 음이 중을 얻었기 때문에 그런대로 바르게 하는 것이고 길하지요(婦人吉). 그러나 남편으로 말한다면 제자리를 빼앗기고 위치를 상실해서 흉합니다(夫子凶). 한편 주자는 앞 구절을 '그 유순중정한 부인의 덕을 항상하게 함이니 바르지만'으로 새겼습니다.

◆**소상전** 부인이 바르고 길하다는 것은 바로 하나를 따라서 마치는 것, 즉 시집와서 남편 한 사람을 좇아 그 생을 마치기 때문입니다. 또한 아내로서의 항구한 덕을 일관되게 유지한다는 뜻입니다(從一而終也). 그러나 남편은 가장으로서 아내에게든 자식에게든 모범이 되어야 하고 집을 다스려야 합니다(夫子制義). 그런데 이렇게 치가治家를 해서 가정을 이끌어야 할 남편이, 거꾸로 부인한테 자리를 빼앗겨 부인을 좇아간다면 흉한 것이죠(從婦凶).

上六는 振恒이니 凶하니라.
상 육   진 항   흉

象曰 振恒在上하니 大无功也로다.
상 왈 진 항 재 상   대 무 공 야

직역 상육은 항상함을 떨침이니 흉하니라. ◆「상전」에 이르기를, 항상함을 떨침이 위에 있으니 크게 공이 없도다.

- 振 : 떨칠 진

점례 부부는 이혼하고 사업은 부도를 낸다. 친구간에 반목하고 이웃이 질시한다.

강의 음이 맨 위에 있어 상육입니다. 상육은 외괘 진괘(☳)의 끝에 처하여 항구한 것을 떨쳐버려 흉합니다(振恒凶). 부부가 이혼하는 것이고 가정파탄이 나는 것이죠. 부부생활로 보면, 그동안 헛되게 살았던 것입니다. 상육이 동하면 이허중(☲)이 되어 '이혼, 이별'의 뜻이 있지요.

◆**소상전** 만약 중간단계에 있다면 다시 재결합하고 살 수 있지만, 상육은 마지막 윗자리로 맨 끝에 있으니(振恒在上) 수습할 시간과 방법이 없습니다. 그동안 가정을 꾸리고 살아온 공이 하나도 없게 되었지요(大无功也).

▌관련된 괘

① 도전괘 : 택산함(䷗) ② 배합괘·착종괘 : 풍뢰익(䷩)
③ 호 괘 : 택천쾌(䷪)

▌총설

항괘를 부부의 가정생활에 비유하여 각 효를 설명하면 다음과 같습니다.

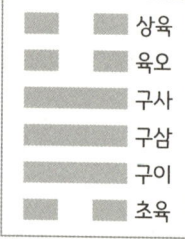

초효는 시집온 여자가 집 안에만 있다가 남편 구사가 밖에서 외도하는 줄도 모르고 속고만 있는 것이지요.

이효는 중심이 변하지 않고 항구하게 살았기에 부부생활에 후회가 없는 것입니다.

삼효는 얼굴을 들지 못할 정도로 수치스러운 짓만 한 것입니다.

사효는 초육의 아내는 거들떠보지도 않고 외도를 하여 살림이 풍비박산風飛雹散하는 것이지요.

오효는 부인이 중을 지키고 '종일이종'을 하여 부인으로서는 손색이 없고 길하지만 남편은 제의를 못하여 가장으로서 체통을 잃어 흉합니다.

상효는 부부생활이 결국 항구하지 못하고 끝장을 보는 것입니다.

부부가 가정을 꾸리면 희망적이고 행복이 따라야 하는데 효마다 나쁘기만 하고, 중을 얻은 구이는 겨우 후회가 없다고만 했습니다. 또 중을 얻은 육오는 그나마 아내가 끝까지 정조를 지킨다면 좋다고 하고 남편은 무능하여 좋지 않다고 하였으니, 남녀가 만나 부부가 되어 가정을 이루고 평생토록 진실하게 남편과 아내로서의 도리를 다하며 영원토록 다복한 삶을 영위하기란 참으로 어려운 일이 아닌가 합니다.

■ 편언

　항괘는 바름을 지키는 것을 귀하게 여깁니다. 항의 뜻과는 달리 각 효는 '흉'으로써 경계하고 있습니다. 그만큼 부부의 도는 유리처럼 늘 깨질 위험을 안고 있기 때문입니다. 그러나 「단전」에 의하면, 해와 달이 하늘을 얻어 오래 비춘다고 했습니다. 부부는 가정을 이루고 그 안에서 해와 달이 됩니다. 풍파가 많은 인생사에서 부부로서 항구한 덕을 지키며 가정을 잘 이끌어 가야 한다는 것이죠.

天山遯(33)
乾
艮
천 산 돈

▌돈괘의 전체 뜻

위는 건삼련(☰) 하늘괘이고 아래는 간상련(☶) 산괘로, 천산天山은 '피할 돈遯', '물러날 돈'의 돈괘遯卦입니다.

천산天山이 왜 돈遯이라는 괘명을 갖게 되었을까요? 음은 소인이고 양은 군자이죠. 돈괘는 아래의 두 음이 모두 소인이고 위에 있는 네 양은 모두 군자입니다. 소인이 안에서 실권을 쥐고 세상을 어지럽히기 때문에 군자가 소인을 피해 물러나는 것입니다. 순양純陽으로 되어 있던 중천건(☰)에서 음이 자라나 천풍구(☴)가 되고, 천산돈(☶)이 되니, 양이 음의 세력을 막지 못하고 피하게 됩니다. 음효가 점점 자라 올라오니, 양이 서서히 물러나는 것이죠. 그래서 '피해간다', '물러난다'는 돈괘가 됩니다. 요즘은 옥편에 '둔'이라고 하지만, 원래 음이 '돈'입니다. 반절음으로 볼 때도 '遯돈'은 '도徒'와 '손巽'의 반절이라고 해서 '돈'이라고 했지요.

앞의 항괘는 항구하게 오래 있는 것입니다. 「서괘전」에 따르면 "모든 물건이 늘 항구할 수만은 없고 물러날 때가 되면 물러나야 하므로 항괘 다음으로 돈괘를 놓았다."*고 했습니다.

---

* 物不可以久居其所 故受之以遯

괘사

遯은 亨하니 小利貞하니라.
돈   형   소 리 정

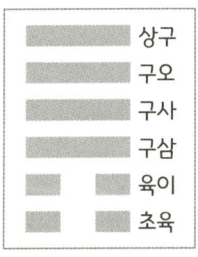

직역 돈은 형통하니 바르게 함이 조금 이로우니라.

- 遯 : 숨을 돈(둔), 물러날 돈

점례 운이 쇠진했다. 다음 기회를 기다린다. 여관 요정 등은 재미를 본다.

강의 물러난다는 돈괘가 왜 형통하다고 했을까요? 주역은 군자의 학문입니다. 돈괘의 상황에서는 군자가 물러나기 때문에 형통하다는 말입니다. 소인이 득세하여 어지러운 세상이 되었을 때 군자가 소인을 피해 물러나는 것이 오히려 군자로서는 마음이 편하고 형통하다는 뜻이지요(遯亨).

또 군자가 어지러운 세상을 만나 아무리 사회를 바르게 하려고 해도 소인 때문에 잘 되지를 않지요. 그리고 이러한 때에 군자가 바름을 주장하고 덕을 내세우면 오히려 소인으로부터 해로움을 받을 수도 있습니다. 그래서 바르게 하는 것이 군자에게 크게 이롭지 못하고 조금 이롭다고 한 것입니다(小利貞).

단전

彖曰 遯亨은 遯而亨也니 剛當位而應이라 與時行也니라.
단왈 돈형 돈이형야 강당위이응   여시행야

小利貞은 浸而長也일세니 遯之時義ㅣ 大矣哉라.
소리정   침이장야   돈지시의   대의재

직역 「단전」에 이르기를, '돈형'은 물러나서 형통하나, 강한 것이 자리에 마땅해서 응하여 때로 더불어 행함이라. '소리정'은 점차 길어지기 때문이니, 돈의 때와 뜻이 크도다.

- 當 : 마땅할 당 / 浸 : 침입 침, 점점 침, 담글 침

강의 괘사를 풀이한 「단전」입니다. 먼저 괘사의 '돈형'을 풀이했네요. 소인이 안에서 실권을 쥐고 있는데 군자가 상대해 봐야 더 시끄럽기만 하고 몸만 위태롭죠. 그래서 아예 소인을 등지고 세상에서 물러나니 형통하다고 한 것입니다(遯亨 遯而亨也).

그렇다고 해서 아무런 조건 없이 물러나는 것은 아니라고 했습니다. 그러면 그 조건은 무엇일까요? 구오와 육이가 강유剛柔로 잘 응하고 있다는 것이지요. 더욱이 구오와 육이는 각각 외괘와 내괘에서 바른 자리에 있고 중을 얻었지요(剛當位而應). 이런 좋은 조건이 있으니 아직은 물러나지 말아야 합니다. 기대를 걸고 더 버텨보면서 때를 보아 '이제는 물러나야겠다.' 싶을 때에 행동으로 옮겨야 한다는 것이지요(與時行也).

군자로서 '바르게 함이 조금 이롭다'는 것은 소인이 점점 자라나서 세력을 얻고 계속 성장하기 때문입니다(小利貞浸而長也). 순양純陽으

로 되어 있던 중천건(☰)에서 음이 자라나 천풍구(䷫)가 되고 다시 음이 내괘의 가운데 효까지 이르니(䷠), 양陽의 군자들이 음陰 소인의 세력을 피해 물러나게 됩니다. 음이 더 자라나게 되면 천지비(䷋)·풍지관(䷓)·산지박(䷖)·중지곤(䷁)이 됩니다. 그래서 물러나야 할 때 물러나는 그 때와 그 뜻이 큰 것이죠(遯之時義大矣哉).

대상전

象曰 天下有山이 遯이니
상왈 천하유산 돈

君子ㅣ 以하야 遠小人호대 不惡而嚴하나니라.
군자 이 원소인 불악이엄

직역 「대상전」에 이르기를, 하늘 아래에 산이 있는 것이 돈이니, 군자가 본받아서 소인을 멀리하되 악하게 아니하고 엄하게 하느니라.

- 遠: 멀 원 / 惡: 악할 악 / 嚴: 엄할 엄

강의 하늘(☰) 아래에 산(☶)이 있는 것이 돈괘의 형상입니다. 위의 하늘괘는 임의로 움직이기 때문에 군자의 '돈遯'이죠. 아래 산괘는 그 자리에서 움직이지 못하기 때문에 소인의 '부돈不遯'이네요. 또 효로 말하면 네 양효의 군자가 두 음효의 소인을 멀리하는 것이죠(遠小人).

이렇게 소인이 안에서 득세하고 세상을 시끄럽게 하여 군자가 밖으로 물러나야 할 때에는 군자가 소인을 멀리하되 악하게 하지 않고 엄하게 한다는 것입니다. 군자는 소인을 멀리할 뿐이지 소인과 상대해서 악한 짓을 하지 않지요. 자신의 행동을 바르게 하여 엄함을 보여 소인이 스스로 굴복하도록 하는 것이지요(不惡而嚴).

효사와 소상전

初六은 遯尾라 厲하니 勿用有攸往이니라.
초육 돈미 려 물용유유왕

象曰 遯尾之厲는 不往이면 何災也리오.
상왈 돈미지려 불왕 하재야

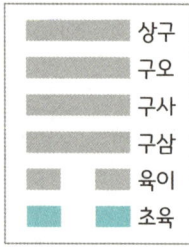

직역 초육은 도망하는 데 꼬리라. 위태하니 가는 바를 두지 말지니라. ◆「상전」에 이르기를, '돈미지려'는 가지 않으면 무슨 재앙이리오.

■ 尾 : 꼬리 미 / 厲 : 위태할 려 / 攸 : 바 유 / 災 : 재앙 재(灾) / 何 : 어찌 하

점례 나가면 붙잡힌다. 집에 가만히 있어야 한다.

강의 음이 맨 처음에 있어 초육입니다. 괘상을 짐승으로 비유하면 위는 머리나 뿔이 되고 아래는 꼬리가 되지요. 그래서 초육은 짐승의 꼬리에 해당합니다. 여기의 짐승은 개(狗)나 닭(鷄) 등을 말하는데, 모두 괘에서 나오는 말입니다. 「설괘전」을 보면 내괘인 간상련(☶) 산괘는 개가 되죠(艮爲狗). 또 돈괘(☰)를 두 효씩 묶어서 보면 손하절(☴) 바람괘가 되는데 바람괘는 닭이 됩니다(巽爲鷄).

돈괘는 피하고 물러나고 도망치는 때이기 때문에 남들은 지금 잘 피하고 도망치고 있어요. 그래서 초육도 역시 도망을 가긴 가야 합니다. 그런데 초육은 꼬리에 해당하죠(遯尾). 도망을 가면 뒤에서 꼬리를 밟혀 붙잡히게 됩니다. 초육이 변하면 내괘가 이허중(☲) 불괘가 되죠. 불은 가만히 있지를 않지요. 불과 같이 급하게 도망갔다가는 붙잡힐 위험이 있습니다(厲). 그래서 산괘처럼 제자리에 가만히 있어야 붙잡히지 않는 것이지요(勿用有攸往).

◆소상전 초육이 비록 도망칠 때 맨 뒤의 꼬리가 되어 위태롭지만(遯尾之厲) 움직여서 가지 않고 그 자리에 가만히 있으면(不往) 아무런 재앙도 없다는 말입니다(何災也).

六二는 執之用黃牛之革이라. 莫之勝說이니라.
육 이   집 지 용 황 우 지 혁   막 지 승 설

象曰 執用黃牛는 固志也라.
상 왈   집 용 황 우   고 지 야

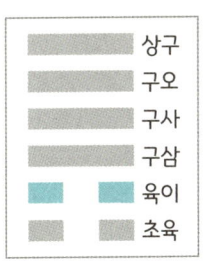

직역 육이는 잡는데 누런 소의 가죽을 씀이라. 이기어(다) 말하지 못하느니라. ◆「상전」에 이르기를, '집용황우'는 뜻을 굳게 함이라.
■ 用 : 쓸 용, 써 용 / 莫 : 못할 막, 없을 막 / 勝 : 이길 승 / 說 : 말씀 설, 빼앗을 탈(脫) / 執 : 잡을 집 / 固 : 굳을 고, 진실로 고

점례 피하는 것만 상책이 아니다. 강한 의지로 버텨야 한다.

강의 음이 두 번째에 있어 육이입니다. 육이는 음이 음자리에 바르고 내괘에서 중을 얻었죠. 하나하나의 자리를 놓고 말할 때는 전체적으로 괘를 볼 때와는 달리 음이 소인이라는 논리를 떠나서 또 다르게 봐야 합니다. 때는 군자가 물러날 때이고 어지러운 때이지요. 소인이 권력을 쥐고 나라 안을 온통 뒤흔들고 있습니다.

그런데 육이는 중정한 자리이기 때문에 비록 물리나야 할 때이지만, 「단전」에서 '강당위이응'이라고 했으니, 때가 되었을 때 도망가야 덮어놓고 가서는 안 됩니다. 또 내괘가 간상련(☶) 산괘이기 때문에 가만히 그쳐 있어야 합니다.

이런 육이에게 '집지용 황우지혁'이라고 했어요. 누런 소의 가죽을 쓴다는 말입니다. 누런 소의 가죽은 무엇을 말하는 것일까요? 중앙은 황색인데 육이가 내괘에서 중을 얻었기 때문에 황색으로 말했어요. 중도를 잘 지키라는 의미네요. 또 육이는 땅자리에 있고 음이기 때문에 소(牛)가 됩니다. 땅이 순順하듯이 소도 성질이 순합니다. 황우黃牛는 결국 중순中順을 뜻해요. 이렇게 중도를 지키고 마음을 순하게 가지기를 쇠가죽같이 단단하게 해야 한다는 의미가 됩니다(執之用黃牛之革).

그런데 '황우지혁'의 속에 뭐가 들어 있느냐 하면 바로 혁革이 들어 있습니다. 육이가 변하면 손괘(☴)가 되니 가죽이 나오죠. 가죽을 쓰려면 무두질을 해서 고쳐야 합니다. 그래서 가죽을 '고칠 혁革'이라고 하며, 이는 혁명을 말하는 것이 되네요. 소인 때문에 세상이 어지러운 때는 혁명을 단행합니다. 혁명을 하지 않으면 도탄에 빠진 백성을 구할 수가 없습니다.

그렇다면 혁명을 하긴 해야겠는데 언제 해야 하느냐? 황黃은 중앙으로 천간 중에서 무기戊己에 해당하고, 소(牛)는 지지 중에서 축丑에 해당합니다. 무축은 없고 기축己丑만 있으니, 기축년이나 기축월이나 기축일에 혁명을 해야 하는 것이지요. 그것을 어떻게 다 말로 하겠느냐? 다 말로 설명하지 못한다는 것입니다. 주역에는 더 많은 것들이 숨어 있어요. 말로 다 설명하지 못할 뿐이지요(莫之勝說).

◆**소상전** 이런 어지러운 세상에 중도를 지키며 순한 마음을 가지고 살아가는 것은(執用黃牛), 그 속에 뜻을 견고하게 지키고 있는 마음이 있다는 것이죠(固志也).

九三은 係遯이라 有疾하야 厲하니 畜臣妾에는 吉하니라.
구삼 계돈 유질 려 휵신첩 길

象曰 係遯之厲는 有疾하야 憊也요
상왈 계돈지려 유질 비야

畜臣妾吉은 不可大事也니라.
휵신첩길 불가대사야

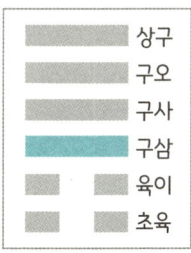

직역 구삼은 매인 상태의 도망함이라. 병이 있어서 위태하니, 신하와 첩을 기르는 데는 길하니라. ◆「상전」에 이르기를, '계돈지려'는 병이 있어 곤함이요, '휵신첩길'은 큰 일을 못하는 것이니라.

■ 係 : 맬 계 / 厲 : 위태로울 려, 괴롭힐 려 / 畜 : 기를 휵 / 憊 : 곤할 비

점례 툭툭 털고 나서고 싶어도 내게 매인 사람들 때문에 어렵다.

강의 양이 세 번째에 있어 구삼입니다. 하괘는 산괘(☶)이기 때문에 모두 그치는 것으로 설명했어요. 초육은 돈미遯尾이기에 가만히 있으라 했지요. 육이는 의지를 굳게 가지고 때를 기다리며 혁명할 때 나아가 개혁을 해야 한다고 했습니다.

구삼은 양이 양자리에 있어 움직이고자 하지만, 간상련 산괘에 놓여 있어서 구삼 역시 움직이지 못하게 되어 있네요. 움직이고 싶은데 움직일 수 없는 상황이지요. 더구나 상구는 같은 양으로 구삼을 이끌어주지도 못하고 있어요. 또 소인(초육·육이)이 지금 안에서 권력을 쥐고 세상을 어지럽히고 있네요. 그래서 군자(구삼)가 그 꼴을 보고만 있을 수 없어 멀리 도망가려고 합니다. 그런데 같은 괘체(☶) 내에 있는 초육·육이가 못 가게 붙잡고 늘어지기 때문에 그들에게 매여서 도망치지 못하는 것이죠. 이것이 바로 매여서 도망간다는 말입니다. '매인다'는 말은 내호괘인 바람괘(☴)에서 나오네요(係遯).

이렇게 구삼의 군자는 움직이고 싶은데 움직일 수 없고 도망가야 하는데 매여 있어 답답해서 병이 생겨 그 병이 위태롭습니다(有疾厲). 그러나 혼자 속 썩이고 병만 키우지 말아야 해요. 아예 때가 그렇고 의지가 그러면 또 그대로 나아가는 것이죠. 음陰을 신하라 하고 첩이라고도 하죠. 초육·육이는 구삼에게 신첩臣妾이 되네요. 구삼이 도망을 가야 하는데 초육·육이에게 매여 도망도 못 가서 속썩어 병이 나고, 병이 나 위태로운데, 이왕 그렇게 되었다면 구삼은 신첩이나 잘 길러야 합니다. 이것은 가족이나 아랫사람들을 잘 보호하라는 뜻도 되고, 또 이왕에 소인과 인연을 맺었으니 그 소인을 좋은 방향으로 이끌 수 있는 데까지 해보라는 얘기가 될 수도 있는 것이죠(畜臣妾吉).

◆**소상전** 좋아하고 예뻐하는 소소한 것에 마음이 매여서 물러날 때 물러나지 못하므로 위태하지요(係遯之厲). 그래서 병이 생기고 정신적으로도 상당히 곤합니다(有疾憊). 첩을 기르고 가족을 기르는데 길하다고 한 것은(畜臣妾吉), 작은 기쁨에 빠져 있기 때문에 제대로 된 혁명을 못한다는 것입니다. 세상에 나아가 큰일을 할 수 없다는 말이지요(不可大事也).

九四는 好遯이니 君子는 吉코 小人은 否하니라.
구 사   호 돈   군 자   길   소 인   부

象曰 君子는 好遯하고 小人은 否也리라.
상 왈 군 자   호 돈   소 인   비 야

직역 구사는 좋아도 도망을 가니, 군자는 길하고 소인은 그렇게 아니하니라. ◆「상전」에 이르기를, 군자는 '호돈'하고, 소인은 비색하리라.

- 好: 좋을 호   否: 막힐 비, 비색할 비

점례 아무리 좋아도 과감하게 털고 나선다. 2002년 월드컵 당시 4강에 올라갔다.

강의 양이 네 번째에 있어 구사입니다. 구사는 초육 음과 응해 있네요. 음양이 서로 응하는 것은 참으로 좋은 것이죠. '좋을 호好' 자는 '아들 자子'에 '계집 녀女'를 합한 글자죠. 그러나 구사는 물러나야 하는데 초육 때문에 못 갔다가는 무슨 일을 당할지도 모릅니다. 또 때

가 되면 혁명을 해야 하기에 초육이 아무리 좋다 해도 갈 곳으로 가는 것이죠.

구삼은 아래의 두 음에 매여 내괘인 산괘(☶)로 움직이지 못하지만, 구사는 같은 양이라도 구삼과는 위치가 다릅니다. 이미 내괘를 지나 외괘 건삼련(☰) 하늘괘에 진입했으므로 매일 것도 없고 응하는 초육 음에 미련을 둘 것도 없이 물러납니다(好遯). 구사 같은 군자는 그렇게 할 수 있어 길하지만(君子吉), 만일 소인이라면 그렇게 안 한다는 것이지요(小人否).

◆**소상전** 아무리 초육의 아리따운 여자가 못 가게 붙잡아도 군자는 제 갈 길을 갑니다(君子好遯). 소인은 그렇게 하지 못하기 때문에 비색한 꼴을 보는 것이죠(小人否也). 구사가 양으로 군자이지만, 자리가 음의 자리이고 초육과 응하고 있기 때문에 소인을 들어 경계한 것입니다.

九五는 嘉遯이니 貞하야 吉하니라.
구 오   가 돈   정   길

象曰 嘉遯貞吉은 以正志也라.
상 왈 가 돈 정 길   이 정 지 야

직역 구오는 아름답게 도망감이니, 바르게 해서 길하니라. ◆「상전」에 이르기를, '가돈정길'은 뜻을 바르게 하기 때문이라.

- 嘉 : 아름다울 가

점례 정치도 그만두고 돈벌이도 손을 뗀다. 들어앉아 글을 쓰고 남을 위

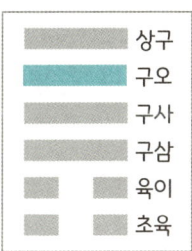

해 봉사한다.

강의 양이 다섯 번째에 있어 구오입니다. 구오는 중정한 군자로서 외괘인 하늘괘(☰)에 있죠. 구오는 육이와 응해 있기는 하지만 육이의 여자를 끊고 홀연히 제 갈 바를 찾아갑니다. 구오가 변하면 이허중(☲) 불괘가 되니까 '아름다울 가嘉' 자가 나오죠. 옛날 선현의 문집을 보면 벼슬을 마다하고 자연과 더불어 깨끗한 샘물이 나는 데서 유유자적하게 세월을 보낸 것을 '가돈생활 하였다'고 합니다. 아름답게 세상을 피해간 것이지요(嘉遯). 육이와 응하고 있지만 구오는 행동을 바르게 해서 육이를 떠나 길합니다(貞吉).

◆**소상전** 다른 사람들은 욕심 때문에 벼슬자리를 버리지 못하고 쉽게 떠나지를 못합니다. 그런데 구오가 아름답게 떠나 바르게 해서 길하다는 것은(嘉遯貞吉), 그만큼 구오가 뜻을 바르게 한 것이죠(以正志也).

上九는 肥遯이니 无不利하니라.
상구   비돈   무불리

象曰 肥遯无不利는 无所疑也라.
상왈 비돈무불리   무소의야

직역 상구는 살찌게 물러남이니, 이롭지 않음이 없느니라. ◆「상전」에 이르기를, '비돈무불리'는 의심하는 바가 없음이라.

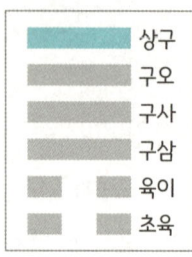

- 肥 : 살찔 비 / 疑 : 의심할 의

점례 정치에서 물러나고 사업을 그만둔다. 깊이 들어앉아 마음 편히 산다.

강의 양이 맨 위에 있어 상구입니다. 상구가 변하면 태상절(☱) 못괘가 되죠. 하루로 말하면 해지는 때이고, 1년으로 말하면 가을이니, 천고마비의 계절로 들판에 오곡이 익고 모두 살이 찌는 때입니다. 소인이 권력을 쥐고 흔드는 세상에서 그 자리에 계속 있다가는 소인 등쌀에 견디기 어렵겠지요. 살도 빠져 비쩍 마를 것이고요. 그런데 그 자리를 떠나서 편하게 있으니까 당연히 살이 찝니다. 그렇게 살찌게끔 멀고 깊숙이 도망을 간 것이지요(肥遯).

돈괘에서는 음과 가까이 있을수록 음을 피해가기가 어렵네요. 소인과 가까이 있거나 서로 응하면 피해가기가 더 어려운 것이죠. 그래서 구사는 좋아도 간다고 했습니다. 구오는 아름답게 가는 데 바르게 해서 길하다는 조건을 붙였지요. 그렇지만 상구는 매이는 음도 응하는 음도 없고 또 도망치는데 맨 앞자리에 있어요. 그래서 조건도 붙이지 않고 이롭지 않음이 없다고 한 것입니다(无不利).

◆**소상전** 상구가 살찌게 도망해서 이롭지 않음이 없다는 것은(肥遯 无不利) 하나도 의심할 바가 없다고 했네요(无所疑也). 왜 의심이 없을까요? 상구는 맨 앞에서 도망을 치는 자리이죠. 매이는 음도 없고, 응하는 음도 없습니다. 거기에 뒤에서 쫓아오는 소인과도 멀리 떨어져 있어 붙잡힐 염려도 없죠. 그렇기 때문에 의심할 바가 없는 것이지요.

▌읽을거리 - 집용황우

안면도에서 주역 공부를 할 때 야산 선생님께서 "기축년(1949) 새해가 되었으니, 우리가 안면도에서 이 해를 어떻게 지낼 것인가에 대해 점괘를 하나 얻어보라."고 하셨어요. 괘를 얻으니, 돈괘(☶)의 육이가 동하여 구괘(☴)가 되었지요.

선생님께서 보시고, "이것은 돈지구遯之姤가 아닌가? 돈괘가 변하여 구괘로 갔기 때문에, 돈괘는 본괘로서 체가 되고, 구괘는 지괘로서 용이 된다. 돈遯은 안면도에 은둔한다는 말이고, 구姤는 이곳에서 은둔한 사람끼리 서로 위로하고 협조하며 산다는 것이며, 또 은둔해야 할 때를 만났다는 뜻도 된다.

돈괘 육이 효사에 '집지용 황우지혁'이라 했으니, '황'은 중앙 토색이고, '우'는 순물順物이다. 중심을 잃지 말고 소와 같이 순한 마음을 가죽과 같이 질기고 단단하게 가지고 살라는 뜻이다. '황우'를 간지로 바꿔보면 기축己丑이 된다. 그러니까 올 기축년을 중순中順한 마음으로 굳게 살면, 구괘 구이효에 '포유어包有魚'라 했으니 소득이 있게 되는 것이다. 기축년 한 해를 안면도에서 고기나 잡으면서 중순한 마음으로 주역을 공부하여 혁이신지革而新之하면 그만큼 안으로 알찬 소득이 있다는 점괘다."라고 하셨지요.

▌관련된 괘

① 도전괘 : 뇌천대장(☳)   ② 배합괘 : 지택림(☷)
③ 호　괘 : 천풍구(☴)   ④ 착종괘 : 산천대축(☶)

▌총설

돈遯은 군자가 소인에게 쫓겨서 도망치는 것이 아니고 소인을 피해 멀리 은둔하는 것입니다. 『논어』에서 공자가 말씀하시길 "어진 자는 세상을 피하고, 어지러운 곳(나라)을 피하고, 무례한 색(모습)을 피하고, 합당치 않은 말을 피한다"*고 했습니다. 그리고 『중용』에 보면 "군자는 중용에 의지해서 세상을 은둔해 있으면서 은둔해 있는 자신을 알아주는 이가 없어도 은둔한 것을 후회하지 않으니, 오직 성인이라야 능히 할 수 있다"**고 말씀하셨지요. 과연 은둔이란 것이 얼마나 어려운지 알 수 있으니, '돈지시의 대의재'라고 할 만합니다.

초효는 꼬리가 길면 밟힌다는 말과 같이 뒤에 늘어진 꼬리와 같아 밟힐(잡힐) 염려가 있으니 가만히 있으면 탈이 없다고 했습니다.

이효는 어떠한 일이 있어도 중도를 지키고 그 자리를 굳건하게 지키라는 것입니다.

삼효는 처자에게 매인 몸이 되어 도망가지 말고 신첩臣妾을 잘 길러야 한다고 했지요.

사효·오효·상효를 보면 호돈好遯인 사효가 오효만큼 자유롭지 못하고 가돈嘉遯인 오효는 비돈肥遯인 상효만 못하네요.

상효는 맨 앞에 있기 때문에 자유롭고 무난하게 돈피遯避하여 '비돈 무불리'이니까요. 비록 물러난다는 돈이지만 그 시의時義가 매우 중

---

* 『논어』, 「헌문」: 子曰 賢者辟世 其次辟地 其次辟色 其次辟言
** 『중용』 11장: 君子 依乎中庸 遯世不見知而不悔 唯聖者能之

요합니다.

▎편언

　돈괘는 초육은 돈미遯尾, 구삼은 계돈係遯, 구사는 호돈好遯, 구오는 가돈嘉遯, 상구는 비돈肥遯을 말하였지만, 육이에서만은 '돈遯'을 말하지 않았습니다. 왜 돈자를 넣지 않았을까요? 육이는 그치는 간괘(☶)의 중심에 있죠. 구오 임금과도 응하는 자리에 있습니다. 그래서 '황우지혁黃牛之革'을 잡듯이 뜻을 굳게 해 자기 소임을 다하기 때문에 '돈' 자를 넣지 않은 것이지요.

震 雷天大壯(34)
乾 뇌 천 대 장

▌대장괘의 전체 뜻

위에는 진하련 우레괘(☳)이고 아래는 건삼련 하늘괘(☰)로, '뇌천雷天'의 상이고 괘명은 '대장大壯'입니다. '큰 대'에 '강할 장, 장정 장, 힘쓸 장' 하니 크게 강하다는 대장괘네요.

괘를 나누어서 말하면 위의 우레괘(☳)는 움직이는 괘이고 아래는 강건한 하늘괘(☰)입니다. 우레가 강건한 하늘 위에서 소리를 내며 움직이는 것이 대장이지요. 아주 강한 힘입니다.

효로 나누어서 말하면 양은 대大이고 음은 소小이며, 양은 강하고 음은 유한 것이며, 양은 군자이고 음은 소인이지요. 양이 넷으로 힘이 크게 강하고, 또 군자가 소인을 제거하여 힘이 커지기 때문에 대장입니다.

낮이 있으면 밤이 있고 밤이 있으면 낮이 있지요. 한 번은 평화롭게 잘 다스리는 세상이 있는가 하면 또 한 번은 막히고 어지러운 세상이 있는 것이죠. 그래서 두 음이 안에 있는 것은 소인이 안에서 권력을 쥐고 세상을 어지럽히고 있기 때문에 군자가 물러나는 돈遯입니다. 두 음이 밖에 있으니, 소인이 쫓겨나고 군자의 힘이 강해지는 대장大壯이네요. 주역은 군자의 학문이죠. 그렇기 때문에 군자가 물러난다는 돈, 군자의 힘이 강해진다는 대장이라고 하는 등, 괘이름도 군자를 중심으로 해서 나온 것이지요.

돈괘 다음에 대장괘를 놓았는데 이 두 괘는 도전괘입니다. 두 도전괘를 나란히 놓았지요. 괘 순서를 설명한 「서괘전」에서는 "무엇이든 물러나 있지만은 않으니 다시 그 자리에서 힘이 강해져서 "나아갈 때가 있는 것이기 때문에 돈괘 다음에 대장괘를 놓았다."*고 했습니다.

괘사

大壯은 **利貞**하니라.
대 장   이 정

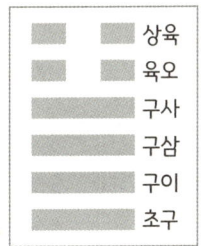

직역 대장은 바르게 함이 이로우니라.

- 壯 : 장할 장, 씩씩할 장

점례 끝마무리를 잘해야 한다. 알맞게 고삐를 조일 필요가 있다.

강의 대장은 '이정' 단 두 글자로 말했습니다. 강한 힘을 가진 사람이 바르게 나아가면 다른 것은 말할 필요도 없지요. 몸에서 나오는 힘이든 권력이든 남용하지 않고 바르게 펴면 가정도 편하고 따라서 사회도 편해지는 것입니다(大壯利貞).

---

* 物不可以終遯 故受之以大壯

▎단전

象曰 大壯은 大者ㅣ 壯也니 剛以動故로 壯하니
단왈 대장   대자 장야 강이동고   장

大壯利貞은 大者ㅣ 正也니
대장이정   대자 정야

正大而天地之情을 可見矣리라.
정대이천지지정   가견의

직역 「단전」에 이르기를, 대장은 큰 것이 장함이니, 강으로써 움직이기 때문에 장한 것이다. '대장이정'은 큰 것이 바름이니, 바르고 크게 해서 천지의 참뜻을 볼 수 있으리라.

- 情 : 뜻 정, 정 정, 본성 정, 실정 정

강의 대장은 양(초구·구이·구삼·구사)이 넷이나 되어 힘이 강하기 때문에 대장입니다(大壯 大者壯也). 아래의 하늘괘(☰)는 모두 양으로 이루어져 있어 강한 것이고, 위의 우레괘(☳)는 움직이는 것이지요.

모두 양으로 되어 있는 하늘괘보다 더 강한 것이 없네요. 이 강한 것이 또 우레괘로 움직이고 있으니 아주 막강하며 대적할 사람도 없는 것이지요. 이렇게 강하게 움직이기 때문에 '장壯'이라고 했다는 말입니다(剛以動故壯).

'대장은 바르게 함이 이롭다'는 것은(大壯利貞) 큰 것이 바르게 하는 것이니 이로울 수밖에요(大者正也). '대자정야'를 두 글자로 줄이면 '대정大正'이 되네요. 천지는 정대正大한 것입니다. 천지가 정대하지 못하면 자연이 유지되지도 못할 뿐더러 생물도 살아갈 수가 없지요.

천지의 정대한 것을 모두 본받는다면 세상이 아무런 탈이 없습니다. 그래서 정대한 천지의 참된 실정을 대장괘에서 볼 수 있는 것이지요(正大而天地之情可見矣).

대장이니 대정이니 하니까 기억이 나는데 일제시대에 "대장간에 소화 났다. 만두 먹고 소화불량이다."라는 말이 떠돌았어요. 대장간은 풀무를 차려놓고 시우쇠를 다루는 곳이죠. 그렇기 때문에 불(燒火)이 나기 쉽습니다. 이것은 일본사람을 비웃고 하는 말이었어요. 일본에서 대장괘에서 '대정大正'을 따다가 천황을 대정천황이라고 했어요. 대정이 얼마 살지 못하고 가니까(대장간에) '소화昭和'라는 천황이 나왔다는 말이네요(소화났다). 또 만주벌판을 집어삼킨(만두 먹고), 소화천황의 짓이 불량스럽다는 것이죠(소화불량이다). 이렇듯이 비웃었던 일이 생각납니다.

대상전

象曰 雷在天上이 大壯이니
상왈 뇌재천상   대장

君子ㅣ 以하야 非禮弗履하나니라.
군자   이   비례불리

직역 「대상전」에 이르기를, 우레가 하늘 위에 있는 것이 대장이니, 군자가 본받아서 예가 아니면 밟지 않느니라.

- 弗 : 아닐 불 / 履 : 밟을 리, 신 리, 신을 리

강의 우레괘(☳)가 하늘괘(☰) 위에 있으니 '뇌재천상'입니다(雷在天上). 우레가 하늘 위에서 소리를 내며 강하게 움직이는 것이 바로 대장이지요. 이러한 대장괘의 상을 보고 군자는 그 힘을 남용하여 무례한 짓을 하지 않습니다. 반드시 예를 따라 행동에 옮겨서 이행합니다. 내괘인 하늘괘에 하늘을 공경하여 제사를 올리는 '예禮'의 뜻이 있고, 외괘인 우레괘에 바르게 밟아 나간다는 '리履'의 뜻이 있어요. 그래서 '비례불리'라 하였지요(非禮弗履).

공자님은 인仁을 묻는 제자 안연에게 극기복례克己復禮를 말씀하시며 "예가 아니면 보지 말고, 예가 아니면 듣지 말고, 예가 아니면 말하지 말고, 예가 아니면 움직이지 말라"*고 '사물四勿'을 말씀하셨는데, '비례불리'는 이 사물四勿의 의미와 서로 통합니다.

---

* 『논어』, 「안연」: 子曰 非禮勿視 非禮勿聽 非禮勿言 非禮勿動

효사와 소상전

初九는 壯于趾니 征하면 凶이 有孚리라.
초구　장우지　정　　흉　유부

象曰 壯于趾하니 其孚窮也로다.
상 왈 장우지　　기 부 궁 야

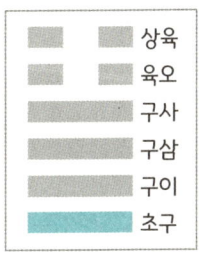

직역 초구는 발꿈치에 씩씩하니, 가면 흉할 것이 확실하리라. ◆「상전」에 이르기를, '장우지'하니 그 믿음이 궁하도다.

■ 趾 : 발꿈치 지 / 征 : 갈 정 / 孚 : 믿을 부

점례 대단치 않은 힘을 가지고 함부로 남에게 덤비다가 크게 다친다.

강의 양이 맨 처음에 있어 초구입니다. 사람이 서 있는 것을 전체 괘상에서 볼 때 초효는 발꿈치가 되지요. 아무리 힘이 센 대장괘라도 그 힘을 발휘할 사람이 있고 못할 사람이 있어요. 그 자리에 따라 다릅니다. 초구는 대장괘의 맨 아래에 있어 겨우 발꿈치에 힘이 들어가 있는 정도이지 상체까지는 힘이 들어가 있지는 않습니다(壯于趾). 이런 초구가 겨우 발꿈치의 힘만을 믿고 소인을 제거하기 위해 가서는 안 되지요. 그런 힘을 믿고 나가면 흉하게 마련입니다(凶). 흉한 정도가 반드시 흉하리라는 말이네요. 즉 흉하다는 것을 믿고 말할 수 있다는 뜻이지요(有孚).

◆**소상전** 겨우 그 발꿈치에 씩씩한(壯于趾) 힘을 믿는다는 것 자체가 궁해져서 잘못되는 것이지요(其孚窮也).

九二는 貞하야 吉하니라.
구이   정 길

象曰 九二貞吉은 以中也라.
상왈 구이정길   이중야

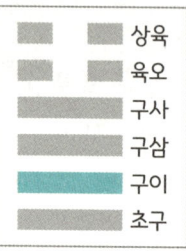

직역 구이는 바르게 해서 길하니라. ◆「상전」에 이르기를, '구이정길'은 중을 얻었기 때문이다.

점례 힘이 있어도 없는 체한다. 사람이 늘 중도로 행하면 탈이 없다.

강의 양이 두 번째에 있어 구이입니다. 괘사에 '대장은 바름이 이로우니라.' 라고 한 말을 여기에서 알 수 있네요. 구이가 내괘에서 중을 얻고 양으로 음자리에 있어 강유剛柔를 겸한 것을 두고 말한 것이죠. 구이가 힘이 강한데도 바르게 하고 있으니 길할 수밖에요(貞吉).

◆소상전 구이가 바르게 해서 길하다는 것은(九二貞吉) 힘이 들어 있지만 중도를 지키며 나아가기 때문입니다(以中也).

九三은 小人은 用壯이요 君子는 用罔이니 貞이면 厲하니
구삼   소인   용장   군자   용망   정   려

羝羊이 觸藩하야 羸其角이로다.
저양 촉번   이기각

象曰 小人은 用壯이요 君子는 罔也라.
상왈 소인   용장   군자   망야

74

직역 구삼은 소인은 씩씩함을 쓰고 군자는 업신여김을 쓰니, 곧게 하면 위태하니 숫양이 울타리를 들이받아 그 뿔이 걸림이로다. ◆「상전」에 이르기를, 소인은 씩씩함을 쓰고 군자는 업신여김이라.

- 罔 : 없을 망, 업신여길 망 / 羝 : 숫염소 저 / 觸 : 들이받을 촉 / 藩 : 울타리 번 / 羸 : 걸릴 리

점례 염소 뿔이 울타리에 걸려 빼도 박도 못하듯이 곤경에 처한다.

강의 양이 세 번째에 있어 구삼입니다. 구삼은 양으로 원래 강한데다 자리가 세 번째 양자리니 더욱 강하죠. 하지만 중을 얻지 못하였지요. 그래서 중도를 이행하지 못하고 강한 것을 마구 써버릴 구삼을 놓고 경계한 말입니다.

일반 백성으로서의 소인과 벼슬자리에 있는 군자를 나누어 말하고 있습니다. 소인은 마구 주먹을 휘두르며 제 힘을 과시하고 남용을 하지요(小人用壯). 한편 군자라도 이런 자리에 있으면 '세상은 나 이상 아무것도 없다'는 안하무인眼下無人격으로 세상을 멸시하는데 힘을 씁니다. 권력을 쥐고 있는 막강한 자기를 누가 상대하랴 하며 업신여김(罔)을 쓴다는 뜻이지요(君子用罔). 이렇듯 군자가 안하무인격으로 세상을 무시해버리는 것이나, 소인이 자기 힘을 마구 쓰는 것이나 간에, 만약 이것을 고집 부려 정고하게 계속해나간다면 둘 다 위태롭게 되는 것이지요(貞厲).

그래서 결국 숫염소가 울타리를 받아서 그 뿔이 울타리에 걸리는 것과 같은 신세가 된다는 것입니다. 구삼이 동하면 못괘(☱)가 되는데 「설괘전」에 보면 못괘는 염소라고 했어요(兌爲羊). 강한 자리에

강한 양이 있어서 숫염소(羝羊)가 되네요. 그런데 못괘(☱)는 양쪽에 뿔이 난 형상이지요. 그래서 펄쩍펄쩍 날뛰다가 구삼 앞에 막혀 있는 구사의 울타리에 뿔이 걸리지요. 상괘인 우레괘(☳)는 동방목으로 나무인데 나무를 베어다 땅에 꽂아 울타리를 길게 엮은 것입니다. 그러니 나무로 된 울타리에 막혀서 걸리는 꼴이 되는 것이지요(羝羊觸藩羸其角).

◆**소상전** 결국 아무런 자리가 없는 소인은 힘이 있으면 자기의 힘만 쓰는 것이고(小人用壯), 벼슬자리에 있는 군자는 그 힘을 세상을 멸시하는데 쓰는 것이죠(君子罔也). 그러나 구삼의 '군자'를 벼슬하는 사람이 아닌 도덕군자로 본다면 해석이 달라집니다. 즉 덕이 없는 소인은 자기의 힘을 과시하는 것이지만(小人用壯), 군자는 힘이 있어도 속에 감추고 없는 걸 쓴다, 즉 있으면서도 없는 체한다고도 볼 수 있는 것이지요(君子罔也).

九四는 貞이면 吉하야 悔ㅣ 亡하리니
구 사   정   길   회 망

藩決不羸하며 壯于大輿之輹이로다.
번 결 불 리   장 우 대 여 지 복

象曰 藩決不羸는 尚往也일세라.
상 왈 번 결 불 리   상 왕 야

직역 구사는 바르게 하면 길해서 후회가 없으리니, 울타리가 열려서 걸리지 아니하며 큰 수레바퀴의 씩씩함이로다. ◆「상전」에 이르기를, '번결

불리'는 감을 숭상하기 때문이라.

- 亡 : 없을 망, 잃을 망 / 決 : 터질 결, 결단할 결(여기서는 울타리가 터져서 문이 열리는 뜻) / 輿 : 수레 여 / 輹 : 차바퀴 복 / 尙 : 오히려 상, 숭상할 상

[점례] 막혔던 일이 확 풀린다. 어느 회사 사장이 침체됐던 회사를 일으킨 점이다.

[강의] 양이 네 번째에 있어 구사입니다. 구사는 중을 얻지 못하고 양이 음자리에 있어 제자리도 아니죠. 그래서 지금부터라도 늦지 않았으니 구사에게 바르게 하라고 한 것입니다(貞). 그러면 앞으로 좋아져서(吉) 제자리에 바르게 있지 못해서 있었던 그동안의 후회가 모두 없어지게 된다는 의미이죠(悔亡).

구사 앞에는 모두 음으로 비어 있지요. 울타리가 열려 있는 상이네요. 그러니 앞으로 가도 절대 걸리는 것이 없습니다(藩決不羸).

우레괘(☳)는 움직이는 것이고 또 큰 길(大塗)이 되지요. 구사가 동하면 땅괘(☷)가 되는데 땅괘는 「설괘전」에 큰 수레(大輿)라고 했어요. 울타리가 열렸으니 걸리지 않을 것이 분명합니다. 걸리지 않으니 수레를 타고 가는데 그 바퀴가 잘 굴러갈 수밖에요. 그래서 큰 수레바퀴가 힘이 강하게 굴러간다고 하였네요(壯于大輿之輹).

◆소상전 구사는 바르지 못하지만 강유를 겸비했기 때문에 날뛰지 않지요. 앞에 있는 울타리가 열렸으니 큰 수레바퀴가 걸리지 않고 잘 굴러간다는 말입니다(藩決不羸 尙往也).

六五는 **喪羊于易**면 **无悔**리라.
육오　상양우이　무회

象曰 喪羊于易는 **位不當也**일세라.
상왈　상양우이　　위부당야

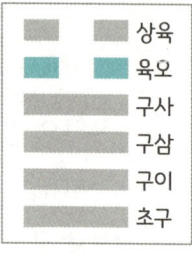

직역 육오는 양을 쉬운 방법으로 상하게 하면 뉘우침이 없으리라. ◆「상전」에 이르기를, '상양우이'는 위가 마땅치 않기 때문이라.

- 喪 : 잃을 상, 죽을 상 / 易 : 쉬울 이

점례 힘으로는 안 된다. 꾀를 쓴다. 슬기로운 방법을 써라.

강의 음이 다섯 번째에 있어 육오입니다. 외호괘가 못괘(☱)이기 때문에 양羊이 되지요(兌爲羊). 양은 염소를 말합니다. 육오는 음으로 제자리가 아닌 양자리에 있어 후회스럽네요. 밑에서 구사·구삼·구이·초구의 강한 양떼가 올라오니 감당을 못합니다.

　이런 때에는 쉬운 방법으로 양羊의 힘을 상하게 해야 한다는 것입니다. 아무리 힘이 좋은 장사가 힘을 써서 억지로 막으려 해도 앞으로 달려오는 염소를 막을 수는 없어요. 또 가고 싶지 않은 염소를 앞에서 아무리 잡아끌어도 움직이지를 않지요. 염소의 속성을 알아서 쉬운 방법으로 그 힘을 상하게 하여 내가 시키는 대로 하도록 만들어야 합니다. 절대로 어려운 방법을 써서는 되지를 않습니다.

　염소는 뒤에서 한 마리만 잘 몰아가면 다른 염소들이 그 염소 뒤를 따라가지요. 그래서 뒤에서 한 마리만 유순하게 앞서가게끔 만들어 죽 따라가게 하는 쉬운 방법으로, 염소의 강한 힘을 잘 몰고 간다면 그 강한 염소 때문에 생겼던 후회가 모두 없어지는 것입니다(喪羊于易无悔).

◆**소상전** 육오는 음이 양자리에 바르지 못하게 있습니다. 이 자리에 양이 있었다면 아래에서 올라오는 양을 다 막아버리겠지요. 음이 양들을 막으려고 하니까 당연히 힘이 들죠(位不當也). 그래서 슬기로운 방편을 써야 합니다. 정치도 마찬가지입니다. 아무리 막강한 힘이 세상을 뒤흔들어도 그것을 잘 다스릴 수 있는 슬기로운 방법은 쉽게 나오지요. 방법은 쉬운 데에 있지 어려운 데에 있는 것이 아닙니다(喪羊于易).

그런데 여기에 비결이 들어 있다는 것입니다. 주역은 성인의 비결책이니까요. 대장괘(☱)는 두 효씩 묶어서 보면 못괘(☱)의 형상을 가지고 있지요. 이 못괘는 방위로 보면 서쪽에 해당합니다. 또 양羊도 되지요. 양은 힘이 세고 고집 또한 센 동물이네요. 양은 곧 서양의 물질문명이 고도로 발달한 힘을 상징합니다. 또한 오늘날의 시대가 바로 그런 힘이 강해서 날뛰는 양과 같은 모습이지요. 주역은 동양의 학문 중에서 최고의 학문입니다. 주역으로 안 되는 것은 다른 것으로도 안 됩니다. 그래서 이 '상양우이'에는 '주역이라야만(于易) 서양의 양떼를 꺾을 수 있는 것이다(喪羊)'라는 비결이 들어 있다는 것입니다.

34 뇌천대장

上六은 羝羊이 觸藩하야 不能退하며 不能遂하야
상육   저양   촉번   불능퇴   불능수

无攸利니 艱則吉하리라.
무유리   간즉길

象曰 不能退不能遂는 不詳也오
상왈 불능퇴불능수   불상야

艱則吉은 咎不長也일세라.
간즉길   구부장야

직역 상육은 숫양이 울타리를 받아서, 물러날 수도 없고 나아갈 수도 없어서 이로운 바가 없으니, 어렵게 하면 길하리라. ◆「상전」에 이르기길 '불능퇴불능수'는 헤아리지 못함이오, '간즉길'은 허물이 길지(오래하지) 아니하기 때문이라.

■ 退 : 물러날 퇴 / 遂 : 나갈 수 / 艱 : 어려울 간 / 詳 : 자세할 상, 헤아릴 상 / 咎 : 허물 구, 재앙 구

점례 상서롭지 못한 일이 일어난다. 조심하고 마음 굳게 먹는다.

강의 음이 맨 위에 있어 상육입니다. 외호괘가 못괘(☱)니 역시 염소가 되지요. 상육은 양이 아닌 음인데 숫염소라고 했네요. 왜 그렇게 했을까요? 숫염소는 힘이 지나치게 강하기(大壯) 때문에 취한 것이지요. 그런데 상육은 우레괘의 마지막에 있고 대장괘의 끝에 있어 그 지나침이 매우 심합니다. 그래서 상육을 암염소(牝羊)라 하지 않고 숫염소라고 한 것이지요.

들이받기를 좋아하는 숫염소가 상괘인 우레괘(☳)의 울타리를 들이받았습니다(羝羊觸藩). 울타리에 걸려서 뒤로 물러나려고 해도 물러나지를 못하네요(不能退). 또 맨 위에 있는 상육은 더 이상 앞으로 나아갈 수도 없지요(不能遂). 진퇴양난에 빠졌습니다. 그러니 이로울 바가 없지요(无攸利).

이렇게 어려운 처지에 있을 때 그것을 어렵게 여기면서 극복해나간다면 길하게 된다는 것입니다(艱則吉). 상효가 변하면 지괘가 화천대유괘(䷍)가 되는데, 대유괘 상구효에 '하늘로부터 도와서 길하고 이롭지 않음이 없다'(自天祐之 吉无不利)라고 했습니다.

◆ **소상전** '물러날 수도 없고 나아갈 수도 없다'(不能退不能遂)는 것은 지금까지의 일을 잘 헤아리지 못했기 때문입니다(不詳也). 지금부터라도 잘못을 뉘우쳐 고난을 겪으면서 이겨나간다면 마침내 길하게 되지요(艱則吉). 그렇게 한다면 과거 잘못한 허물이 더 이상 오래가지 않기 때문입니다(咎不長也).

여기에도 지금의 시대상에 대한 비결을 담았습니다. 대장괘가 바로 지금의 시대이니까요. '불상不詳'의 '상詳'을 파자하면 양羊을 말하는(言) 것이라는 뜻이 있지요(詳=言+羊). 또 '간즉길'의 '간艱'에는 간艮을 넣어 은근히 간방艮方이라는 것을 암시하였네요(大革於艮). 즉 '불능퇴불능수'는 서방(羊)을 말하는 것이고, '간즉길'의 '간'은 간방인 우리나라에서 선후천이 크게 바뀌는 혁革의 도가 행해져 길하다는 것입니다.

▌ 관련된 괘
　① 도전괘 : 천산돈(☰☶)　② 배합괘 : 풍지관(☴☷)
　③ 호　괘 : 택천쾌(☱☰)　④ 착종괘 : 천뢰무망(☰☳)

▌ 읽을거리 - 『중용』의 강強과 『맹자』의 호연지기浩然之氣

　『중용』10장에 보면 공자님의 제자 자로가 강強을 물었죠. 그랬더니 공자께서 "북쪽 사람들의 강을 말한 것이냐, 남쪽 사람들의 강을 말한 것이냐, 아니면 힘이 센 너의 강을 말하는 것이냐? 부드럽고 유순함으로 가르치고 너그러워 저쪽에서 상대해 와도 피하는 것은 유순한 남방의 강이니 군자가 이에 거하는 것이고, 늘 갑옷, 창을 몸에 가까이하여 베고 자고 하면서 싸울 태세를 갖추는 것은 북방의 강이니 강하기만 한 자가 이에 거한다. 그러므로 힘이 있는 너의 강을 힘으로만 쓰지 말아야 하니, 군자는 모든 사람에게 중화를 이루고 화합하되 흔들리지 않아야 한다. 또한 중에 서서 절대 한쪽으로 치우치지 않아야 하니, 이것이야말로 진정한 강인 것이다"라고 하셨지요.

　맹자님도 강剛을 말씀했습니다. "사람의 뜻이라 하는 것은 기운을 이끌어 가는 장수이고, 기운이라 하는 것은 몸에 가득 차 있는 것이니, 기운을 이끌어가는 뜻이 먼저 앞선 후에 그 뒤를 기운이 따라야지, 기운이 날뛰고 기운을 다스릴 뜻이 뒷전에 있으면 안 되는 것이다. 지금 사람들이 힘만 있으면 날뛰어 거꾸러지고, 다치고 넘어져 상하는 것은 기운만 가지고 날뛰는 것이지 그 마음(뜻)을 바로 하지 못하는 것이다. 나는 세상의 모든 말을 들으면 알며 나의 호연한 기운을 잘 기르노라."

"그 기운이라는 것이 어떤 것입니까?" 하니, "말로 하기 어렵다. 기운이라는 것은 지극히 크고 지극히 강하니(至大至剛) 곧고 바르게 잘 길러서 조금도 결함이 없고 해침이 없으면 천지 사이에 가득 차는 것이다. 그 기운이라 하는 것은 의리와 도가 서로 배합이 돼서 나아가야지 도도 없고 의도 없이 기만 가지고 나아간다면 비쩍 말라버리는 것이다."라고 하셨죠.* 이렇게 지대至大·지강至剛으로 대강大剛·대장大壯한 것이 맹자께서 말씀한 호연지기浩然之氣입니다.

총설

양기운이 씩씩하게 나아가는 대장괘는 예가 아니면 밟지 않듯이 (비례불리) 바르게 해야 이롭습니다. 잘 나아갈수록 더욱 조심해야 하는 것이죠.

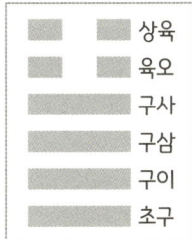

초효는 이제 겨우 발꿈치에 힘이 들어가 있는 상황이니 지피지기知彼知己를 하여 내실을 기하라고 했습니다.

이효는 강한 힘을 바르게 지키라고 했지요.

삼효는 군자든 소인이든 자기의 강한 힘만 믿고 날뛰다 곤경에 처하는 것이니 한낱 필부匹夫의 용기에 불과하지요.

사효는 바르게 행동하니 앞길이 훤히 열린다고 했습니다.

---

* 『맹자』, 「공손추」 상

오효는 강자를 대히더라도 슬기롭게 대처하라고 했지요.

상효는 대장의 강한 힘만 믿고 혈기血氣의 용기로 무모하게 행동하다가 결국 진퇴유곡에 처하지만, 어렵게 여기고 바르게 하면 길하다고 했지요.

▎편언

대장괘는 구삼은 저양羝羊, 육오는 양羊, 상육은 저양羝羊으로 모두 양을 말했습니다. 구사와 초구는 양을 직접 말하지는 않았지만, 구사는 '번결불리'라는 말 속에, 초구는 '장우지'라는 말 속에 각각 양을 말한 것으로 이해할 수 있습니다.

다만 구이는 양을 말하지 않았는데, 대장괘의 도전괘인 돈괘의 육이효에 '돈'을 말하지 않은 것과 비교가 됩니다.

火地晉(35)
화 지 진

진괘의 전체 뜻

위는 이허중(☲) 불괘이고 아래는 곤삼절(☷) 땅괘로 '화지火地'의 상이고, 괘명은 나아간다는 '진晉'입니다. 진晉은 땅 위에 해가 솟아 오르듯이, 앞으로 나아가고 위로 올라간다는 뜻입니다. 승진하고 발전하는 것이죠. 사회적으로 보면 안정되고 평화로운 세상이 되었음을 말합니다. 그리고 인생의 여정에서 전성기의 한 복판에 있다는 것을 뜻하죠.

대장괘는 크게 강장強壯한 것입니다. 그래서 「서괘전」에 '모든 것이 끝까지 강장強壯하기만 할 수 없고, 강장하면 그 힘으로 나아가게 되니, 나아간다는 진괘晉卦를 대장괘 다음에 두었다.'*고 했습니다.

---

* 物不可以終壯 故 受之以晉

괘사

晉은 康侯를 用錫馬蕃庶하고 晝日三接이로다.
진   강후   용석마번서   주일삼접

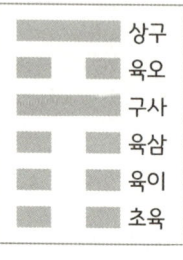

상구
육오
구사
육삼
육이
초육

직역 진은 (나라를) 편안케 하는 제후에게 말을 많이 주고 히루에 세 번을 접하도다.

- 康 : 편안할 강 / 康侯 : 나라를 평안하게 다스리는 제후 / 錫: 줄 석 / 蕃 : 많을 번 / 庶 : 여럿 서 / 接 : 접할 접

점례 희망에 찬 밝은 아침이다. 출세길이 열린다. 활동을 개시한다.

강의 진괘는 해(☲)가 땅(☷) 위로 떠올라 밝은 세상이 되니, 나라가 편안한 상태입니다. 이렇게 나라가 편안한 것은 각 지방을 다스리는 제후諸侯가 정치를 잘하기 때문이죠. 강후康侯는 정치를 잘하여 나라를 편안하게 하는 제후를 말합니다(晉 康侯).

이렇게 평화로운 세상에 인군은 어떻게 해야 할까요? 각 지방을 잘 다스려 안정을 유지하는 제후들에게 상을 내리네요. 제후는 정치를 잘해서 자기가 다스리는 지역을 편안하게 하고, 인군은 그러한 제후들에게 포상을 하여 격려를 해 주니 나라 전체가 편안하게 되는 것이죠.

그래서 인군이 나라를 편안하게 하는 제후에게 상을 여러 번 내리는 것입니다. 말을 준다는 것은 포상하는 것을 말합니다. 공을 쌓을 때마다 공을 세운 제후에게 포상을 하는 것이죠(用錫馬蕃庶). 또한 하루에 세 번씩이나 자주 만나서 공을 치하하고, 나라 일을 함께 도모

하네요(晝日三接).

단전

象曰 晉은 進也니
단 왈 진 진 야

明出地上하야 順而麗乎大明하고 柔進而上行이라.
명 출 지 상   순 이 이 호 대 명   유 진 이 상 행

是以康侯用錫馬蕃庶晝日三接也라.
시 이 강 후 용 석 마 번 서 주 일 삼 접 야

직역 「단전」에 이르기를, 진은 나아가는 것이니, 밝은 것이 땅 위로 나와서, 순해서 크게 밝은 데에 걸리고, 유가 나아가 위에서 행함이라. 이렇기 때문에 '강후용석마번서주일삼접'이라.

- 進 : 나아갈 진 / 麗 : 걸릴 리 / 乎 : 어조사 호

강의 괘명의 진晉은 나아간다는 뜻입니다(晉進也). 왜냐하면 '명출지상'을 했기 때문이죠. 밝은 것(☲)이 땅(☷) 위로 올라왔기 때문입니다(明出地上). 해가 솟아 천하를 비추니 사람은 각자 자기 일을 하고자 나아가는 것이죠.

하늘은 굳세고(健) 땅은 순하지요(順). 그래서 내괘인 땅괘를 보고 '순'을 말했네요. 또 외괘인 불괘는 밝은 것(明)이니 '대명'을 말했습니다. 해는 동에서 서로 넘어가는 것이 아니라 늘 중천에 걸려 있습니다. 그것이 바로 대명천지大明天地라는 것이죠. 그렇기 때문에 '순

해서 크게 밝은 데 걸렸다'고 했습니다. 이것은 진괘의 덕으로써 말한 것이지요. 안으로는 순하고, 밖으로는 크게 밝은 곳에 걸려서 해가 밝은 빛을 발휘하듯이 모든 일을 밝게 처리한다는 것이지요(順而麗乎大明).

유柔는 약하고(弱) 아래에 있는(下) 것입니다. 그런데 밝은 사회가 되니 약한 것도 나아가네요. 백성도 때를 만나 나아가게 되었어요. 오효의 자리는 양의 자리이고 임금의 자리입니다. 아래에 있어야 할 약한 유가 왕의 자리에 있네요. 이것이 나아간 것이고(柔進) 위에서 임금으로서 행하는 것이지요(上行).

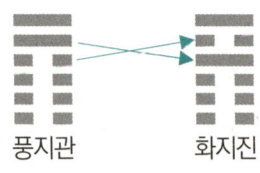

풍지관   화지진

괘변卦變으로 보면, 진괘(䷢)는 관괘(䷓)의 사효 음이 오효 자리로 올라간 것입니다. 관괘는 보는 것(觀)입니다. 해가 떠야 볼 수가 있죠. 해가 떠서 천하가 보이도록 하느라고, 관괘의 육사 음이 오효 자리로 올라가고 구오 양은 내려옴으로써, 외괘가 이허중(☲) 불괘가 되면서 진괘를 이룬 것이지요(柔進而上行).

이렇게 진괘에는 첫째 밝은 것이 땅 위에 나왔고, 둘째 안으로 순하면서 밖으로 밝게 일을 처리하며, 셋째 약하고 아래에 있는 유가 위로 올라가 밝은 정치를 하기 때문에, '나라를 편안하게 하는 제후에게 말을 많이 주고 하루에 세 번을 접한다'고 한 것입니다(是以康侯用錫馬蕃庶晝日三接也).

대상전

象曰 明出地上이 晉이니 君子ㅣ 以하야 自昭明德하나니라.
상 왈 명출지상   진   군자   이   자소명덕

직역 「대상전」에 이르기를, 밝은 것이 땅 위로 나오는 것이 진晉이니, 군자가 본받아서 스스로 밝은 덕을 밝히느니라.

- 昭 : 밝을 소

강의 외괘가 이허중(☲) 불괘이고, 내괘는 곤삼절(☷) 땅괘입니다. 그러니 불괘가 땅괘 위에 있으므로 '명출지상'이라고 한 것이지요(明出地上). 이렇게 해가 땅 위에 솟아서 밝게 비추는 것이 진괘니, 군자는 이 진괘의 상을 보고 본받아서 스스로 밝은 덕을 밝힙니다. 불괘에서 '밝을 명明' 자가 나오고 땅괘에서 '큰 덕德' 자가 나와 '명덕'이죠.

사람은 타고날 때에 원래 밝은 덕을 타고났습니다. 살다 보니 욕심이 쌓이고 때가 묻어 흐려졌으니 그것을 다시 깨끗하게 밝혀야 한다는 것이죠(自昭明德). 대인이 되는 학문인 『대학』의 삼강령三綱領에서도 제일 먼저 "밝은 덕을 밝힘에 있다(在明明德)."고 하였습니다.

효사와 소상전

初六은 晉如摧如에 貞이면 吉하고 罔孚라도 裕면 无咎리라.
초육 진여최여   정   길   망부   유   무구

象曰 晉如摧如는 獨行正也요 裕无咎는 未受命也일세라.
상왈 진여최여   독행정야   유무구   미수명야

직역 초육은 나아가는 듯 꺾이는 듯함에 바르게 하면 길하고, 믿지 못하더라도 넉넉하게 하면 허물이 없으리라. ◆「상전」에 이르기를, '진여최여'는 홀로 바른 것을 행함이요, '유무구'는 명을 받지 않았기 때문이라.

- 晉 : 나아갈 진 / 摧 : 꺾을 최 / 罔 : 없을 망 / 孚 : 믿을 부 / 裕 : 넉넉할 유 / 受 : 받을 수

점례 아직은 때가 이르다. 실력을 기르며 때를 기다려라.

강의 음이 맨 처음에 있어 초육입니다. 진괘는 참 좋은 세상이 와서 모두 나아가는 때입니다. 그래서 백성의 자리에 처해 있는 초육도 나아가려고 합니다. 초육이 변하면 양이 되어 우레괘(☳)가 되니까 움직여 나아가는 것이죠(晉如). 그런데 초육은 음으로서 약합니다. 무턱대고 나아가서는 안 되지요. 내호괘가 간상련(☶) 산괘이므로 산으로 막혀 꺾여 못 나가게 되는 것입니다(摧如).

그러나 바르게 하면서 자기 분수를 알고 지키고 있으면 나아갈 때 나아가게 되어 길하죠(貞吉). 아무리 '명출지상'을 한 진괘라고 하더라도 아직 어리고 능력이 부족하면 실력을 키우면서 더 좋은 때를 기

다렸다가 나아가야 합니다.

　초육이 바르게 하고 있으면서 나아가려고 하는데 자꾸 꺾여 못 나가게 되니까 믿지를 못하네요(周孚). 믿지 못하더라도 스스로 열등감에 사로잡혀 근심할 필요는 없습니다. 믿지 못하더라도 '언젠가는 나아갈 때가 올 테지' 하고 넉넉하게 마음을 가지고 기다리면 허물이 없는 것입니다(裕无咎).

　◆**소상전** 초육은 나아가든지 꺾이든지 간에 남을 의식하지 않고 자기 분수를 알아 홀로 바름을 행하는 것이요(獨行正也). 또한 초육을 믿지 못하더라도 초조하지 않고 여유 있게 해서 허물이 없는 것은(裕无咎) 아직 실력을 갖추지 못하여 약하기 때문에 왕명을 받지 못한 것입니다(未受命也).

六二는 晉如ㅣ 愁如나 貞이면 吉하리니
육이　진여　수여　정　길

受玆介福于其王母리라.
수 자 개 복 우 기 왕 모

象曰 受玆介福은 以中正也라.
상 왈 수 자 개 복　이 중 정 야

　직역 육이는 나아가는 듯 근심하는 듯하나 바르게 하면 길하리니, 이 큰 복을 왕모로부터 받으리라. ◆「상전」에 이르기를, '수자개복'은 중정하기 때문이다.

　▪ 愁 : 근심 수 / 玆 : 이 자 / 介 : 클 개

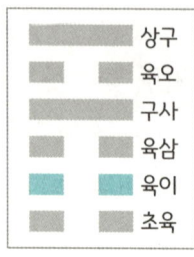

점례 바르게 행동하면 남이 알아주고 곧 등용한다. 여사장에게서 부름을 받는다.

강의 음이 두 번째에 있어 육이입니다. 괘는 나아간다는 진괘이니 육이도 나아가게 되었지요(晉如). 육이는 음이 음자리에 바르게 있습니다. 내괘에서 중은 얻었지만 음양 응을 얻지는 못했네요. 음양 응이 되었으면 근심할 게 없는데 근심을 하게 되었지요. 세상은 밝은 세상이지만 육오 인군은 음으로 어두워요. 게다가 육이와 음양 응도 되지 않아 육이를 잘 몰라줍니다. 그래서 처음에는 육이가 나아가려 했다가 '나아가지 못하면 어떻게 하나' 하고 근심하게 됩니다. 육이가 변하면 감중련(☵) 물괘가 되어 근심을 하게 되네요(愁如).

그렇지만 조급하지 않고 바르게 하면 길합니다(貞吉). 육이가 자기의 바른 자리에서 기다리고 있으면 육오 인군이 알아주게 되어 큰 복을 받게 된다는 것이죠(受玆介福于其王母).

여기에서 왕모王母는 육오를 말합니다. 임금이라 하지 않고 왕모라고 했네요. 육오는 왕의 자리에 있으니 왕이고, 위에 있는 음이니 어머니가 되어 왕모王母가 됩니다. 할아버지는 왕부王父라 하고 할머니는 왕모라고 하죠.

지금 당장은 자신을 등용하지 않아 당장은 근심이 되지만, 바르게 행동해서 차츰 길하게 되므로, 그 큰 복을 육오의 왕모에게서 받게 된다는 것이죠. 신하가 임금한테 벼슬을 받고 녹을 받는 것뿐만 아니라 할머니한테 복을 받는다는 의미도 내포하고 있지요.

◆**소상전** 큰 복을 받는다는 것(受玆介福)은 괘사에서 말한 '용석마

번서用錫馬蕃庶'의 뜻과 서로 통합니다. 육이가 내괘에서 중을 얻었고 음이 음자리에 바르게 있어 중정하기 때문에(以中正也) 결국은 어두운 육오이지만 육이를 알아주고 큰 복을 내릴 것이라는 말입니다.

六三은 **衆允**이라 **悔**ㅣ **亡**하니라.
육삼 중윤   회 망

象曰 衆允之志는 **上行也**라.
상왈 중윤지지   상행야

직역 육삼은 무리가 믿음이라. 뉘우침이 없어지느니라. ◆「상전」에 이르기를, '중윤'의 뜻은 위로 행함이라.

■ 衆 : 무리 중 / 允 : 미더울 윤

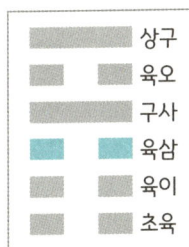

점례 모든 사람에게 신임을 받는다. 잃었던 신뢰를 회복한다.

강의 음이 세 번째에 있어 육삼입니다. 진괘는 나아가는 것이지요. 나아가는 데에는 육삼이 육이·초육보다 앞서 있어요. 육이는 밝은 불괘(☲)가 육삼에 가려 조금 멀어서 근심(愁如)을 하게 된 것입니다. 초육은 아예 멀어서 가다가 다 못 가고 뒷걸음질 치게 되는 것이지요.

그러나 육삼은 바로 앞에 밝은 불괘를 두고 있어 앞이 훤히 열렸어요. 육삼이 가장 앞에 있으니 육삼이 가야 육이도 가고 초육도 갈 수 있습니다. 그래서 육삼의 뒤를 따르는 육이·초육의 무리가 육삼을 잘 가라고 밀어주고 믿어주는 것이죠(衆允).

이런 육이·초육의 무리가 믿어주기 때문에 육삼은 바르지 못한 자리에 있고 중도 못 얻어 생긴 그동안의 후회가 완전히 없어진다고 했습니다(悔亡).

◆**소상전** 육이·초육의 무리들이 육삼을 믿어주는 뜻은 무엇일까요 (衆允之志)? 그것은 위로 올라가려고 하는 것이죠. 육삼이 앞서 잘 가도록 해야 육이도 가고 초육도 가기 때문이니, 모든 대중들이 육삼을 믿고 밀어주는 것은 다 같이 위로 가려고 하는 것입니다(上行也).

九四는 晉如ㅣ 鼫鼠니 貞이면 厲하리라.
구사   진여   석서   정   려

象曰 鼫鼠貞厲는 **位不當也**일세라.
상왈 석서정려   위부당야

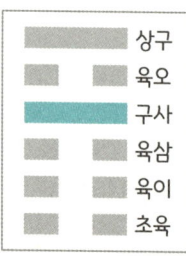
상구
육오
구사
육삼
육이
초육

직역 구사는 나아가는 것이 다람쥐니 고집부리면 위태하리라. ◆「상전」에 이르기를, '석서정려'는 위位가 마땅치 않기 때문이라.

■ 鼫 : 날다람쥐 석 / 鼠 : 쥐 서

점례 남을 너무 의심하는 것이 탈이다. 의처증 환자의 점이다.

강의 양이 네 번째에 있어 구사입니다. 구사는 양이 음자리에 있고 중을 얻지도 못했습니다. 구사도 나아가는 진괘에 속해 있으니 나아갑니다. 또 외괘의 대신자리에 있네요.

아래에서는 초육·육이·육삼이 모두 올라오고 있어요. 그것을 보고 구사가 의심을 품게 됩니다. 다람쥐가 의심을 품듯이 구사가 이 모든 사람들이 오는 것을 보고 혹시 자기를 해치려고 오는 것이 아닌가 하고서 공연히 의심을 품게 되는 것이죠. 구사가 변하면 산괘(☶)가 되어 다람쥐가 되는데, 이 다람쥐란 놈은 의심이 많은 동물이죠. 위로는 밝은 인군을 두려워하며, 아래로는 음효 셋이 올라오는 것을 의심하네요. 영락없이 대낮의 밝음을 피해 그늘에서만 활동하려는 의심 많은 다람쥐의 형상입니다(晉如鼫鼠).

구사가 육오 밑의 대신으로서 아래위로 의심을 가지고 있으면서 그런 태도를 계속 정고하게 해나간다면 위태로운 것은 당연합니다(貞厲).

◆**소상전** 다람쥐가 의심을 품듯이 하여 정고하게 하면 위태로운 것은(鼫鼠貞厲), 구사가 제자리가 아닌 음자리에 부당하게 있기 때문이죠. 제자리에 정정당당하게 있다면 의심하면서 좌불안석坐不安席할 이유가 없지요(位不當也).

六五는 悔ㅣ 亡하란대 失得을 勿恤이니
육오   회   망   실득   물 휼

往에 吉하야 无不利라.
왕   길   무 불 리

象曰 失得勿恤은 往有慶也라.
상 왈 실득물휼   왕 유 경 야

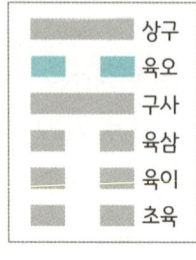

직역 육오는 후회가 없을 것이다. 잃고 얻음을 근심치 말 것이니, 감에 길해서 이롭지 않음이 없으리라.

◆「상전」에 이르기를, '실득물휼'은 가면 경사가 있으리라.

■ 勿 : 말 물, 아닐 물 / 恤 : 근심 휼 / 慶 : 경사 경

점례 득실을 따지지 말고 밀고 나가면 반드시 기쁜 일이 있다.

강의 음이 다섯 번째에 있어 육오입니다. 진괘는 밝은 세상으로 나아가는 때인데 육오가 나아가는 것은 아닙니다. 괘사에서는 '유진이상행柔進而上行'이라고 해서, 육사 음이 오효 왕의 자리로 나아가 위에서 왕의 일을 행하는 것으로 말했지요. 이미 인군 자리에 있는 육오는 이제 자기한테 오는 사람들에게 벼슬을 주는 자리입니다. 그래서 육이 효사에 자기가 할머니로서 육이에게 복을 준다는 얘기를 했던 것이죠.

그런데 때는 밝은 세상이고(☲) 상괘(☲)의 체도 밝지만, 육오 자신은 양자리에 어두운 음으로 있고 위아래로는 밝은 양이 있어 늘 열등의식을 가지고 후회를 하고 있습니다.

그러나 다행히도 육오는 외괘에서 중을 얻은 인군의 자리에 있네요. 그래서 성인이 육오에게 제발 후회하지 말라고 하는 것이죠(悔亡).

또한 육오는 잘못하면 실수하여 잃고, 잘하면 얻는 것인데 잃을지 얻을지 몰라서 근심합니다. 그런 육오에게 근심하지 말라는 것이지요. 또 구사가 아래에서 올라오는 초효·이효·삼효의 세 음을 막으면

백성을 잃게 되고, 막지 않으면 백성을 얻게 됩니다. 외호괘가 감중련(☵) 물괘로 되어 근심하는 상이 나오죠. 그러나 물괘(☵)가 불괘(☲)로 완전히 바뀌듯이 외괘인 불괘로 밝게 판단하여, 잃거나 얻거나 간에 근심하지 말라는 것입니다.(失得勿恤).

이렇게 후회도 없애고 잃고 얻음에 대해 걱정도 하지 않고 그저 정당하게 한 나라를 통치하는 왕으로서 바르게 정치를 해나가면, 원하는 것을 얻고 또 이롭지 않음이 없다는 말입니다. '길하다'는 것은 원하는 것을 얻는다는 것이니 좋다는 것의 본체이고 '이롭다'는 것은 길의 작용이죠. 길하고도 이롭지 않음이 없다면 그것보다 더 좋은 것이 없지요(往 吉无不利).

◆**소상전** 육오가 한 나라의 통치자로서 밝고 과단성 있게 정치를 못한다면 백성에게는 화망禍亡이 닥치게 됩니다. 육오가 잃고 얻음을 근심하지 말고(失得勿恤) 불괘로 밝게 판단하여 후회 없이 나아간다면 온 나라에 경사가 있게 되지요(往有慶也).

上九는 晉其角이니 維用伐邑이면
상구   진기각   유용벌읍

厲하나 吉코 无咎어니와 貞엔 吝하니라.
려   길 무구   정 인

象曰 維用伐邑은 道未光也일세라.
상왈 유용벌읍   도미광야

직역 상구는 그 뿔끝에 나아감이니, 오직 읍을 치면 위태하나 길하고 허물

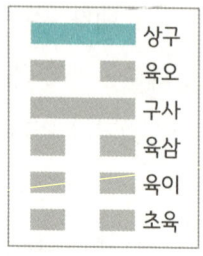

이 없거니와, 바르게 하는 데는 인색하니라. ◆「상전」에 이르기를, '유용벌읍'은 도가 빛나지 못하기 때문이라.

- 角 : 뿔 각 / 維 : 오직 유 / 伐 : 칠 벌 / 邑 : 고을 읍 / 吝 : 인색할 인

점례 너무 앞만 보고 나아가는 것도 좋지 않다. 다시 발걸음을 돌리고 욕심을 줄여라.

강의 양이 맨 위에 있어 상구입니다. 상구는 비록 양이지만 진괘의 맨 위에 있다 보니 너무 나아가서 더 이상 나아갈 수 없는 꼭대기인 뿔 위에까지 나아가게 되었어요. 너무 나아가다 잘못된 것이죠. 건괘(☰)에서 용이 너무 지나쳐 '항룡亢龍'이 된 것과 마찬가지입니다(晉其角).

그러면 어떻게 하느냐? 성인이 그 어려운 자리를 해결할 방법을 가르쳐준 것입니다. '읍邑'이라는 것은 한 나라 도읍으로, 임금이 그 읍을 다스리지요. 마찬가지로 자기의 몸을 다스리는 것은 마음 속의 심군心君입니다.

상구는 욕심이 가득하여 앞만 보고 계속 나아가서 이 자리에 있게 되었지요. 그래서 그동안 욕심 부린 것을 모두 극기克己해서 정신적 군대를 동원해서 마음의 삿된 것을 다 없애라는 뜻입니다. 극기복례克己復禮해야 하는 것이죠. 아래의 땅괘(☷)가 읍이니까, 밝은 불괘(☲)로 판단해보고 아래로 몸을 낮추어 다시 내려가라는 말입니다. 이제는 욕심을 부려서는 안 된다는 것이지요(維用伐邑).

그런데 끝까지 나아간 상구가 읍을 치려니 위태롭습니다(厲). 그러

나 위에서만 있지 않고 아래로 내려가 그 읍을 쳐서 자기 몸을 낮추어 마음의 삿된 것을 없애면 새사람이 되어 길하고 허물이 없죠(吉无咎). 상구가 지금까지 너무 욕심을 부린 것은 바르지 못하기 때문입니다. 그래서 이제부터 바르게 하려고 하는데도, 자꾸 욕심만 부리고 나아가던 습성에 젖어들기 때문에 바르게 행동하는 데에도 곤란할 것이라는 말이지요(貞吝).

◆**소상전** 상구가 이허중(☲) 불괘로 밝은 데 있는데 밝은 것을 잘못 이용해서 욕심으로만 계속 나가다 보니까 외호괘인 물괘(☵)로 극克을 받아 한밤중으로 어둡게 되어 빛이 나지 않네요. 상구가 여기까지 온 것은 빛나지 못한 일입니다. 이제 와서 자기가 읍을 치고 새롭게 나아가고 개과천선改過遷善하는 것이 사실 그 도가 빛나지 못한 것이죠. 잘못해서 읍을 치고 이제 와서 개과하려고 애쓴다는 것 자체가 빛나지 못합니다. 또한 바르게 하려고 해도 잘 안 되니 빛나지 못할 수밖에요(道未光也).

▎관련된 괘

① **도전괘·착종괘** : 지화명이(䷣)

② **배합괘** : 수천수(䷄)　　③ **호 괘** : 수산건(䷦)

▎총설

'명출지상明出地上'하는 밝은 사회는 곧 안정되고 평화로운 강후康侯의 시대입니다. 모두가 나아가서 도덕적이고 문명한 새나라 새사회를 건설하는 것이죠.

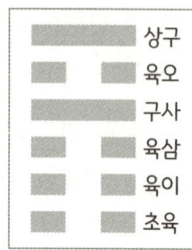

초효는 아무리 밝은 사회라 할지라도 자신의 능력을 알아 시기를 기다려 나아가라는 말입니다.

이효는 세상이 자신을 몰라봐 출세를 하는데 다소 근심하게 되지만 바르게 처신하여 출세 길이 열림은 물론 큰 복을 받는 것이지요.

삼효는 막혔던 길이 확 트이고 많은 사람들이 믿고 따라주어 앞날을 개척하는데 후회가 없는 것입니다.

사효는 불확실한 자기 위치로 해서 공연히 남을 의심하는 불안정한 상태에 있는 것이지요.

오효는 이해득실을 따지지 말고 자기의 신념대로 일을 밀고 나가라는 것입니다. 상효는 욕심을 부려 너무 나아가려고만 하지 말고 물러날 때 물러나 진퇴를 분명히 하라는 것이지요.

편언

진괘의 초육·육이·구사는 '진여晉如'라고 하고 상구는 '진晉'이라고 하여 모두 나아간다는 뜻을 명확하게 밝혔습니다. 그런데 육삼·육오는 '진晉'이라는 말을 하지 않고 '회망悔亡'이라고 말했어요. 육삼은 하괘를 총괄하는 효이고 육오는 진괘 전체를 총괄하는 효이기 때문에, 자신이 나아가는 것 보다 주변을 조화시키고 배려하는 효라서 그럽니다. 그래서 육삼에 '중윤'이라하고, 육오에 '실득물휼'이라고 했으니, 유의해 볼 만하네요.

地火明夷(36)
坤
離
지 화 명 이

▌명이괘의 전체 뜻

위에는 곤삼절 땅괘(☷)이고 아래에는 이허중 불괘(☲)로 땅 속에 불이 있으니, '지화地火'의 괘상이고, 괘명은 '명이明夷'입니다. '밝을 명明', '상할 이夷'로 밝은 것이 상했다는 뜻이지요.

진괘(☷)는 땅 위에 해가 난 것이고, 명이괘(☷)는 땅 속으로 해가 감추어진 것이죠. 불(태양)이 땅 위에 있어야 밝아서 나아가는데, 명이괘는 밝은 것이 땅 속에 있는 것이므로 밝은 게 상한 것이 되네요.

동쪽 하늘에 해가 뜨는 것이 진괘晉卦라면, 서쪽 하늘에 해가 지는 것이 명이괘明夷卦라고 할 수 있습니다. 진괘를 밝고 평화로운 태평한 사회라고 한다면, 명이괘는 암흑시대요 혼란한 사회를 말합니다.

명이괘는 진괘의 도전괘죠. 도전괘끼리 나란히 놓았네요.「서괘전」에 "진괘는 나아가는 것인데, 나아가기만 하다 보면 반드시 상하는 바가 있기 때문에 진괘 다음에 명이괘를 놓았다."*고 했습니다.

---

* 晉者進也 進必有所傷 故受之以明夷

▎괘사

明夷는 利艱貞하니라.
명이   이간정

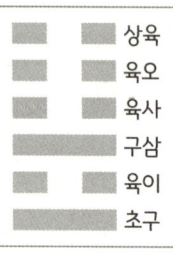

직역 명이는 어렵게 여기고 바르게 함이 이로우니라.

- 艱 : 어려울 간 / 夷 : 상할 이

점례 앞뒤를 분간할 수 없는 캄캄한 밤이다. 이런 때 아무리 노력을 해도 남에게 알려지기란 불가능하다.

강의 밝음이 땅 속으로 들어가 어둡고 혼란한 사회를 말하는 명이괘를 보고 판단해서 하는 말이네요(明夷). 어둡고 캄캄하여 살기 어려운 세상을 만나면 그런 때일수록 더욱 바르게 하여야 이롭다는 것이지요(利艱貞).

▎단전

彖曰 明入地中이 明夷니
단왈 명입지중   명이

內文明而外柔順하야 以蒙大難이니 文王이 以之하니라.
내문명이외유순   이몽대난   문왕   이지

利艱貞은 晦其明也라.
이간정   회기명야

> 內難而能正其志니 箕子ㅣ 以之하니라.
> 내 난 이 능 정 기 지   기 자   이 지

직역 「단전」에 이르기를, 밝은 것이 땅 속에 들어감이 명이니 안은 문명하고 바깥은 유순하게 해서 큰 환난을 무릅쓰니, 문왕이 그렇게 하니라. '이간정'은 그 밝은 것을 그믐으로 하니라. 안으로 어려우면서 능히 그 뜻을 바르게 함이니, 기자가 그렇게 하니라.

- 蒙 : 무릅쓸 몽 / 晦 : 그믐 회 / 難 : 어려울 난

강의 명이괘는 주역이 형성된 은나라 말기 주나라 초기의 시대적 배경을 바탕으로 괘사와 효사가 이루어졌다는 특징이 있습니다. 먼저 그 역사적 상황을 살펴보겠습니다.

주역은 3천 년 전에 문왕文王과 주공周公이라는 성인이 괘사를 붙이고 효사를 붙인 것에, 그 후 공자孔子가 해설을 붙인 것이라고 했습니다.

은나라 말기에 주紂라는 폭군이 사람 죽이기를 일삼고 백성들은 모두 도탄에 빠졌습니다. 그의 삼촌 중에 비간比干이라는 성인이 조카인 주紂에게 정치를 잘하라고 간했어요. 그런데 폭군 주가 비간에게 말하길 "성인의 심장에는 일곱 구멍이 있다고 하니 좀 보자."고 하면서 삼촌 비간을 죽이고 심장을 꺼내 보았다는 것입니다. 그래서 일곱 구멍은 비간의 마음이다(七竅比干心). "비간이 간하다 죽었다."*라는 말이 전해 오죠.

---

* 『논어』 「미자」 : 比干 諫而死

또 주의 당숙堂叔에 기자箕子라는 성인이 있었는데, 가만히 생각해 보니까 간했다가는 듣지도 않고 죽일 것이고, 또 죽는 게 두려운 게 아니라 당숙을 죽였다는 악명만 높아질 것이며, 도탄에 빠진 백성을 두고 죽을 수도 없는 노릇이니, 나중에라도 백성을 구해야 한다는 생각으로 거짓 미친 척하며 살다가 홍범洪範을 전했지요.

주왕(受辛)
기자
미자
무왕
문왕
백이, 숙제

또 주紂의 서형인 미자微子라는 이는, 이 왕에 나라가 망해가니까 신주神主라도 보존하자 해서 신주를 훔쳐 달아나 송나라의 시조가 되었지요. 그 후손으로 공자님이 탄생하신 겁니다.

그때 서쪽에 문왕文王이라는 성인이 있어 백성들이 모두 문왕에게 몰려가니 이를 시기한 주紂가 문왕을 유리옥羑里獄에 가두었습니다. 바로 이 명이괘에서 문왕이 유리옥에 갇혀 있었던 것을 말하고 있는 것입니다. 문왕이 유리옥에 갇혀 있으면서 64괘의 괘사를 지었다는 얘기죠.

그 후 백성들이 문왕의 아들 무왕武王한테 가서 주紂를 죽이고 도탄에 빠진 백성들을 구해달라고 애원했습니다. 그래서 무왕이 "민심은 천심일지니 백성이 나에게 주를 베라는 것은 바로 하늘이 시키는 것이다."라고 하면서 칼을 뽑아들었습니다. 그때 백이伯夷와 숙제叔齊라는 고죽군孤竹君의 아들이 무왕을 붙잡고 "어쨌든 주紂는 한 나라의 임금이니 신하 된 입장에서 임금을 칠 수 없다."고 간했어요. 그러자 무왕은 "백성이 있고서야 임금이 있는 법인데, 백성이 이미 주紂의 곁을 떠나고 있다. 그렇다면 주는 이제 더 이상 임금이 아니고 한낱 필부(獨夫)에 불과하다." 하고서 주를 베어 은나라를 멸망시키고 주周나라를 세웠습니다.

　그러자 백이·숙제는 "의리 때문에 주나라 곡식을 먹지 못한다."고 하며 수양산에 들어가 고사리를 캐먹다 죽었다는 고사가 전해오죠. 바로 이 명이괘가 모두 그분들 얘기입니다. 그때 시대적 배경을 명이괘에 말한 것이 만고의 귀감이 되는 것입니다.

　진괘(䷢)는 '명출지상'이고 명이괘(䷣)는 '명입지중'이네요. 밝은 것이 땅 속에 들어가 있어 밝은 빛을 발휘하지 못한다고 해서 명이입니다. 은나라 말기의 주紂가 폭정을 한 어지러운 사회상을 말하는 것이죠(明入地中　明夷).

　먼저 문왕의 말을 했네요. 불괘(☲)는 밝아 문명한 것입니다. 문왕이 성인으로 유리옥에 갇혀 있고 내괘가 문명한 괘이니 '내문명'입니다(內文明). 안으로 문명한 것을 품었기 때문에 유리옥에 갇혀 있으면서도 주역 64괘 괘사를 지은 것 아니겠어요?

　또 땅괘(☷)는 모두 음으로 유순합니다. 주紂에게 잡혀 갇히게 되었고, 외괘가 유순한 괘이니 '외유순'이네요. 밖으로는 주에게 유순하게 대한 것이죠(外柔順). 문왕이 '내문명'하고 '외유순'하면서, 유리옥에 갇혀 온갖 핍박을 받는 어려움 속에서도 그 큰 난국을 무릅쓰면서 나갔다는 것입니다. 문왕의 자리는 내괘에서 중을 얻은 두 번째 자리입니다. 내호괘가 물괘(☵)로 험한 것이지요. 험한 감옥 속에서 어려움을 겪은 것입니다(以蒙大難　文王以之).

　또 이 명이괘 주인은 주紂의 당숙인 기자箕子입니다. '어렵게 하고 바르게 하면 이롭다'는 것은, 그 밝음을 속에 감춘다는 뜻입니다. 명이괘의 상육이 주紂입니다. 주가 임금이지만 상육자리에 놓고, 기자는 임금이 아닌데도 오효자리에 놓았어요. 성인인 기자는 문왕 못지 않은 밝음을 가지고 있습니다. 그러나 똑똑하고 밝은 체하면 죽일 것이 자명하므로, 밝은 것을 감추고 거짓으로 미친 척했습니다(利艱貞晦其明也).

가족이란 면으로 생각해볼 때 자기 조카가 폭정을 하니까 안으로 어렵습니다. 어려운데도 기자는 그 뜻을 바르게 했지요. 안으로 어려운 일을 당하면서도 같이 합류해서 나쁜 짓을 하지 않고, 자기의 뜻을 바르게 지켜나갔습니다.

또 무왕이 주紂를 치고서 주周나라를 세웠어요. 개인적으로나 국가적으로 보았을 때 원수지요. 그렇지만 기자를 찾아가 격의 없이 정치하는 법을 물었어요. 기자 역시 격의 없이 세상의 규범이 되는 정치하는 법 아홉 가지(홍범구주洪範九疇)를 가르쳤습니다. 속으로는 자신의 나라를 멸한 사람이니 얼마나 미웠겠어요? 하지만 그 미운 감정을 억제하고 백성 전체를 위해서 대법大法을 가르쳐 주었으니, 이것 역시 안으로는 어렵지만 그 뜻을 바르게 한 것이네요(內難而能正其志箕子以之).

대상전

象曰 明入地中이 明夷니
상왈 명입지중 명이

君子ㅣ 以하야 莅衆에 用晦而明하나니라.
군자 이 이중 용회이명

직역 「대상전」에 이르기를, 밝은 것이 땅 속으로 들어가는 것이 명이(明

夷)이니, 군자가 본받아서 무리에 다다름에(임함에) 그믐을 써서 밝힌다.

- 莅 : 다다를 리(자리에 나아가다) / 晦 : 그믐 회 / 明 : 밝을 명

강의 밝음(☲)이 땅(☷) 속에 들어가 어둠이 되는 것이 명이입니다(明入地中 明夷).

사람이 속은 그믐같이 캄캄한데 겉으로 밝은 척을 하는 건 아무 소용이 없지요. '용회이명'은 실제로 밝지만 밝은 것을 감춰놓고 그믐인 양 어두운 체하면서 해가 동에서 떠 빛이 점점 온 천하를 비추듯이 환하게 밝아지게 하는 것을 말합니다. 안으로 밝은 것을 품고 밖으로는 캄캄한 그믐처럼 하는 것이죠.

땅괘(☷)는 그믐입니다. 하늘괘(☰)가 되어야 세 효가 모두 밝은 양으로서 보름달이 되는데, 땅괘는 밝음이 모두 사라져서 그믐이 되지요. 또 땅은 속을 파고들면 어둡습니다. 그래서 '용회用晦'는 땅괘(☷)를 두고 하는 말이고, '이명而明'은 불괘(☲)를 두고 하는 말이지요. 밖으로는 땅괘로 어두운 체하면서, 안으로는 불괘로 그 밝은 문명이 서서히 드러나 온 천하가 환해지는 것입니다. 밝음이 상해 어두운 명이괘의 상황에서, 군자는 밝은 체하고 잘난 체하는 것이 아니라 어두운 체하고 모르는 체하면서 서서히 밝게 해야 한다는 것을 말합니다(莅衆 用晦而明).

효사와 소상전

初九는 明夷于飛에 垂其翼이니
초구   명이우비   수기익

君子于行에 三日不食하야 有攸往에 主人이 有言이로다.
군자우행   삼일불식   유유왕   주인   유언

象曰 君子于行은 義不食也라.
상왈 군자우행   의불식야

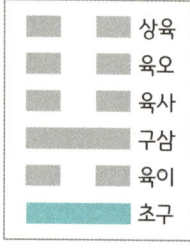

직역 초구는 날고자 하는데 밝음이 상함에 그 날개를 드리우니, 군자가 감에 삼일 먹지 않아서, 가는 바를 둠에 주인이 말을 두도다. ◆「상전」에 이르기를, '군자우행'은 의리가 녹을 먹지 아니함이라.

- 于 : 어조사 우 / 垂 : 드리울 수 / 翼 : 날개 익 / 攸 : 바 유

점례 부정을 보고 양심선언을 하고 직장을 그만두었다. 3년이 지났지만 그 명예는 남아 있다.

강의 양이 맨 처음에 있는 초구는 백이·숙제의 얘기입니다. 내괘인 불괘(☲)는 불이 타올라 위로 향하는 것이죠. 또 불괘는 밝은 것이죠. 해와 같이 위에 있어야 그 밝은 빛을 비출 수 있습니다. 그런데 때는 밝은 것을 상한다는 '명이'의 시대이고, 또 내괘로 안에 있으니 어두운 것이고, 날아오르지 못하는 것입니다(明夷于飛).

그런데 불괘(☲)의 초구가 변하면 산괘(☶)가 되지요. 산은 움직이지 않고 그쳐 있는 상이니 날지 못하고 있는 것입니다. 날갯죽지가

펴져야 나는 것인데 펴지지 못하고 드리워져 있어요(垂其翼).

날려는 것은 벼슬하러 가는 것입니다. 날지 못하니까 벼슬이고 뭐고 그만두자는 거네요. 때가 밝음을 상하는 때이니 아무런 벼슬자리도 구하지 않는다는 뜻이죠. 무왕이 폭군 주를 치고자 할 때, 백이·숙제가 찾아가 이를 극구 만류했어요. 그러나 마침내 뜻이 받아들여지지 않으므로 수양산을 향해 가는 것이지요(君子于行).

수양산에 들어가 '의리가 주나라 녹을 먹지 않는다'고 해서 끝내 주나라 녹을 먹지 않았습니다. 3일 동안 음식을 먹지 않았다는 것은 자신의 뜻이 받아들여지지 않자 수양산에 들어가 고사리로 연명하다 세상을 뜬 고사를 말하는 것입니다(三日不食). 그런데 백이·숙제가 수양산으로 떠나려 하니까(有攸往) 주나라의 무왕武王이 가지 말고 나를 도와달라는 말을 하는 것이죠(主人有言).

◆**소상전** 백이·숙제가 벼슬을 마다하고 가는 것은(君子于行) 백이·숙제가 볼 때 의리상 신하로서 임금인 주紂를 정벌한(以臣伐君) 무왕이 다스리는 주나라 곡식을 먹지 않겠다는 것입니다(義不食也).

六二는 明夷에 夷于左股니 用拯馬ㅣ 壯하면 吉하리라.
육이 명이 이우좌고 용증마 장 길

象曰 六二之吉은 順以則也일세라.
상왈 육이지길 순이칙야

직역 육이는 명이에 왼쪽 다리를 상함이니, 구원하는 말이 건장하면 길하리라. ◆「상전」에 이르기를, '육이의 길함'은 순함으로써 법하기 때문이

다.

■ 左 : 왼 좌 / 股 : 다리 고 / 拯 : 구원할 증 / 壯 : 장정 장, 강할 장

점례 당분간 몸으로 활동을 못하지만 가만히 앉아 저작으로 이름을 날린다. 어려움에 처해 있으나 누군가의 도움으로 어려움에서 벗어난다.

강의 음이 두 번째 있어 육이입니다. 육이는 음이 음자리에 바르고 내괘에서 중을 얻었지요. 여기는 문왕을 두고 한 말입니다. 밝음이 상한 명이의 어둡고 혼란한 세상을 당해서(明夷) 문왕 자신이 유리옥에 갇힌 것을 말하는 것입니다. 왼쪽 넓적다리라고 했으니, 오른쪽을 다친 것보다는 심각하지 않습니다. 그래도 다리가 다쳤으니, 옥에 갇혀 꼼짝 못하고 있는 상을 표현한 것이죠(夷于左股).

문왕이 왼쪽 넓적다리를 상해 움직이지 못하고 있으니 누가 구해줘야하지 않겠어요? 구삼은 문왕의 아들 무왕인데, 무왕이 주紂와 싸워 이기면 아버지 문왕을 구원해주는 것이죠. 그래서 구삼을 지칭해서 말(馬)이라고 하였습니다. 육이가 변하면 하늘괘(☰ 良馬)가 돼서 건장한 말이 되네요. 그래서 육이 문왕을 구원해주는 구삼의 힘이 강하면 길하다고 한 것입니다(用拯馬壯吉).

◆소상전 육이 문왕이 음으로써 순하죠. 문왕이 억지로 하지 않고 천리에 순하면서 그것을 법으로 삼고 잘 나가니까(順以則也) 자연 구원을 받게 되는 것입니다(六二之吉).

九三은 **明夷于南狩**하야 **得其大首**니 **不可疾貞**이니라.
구삼   명이우남수   득기대수   불가질정

象曰 南狩之志를 **乃大得也**로다.
상왈 남수지지   내대득야

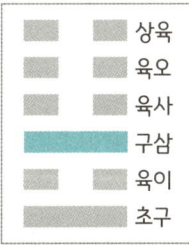

상육
육오
육사
구삼
육이
초구

직역 구삼은 명이에 남쪽으로 사냥해서 그 큰 머리를 얻으니, 빨리 바르게 할 수 없느니라. ◆「상전」에 이르기를, 남쪽으로 사냥하는 뜻을 이에 크게 얻음이라.

■ 狩 : 사냥할 수 / 得 : 얻을 득 / 疾 : 빨리 질, 병 질

점례 경찰은 간첩이나 깡패 두목을 잡는다. 너무 서둘지 말라.

강의 양이 세 번째에 있어 구삼입니다. 구삼은 무왕에 해당하네요. 음이 음자리에 있는 유柔한 육이는 '글월 문' 자 문왕文王이고, 양이 양자리에 있는 강剛한 구삼은 '호반 무' 자 무왕武王이지요. 구삼이 양으로 원래 강한데다 양자리에 있어 지나치게 강합니다. 그래서 무력을 행사해야 하는 처지가 되네요.

구삼과 응하는 자리는 상육이죠. 상육은 폭군 주紂입니다. 또 괘에서 방위를 볼 때 앞을 남南이라 하고, 뒤를 북北이라 합니다. 육사·육오·상육은 모두 구삼의 남쪽이네요.

밝은 것이 상해 어둡고 혼란한 시대에 구삼 무왕이 폭군 주를 치기 위해 칼을 뽑아들고 남쪽으로 사냥(전쟁)을 하러 갑니다. 불괘(☲)에서 무기가 나옵니다. 외호괘는 우레괘(☳)가 되지요. 우레괘는 위엄을 보이는 것이고, 군사를 출동해서 전쟁하러 가는 것입니다.

즉 무왕이 주를 치기 위해 군사를 이끌고 무기를 가지고 앞으로 가는 것이죠(明夷于南狩). 그래서 우두머리인 폭군 주(상육)를 베어 잡지요(得其大首).

그러나 그 일을 너무 서둘러서는 안 된다는 것입니다. 주紂의 윗대는 모두 어진 임금으로 인심을 얻었고, 백성들로부터 지지를 받았습니다. 그렇기 때문에 주가 아무리 폭정을 해도 주에게 충성을 하며 따르는 무리들이 많지요. 더구나 나쁜 사람이 나쁜 짓을 오래 하면 그 세력이 뿌리를 깊게 박습니다. 그렇기 때문에 함부로 건드리지 못하니 너무 서두르지 말아야 하네요.

바르게 하고 싶은 마음은 당장이라도 있지만 가서 목을 베지 못하면 오히려 잡히고 마니 소용이 없는 것이죠. 그래서 주를 베는 것이 바른 일을 하는 것인데 그 바른 일을 너무 서두르지 말라고 경계하였어요(不可疾貞).

◆**소상전** 무왕이 천명을 받아 폭군 주를 치러 갔습니다. 하늘이 도왔지요. 신비한 힘(神武)을 가진 강태공도 만났습니다. 그 도움으로 무왕이 주紂를 베고 주나라를 세웠으니 그 뜻을 크게 얻었네요(南狩之志 乃大得也).

六四는 入于左腹하야 獲明夷之心하야 于出門庭이로다.
육 사   입 우 좌 복   획 명 이 지 심   우 출 문 정

象曰 入于左腹은 獲心意也라.
상 왈 입 우 좌 복   획 심 의 야

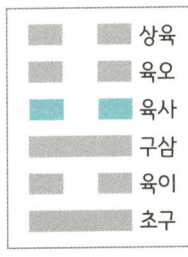

직역 육사는 왼쪽 배에 들어가 명이의 마음을 얻어서 문정에 나옴이로다. ◆「상전」에 이르기를, '입우좌복'은 (임금의) 마음과 뜻을 얻는 것이다.

■ 腹 : 배 복 / 獲 : 얻을 획 / 庭 : 뜰 정

점례 심복이 기밀문서를 빼낸다. 국외로 도망친다.

강의 음이 네 번째에 있어 육사입니다. 육사는 주紂의 서형 미자微子의 자리이지요. 미자가 주의 마음을 사서 신주를 빼돌려서 나가는 얘기입니다. 「설괘전」에 땅괘(☷)는 배(腹)라고 했죠. 육사가 변하면 우레괘(☳)가 되는데 우레괘는 좌청룡 즉 좌측입니다. 그래서 '좌복左腹'이 되는데, 좌복은 깊은 곳을 말하네요. 우右는 나아가는 것이고 좌左는 들어가는 것이라고 했습니다. 들어가면 깊어지네요. 뱃속도 깊은 곳이지요. 그래서 주紂의 깊숙한 뱃속까지 들어갔다는 말입니다(入于左腹).

신주를 빼내기 위해 주에게 깊숙이 들어가 주紂가 믿고 따를 정도로 주의 마음을 얻은 것이죠. 여기에서 '명이'는 주를 말합니다. 미자가 신주를 갖고 나오기 전에, 주의 마음을 얻고 그의 심복心腹 노릇을 했다는 것이지요(獲明夷之心). 미자는 기왕 나라가 망하게 되었으니 신주는 잘 지켜야 한다고 생각습니다. 그래서 일단 주의 심복이

되어 주의 마음을 얻은 뒤에 신주를 빼내 대궐문을 나와 버린 것입니다(于出門庭).

　◆**소상전** 미자가 왼쪽 배에 들어가서(入于左腹) 주의 마음과 뜻을 얻었어요(獲心意也). 또 그렇게 했기 때문에 신주를 얻어 도망칠 수 있었던 것입니다.

> 六五는 箕子之明夷니 利貞하니라.
> 육오　기자지명이　이정
>
> 象曰 箕子之貞은 明不可息也라.
> 상왈　기자지정　명불가식야

직역 육오는 기자의 명이니 바르게 함이 이로우니라. ◆「상전」에 이르기를, 기자의 바름은 밝은 것은 없어지지 않음이라.

　▪ 息 : 쉴 식, 숨쉴 식

점례 집안에 불량아가 있다. 잘 타일러 사람이 되게 한다.

강의 음이 다섯 번째에 있어 육오입니다. 육오는 기자箕子의 자리이지요. 기자는 주紂의 가족이네요. 육오가 상육과 같은 땅괘(☷)에 속해 있기 때문이지요. 육오가 변하면 물괘(☵)가 되고 물괘는 어두운 것입니다. 그래서 기자 같은 성인도 조카가 그 모양이니, 배운 것도 쓰지 못 하고 별 수 없이 어두운 곳에 처해 밝은 것을 감추고 있게 된 것이지요(箕子之明

夷).

　대란의 시대에 밝은 것을 감추고 있는 기자에게는 바름이 이롭다고 했네요. 육오 음이 양자리에 있어 바르지 못하나 외괘에서 중을 얻었지요. 그래서 바름이 이롭다고 한 것입니다. 괘사에 나온 '이간정利艱貞'은 기자를 두고 한 말이고, 여기의 '이정'도 역시 기자를 두고 한 말이지요. 모두 '바름이 이롭다'고 했습니다(利貞).

　◆**소상전** 육오가 변하면 물괘(☵)가 돼서 캄캄하네요. 기자가 캄캄한 어둠을 쓰고 있지만 밝음의 본체는 없어지지 않습니다. 명이괘의 육오가 변하면 기제괘(䷾)가 됩니다. 기제괘의 외호괘가 역시 불괘(☲)가 되네요. 밝은 것(내괘 ☲)이 멸식하지(☵) 않고 부활하는 것(☲)입니다(明不可息也).

上六은 不明하야 晦니 初登于天하고 後入于地로다.
상육　불명　　회　초등우천　　　후입우지

象曰 初登于天은 照四國也요 後入于地는 失則也라.
상왈 초등우천　　조사국야　　후입우지　　실칙야

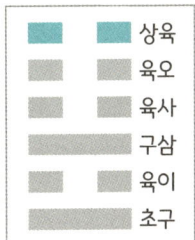

직역 상육은 밝지 아니하여 그믐이니, 처음에는 하늘에 오르고 나중에는 땅으로 들어가도다. ◆「상전」에 이르기를, '초등우천'은 온 사방의 나라를 비춤이고, '후입우지'은 법칙을 잃음이라.

■ 登 : 오를 등　/　失 : 잃을 실　/　則 : 법 칙

점례 분수를 모르고 날뛰다 패가망신한다. 권력을 남용하다가 모든 것을

잃는다.

강의 음이 맨 위에 있어 상육입니다. 원래는 다섯 번째 자리가 임금의 자리이지요. 그런데 명이괘는 임금이 없는 걸로 말했네요. 암흑세상이기 때문입니다. 주紂가 폭정을 했기 때문에 주의 정치는 정치로 보지 않은 겁니다. 그래서 다섯 번째 자리에 주를 놓지 않고 그의 당숙인 기자를 놓음으로써 고난을 겪는 것으로 말했습니다. 그래서 상육이 주의 자리입니다. 주가 밝지 못한 짓을 해서 캄캄한 그믐이 되었지요. 내괘의 밝은 불괘(☲)로부터 가장 멀리 떨어져 있어 어둡습니다(不明晦).

주가 처음에는 어진 정치를 했다고 전해옵니다. 우리나라의 광해군 같은 이도 처음에는 어진 정치를 했어요. 그래서 처음에는 천자가 되어 온 천하를 호령했으나(初登于天), 뒤에는 나라도 망하고 자신도 죽게 되었죠(後入于地).

◆**소상전** 주가 처음에는 천자가 돼서(初登于天) 사방의 나라(천하)를 비추면서 정치를 잘 한다고 했습니다(照四國也). 그런데 뒤에 가서는 왜 자신도 죽고 나라도 망하게 되었느냐고 하면(後入于地), 바로 인군으로서 지켜야 할 법칙을 잃고 나쁜 짓을 했기 때문입니다(失則也).

▌관련된 괘

① **도전괘·착종괘** : 화지진(䷢)

② **배합괘** : 천수송(䷅)　　③ **호　괘** : 뇌수해(䷧)

읽을거리 – 뇌화풍괘와 기자箕子

　명이괘와 관련하여 뇌화풍괘(䷶)를 살펴볼 필요가 있습니다. 풍괘는 해가 중천에 떠 있는 것으로 하루 중 한낮에 해당합니다. 오전이 한낮을 지나야 오후로 넘어가듯이 선천이 후천으로 바뀌기 위해서는 중천시대를 지나야 합니다. 즉 풍괘는 오회중천시대午會中天時代를 말하는 것이죠.

　그래서 단군의 비결이라고 보는 윷판을 말밭이라고 합니다. 말밭이란 말(午)이 가는 밭, 즉 오회중천시대(馬=말=午)를 넘어가는 밭이니 그 밭을 넘어가면 오후가 되고 후천이 되는 것이죠. 이처럼 '말 마' 자는 오午, 즉 오회중천시대를 상징하는 비사체라고 할 수 있지요. 진괘의 괘사에도 '용석마번서'라고 해서 '마馬'를 말했고, 명이괘의 육이 효사에서도 '용증마장길'이라고 해서 '마馬'를 말하였으니, 모두 숨은 뜻이 있는 것입니다.

　풍괘의 괘사에 해가 중천에 떠 있다(日中)고 했지요. 풍괘는 과학문명이 고도로 발달해서 더 이상 밝을 수 없는 그런 세상을 말합니다. 그러나 그렇게 밝은 세상인데도 효사에 들어가서는 한낮에 밤중에나 볼 수 있는 두성斗星을 본다고 했어요. 등하불명燈下不明격으로 밝음 속에 어두운 것이 있다는 것이죠.

　풍괘의 구사 효사에 '평등한 주인(夷主)을 만나면 길하리라'고 했습니다. 마침 풍괘의 구사가 변하면 상괘가 땅괘(䷁)가 돼서 명이괘가 되네요. 결국 풍괘 구사에서 말하는 '이주夷主'란 명이괘 육오에서 말하는 '기자지명이'의 '기자箕子'를 말하는 것입니다. 또 기자의 '키 기 箕' 자는 우리나라를 말합니다. 우리나라를 천문으로 보면 기성箕星의 자리이고 방위로는 동북 간방이지요. 또 옛 만주 지역에 연나라와 더불어 고죽국孤竹國과 기국箕國의 세 나라가 있었어요. 기국은 조선(고조선)과 인접한 은나라의 제후국이고, '기자'는 기국의 제후라는 뜻입니다. '기'는 나라이름이고, '자'는 '공후백자남'의 제후 등급 중에 4등급이라는 것이지요. 그래서 무왕이 기자를 조선에 봉했다는 말도 전하지만, 신하되기를 거부했습니다.

예전에는 동양의 정신문명이 발달했습니다. 지금은 서양 물질문명이 비약적으로 발달했지요. 이에 비해 동양의 정신문명은 캄캄한 밤중 속에 있는 것과 같습니다. 그렇지만 그 문명의 뿌리는 단단해서 썩지 않고 있다가 결국에는 줄기로 가지로 펴나간다는 것이네요. 또 후천이 되면 기자같은 성인이 간방에 다시 부활하여 세상을 통일한다는 말도 있습니다.

총설

낮이 있으면 밤이 있듯이, 밝은 진괘晉卦가 있으니 어두운 명이괘明夷卦가 있는 것입니다. 은나라를 망친 주紂의 폭정 아래에서 백성들이 도탄에 빠진 혼란하고 어두운 시대를 말한 명이明夷이지만, 앞으로도 그러한 시대가 종종 있을 것이니 문왕과 기자를 본받아서 '내문명 외유순'하고 '능정기지'하라는 가르침이 되는 것입니다. 그래서 공자께서 「계사전」에 "옛날 성인이 주역을 지은 시기는 '쇠한 세상(衰世)'이고 역易을 지어 전한 까닭은 후세를 걱정했기 때문이라."고 하셨지요.

초효는 학덕이 있고 능력을 갖춘 자도, 불우한 명이의 시대에는 매가 깃을 움츠리듯이 물러나 칩복하여 지조를 지키는 것입니다.

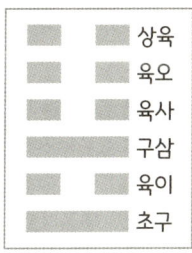

이효는 어두운 때에 좌고左股를 다친 듯이 꼼짝 못하고 있으나, 천리에 순하고 본분을 지키기 때문에 구원을 받는 것이지요.

삼효는 어두운 명이를 밝은 세상으로 만들기 위해서, 분연히 칼을 뽑아들고 불의를 격파하는 것입니다.

사효는 정면으로 공격을 개시하는 강한 삼효와는 달리, 유화책을 써서 자기의 목적을 이루는 것이지요.

오효는 밤이 되었다고 해서 영영 어두운 것이 아니고 해 뜨는 아침이 오는 법이니, 마음을 변치 말고 바르게 나아가면 바라던 밝고 좋은 때가 오는 것입니다.

상효는 처음에는 하늘 위로 날듯이 좋다가, 자기의 잘못으로 인해 패가망신은 물론 나라까지 망치는 것입니다.

편언

명이괘의 초구·육이·구삼·육사·육오는 명이明夷라고 하고 있지만, 상육은 명이라는 말을 하지 않았습니다. 백이·숙제, 문왕, 무왕, 미자, 기자는 명이의 시대에 대응하여 나름대로 각자의 방식을 취하였지요. 상육은 명이를 만든 장본인인 주紂에 해당한데다, 슬기로운 처신을 하지 못했으므로 굳이 명이를 말하지 않은 것으로 보입니다.

風火家人(37)
풍 화 가 인

▌ 가인괘의 전체 뜻

위에는 손하절 바람괘(☴)이고 아래는 이허중 불괘(☲)로, 바람괘와 불괘가 모여서 '풍화風火'의 상이 되고, 괘명은 '가인家人'입니다.

왜 풍화가 가인일까요? 가인은 바로 가족을 의미합니다. 가인괘에서 내괘는 여자이고 외괘는 남자로 구성되어 있습니다. 그래서 가족의 구성원은 내괘의 초효는 시집 안간 딸, 이효는 어머니, 삼효는 할머니(시어머니)가 되며, 외괘의 사효는 아들, 오효는 아버지, 상효는 할아버지가 됩니다.

아래에 있는 불괘를 보면 중을 얻은 이효가 음이 음자리에 바르게 있어요. 이것은 여자가 안에서 살림을 바르게 하는 것이죠. 또 위에 있는 바람괘를 보면 중을 얻은 오효가 양이 양자리에 바르게 있네요. 이것은 남자가 밖에서 바르게 활동하는 것입니다.

가인괘(☲)의 호괘는 미제괘(☲)입니다. 가인괘는 미제라 하는 아직 만나지 못한 상태에서 서로 만나 부부일신夫婦一身이 되어 한 가정을 이룬 것이네요. 남녀가 따로 있다가 서로 만나 가정을 이루는데, 따로 있을 때는 미제이지만 서로 만나 혼인을 했으니 이제는 가인이 된 것이지요.

가인괘의 상괘(☴)와 하괘(☲)를 바꿔보면 화풍정괘(☲)가 됩니다. '솥 정鼎' 자로 한솥밥을 먹는 가인이라는 의미가 있습니다.

「서괘전」에 밝음이 상한다는 명이괘 다음에 가인을 놓은 것은, "밖에서 다치면 반드시 집으로 돌아오기 때문에 가인괘로 받았다."*고 했습니다.

괘사

家人은 **利女貞**하니라.
가인   이녀정

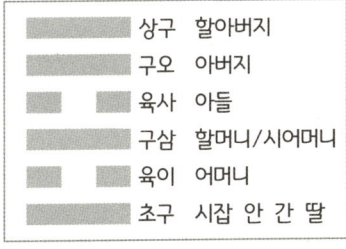

직역 가인은 여자가 바르게 함이 이로우니라.

점례 현모양처다. 그런데 만약 남성이라면 부엌일에서 문단속까지 차분하게 잘 한다.

강의 시집 온 며느리의 덕목은 무엇일까요? 보통 세 가지를 들지요. 시부모 잘 섬기고, 남편 내조를 잘하며, 집안을 화목하게 한다는 것이지요. 그래서 집안이 잘되고 못되는 것은 여자에게 달려 있다고 합니다. 가인은 뭐니 뭐니 해도 여자가 바르게 해야 합니다.

가인괘는 이효(육이)가 음이 음자리에 바르게 있으면서 내괘에서 중을 얻었지요. 여자가 안에서 바르게 살림을 하는 것이네요. 그런데

---

* 夷者傷也 傷於外者 必反其家 故 受之以家人

불괘(☲)가 내괘이니 안에 있는 것입니다. 이 불괘가 밖으로 나가면 불괘 속에 있는 육이 음도 밖으로 나가는 것이 되지요. 그렇게 되면 음이 양자리(오효)에 있게 되어 바르지 않아요. 또 여자가 집을 나가게 되는 형상이 되네요. 이러면 그 가정은 파탄이 나는 것입니다(利女貞).

단전

象曰 家人은 女ㅣ 正位乎內하고 男이 正位乎外하니
단왈 가인 여 정위호내 남 정위호외

男女正이 天地之大義也라.
남녀정 천지지대의야

家人이 有嚴君焉하니 父母之謂也라.
가인 유엄군언 부모지위야

父父子子兄兄弟弟夫夫婦婦而家道正하리니
부부자자형형제제부부부부이가도정

正家而天下ㅣ 定矣리라.
정가이천하 정의

직역 「단전」에 이르기를, 가인은 여자는 안에서 자리를 바르게 하고, 남자는 밖에서 자리를 바르게 하니, 남녀가 바르게 함이 천지의 큰 의리라. 가인이 엄한 인군이 있으니 부모를 이름이라. 아비는 아비답고, 자식은 자식답고, 형은 형답고, 아우는 아우답고, 지아비는 지아비답고, 지어미는 지어미다워야 집안의 도가 바르게 되리니, 집안을 바르게 함에 천하가 정해지리라(안정되리라).

- 嚴 : 엄할 엄 / 謂 : 말할 위, 이를 위

강의 가인괘를 살펴보면, 내괘에서 육이(여자)가 중을 얻어 안에서 제 자리(음자리)를 바르게 지키고 있고(女正位乎內), 또 구오(남자)가 외괘에서 중을 얻어 제 위치(양자리)를 바르게 가지고 있네요(男正位乎外). 또 음양응이 잘되어 있습니다. 이렇게 여자와 남자가 안팎에서 바르게 하고 있는 것이 천지가 바루어지는 큰 뜻입니다.

천지는 대자연이고 인간은 소자연이죠. 그러니 천지는 천지대로 부부이고, 남녀는 인간으로서 부부가 아니겠어요? 천지의 부부가 바르기 때문에 천지자연은 계속 있는 것이고 또 그 속에서 만물이 나옵니다. 마찬가지로 남녀도 서로 바른 가운데서 가정이 화목하고 아들딸 낳아 대를 잇고 살아가는 것이네요. 그래서 남녀가 바르다는 것은 바로 천지가 바른 것이라 할 수 있습니다. 한 남녀가 만나 부부라는 공동체를 이루는 것이고, 이것이 바로 사회발전의 원동력이 되는 것 아니겠습니까(男女正天地之大義也)?

"가인에 엄한 인군이 있으니 그 부모를 일컫는다."고 했네요. 그래서 자기 아버지를 말할 때 엄부嚴父, 엄친嚴親, 엄군嚴君이라고 하지요. 또는 '집 가' 자를 써서 가엄家嚴이라도 하는데, '내 집의 엄한 어른이다'라는 뜻이죠. 가족에 있어서 그 엄한 인군은 바로 부모라는 것입니다(家人有嚴君焉 父母之謂也).

그리고 아버지는 아버지 노릇을 하고, 자식은 자식 노릇을 하고, 형은 형 노릇을 하고, 동생은 동생 노릇을 하고, 남편은 남편노릇을 하고, 아내는 아내 노릇을 해야만 가도가 바르게 되는 것이죠(父父 子

子 兄兄 弟弟 夫夫 婦婦而家道正). 가도가 바르게 되면 천하가 바르게 됩니다. 『대학』에도 "한 집안이 어질면 온 나라가 어진 데 일어나고, 한 집안이 사양하면 온 나라가 사양하는 데 일어난다."*고 했지요. 또한 "집 밖에 나가지 않고도 집에서 하는 일이 바로 나라에서 하는 일이니 그 가르침을 나라에 이룬다. 집에서 부모에게 효도하는 것은 곧 나라에 나가 인군을 섬기는 것이고, 집에서 형을 잘 섬기는 것은 나가서 윗사람을 섬기는 것이며, 집 안에서 아랫사람을 사랑하는 사람이라면 나가서 자기 수하의 사람을 사랑할 것이다."라고 하였네요.**

가정은 사회를 이루는 중요한 단위입니다. 모든 가정이 바르게 된다면 천하는 자연 안정될 것이므로 가인이란 참으로 중요하기 그지없습니다(正家而天下定矣).

대상전

象曰 風自火出이 **家人**이니
상왈 풍자화출   가인

君子ㅣ **以**하야 **言有物而行有恒**하나니라.
군자   이   언유물이행유항

---

* 『대학』, 전문 8장 : 一家仁 一國興仁 一家讓 一國興讓
** 『대학』, 전문 9장 : … 故 君子 不出家而成敎於國 孝者 所以事君也 弟者 所以事長也 慈者 所以使衆也.

직역 「대상전」에 이르기를, 바람이 불로부터 나오는 것이 가인이니, 군자가 본받아서 말에는 실물이 있고 행동에는 항상함이 있게 하느니라.

- 恒 : 항상할 항

강의 가인괘(☲)의 상은 바로 '풍자화출風自火出'입니다. 내괘는 불괘(☲), 외괘는 바람괘(☴)네요. 안에 있는 불은 밖에 있는 바람이 몰고 나갑니다. 불은 바람을 따라서 밖으로 번져나가죠. 자기 집 안에서 하는 말도 이와 같이 모두 밖으로 나가게 마련입니다.

『천자문』에도 '귀가 담에 붙어 있다(屬耳垣墻)'라고 했습니다. 집에서 쑥덕거린 말도 담에 붙은 귀가 듣고 모두 밖으로 전해지게 마련입니다. 집에서 하는 일은 밖에서 다 알게 된다는 것이지요. 수치스러운 일이 있으면 수치를 당해야 하고, 좋은 일이 있으면 좋게 미화되어 칭찬을 듣는 법입니다.

군자가 '풍자화출'의 상을 보고, 집 안에서 하는 말을 함부로 내뱉지 않아 말에 실제가 있어야 하네요(言有物). 행실도 이랬다저랬다 해서는 안 됩니다. 일관성 있게 행동규범을 떳떳하게 지켜서 항구함이 있어야 합니다(行有恒).

37 풍화가인

효사와 소상전

初九는 閑有家면 悔ㅣ 亡하리라.
초구 한유가 회 망

象曰 閑有家는 志未變也라.
상왈 한유가   지미변야

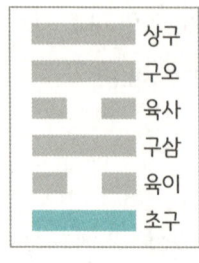

직역 초구는 집에 있어서 (규범을) 익히면 후회가 없어지리라. ◆「상전」에 이르기를, '한유가'는 뜻이 변하지 않음이라.

- 閑 : 막을 한, 익힐 한 / 變 : 변할 변

점례 여학생은 공부에 열중하며 예의범절禮儀凡節을 익히고, 미성년자는 함부로 쏘다니지 않는다.

강의 「단전」에 말한 바와 같이 가인괘는 음이든 양이든 상관없이 내괘(☲)는 모두 여자이고, 외괘(☴)는 모두 남자입니다. 그래서 초구는 내괘에서 맨 먼저 있으므로 시집 안 간 딸입니다. 육이는 시집온 며느리이고, 구삼은 그 시어머니로 놓고 보는 것이죠.

시집 안 간 딸이 여자의 범절(閨範內則)을 익히면(閑有家) 나중에 출가해서 후회가 없지요(悔亡). 만약 집에서 규범을 익히지 않고 괜히 가출이나 하고 길을 잘못 들어섰다가는 후회해도 소용이 없습니다.

지금 세상이야 밖에 나가 친구도 사귀고 학교 다니는 시절이지만 3천 년 전의 얘기니까, 집안 부모 밑에서 여자로서의 행동규범을 익혀야 합니다. 그래야 요조숙녀로서 나중에는 출가하여 그 시가媤家를 잘 이루고 자식을 낳아 잘 기르는 현모양처가 될 것입니다.

◆**소상전** 미래를 준비하는 여자가 마음이 변하면 큰일 납니다. 그래서 규범 내칙을 익히면(閑有家) 시집 안 간 여자로서 마음이 변치 않는 것이죠(志未變也).

六二는 无攸遂요 在中饋면 貞吉하리라.
육이   무유수   재중궤   정길

象曰 六二之吉은 順以巽也일세라.
상왈 육이지길   순이손야

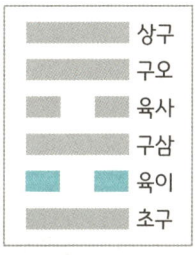
상구
구오
육사
구삼
육이
초구

직역 육이는 이루는 바가 없고, 중궤를 하면(집안에서 부인의 도리를 다하면) 바르게 해서 길하리라.
◆「상전」에 이르기를, '육이의 길함'은 순하고 공손하기 때문이라.

■ 无 : 없을 무 / 攸 : 바 유 / 遂 : 이룰 수 / 饋 : 밥통 궤, 먹일 궤

점례 가정에 충실한 주부이다. 남편을 내조하여 출세시키고 자식을 잘 길러 성공시킨다.

강의 음이 두 번째에 있어 육이입니다. 육이는 「단전」에서 말한 것과 같이 내괘에서 음이 음자리에 바르게 있고 중을 얻었지요. 집안으로 보면 시집 온 며느리입니다. 시집을 왔으면 멋대로 시부모를 무시해서는 안 됩니다. 남편 보기를 우습게 알면서 자기 주장만 해서도 안 되는 것이지요(无攸遂).

'중궤中饋'는 여자의 내칙을 말한 것으로, 안에서 하는 모든 일을 말합니다. '음식을 대접한다'는 뜻의 궤饋로 대표해서 말한 것이네요. 왜냐하면 옛날에 시집 온 며느리가 해야 할 일이 무엇보다도 제사를 받들고(奉祭祀) 빈객을 대접하는 일(接賓客)이었으니까요. '밥 식食' 변에 '귀할 귀貴' 한 것이 궤饋자죠. "백성은 먹는 것으로써 하늘을

삼는다(民以食爲天)."고 했듯이 먹는 것은 귀한 것이 아니겠습니까? 그래서 밥이라는 글자도 여기에서는 먹는 음식물의 귀함을 들어 말한 것입니다(在中饋).

시집 온 며느리가 밥을 짓지 않으면, 조상에 제사도 지내지 못하고 찾아오는 객도 대접을 못합니다. 그래서 '중궤에 있으면 바르게 해서 길하다'고 했네요(貞吉).

◆**소상전** 육이가 규범내칙을 잘 지켜서 길한 까닭은(六二之吉), 음으로서 순하고 밖으로 공손하기 때문이죠. 즉 자신과 응하는 구오 남편과 구삼 시어머니의 뜻을 공손하게 따르는 것이네요. 여자가 시집 와서 순하고 공손하게 해야지, 주제넘은 행동을 하거나 거친 언행을 하면 안 되는 것이죠(順以巽也).

九三은 家人이 嗃嗃하니 悔厲나 吉하니
구 삼   가인   학학   회려   길

婦子ㅣ 嘻嘻면 終吝하리라.
부자   희희   종린

象曰 家人嗃嗃은 未失也요 婦子嘻嘻는 失家節也라.
상왈 가인학학   미실야   부자희희   실가절야

▣직역▣ 구삼은 가인이 엄숙하게 하니 위태하여 뉘우치나 길하니 부녀자가 희희덕거리면 마침내 인색하리라. ◆「상전」에 이르기를, '가인학학'은 (법도를) 잃지 않음이고, '부자희희'는 집의 절도를 잃음이라.

▪嗃 : 엄할 학, 큰 소리 학 / 嘻 : 희희덕거릴 희 / 終 : 마침내 종 / 吝 : 인색

할 린

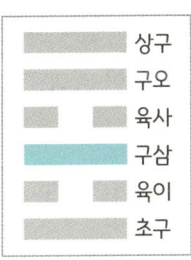

점례 시어머니와 며느리 사이에 갈등이 심하다. 서로 참고 이해해야 한다.

강의 양이 세 번째에 있어 구삼입니다. 가인괘에서 구삼은 시어머니죠(家人). 시어머니가 큰소리를 치면서 며느리와 딸의 잘못을 지나치게 단속하면(嗃嗃) 며느리와 딸이 반감을 갖게 될 수 있지요. 나중에 너무 심했지 않나 후회하게 되고, 잘못하면 위태로울 수도 있습니다(悔厲).

그러나 엄하게 할 때에는 엄하게 해야 가도가 제대로 잡힙니다. 그래야 길하리라는 것이네요(吉). 만약에 시어머니가 엄하게 하지 않아 며느리나 딸이 희희덕거리면서 시어머니를 우습게 보면(婦子嘻嘻) 마침내 그 가정이 잘못된다는 것입니다(終吝).

◆소상전 가인의 가도를 바로잡기 위해서 시어머니가 엄하게 하는 것은(家人嗃嗃) 가도를 잃지 않으려는 것이고(未失也), 부녀자들이 희희덕거리는 것은(婦子嘻嘻) 집안의 범절을 모두 잃는 형국이 됩니다(失家節也).

37 풍화가인

六四는 富家니 大吉하니라.
육사　부가　　대길

象曰 富家大吉은 順在位也일세라.
상 왈　부 가 대 길　　순 재 위 야

직역 육사는 집을 부유하게 하니 크게 길하니라.
◆「상전」에 이르기를, '부가대길'은 순하면서 위位에 있기 때문이라.

점례 열심히 노력하여 어려운 가정을 일으킨다. 부자가 된다.

강의 음이 네 번째에 있어 육사입니다. 가인괘에서 육사는 아들입니다. 음양효와 상관없이 내괘 세 효는 여자이고 외괘 세 효는 남자라고 했으니, 사효는 아들, 오효는 아버지(또는 남편), 상효는 할아버지네요.

육사는 흥가지아興家之兒로서 집을 부하게 하는 아들입니다. 집을 부하게 해서 부자가 되었으니 크게 길할 수밖에요(富家大吉). 괘상으로 보면 내괘 이허중(☲) 불괘의 기운이 외괘 손하절(☴) 바람으로 밖으로 일어나는 것이니, 크게 사업이 번창하는 것입니다.

◆**소상전** 육사가 집안을 부유하게 하여 크게 길한 것은(富家大吉), 음이 음자리에 바르게 있고 음으로서 순하게 제자리를 잘 지키고 있기 때문입니다(順在位也). 부모에게 순하고 열심히 일하니까 부자가 되네요. "작은 부자는 근면함에 있고 큰 부자는 하늘에 있다(小富在勤 大富在天)."고 했어요. 하느님이 도우면 근검하는 사람은 큰 부자도 될 수 있는 것입니다.

九五는 **王假有家**니 **勿恤**하야 **吉**하리라.
구오　왕격유가　물휼　길

象曰 王假有家는 **交相愛也**라.
상왈 왕격유가　교상애야

상구
구오
육사
구삼
육이
초구

직역 구오는 왕이 집을 지극히 하니 근심치 말아서 (아니해도) 길하리라. ◆「상전」에 이르기를, '왕격유가'는 사귀어 서로 사랑함이라.

■ 假 : 지극할 격, 이를 격 / 恤 : 근심 휼, 구휼할 휼

점례 가정이나 회사 할 것 없이 서로가 사랑하고 존중하면 안 될 일이 없다.

강의 양이 다섯 번째에 있어 구오입니다. 그래서 '왕이 유가有家를 지극히 하니 근심하지 않아도 길하다'고 한 것이네요. 구오는 원래 왕의 자리인데, 괘가 가인괘이기 때문에 이곳에서는 정치하는 왕으로서만 얘기하면 안 되죠.

'유가'는 평범한 집의 가정을 말합니다. 「단전」 해설에서도 말씀 드렸듯이 '인군의 집이 어질면 온 나라 백성들이 인군의 집을 보고 본받아 어질게 한다'고 했습니다. 왕도 가정이 있으므로 아내가 있고 자식이 있는데, 그 왕이 가정을 지극히 다스리니(王假有家) 집 안이 잘못될까 근심 할 필요가 없이 길하다는 것이지요(勿恤吉).

◆**소상전** 왕이 자기의 집을 지극히 다스리거나 가장이 자기 집을 잘 다스려 근심하지 않아도 길할 정도가 되려면 어떻게 해야 할까요(王假有家)? '교상애交相愛'라야 합니다. 집을 지극히 다스린다고 해서

아랫사람들을 툭하면 혼내고 큰 소리나 치고 하는 것이 아니죠.

아버지는 자식을 사랑하라고 했고 자식은 효도하라고 했습니다(父慈子孝). 또 부자간에는 친함이 있어야 한다고도 했어요(父子有親). 이렇게 아버지나 자식이나 어머니나 딸이나 부모·형제·처자 할 것 없이 서로가 사귀어 사랑하는 것이 바로 집을 지극히 잘 다스리는 것입니다(交相愛也).

上九는 有孚코 威如면 終吉하리라.
상구   유부   위여   종길

象曰 威如之吉은 反身之謂也라.
상왈 위여지길   반신지위야

직역 상구는 믿음을 두고 위엄 있게 하면 마침내 길하리라. ◆「상전」에 이르기를, '위엄 있게 하여 길함'은 몸을 반성함을 이름이라.

- 孚 : 믿을 부 / 威 : 위엄 위

점례 믿음과 위엄 두 가지로 아랫사람을 대해야 한다.

강의 양이 맨 위에 있어 상구입니다. 상구는 가인괘의 맨 위에 있네요. 가정에서는 제일 높은 어른인 할아버지입니다. 상구는 아들이고 며느리고 손자고 할 것 없이 누구에게나 다 어른으로서 자신을 믿도록 하라고 했네요(有孚).

그러나 그것으로만 끝나면 안 됩니다. 믿음을 둔다고 해서 이 사람 저 사람이 다 할아버지 알기를 우습게 봐서는 안 되는 일이지요. 그래서 위엄이 있어야 합니다(威如).

위엄만 있고 믿음이 없어도 안 되고, 믿음만 있고 위엄이 없어도 안 되죠. 위엄과 믿음, 이 두 가지가 동시에 있을 때 마침내 길하다는 것입니다(終吉).

◆**소상전** '위엄 있게 해서 길하다'는 것이 무엇이냐는 것이죠(威如之吉). 위엄이라는 것은 큰 소리 치고 매질하는 게 아닙니다. 어른이 돼서 어른답게 행동했는지 돌이켜보는 것이네요. 윗물이 맑아야 아랫물도 맑습니다. 어른이 늘 반성하고 잘못이 있으면 고치려고 노력해서 일거일동一擧一動이 어른답고 훌륭하면 그게 바로 위엄이네요. 그래야 아랫사람도 본받아 아랫사람의 도리를 잘 지킵니다(反身之謂也).

관련된 괘

① **도전괘** : 화택규(䷥) ② **배합괘** : 뇌수해(䷧)

③ **호   괘** : 화수미제(䷼) ④ **착종괘** : 화풍정(䷱)

총설

단란하고 행복한 가정은 온 가족이 자기의 도리를 다하면서 사랑하고 존중하는 가운데 이루어집니다.

초효는 시집 안간 딸이 집안에서 가도범절을 익히는 것입니다(閑有家).

이효는 시집온 새 며느리가 안에서 살림을 잘 한다는 말입니다(在中饋).

삼효는 시어머니로서 체통을 잃지 말라는 것이죠(嘻嘻終吝).

사효는 사나이가 근면성실하여 가정을 부유하게 한다는 것입니다(富家).

오효는 한 집의 가장은 가족 모두에게 사랑을 베풀어야 한다는 말이죠(交相愛).

상효는 집안에서 가장 나이가 많은 어른이라면 어른답게 처신하라는 것이네요(有孚威如).

편언

대체로 가인괘는 내괘의 초구·육이·구삼은 여자의 도리를 말한 것이고, 외괘의 육사·구오·상구는 남자의 도리를 말한 것입니다. 가인괘의 육효 중 구삼에서만 가인을 말하고, 나머지 효에서는 가인을 말하지 않았네요. 집안을 다스리는 데에 시어머니의 역할이 중요하다는 것을 강조한 것으로 보입니다.

『주역』은 은나라 말기 주나라 초기에 이루어졌기 때문에, 당시의 가치관과 문화상이 투영되어 있습니다. 또한 오랜 세월을 두고 중세의 봉건적 사회질서가 반영되어 해석되어 왔습니다. 따라서 오늘날 가인괘의 내용(괘사와 효사)을 이해하고 실제로 적용함에 있어서는, 현대의 가치관과 문화상을 반영하여 해석하고 적용해야 할 것입니다.

火澤睽(38)
離 兌 화 택 규

▌규괘의 전체 뜻

위에는 이허중 불괘(☲)이고 아래는 태상절 못괘(☱)로, '화택火澤'의 괘상이고, 괘명은 어긋난다는 뜻의 '규睽'입니다. 왜 화택이 어긋난다는 규睽일까요? 위에는 불괘이고 아래는 못괘라서, 불은 불대로 위에서 놀고 못은 못대로 아래에서 놉니다. 그래서 서로 만나지 못하고 통하지 못하고 합하지 못하여 어긋나는 것입니다.

또 불괘는 둘째 딸이고(離中女), 못괘는 셋째 딸이지요(兌小女). 두 딸이 같이 한집에 있지만, 각각 다른 곳으로 시집을 가야하기 때문에 같이 살지 못하게 되어 서로 어긋나네요.

「잡괘전」에 "가인은 안이고, 규는 밖이라(家人內也 睽外也)."고 했습니다. '가인은 안이라'는 것은 불괘(☲)가 안에 있다는 말이고, '규는 밖이라'는 것은 불괘가 밖에 있다는 말입니다. 불괘가 안에 있으면 음(육이)이 음자리에 바르게 있으니 집안이 편안해져 가인家人이 되고, 불괘가 밖에 있으면 음인 여자가 밖으로 나갔으니 가정이 어긋나는 규睽가 됩니다.

가인괘와 규괘는 도전괘입니다. 이렇게 도전괘를 나란히 놓았네요. 괘 순서를 말한 「서괘전」에는, "집안의 가도가 문란해지면 서로 어긋나게 되기 때문에, 가인괘 다음에 규괘를 놓았다."*고 했습니다.

괘사

睽는 小事는 吉하리라.
규　소사　길

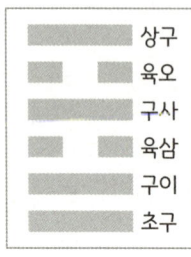

직역 규는 작은 일은 길하리라.
- 睽 : 어그러질 규

점례 우리나라의 남북분단의 상징인 3.8선이 바로 이 괘에 해당한다. 부부가 별거하고 이혼하기도 한다.

강의 위와 아래가 서로 어긋난 상태에서 큰일을 도모할 수는 없을뿐더러 길할 수도 없습니다. 그렇지만 작은 일은 길할 수 있는 것 아니겠어요? 여기에서 '소사小事'는 음을 두고 말한 것이네요. 인군 자리에 있는 육오 음은 소小가 되지요. 그래서 '소사는 길하다'고 했습니다. 이 말에는 대사大事는 길하지 못하다는 말이 들어있네요(睽小事吉). 그렇죠. 큰일을 도모하기 전에 우선 어긋나 있는 상황을 잘 풀어야 하는 것이 바로 '소사길小事吉'입니다.

---

* 家道窮必乖 故 受之以睽

단전

象曰 睽는 火動而上하고 澤動而下하며 二女ㅣ 同居하나
단왈 규 화동이상 택동이하 이녀 동거

其志ㅣ 不同行하니라.
기지 부동행

說而麗乎明하고 柔ㅣ 進而上行하야
열이이호명 유 진이상행

得中而應乎剛이라 是以小事吉이니라.
득중이응호강 시이소사길

天地ㅣ 睽而其事ㅣ 同也며 男女ㅣ 睽而其志ㅣ 通也며
천지 규이기사 동야 남녀 규이기지 통야

萬物이 睽而其事ㅣ 類也니 睽之時用이 大矣哉라.
만물 규이기사 류야 규지시용 대의재

직역 「단전」에 이르기를, 규는 불이 움직여서 위로 오르고, 못이 움직여서 내려가며, 두 여자가 한 곳에 거하나 그 뜻이 같이 행하지 아니하니라. 기뻐해서 밝은 데에 걸리고 유가 나아가 위로 행해서 중을 얻어 강에 응함이라. 이로써 '소사길'이니라. 천지가 어긋나도 그 일은 같으며, 남녀가 어긋나도 그 뜻은 통하며 만물이 어긋나도 그 일은 같으니 규의 때와 씀이 크도다.

- 麗 : 걸릴 리 / 類 : 같을 류

강의 먼저 왜 어긋난다는 규괘가 되었는가에 대한 설명입니다(睽). 두 가지를 들었어요. 먼저 규괘는 불괘(☲)가 위에 있고 못괘(☱)가 아래에 있죠. 위에 있는 불이 움직여 위로 올라가고, 아래에 있는 못이 움직여 아래로 내려간 것이네요(火動而上 澤動而下). 또 불괘는 중녀이고 못괘는 소녀인데, 이 두 여자가 같이 한 괘에 한 가족으로 거하고 있네요. 그런데 두 자매는 뜻이 같을 수 없고 같이 행동하지도 못하죠. 시집도 각각 가야 하네요. 그러니 그 뜻이 서로 같을 수가 없는 것이죠(二女同居 其志不同行). 이런 두 가지 조건을 들어서 어긋났다는 규를 풀이한 것입니다.

못괘는 못이 출렁거려 기쁜 괘고, 불괘는 밝은 괘이죠. 안에 있는 못괘는 열說이 되고 밖에 있는 불괘는 명明이 되네요. 즉 '기뻐한다'는 것은 안으로 내가 늘 기쁜 마음을 갖는 것이고, '밝은 데 걸린다'는 것은 밖으로 모든 일을 대할 때 늘 밝게 한다는 것이지요(說而麗乎明). 괘변卦變으로 보면 이 괘가 원래는 중부괘(䷼)였습니다. 중부괘의 네 번째 있던 유柔가 올라가 다섯 번째 자리에 있게 되고, 다섯 번째 있던 양은 네 번째로 내려왔죠. 아래에 있는 유가 아래에만 있는 게 아니라 나아가 위로 갔네요(柔進而上行). 육오를 두고 하는 말이지요. 육오는 외괘에서 중을 얻었고, 내괘의 구이 강과 잘 응하고 있네요(得中而應乎剛). 위 세 가지 조건이 있기 때문에, '작은 일은 길하다'고 한 것입니다(是以小事吉).

다시 규의 뜻을 괘사 외의 말씀을 덧붙여 설명하고 있습니다. 먼저 '천지도 어긋나 있지 않느냐'라는 것이네요. 하늘은 위에 있고 땅은 아래에 있어서 때로는 그 기운이 어긋나도 만물을 생화하는 일은 같네요. 하늘이 하는 일과 땅이 하는 일은 같습니다. 하늘이 따뜻한 봄이 오도록 하면 땅은 그에 따라 모든 만물을 땅 위에 내놓습니다. 하늘이 더운 여름이 오도록 하면 그에 따라 만물이 땅에서 무럭무럭 자라네요(天地 睽而其事 同也).

사람을 보더라도 남자와 여자가 어긋나도 인간으로서의 삶을 영위하고 후손을 낳아 기르고자 하는 뜻은 서로 통합니다. 그래서 서로 혼인도 하는 것이죠(男女睽而 其志通也).

만물을 놓고 보더라도 또한 그렇습니다. 사물이 각각 어긋나 있기 때문에 만물이 될 수 있는 것입니다. 그런데 모두가 각각 어긋나 있지만, 만물이 먹고 살고 하는 것은 그 일이 같은 데가 있다는 것이지요. 모두가 보다 나은 상태로 나아가 행복하고 조화롭게 살려고 하는 일은 같은 것이죠(萬物睽而 其事類也).

그렇기 때문에 그것들을 잘 이용하는 시기 또는 그 쓰임이 크다(睽之時用 大矣哉)고 찬탄했어요. '시용대의재'라 한 것은 64괘 중에 규괘睽卦(☲)·건괘蹇卦(☵)·감괘坎卦(☵)의 세 괘입니다. 어긋나거나(睽) 어렵거나(蹇) 험한(坎) 것도 잘 이용하면 좋은 것이라고 했지요. 이를 삼시용三時用이라고 합니다.

대상전

象曰 上火下澤이 **睽**니 **君子**ㅣ **以**하야 **同而異**하나니라.
상왈 상화하택 규 군자 이 동이이

직역 「대상전」에 이르기를, 위에는 불이 있고 아래는 못이 있는 것이 규이이니, 군자가 본받아서 같되 다르게 하느니라.

강의 위에는 '화동이상火動而上'을 해서 불이 되고 아래에는 '택동이

하澤動而下'를 해서 못이 되니, 이것이 바로 어긋났다는 규가 되었다고 했네요.(上火下澤 睽).

군자가 이 규괘를 보고 본받아 먼저 어긋난 걸 같이해야 한다고 했습니다. 규괘를 보고 어긋난 대로 그냥 보고만 있으면 안 되죠. 어긋난 것을 같이 하나가 되도록 하네요(同). 그러면서도 또 달리 합니다(而異). 군자는 '화이불류和而不流'*라고 했습니다. 사람을 화和하게 대해야 하지요. 이 사람도 좋고 저 사람도 좋고 이 사람 의견도 받아들이고 저 사람 의견도 받아들이는 것입니다. 그러나 나쁜 일 하자고 하거나 도둑질하자고 하는 것은 절대 하지 말아야죠. 즉 '화하되 잘못 흐르지는 말아야 한다'는 것입니다.

'동이이同而異'라는 것은 원래 도덕적인 얘기지요. 그런데 우리나라가 '동이이'로 서로 같은 처지면서 달라졌네요. 우리나라를 보면 같은 민족이므로 동同이지요. 또한 우리나라 3천 리 강토가 동인데, 국토가 분단되고 동족끼리 오가지도 못하게 이異로 달라졌어요. 주역 38번째에 규괘가 있지요. 물론 주역을 만들 때에 우리나라 38선을 놓고 말한 것은 아닙니다.

주역은 '두루 주周', '바꿀 역易' 자로 두루두루 바꾸어 보는 것이죠. 때에 따라 어느 시기든지 간에 다 해당하는 것이 주역입니다. 마침 주역의 38번째에 규괘가 있고 우리나라에 38선이 있다 보니 우리나라가 바로 규睽가 되고 말았네요. 그래서 주역에 우리나라가 38선으로 남북분단된 것을 규괘에서 찾아보게 되는 것입니다. 언제까지 분단상태가 지속될 것이며 언제쯤 통일이 되겠느냐 하는 것을 여기

★ 『중용』, 10장 : 君子는 和而不流하나니 强哉矯여!

에서 찾을 수도 있는 것입니다.

▌ 효사와 소상전

初九는 悔ㅣ 亡하니 喪馬하고 勿逐하야도 自復이니
초구   회 망   상마   물축   자복

見惡人하면 无咎리라.
견악인   무구

象曰 見惡人은 以辟咎也라.
상왈 견악인   이피구야

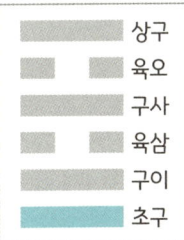

▨ 직역 ▨ 초구는 뉘우침이 없어지니 말을 잃고 쫓지 아니해도 스스로 회복함이니 악한 사람을 보면 허물이 없으리라. ◆「상전」에 이르기를, '견악인'은 허물을 피함이라.

■ 喪 : 잃을 상 / 馬 : 말 마 / 勿 : 말 물 / 逐 : 쫓을 축 / 辟 : 피할 피(≒避)

▨ 점례 ▨ 잃어버린 물건이 돌아온다. 아이를 유괴 당했다가 다시 찾는다.

▨ 강의 ▨ 양이 맨 처음에 있어 초구입니다. 규괘는 각 효마다 모두 어긋난 상태입니다. 때가 마침 어긋나 있네요. 어긋났지만 서로 만나야 합니다. 초구와 구사는 음양응이 아니지만 자리는 응하지요. 초구와 구사는 모두 양으로서 현명하네요. 초구가 구사와 만나서 어긋난 규의 상황을 해결해야 합니다.

초구는 백성의 자리이고 구사는 대신의 자리이지요. 정치를 하는 대신 구사와 나라의 정치를 돕는 백성은 서로 만나야 합니다. 지금은 어긋나 있는 규의 때이므로 만날 수 없게 되어 있습니다. 구사에게 가려면 말을 타고 가야 만나는 데 타고 갈 말을 잃어버렸어요. 그렇기 때문에 당장은 꼭 만나야 할 구사를 만날 수 없는 것이죠(喪馬).

그러나 잃어버린 말을 쫓아가 찾을 필요가 없고 쫓지 않아도 잃어버린 말이 스스로 나한테 회복해 온다고 했네요. 초구가 말을 타고 구사를 찾아가는 것이죠. 지금은 가지 못하지만 조만간 갈 때가 옵니다. 현재는 말을 잃어버렸으나 쫓지 않아도 그 말이 스스로 돌아옵니다(勿逐自復).

이러한 전제조건이 다 갖춰졌기 때문에 초구가 후회가 없다고 했네요. 후회가 있다고 했으면 '상마'가 회복되지 않는 것이지요. 그래서 후회가 없다고 먼저 말해놓은 것입니다(悔亡).

그런데 문제는 악한 사람(惡人)을 봐야만 허물이 없다고 했어요. 음은 악惡이고, 양은 선善이죠. 여기에 악한 사람은 구사를 만나지 못하게 하는 육삼을 말합니다. 이 사람을 꼭 만나야 하지요. 점을 쳐서 이 자리가 나왔으면, 내가 싫어하는 사람을 거치지 않고는 만나고자 하는 사람을 만날 수가 없는 점괘가 되는 것이죠.

공자께서 부득이하게 악한 사람을 만난 적이 있어요. 그 당시 위령공衛靈公의 부인인 남자南子가 아주 음탕한데, 공자님을 만나자고 하네요. 그래서 공자께서 만나기 위해 가려고 하니까 제자들이 모두 선생님께서 가시면 위신이 떨어진다고 말렸습니다. 그때 공자 말씀이 "내가 가는 것이 부당하다면 하느님이 날 막으실 것이며 하늘이 싫어하실 것이다"라고 하며 가서 만났어요.* 이것이 바로 악한 사람을 만나지 않고 피해를 당하는 것보다 악한 사람을 만나고서 허물을 면하는 방법입니다(見惡人 无咎).

◆**소상전** 초구가 악한 사람을 만나지 않을 경우 입을 수 있는 피해나 허물을 피하기 위해서는(以辟咎也) 육삼을 거쳐서 가야 한다는 것이죠. 즉 초구가 구사를 만나러 가는 데 육삼이라는 악인을 거치지 않을 수 없다는 뜻입니다(見惡人).

九二는 **遇主于巷**하면 **无咎**리라.
구이   우주우항   무구

象曰 遇主于巷이 **未失道也**라.
상왈 우주우항   미실도야

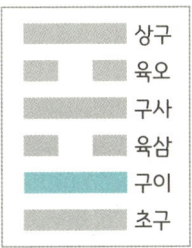
상구
육오
구사
육삼
구이
초구

직역 구이는 주인을 후미진 곳에서 만나면 허물이 없으리라. ◆「상전」에 이르기를, '우주우항'이 도를 잃지 않음이라.

■ 遇 : 만날 우 / 巷 : 거리 항, 구렁 한

점례 어려운 만남이다. 남이 보지 않는 후미진 곳에서 서로 만나 상반된 의사를 결집한다.

강의 양이 두 번째에 있어 구이입니다. 구이는 또 자신과 응하는 육

---

* 『논어』, 「옹야」 : 子見南子하신대 子路不說이어늘 夫子 矢之曰 予所否者인댄 天厭之 天厭之시리라.

오의 주主를 만나야 합니다. 구이는 신하이고 육오는 인군이죠. 때는 마침 어긋나 있는 때지요. 만약에 이 어긋난 세상을 해결하기 위해 구이가 남이 보는 앞에서 떳떳하게 남보란 듯이 육오를 만나게 되면 더욱 어긋나고 어려워집니다. 위화감이 생기고 모두가 그냥 있지를 않아 백성이 모두 들고 일어나죠. 그래서 남의 눈을 피해 후미진 곳에서 만나야 하네요. 그렇게 만나면 허물이 없다는 것입니다(遇主于巷无咎).

◆**소상전** 주인을 후미진 곳에서 만난다는 것은(遇主于巷) 규괘에서만 해당하는 것입니다. 다른 괘에서 그렇게 한다면 도를 잃는 것이네요. 그 나라의 통치자를 어떻게 백성이 모르는 후미진 곳에서 남몰래 만날 수 있습니까? 그러나 규괘에서만은 그렇게 만나지 않으면 안 됩니다. 이런 때는 그렇게 만나도 도를 잃는 것이 아니라는 뜻이죠(未失道也).

六三은 見輿曳코 其牛ㅣ 掣며 其人이 天且劓니
육 삼   견 여 예   기 우   체   기 인   천 차 의

无初코 有終이리라.
무 초   유 종

象曰 見輿曳는 位不當也오 无初有終은 遇剛也일세라.
상 왈 견 여 예   위 부 당 야   무 초 유 종   우 강 야

직역 육삼은 수레를 당기고 그 소가 막으며, 그 사람이 머리를 깎이고 또 코베임을 보게 되니 처음은 없고 마침은 있으리라. ◆「상전」에 이르기를,

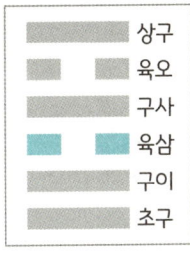

'견여예'는 자리가 마땅치 않음이요, '무초유종'은 강을 만나기 때문이라.

- 輿 : 수레 여 / 曳 : 당길 예, 끌 예 / 掣 : 부딪힐 체, 당길 체, 막을 체, 받칠 체, 억누를 철 / 且 : 또 차 / 天 : 머릴를 깎는 형벌 천 / 劓 : 코 벨 의

점례 마음을 열고 진솔하게 대해서 모든 오해를 풀어라.

강의 음이 세 번째에 있어 육삼입니다. 육삼에 있는 '볼 견見' 자는 뒤에 새겨야 해요. 한문은 새기는 데 어려움이 이런 데 있습니다. '무엇을 보고 있느냐'하면 내가 타고 가는 수레를 못 가도록 뒤에서 잡아끄는 것을 보네요. 또 앞으로 수레를 끌고 가는 소의 머리가 받치는 것을 보죠. 또 그 사람이 머리를 깎이고 또 코 베임 당하는 것을 보게 되네요. '머리를 깎인다天'는 것은 옛날에 길렀던 머리를 깎는 것을 말합니다. 머리를 깎는 것은 큰 죄를 지었을 때의 형벌입니다. 또 코를 싹 베는 형벌(劓)도 엄중한 벌이었죠. 이렇게 세 가지 모습을 보는 것입니다.

이것은 무슨 말일까요? 현재 어긋나 있는 상황이므로 육삼은 자기와 응하는 상구를 만나야 합니다. 상구도 육삼을 만나야 하는데, 육삼이 내호괘 불괘(☲)로 자신이 당하고 있는 꼴을 보게 되는 것이지요(見).

육삼이 불괘의 수레를 타고 갑니다. 불괘는 속이 비어서 수레라고 했어요. 수레를 타고 가는 육삼을 수레바퀴가 구르지 못하게 뒤에서 구이가 잡아끕니다. 상구를 만나러 가지 못하게 하려는 것이지요(輿曳). 또 내호괘가 불괘(☲)에서 소(牛)가 나오네요. 소가 수레를 앞으

로 끌고 가야 하는데 구사에 막혀서 못가고 있습니다(其牛掣).

육삼이 수레를 타고 가려는데, 뒤에서는 구이가 잡아끌고, 앞에서는 구사가 막고 있네요. 육삼이 상구를 영 못 만나게 생겼습니다. 억지로 상구를 만나기 위해 구사를 넘어가면 마치 경계선을 침범해 죄를 짓게 되는 것과 같지요. 옛날에는 중죄인을 다스리는 것으로 머리를 깎고 코를 베었습니다. 그렇게 해서 육삼이 크게 벌을 받는 것이죠(其人天且劓).

위와 같은 육삼의 꼴을 상구가 지금 보고 있는 것입니다. 그래서 현재는 서로 만나지를 못하는데 그래도 언젠가는 만날 때가 있는 것입니다. '무초无初'는 현재 못 만나는 것이고, '유종有終'은 만나는 것을 말하네요. 우리나라를 예로 들어 말해보지요. 우선 규괘에는 남쪽과 북쪽이라는 말이 들어 있어요. 상구를 가리면 외호괘가 물괘(☵)이니 북쪽이 되고, 초구를 가리면 내호괘가 불괘(☲)이니 남쪽이 되네요. 우리나라가 해방이 되면서 남한은 남한대로 정부가 수립되고, 북한은 북한대로 정부가 수립되다 보니까 남북이 만날 수가 없게 된 것은 '무초'가 되지요. 그러나 앞으로 남북이 하나로 통일이 되면 '유종'이 되지요. '유종의 미'를 거두는 것입니다(无初有終).

◆소상전 이 육삼의 수레를 뒤에서 잡아끄는 것(見輿曳)은 육삼 음이 제자리가 아닌 양자리에 있기 때문이라는 것이죠. 우리나라로 말하면, 민간인이나 민간단체가 북에 가서 만나려고 하면 정부는 뒤에서 잡아끌고 정 말을 안 들으면 코 베이는 벌을 받지 않느냐는 것입니다. 그것은 가려는 위치에 있지 않아 위가 당치 못하기 때문이라는 것이지요(位不當也). 그리고 '무초유종'은 육삼이 결국 상구의 강을 만나게 된다는 것이죠(遇剛也).

九四는 睽孤하야 遇元夫하야 交孚니 厲하나 无咎리라.
구사   규고   우원부   교부 려 무구

象曰 交孚无咎는 志行也라.
상왈 교부무구   지행야

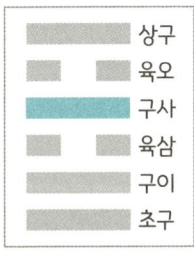

상구
육오
구사
육삼
구이
초구

직역 구사는 규가 외로워서 원부를 만나서 미덥게 사귐이니, 위태로우나 허물은 없으리라. ◆「상전」에 이르기를, '교부무구'는 뜻이 행해지리라.

■ 孤 : 외로울 고 / 元 : 착할 원

점례 만나라. 만나면 모든 일이 잘 풀린다.

강의 양이 네 번째에 있어 구사입니다. 초구에게는 구사를 만나라고 했지요. 구사도 초구를 만나야 하네요. 왜냐하면 초구와 구사는 백성과 대신으로 응하는 자리이기 때문입니다. 그래서 초구와 구사가 만나서 어긋난 것을 해결해야 하는 것이죠.

구사는 어긋나서 외롭다고 했어요. 구사는 위와 아래에 있는 두 음 사이에 끼여 있어 고립되어 있습니다. 외호괘가 물괘(☵)이니 한밤중으로 외로운 것이네요. 또한 어긋난 때에 대신으로서 책임있는 일을 공개적으로 하기 어려워 외로운 상황입니다(睽孤).

착한 지아비는 초구 백성을 말합니다. 초구는 양으로 중을 얻지는 못했지만 양이 양자리에 있지요. 그래서 양강陽剛하고 현명한 원부라고 한 것이네요. 구사는 착한 지아비인 초구를 만나야 한다는 것이죠 (遇元夫). 지금은 규의 때이므로 모두가 불신하고 있습니다. 이런 때일수록 믿음으로써 사귀어야 하네요. 미덥게 사귀어야 서로의 불신이 없어져 해가 될 일이 없습니다. 그러나 지금 현재는 규괘로 서로 어긋나기 때문에 미덥게 사귀어도 모함을 받을 수 있으니 위태로운 건 마찬가지지요. 그러나 미덥게 사귀기 때문에 허물이 없는 것입니다(交孚厲无咎).

◆**소상전** 믿음으로 잘 사귀어 허물이 없다는 것은(交孚无咎), 초구를 만나 규를 해결하고자 하는 뜻이 행동으로 옮겨져 잘 이루어진다는 것이네요(志行也).

六五는 悔亡하니 厥宗이 噬膚면 往에 何咎리오.
육오　회망　　궐종　서부　왕　하구

象曰 厥宗噬膚는 往有慶也리라.
상왈 궐종서부　왕유경야

직역 육오는 뉘우침이 없어지니 그 종당이 살을 씹으면 감에 무슨 허물이리오. ◆「상전」에 이르기를, '궐종서부'는 가서 경사가 있으리라.

■ 厥 : 그 궐 / 宗 : 일가 종 / 噬 : 씹을 서 / 膚 : 살 부

점례 막혔던 곳이 뚫리고 멀리했던 사람끼리 만난다. 오라고 하거든 얼른 가라.

강의 음이 다섯 번째에 있어 육오입니다. 육오 음은 구이 양과 응하고 있습니다. 그런데 현재 규괘로서 규의 상태이기 때문에 육오는 후회를 하고 있네요. 그러나 결국 구이를 만나게 되니까 후회가 없어진

다는 말이 되지요. 구이를 만나기 전에 어긋날 때는 후회하고 있다가, 육오가 결국 구이를 만나게 되니까 후회가 없다고 먼저 말해놓습니다(悔亡).

그리고 이어서 후회가 없어져 좋게 되는 조건과 이유를 말하고 있네요. 왜 '회망'이냐 하는 것이죠. '그 종당이 살을 씹으면' 등과 같은 비유는 주역에서만 볼 수 있는 표현입니다. 뼈를 씹으면 딱딱해서 이가 들어가지를 않습니다. 그런데 살(고기)을 씹으면 부드러워서 이가 잘 들어갑니다. '잘 먹힌다'거나 '잘 먹혀 들어간다'는 표현을 지금도 흔히 쓰지요. '그 종당'은 친한 구이를 말하네요. 육오가 구이를 만나려고 해보니까 구이가 아주 순순히 잘 응해 와서 육오의 부드러운 살을 직접 씹는 것처럼 퍽퍽 먹혀 들어간다는 것이지요. 육오가 음이기 때문에 부드러운 살이라고 했고 하괘의 못괘(☱ ㅁ)는 씹는 것입니다(厥宗噬膚).

그렇다면 육오가 구이를 만나러 가는데 무슨 탈이 있겠느냐는 것이죠. 육오가 구이를 만나러 가는데 만약 잘 먹혀 들어가지 않으면 구이한테 문전박대를 받으니 만나러 갔어도 소용없는 것이죠. 하지만 잘 먹혀 들어가서 구이가 환영하고 만나주니 후회도 자연 없어지는 것이고 허물도 없는 것입니다(往何咎).

◆**소상전** 이렇게 그 종당인 구이가 살을 씹듯이 잘 먹혀 들어가 서로 통한다면(厥宗噬膚) 정치가 잘 이루어지는 것이고 온 나라의 경사가 되는 것이지요(往有慶也).

上九는 睽孤하야 見豕負塗와 載鬼一車라.
상구   규고   견시부도   재귀일거

先張之弧라가 後說之弧하야 匪寇라
선장지호   후탈지호   비구

婚媾니 往遇雨하면 則吉하리라.
혼구   왕우우   즉길

象曰 遇雨之吉은 群疑ㅣ 亡也라.
상왈 우우지길   군의   망야

직역 상구는 규가 외로워서 돼지가 진흙을 짊어진 것과 귀신을 한 수레 실은 것을 봄이라. 먼저는 활을 베풀다가(당기다가) 뒤에는 활을 벗겨서, 도적이 아니라 혼인을 하자는 것이니, 가서 비를 만나면(의심이 풀려 화합하면) 길하리라. ◆「상전」에 이르기를, '우우지길'은 모든 의심이 없어진 것이다.

- 見: 볼 견 / 豕: 돼지 시 / 負: 질 부 / 載: 실을 재 / 鬼: 귀신 귀 / 車: 수레 거 / 先: 먼저 선 / 張: 베풀 장 / 弧: 활 호 / 說: 벗을 탈(≒脫) / 婚: 혼인 혼 / 媾: 혼인 구, 얽을 구 / 群: 무리 군

점례 처음에는 큰 오해를 샀다가 나중에는 모든 오해가 풀려 얼싸안고 기뻐한다.

강의 양이 맨 위에 있어 상구입니다. 상구가 육삼과 만나면 완전히 통일이 되고 모든 일이 완전히 해결됩니다. 최종 담판을 짓는 것이네요. 그런데 지금 상구가 외호괘인 물괘(☵) 위에 있고 또 어긋남(睽)

이 극에 달하니 외롭지요(睽孤). 그래서 아무런 의심할 일도 없는데 공연한 의심을 가지고 있어요. '돼지가 진흙을 진 것과 귀신을 한 수레에 가득 실은 것을 본다'는 것은 험상궂은 것을 말합니다. 육삼이 이제 상구에게 오는데 상구에게 보이는 육삼의 모습을 표현하는 것입니다.

외괘인 불괘(☲)에서 볼 견見이 나오네요. 이 '견' 자는 뒤에 새기죠(見). 그렇지 않아도 험상궂은 돼지가 진흙까지 짊어지고 오니 보기가 흉해 만나지 말아야겠다고 하는 것이죠. 외호괘가 물괘이니 돼지(豕)와 진흙이 나옵니다. 돼지가 진흙을 짊어진 것이죠(豕負塗). 또 귀신을 수레에 가득 싣고 온다고 했습니다. 이 귀신도 물괘에서 나오는 것이지요. 또 불괘(☲)는 속이 텅 비어서 수레가 됩니다. 귀신을 한 수레 실은 것이네요(載鬼一車). 이렇게 육삼이 하는 짓이 상구에게는 '시부도'와 '재귀일거'로 보이는 것입니다. 사실은 돼지가 진흙을 짊어지고 올 까닭도 없고, 귀신을 수레에 싣고 올 까닭도 없죠. 그런데도 상구가 자기를 해치러 오는 줄 알고 극도로 의심을 품고 있는 것이지요.

그래서 상구가 전쟁을 일으키려고 먼저 활을 베풀었네요. 불괘(☲)로 화살(矢)이 나오고 물괘(☵)에서 활(弧)이 나옵니다. 화택규 괘에서 무기가 나왔다고 「계사전」에 설명되어 있지요.* 베푼다는 것은 쏘려고 활을 잡아당기는 것이죠(先張之弧). 일촉즉발의 순간인데

---

* 「계사하전」 2장 : "나무를 휘어 활을 만들고 나무를 깎아 화살을 만들어서, 활과 화살의 이로움으로써 천하에 위엄을 보이니, 대개 저 규괘에서 취하였다." (3권 249쪽).

가만히 보니 싸우러 오는 게 아니거든요. 나를 해치러 오는 게 아니기 때문에 뒤에 가서는 다시 활을 벗겼습니다. 활을 벗긴다는 것은 활을 다시 활집에 넣은 것이니 전쟁을 하지 않게 되었네요(後說之弧). 육삼은 상구를 조금이라도 해치려고 온 것이 아니라 상구와 혼인하러 온 사람입니다. 그래서 의심을 풀고 만나게 되는 것입니다(匪寇婚媾).

'비를 만난다(遇雨)'는 것은 상구가 육삼을 만나는 것을 말합니다. 주역에 양이 음을 만나는 것을 '우우遇雨'로 표현했습니다. 남자가 여자한테 장가들 때 남자가 여자 집에 가서 행례를 치르고 첫날밤을 자는 것도 '우우'라고 합니다. 상구가 가서 이 육삼의 비를 만나면 만나는 즉시 길하죠. 이 자리에서 남북이 통일되네요(往遇雨則吉).

◆**소상전** 천지음양이 화합하면 비가 오는 것이고, 남녀음양도 화합하면 역시 비가 내리죠. 천지나 남녀나 화합하면 비가 오는 건 매한가지입니다. 이렇게 비가 내리면 길하고(遇雨之吉), 모든 의심이 다 풀립니다. 서로 못 만나고, 서로 어긋나고, 서로 싸우고, 모함하고, 헐뜯는 것은 쓸데없는 의심 때문이지요. 무슨 이유로 돼지가 진흙을 짊어지고 무슨 까닭으로 귀신을 수레에 가득 싣겠습니까? 공연히 의심 안 해도 될 것을 의심하는 것이죠. 만약 음양이 만나서 비를 내리면 그런 터무니없는 모든 의심이 다 없어진다는 말입니다(群疑亡也).

▌관련된 괘

① 도전괘 : 풍화가인(☲) ② 배합괘 : 수산건(☵)

③ 호　괘 : 수화기제(☵) ④ 착종괘 : 택화혁(☱)

총설

세상은 모두 같다고 볼 수도 없고, 모두 다르다고 볼 수도 없습니다. 같으면서도 다르고, 다르면서도 서로 같은 가운데에 '동이이同而異', '이이동異而同'하면서 살고 있는 것이죠. 규는 시기적으로나 상대적으로 현재 어긋나 있지만 언젠가는 서로 얼싸안는 때가 온다는 것입니다.

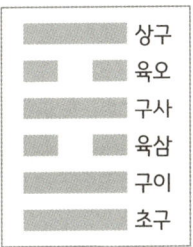

초효는 어긋난 때를 당하여 만나야 할 사람을 만나지 못하고 있습니다. 그러니 그 사람을 만나기 위해서는 비록 만나서는 안 될 악인이라도 만나 규를 해결하고 화합을 이루라는 말이지요(喪馬自復).

이효는 꼭 만나야 할 사람을 궁색하게라도 만나 규를 해결하기 위해 노력하라는 것입니다(遇主于巷).

삼효는 상대를 만나기 위해 갖은 고통을 겪은 후에 결국 만나게 되는 것이네요(无初有終).

사효는 어긋난 때를 당하여 외롭게 지내다가, 현명한 방법과 진실한 마음으로 결국 원하는 사람을 만나서 만나고자 했던 뜻을 이루는 것입니다(睽孤志行).

오효는 비록 규이지만 뜻이 전달되고 마음이 서로 통하여 후회 없이 서로 만나 기쁨을 나누고, 온 집안과 온 나라에 경사가 있다는 것이지요(往有慶).

상효는 쓸데없는 의심 때문에 규가 풀리지 않고 더욱 어긋난 상태에서, 마침내 상호간의 의심이 풀려 최후의 만남을 즐기는 상합相合이 되는 것이네요. 38선의 철벽이 무너지고 남북통일이 되는 민족

대화합의 장이 열리는 것입니다(群疑亡).

▌ 편언

  규괘의 구사와 상구에는 '규고睽孤'라고 했지만, 나머지 효에는 '규睽'라는 말을 하지 않았네요. 어긋나는 시대에 특히 외로운 효가 구사와 상구입니다. 구사와 상구가 외로움을 헤쳐 나가는 방법을 잘 살펴볼 필요가 있습니다.

水山蹇(39) 수산건
坎 / 艮

건괘의 전체 뜻

위는 감중련(☵) 물괘이고 아래는 간상련(☶) 산괘로 되어 있으니, 괘상은 '수산水山'이고 괘명은 '건蹇'입니다. 왜 수산水山이 건蹇일까요?

내괘의 험준한 산을 넘어야 하고 그 산을 넘으면 또 외괘에 큰 강물이 기다리네요. 산전수전山戰水戰을 겪어야 하는 험난함이 있습니다. 그래서 절고 전다고 하여 '건蹇'이라 하였습니다.

또한 후천팔괘방위로 보면 외괘 감수坎水(☵)는 겨울 북방이고, 내괘 간산艮山(☶)은 동북방으로 봄이 되기 이전이네요. 그러니 추운한 겨울에 산 속을 헤매다 발이 꽁꽁 얼어붙는 상입니다. 괘명의 '건蹇' 자도 '추울 한寒'과 '발 족足'이 합쳐져서 이루어진 글자지요. 엄동설한嚴冬雪寒에 발이 얼어 절고 저는 어려움입니다.

어긋난다는 규괘睽卦 다음에 건괘를 놓은 것을 「서괘전」에서는 "규睽란 어긋남이니, 일이 어긋나면 반드시 어려워지기 때문에 규괘 다음에 건괘를 놓았다."*고 했습니다.

---

* 睽者乖也 乖必有難 故 受之以蹇

괘사

> 蹇은 利西南하고 不利東北하며 利見大人하니
> 건   이서남   불리동북   이견대인
>
> 貞이면 吉하리라.
> 정   길

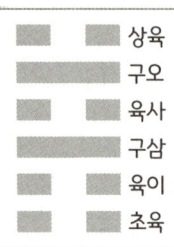

직역 건은 서남쪽이 이롭고 동북쪽은 이롭지 않으며, 대인을 봄이 이로우니, 바르게 하면 길하리라.

- 蹇 : 어려울 건(절 건)

점례 산 넘어 산이요 물 건너 물이라. 함부로 가지 말고 바르게 하며, 자기를 도와줄 사람을 찾아라.

강의 건괘는 험준한 산을 넘어 또 강물을 건너야 하는 어려운 괘입니다. 지세地勢로 볼 때, 절고 저는 건蹇의 상황에서는 험하지 않고 평평한 서남쪽이 이롭죠(利西南). 반면에 동북쪽은 험준한 산이 많기 때문에 이롭지 않습니다(不利東北).

이렇게 어려운 상황에 있을 때 어떻게 해야 할까요? 어려움에서 벗어날 수 있도록 도와줄 수 있는 대인을 찾아 가르침을 받아야 이롭습니다(利見大人). 그리고 어려운 때일수록 더욱 바르게 나아가야 그 결과가 좋은 것이죠(貞吉).

단전

象曰 蹇은 難也니 險在前也니 見險而能止하니 知矣哉라!
단왈 건 난야 험재전야 견험이능지 지의재

蹇利西南은 往得中也요 不利東北은 其道ㅣ 窮也요
건이서남 왕득중야 불리동북 기도 궁야

利見大人은 往有功也요 當位貞吉은 以正邦也니
이견대인 왕유공야 당위정길 이정방야

蹇之時用이 大矣哉라!
건지시용 대의재

직역 「단전」에 이르기를, 건은 어려움이니 험한 것이 앞에 있으니, 험한 것을 보고 능히 그치니 지혜롭도다. '건이서남'은 가서 중을 얻음이요, '불리동북'은 그 도가 궁함이요, '이견대인'은 가서 공이 있음이요, 위位가 마땅해서 '정길'하다는 것은 나라를 바르게 하는 것이니 건蹇의 때와 그 쓰임이 크도다.

- 見 : 볼 견 / 險 : 험할 험 / 止 : 그칠 지 / 窮 : 궁할 궁 / 往 : 갈 왕 / 功 : 공 공 / 邦 : 나라 방

강의 건괘蹇卦의 괘이름을 먼저 풀이해서, 건은 어려움이라고 했습니다(蹇難也). 괘는 위에 있는 괘가 앞이고 아래에 있는 괘가 뒤인데, 수산건괘(䷦)는 앞이 물괘(☵)이고 뒤가 산괘(☶)입니다. 앞에 있는 물괘의 성질은 험한 것으로 험한 물 때문에 어렵게 된 것이죠(險在前也). 그런데 험한 것이 앞에 있을 때는 험한 데에 빠져들지 않는 지혜가 있어야죠. 괘로 보면 외괘 감수坎水(☵)의 험함이 있는데, 그

험함을 외호괘 이화離火(☲)로 밝게 보고 내괘 간산艮山(☶)으로 능히 그치니, 이것을 지혜라고 하는 것이죠. 험함을 미리 예견하고 그 험함에 빠지지 않는 지혜가 필요한 것입니다(見險而能止知矣哉).

　서남쪽은 평평한 곳이고 동북쪽은 험준한 곳입니다. 우리나라를 보더라도 그렇지요. 그런데 괘를 방위와 관련시켜 말하면 곤삼절(☷) 땅괘가 서남쪽에 있는 것이죠. 건괘(䷦)를 놓고 서남이 이롭다고 한 것은 구오의 양이 서남쪽 땅괘의 한가운데에 가서 중을 얻은 것을 말하는 것입니다(蹇利西南 往得中也). 한편 간상련(☶) 산괘는 동북쪽입니다. 그런데 이 구삼의 양효가 궁하게 되었습니다. 잘못 가게 되면 험준한 동북쪽으로 가서 오도 가도 못하게 되니 그래서 이롭지 못하다는 것입니다(不利東北 其道窮也).

　어려운 때에는 문제를 해결해줄 능력을 갖춘 대인을 찾아봐야 합니다. 구오 대인을 찾아가 많은 것을 배워 실천하다 보면 큰 공이 있게 되는 것입니다(利見大人 往有功也).

　양이 양자리에 있거나 음이 음자리에 있으면 제자리에 있기 때문에 '당위'이고, 양이 음자리에 있거나 음이 양자리에 있으면 제자리에 있지 않으므로 '부당위' 입니다. 수산건괘(䷦)는 초효를 제외한 나머지 다섯 효가 모두 양자리에 양, 음자리에 음으로 있어 자리가 마땅합니다(當位). 건괘가 비록 어려운 괘이지만 제자리를 바르게 지키고 있으니 길하다는 것이죠(貞吉). 어려울수록 바르게 나아가 그것을 이겨내야 합니다. 사람과 가정이 모두가 바르게 나아가면 온 나라가 바르게 된다고 하였습니다(當位貞吉 以正邦也).

　어려운 때를 당해 위를 바루지 못하여 바르게 나아가지 못한다면 나라는커녕 단 한 사람도 한 가정도 바루지 못하는 것이죠. 이처럼 어려운 때를 당했을 때와 그 때를 어떻게 대처해가야 하는가, 즉 건의 때와 쓰임이 참으로 중요하고 큰 것입니다(蹇之時用 大矣哉).

대상전

象曰 山上有水ㅣ 蹇이니 君子ㅣ 以하야 反身脩德하나니라.
상왈 산상유수 건 군자 이 반신수덕

직역 「대상전」에 이르기를, 산 위에 물이 있는 것이 건(蹇)이니, 군자가 본받아서 몸을 돌이키고(반성하고) 덕을 닦느니라.

- 反 : 돌이킬 반, 돌아올 반 / 身 : 몸 신 / 脩 : 닦을 수(≒修) / 德 : 덕 덕

강의 산괘(☶) 위에 물괘(☵)가 있으니 산상유수입니다. 산 위에 물이 있는 괘상이 건괘蹇卦가 되는 것이며, 산 높고 물 깊어 어려운 괘상이네요. 그래서 온갖 어려움을 겪는 것을 산전수전山戰水戰으로 표현합니다. 이 어려운 괘상을 보고 군자가 어떻게 처신해야 할까요? 어려운 때를 당해서 이것을 이겨내려면 스스로 몸을 돌이켜 반성하고 덕을 닦으라고 했네요(反身脩德). 모든 원인은 밖에 있는 것이 아니라, 자기 자신에게 있는 것이죠. '반신'이란 말은 산괘에서 나온 말이고 '수덕'이라는 말은 물괘에서 나온 말입니다. 산은 후중하게 서 있으면서 늘 자신의 몸을 돌이키고(反身), 물은 덕을 맑게 닦는 것입니다(脩德).

효사와 소상전

初六은 往하면 蹇코 來하면 譽리라.
초육 왕 건 래 예

象曰 往蹇來譽는 宜待也니라.
상왈 왕건래예   의대야

상육
구오
육사
구삼
육이
초육

직역 초육은 가면 어렵고 오면 명예로우리라. ◆「상전」에 이르기를, '왕건래예'는 기다림이 마땅한 것이다.

- 譽 : 명예 예, 기릴 예 / 宜 : 마땅 의 / 待 : 기다릴 대

점례 꼼짝 않고 집에 있으면서 때를 기다린다. 명예로운 일이 생긴다.

강의 음이 맨 처음에 있어 초육입니다. 초육은 음으로 약하고 처음 나와 어렵습니다. 그런데다가 마침 어려운 때를 당했네요. 내호괘가 감중련(☵) 물괘로 당장 코앞에 어려움이 있습니다. 또한 내괘 자체도 산(☶)으로 험준하게 막혀 있는 것이죠. 그러니까 유약한 음으로서 가면 어려운 것은 당연합니다(往蹇). 이런 때는 가지 말고 제자리로 다시 돌아오면 명예롭고 좋은 것입니다(來譽).

◆**소상전** 가면 어렵고 오면 명예롭다고 한 것은(往蹇來譽) 기다리라는 것입니다. 건괘 초육은 어려운 때를 당해서 안 가는 것이 상책이지만 영영 안 가는 게 아니고 기다렸다가 가라는 것입니다(宜待也).

六二는 王臣蹇蹇이 匪躬之故라.
육이   왕신건건   비궁지고

象曰 王臣蹇蹇은 終无尤也리라.
상왈 왕신건건   종무우야

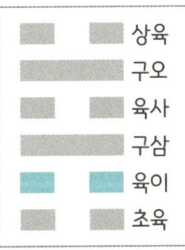

직역 육이는 왕과 신하가 어렵고 어려운 것이(절고 저는 것이) 몸의 연고가 아님이라. ◆「상전」에 이르기를, '왕신건건'은, 마침내 허물이 없게 되리라.

■ 匪 : 아닐 비 / 躬 : 몸 궁 / 故 : 연고 고 / 尤 : 허물 우, 더욱 우

점례 크게 어려운 일이 생긴다. 상하가 한마음으로 힘을 합친다.

강의 음이 두 번째에 있어 육이입니다. 구오는 왕이고 육이는 신하지요. 왕과 신하가 위아래에서 서로 응해 있습니다. 어려운 때에 왕은 어렵지 않은데 신하만 어렵고, 신하는 어렵지 않은데 왕만 어려운 것은 아니죠. 왕과 신하 모두가 어려운 것입니다. 이 때 육이의 신하가 어려움을 무릅쓰고 어려움을 해결하기 위해 노력하는 것입니다. 건건蹇蹇의 앞의 건은 때의 어려움이고 뒤의 건은 사람이 어렵게 노력하는 것으로 볼 수 있고, 또 앞의 건은 왕지건王之蹇, 뒤의 건은 신지건臣之蹇으로도 볼 수 있지요(王臣蹇蹇).

음이 음자리에 바르고 내괘에서 중을 얻은 중정의 위치에서 어려운 때에 더욱더 어려움을 무릅쓰고 있는 것입니다. 그런데 이토록 어렵게 노력하는 육이야말로 자신의 개인적인 어떤 까닭이 있어서 그런 것이 아니라, 어려운 때를 당해 육이가 신하로서 왕과 나라를 위

해 그 어려움을 이겨내려고 애를 쓰는 것입니다(匪躬之故).

◆**소상전** 어려운 때를 당했는데 민생의 어려움을 모르거나 방관만 한다면 왕이 될 수도 없는 것이고 신하 될 자격도 없는 것이죠. 그렇게 되면 허물을 짓는 것입니다. 그러나 왕과 신하가 어려운 때에 어려움을 알고 어렵게 이겨내려고 하니(王臣蹇蹇) 마침내 어려움이 해결되어 허물이 없게 됩니다(終无尤也).

九三은 往하면 蹇코 來하면 反이리라.
구 삼   왕   건 래   반

象曰 往蹇來反은 內ㅣ 喜之也일세라.
상 왈 왕건래반   내   희지야

상육
구오
육사
구삼
육이
초육

직역 구삼은 가면 어렵고 오면 돌아오리라.

◆「상전」에 이르기를, '왕건래반'은 안에서 기뻐하기 때문이니라.

■ 反 : 돌아올 반 / 喜 : 기쁠 희

점례 가지 말라. 어렵게 된다. 다시 돌아와 기쁘다.

강의 양이 세 번째에 있어 구삼입니다. 내괘의 맨 마지막이며 외괘로 넘어가는 자리인데 가면(往) 외괘이고 오면(來) 내괘입니다. 외괘는 물괘(☵)로 험하므로 밖으로 가면 어렵습니다(往蹇). 밖으로 가면 어렵지만 오면 다시 제집으로 돌아오는 것입니다(來反).

◆**소상전** 밖으로 나가면 어려운데 다시 돌아온다는 것은(往蹇來反)

돌아왔기 때문에 모든 가족들이 기뻐하는 것이죠. 한 괘체 내에 있는 육이와 초육의 가족들이 구삼이 돌아와 기뻐한다는 것입니다(內喜之也). 이것은 건괘蹇卦의 어려운 때에 초육과 육이의 음이 구삼 양으로부터 도움을 받는다는 것을 말합니다.

六四는 往하면 蹇코 來하면 連이리라.
육사 왕 건 래 연

象曰 往蹇來連은 當位ㅣ 實也일세라.
상왈 왕건래연 당위 실야

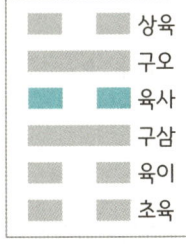

직역 육사는 가면 어렵고 오면 이어지리라.
◆ 「상전」에 이르기를, '왕건래연'은 당한 위가 실하기 때문이니라.
■ 連 : 이어질 련 / 實 : 열매 실, 충실할 실
점례 이웃과 힘을 모아라. 독불장군은 안 된다.

강의 음이 네 번째에 있어 육사입니다. 육사는 비록 중은 못 얻었지만 음이 음자리에 있습니다. 구오 임금 밑에 있는 대신의 자리입니다. 외괘 감중련(☵) 물괘로 넘어왔기 때문에 가면 어렵다고 했지요(往蹇). 그러나 '오면 이어지리라(來連)'고 했습니다. 연連한다는 것은 육사가 구삼과 함께한다는 것입니다. 음은 약해서 어려운 일을 해결하기가 힘들지만 양은 강해서 일을 잘합니다. 그래서 구삼의 힘을 빌려 같이해야 한다는 것이죠(往蹇來連).

◆**소상전** 육사는 음이 음자리에 있어 당위이고 구삼도 양이 양자리에 있어 당위입니다. 그런데 육사는 음이기 때문에 허하여 부실하지만 구삼은 양으로 건실합니다. 둘 다 제자리에 있어서 제 위치를 지킬 줄 알지만 구삼이 당위면서도 양으로 실하기 때문에(當位實也) 육사로서는 구삼과 함께하는 것이 좋은 것이죠(往蹇來連).

九五는 大蹇에 朋來로다.
구오 대건 붕래

象曰 大蹇朋來는 以中節也라.
상왈 대건붕래 이중절야

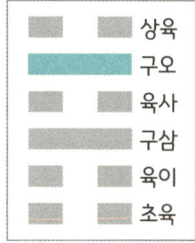

직역 구오는 크게 어려움에 벗이 오도. ◆「상전」에 이르기를, '대건붕래'는 중도로써 절도 있게 하기 때문이니라.

점례 큰 어려움에 처해 있다. 너그럽게 처신하여 사람들이 찾아와 도와준다.

강의 양이 다섯 번째에 있어 구오입니다. 양이 양자리에 바르게 있고 외괘에서 중을 얻은 중정한 구오는 임금입니다. 한 나라가 어려운데 모든 책임을 구오 임금이 지고 있습니다. 그러니 크게 어려운 것은 구오 임금이니 대건大蹇이라 한 것입니다. 온 나라의 어려운 일은 구오 임금이 맡고 있고, 어려운데 처해 있으면서 그 어려움을 풀기 위해 크게 일어나야 할 사람은 바로 구오 임금이란 말입니다. 그런데 그렇게 해야 할 임금이 만약 방심을 하고 있다든지 나라가 망하는 것도 모르고 저 혼자만 주지육림에 빠져 안일하게 거처한다면 자신을 망치는 것은 물론 나라도 망치게 되며, 어느 누가 와서 그 임금을 도와줄 사람도 없는 것입니다(大蹇).

그러나 이 구오 임금에게 벗이 와주네요. 여기에서 벗은 구삼을 말하는데 강한 구삼이 구오에게 와서 구오의 일이 어렵지 않도록 도와주는 것입니다(朋來). 구오도 양이고 구삼도 양이니, 양이 양끼리 친구를 삼기에 구삼이 와서 구오를 도와주는 것이죠. 또한 구삼뿐 아니라 천하의 사람들이 구오를 돕기 위해 사방에서 온다는 뜻도 됩니다.

◆**소상전** 구오가 만약 중절中節을 안 지키고 함부로 행동한다면 와줄 벗이 없겠지만, 중절로써 모든 것을 처리하기에 모두들 도와주는 것입니다. 양이 양자리에 있어 절節이고, 중을 얻었으니 중절이죠(以中節也).

上六은 **往**하면 **蹇**코 **來**하면 **碩**이라 **吉**하리니 **利見大人**하나라.
상육 왕 건 래 석 길 이견대인

象曰 往蹇來碩은 **志在內也**요 **利見大人**은 **以從貴也**라.
상왈 왕건래석 지재내야 이견대인 이종귀야

직역 상육은 가면 어렵고 오면 큼이라. 길하리니, 대인을 봄이 이로우니라. ◆「상전」에 이르기를, '왕건래석'은 뜻이 안에 있음이요, '이견대인'은 귀함을 따름이라.

- 碩 : 클 석 / 從 : 좇을 종, 시중들 종 / 貴 : 귀할 귀

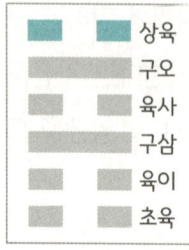

점례 하는 일이 어렵다. 능력 있는 사람이 찾아와 도움을 약속한다.

강의 음이 맨 위에 있어 상육입니다. 상육은 역시 갈 곳이 없습니다. 그래서 상육은 가면 어렵다고 한 것이죠(往蹇). 오면 크다고 한 것은 구삼을 만난다는 것을 말합니다. 양은 큰 것이죠. 상육과 구삼은 음양응이 잘되어 있네요. 상육은 가면 어렵지만 구삼과 응하기에, 오면 구삼의 큰 사람과 만나게 되어 길하게 되는 것입니다(來碩吉). 이뿐만 아니라 구삼을 만난 뒤에는 구오 대인을 찾아보라는 것입니다. 그러나 상육이 구오를 혼자 찾아볼 수는 없으니 상응관계인 구삼을 만나서 구오를 찾아보라는 말이지요(利見大人).

◆**소상전** 내內는 내괘를 말하고 외外는 외괘를 말하는 것이라면 뜻이 안에 있다고 했으니, 상육의 뜻이 안에 있는 구삼에게 있는 것이죠(志在內也). 음은 천한 것이고 양은 귀한 것이라 하면 상육이 음으로서 양인 구오를, 그것도 그냥 양이 아니라 구오 임금을 찾아본다는 것은 결국 귀함을 따르는 것입니다(以從貴也).

┃ 관련된 괘

① **도전괘** : 뇌수해(䷧)   ② **배합괘** : 화택규(䷥)

③ **호　괘** : 화수미제(䷿)   ④ **착종괘** : 산수몽(䷃)

총설

　수산건괘水山蹇卦는 엄동설한에 발이 꽁꽁 얼어 산전수전을 겪는 어려운 괘입니다. 그렇지만 이 어려운 상황을 극복하여 나아갈 수 있는 방책을 알려주고 있네요. 건괘와 같이 어려운 때에는 「단전」에서 말한 것과 같이 험한 상황에 더 이상 빠지지 않고 그칠 줄 아는 지혜가 있어야 하고(見險而能止 知矣哉), 「대상전」에서 말한 대로 자신을 돌이켜 반성하고 또한 덕을 닦아야 합니다(反身脩德).

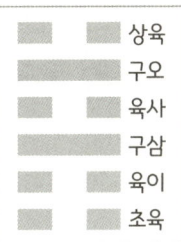

　초효는 아무리 어려워도 꾹 참고 견디며 때를 기다리고 있으라는 말이지요.

　이효는 열심히 노력해서 그 어려움을 극복하는 것입니다.

　삼효는 어려운 때에 나가서 큰일을 못하고 집에 돌아와 가정이나 편케 하는 것이지요.

　사효는 밖에 나가 여러 사람과 연대하여 어려운 일을 해결하는 것입니다.

　오효는 중심이 바르고 절의가 있어 사회의 모든 어려운 일을 맡아 솔선하는데 많은 사람이 따라주는 것이지요.

　상효는 어려운 때에 힘 있는 이를 찾아보고 도움을 청하는 것입니다.

　종합해 보면, 어려울수록 서로 힘을 합치고 바르게 행동해야 하는 것임을 알 수 있습니다.

▎편언

 여섯 효로 이루어진 주역 64괘는 모두 음양의 배열이 다르기 때문에 저마다 고유한 특성이 있습니다. 그러한 특성의 핵심적 내용이 바로 괘명에 내재되어 있습니다. 그래서 괘명은 그 괘상을 나타내는 징표가 되는 것입니다.

 주역 64괘 가운데 특히 어려운 괘를 고른다면 수뢰둔괘(3), 중수감괘(29), 수산건괘(39), 택수곤괘(47)를 들 수 있습니다. 이 네 괘는 모두 어려운 괘입니다. 그러나 어려운 내용은 각기 다르네요.

 둔괘(䷂)는 갓 태어난 초창기에 앞날이 어떻게 될지 모르는 상황 속에서 주저하는 어려움을 뜻합니다. 감괘(䷜)는 감중련(☵) 물괘가 거듭하여 있듯이 물기운이 지나쳐서 홍수의 재앙이 발생하는 어려움을 말합니다. 곤괘(䷮)는 연못에 있어야 할 물이 없듯이, 하고 싶은 일이 있어도 자금이나 자원이 없어 아무 일도 할 수 없는 매우 곤궁한 어려움을 뜻합니다. 건괘(䷦)는 엄동설한에 발이 얼어붙은 상황에 산전수전을 겪는 어려움이네요. 괘상에 내재된 상징과 괘명이 뜻하는 상징을 잘 연구해 볼 필요가 있습니다.

雷水解(40) 뇌수해
震
坎

해괘의 전체 뜻

위는 진하련(☳) 우레괘이고 아래는 감중련(☵) 물괘로, '뇌수雷水'의 상이고, 괘명은 풀린다는 '해解'입니다. 해결解決, 해원解冤, 해동解凍, 해산解産 등의 뜻이 있는 '해解'이죠.

감중련(☵) 물괘는 북방수北方水로서 계절로 치면 수기운이 왕성한 겨울에 해당합니다. 그래서 겨울을 수왕절水旺節이라고 하지요. 물이 차갑듯이 겨울철도 춥습니다. 진하련(☳) 우레괘는 동방목東方木으로서 계절로 치면 목기운이 왕성한 봄에 해당합니다. 그래서 봄을 목왕절木旺節이라고 하지요. 봄은 목기운으로 따뜻한 것인데 이렇게 따뜻한 봄은 물 기운이 왕성한 절후인 겨울에서 나오는 것입니다. 수생목水生木이죠. 겨울철에 추워서 얼어있던 것이 해빙, 해동이 되어 풀리는 것입니다.

봄이 되면 해빙되어 만물이 싹을 틔우듯이 모두가 어려운 상황에서 풀리게 되면 서로의 안녕을 위해 화합和合을 도모해야 합니다. 사회가 화합和合을 이루어 나가는 기본방향은 어려웠을 때 지었던 그동안의 허물을 용서하고 죄를 감해주는 것이죠.

수산건괘(䷦)를 반대로 보면 뇌수해괘(䷧)가 되고 뇌수해괘를 반대로 보면 수산건괘가 됩니다. 이것을 도전괘라고 하지요. 괘 순서를 설명한 「서괘전」에서는 "건蹇이란 어려움이니, 어떤 상황이든지 끝까지 어렵지만은 않고 어려우면 풀리기 때문에 건괘蹇卦 다음에 해괘를 놓았다."*고 했습니다.

괘사

解는 利西南하니 无所往이라
해   이서남   무소왕

其來復이 吉하니 有攸往이어든 夙하면 吉하리라.
기래복   길   유유왕   숙   길

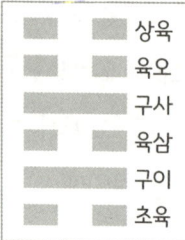
상육
육오
구사
육삼
구이
초육

직역 해는 서남이 이로우니, 갈 곳이 없느니라. 와서 회복함이 길하니, 갈 곳이 있거든 빨리 하면 길하리라.

- 復 : 회복할 복, 돌아올 복, 다시 부 / 攸 : 바 유 / 夙 : 빠를 숙, 일찍 숙

점례 막혔던 일이 봄에 얼음 녹듯 확 풀린다. 서남쪽에 가면 좋은 일이 있다.

강의 추운 겨울을 지나 봄이 왔으니 만물이 풀리게 됩니다(解). 봄은 겨울 속에 배태해 있다가 나오는 것인데 모두가 움츠리고 있다가 화창한 봄이 되면 밖으로 나오는 것이죠. '이서남利西南'은 평평하고

---

* 蹇者難也 物不可以終難 故 受之以解

순조로운 서남쪽으로 가라는 말입니다. 수산건괘에서의 '이서남'은 구오효를 두고 하는 말이고, 해괘에서는 구사효를 두고 한 말입니다. 서남쪽은 평평한 곳이니 모두 풀려서 험한 것이 없어 이롭다는 것입니다(利西南).

그러면 갈 곳이 없지요. 서남쪽은 평평한 곳이라 다 풀렸다는 것이니까요. 건괘蹇卦처럼 험함이 있고 어려운 것이 있어야 그것을 풀기 위해서 '왕신건건王臣蹇蹇'이나 '대건大蹇'과 같이 일을 해결하기 위해 가야 하지만, 서남으로 평평하게 험한 곳이 없고 일이 풀렸는데 어느 곳을 가겠습니까? 갈 곳이 없습니다(无所往).

　갈 곳이 없다는 것은 해결할 일이 없다는 것이죠. 그렇게 되면 모두가 와서 회복이 됩니다. 꽁꽁 얼어붙은 겨울이 지나 따뜻한 봄이 되면 꽃이 피고 잎이 나서 모든 생명들이 자기 모습을 회복합니다. 회복이 되었으니 길하죠(其來復吉). 그런데 다 와서 회복이 되었고 모두가 서남방이 돼서 평화롭게 되었는데, 만약에 해결되지 않은 일이 있거든 빨리 그것을 해결해야지 그러지 않으면 다시 어려워질 수도 있습니다. 그래서 해야 할 일이 있거든 일이 더 커지기 전에 빨리 가서 해결해야 길하다는 것입니다(有攸往夙吉).

단전

象曰 解는 險以動이니 動而免乎險이 解라.
단왈 해   험이동   동이면호험   해

解利西南은 往得衆也요 其來復吉은 乃得中也요
해이서남   왕득중야   기래복길   내득중야

有攸往夙吉은 往有功也라.
유유왕숙길   왕유공야

天地ㅣ 解而雷雨ㅣ 作하고 雷雨ㅣ 作而百果草木이
천지   해이뇌우   작   뇌우   작이백과초목

皆甲坼하나니 解之時ㅣ 大矣哉라!
개갑탁   해지시   대의재

직역 「단전」에 이르기를, 해는 험해서 움직임이니, 움직여 험한 데서(험함을) 벗어나는 것이 해解라. '해이서남'은 가서 무리를 얻음이고, '기래복길'은 이에 중을 얻음이요, '유유왕숙길'은 가서 공이 있음이라. 천지가 풀림에 우레와 비가 일어나고, 우레와 비가 일어남에 백과초목이 모두 씨앗의 껍질을 벗고 나오니, 해의 때가 크도다!

- 免 : 면할 면, 벗어날 면 / 衆 : 무리 중 / 坼 : 터질 탁, 벌어질 탁 / 甲坼 : 씨의 껍질이 터져 싹이 남 / 夙 : 빠를 숙 / 解 : 풀 해, 만날 해

강의 괘사를 풀이한 「단전」입니다. 우선 '뇌수雷水'의 형상이 왜 풀린다는 해解가 되는지에 대해 설명했네요. 아래 감중련(☵) 물괘는 그 성질이 험한 것이고(坎險也), 위의 진하련(☳) 우레괘는 움직이는 성질을 지니고 있습니다(震動也). 그러니 내괘의 험한 상황에서 외괘

로 움직이지요(解險以動). 험한 속(상황)에서 그냥 가만히 있으면 날이 갈수록 험해지기만 할 뿐 헤어나지를 못하는 것이죠. 그런데 지금 해괘는 우레괘로 움직여서 험한 곳으로부터 나오고 있는 것입니다 (動而免乎險解).

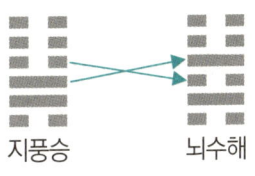

해괘는 지풍승괘(䷭)의 구삼과 육사가 자리를 바꾼 것으로 볼 수 있습니다. 지풍승괘는 위가 땅괘(☷)이고 아래가 바람괘(☴ 陰木)로서 땅 속에서 초목이 싹트면 땅 위로 올라오는 것입니다. 승괘의 삼효가 네 번째 자리로 가서 구사가 되고, 승괘의 사효가 내려와서 육삼이 되니 뇌수해괘가 됩니다. 땅괘(☷)를 무리라고 하는데 구사가 가서 무리를 얻었다는 말은 이러한 괘효의 변화를 말해주는 것입니다. 또한 구사가 가서 무리를 얻는다는 것은 민중 속에 들어가서 민심을 얻게 되었다는 말이지요. 민심을 얻지 못하면 해解가 안 됩니다. 무리의 어려운 일을 해결해주고 무리와 더불어 태평한 세상을 이루는 것입니다(解利西南 往得衆也).

회복해서 길하다는 것은 구이효를 두고 하는 말입니다. 그동안은 사람들이 중을 얻지 못해 문제가 되었던 것이죠. 사람들이 중도를 상실하고 중심을 잃고 방황하여 어려운 건蹇 속에서 헤매다가 해解의 때가 되어 모두가 인간성을 회복하고 도덕성을 회복하게 되어 길합니다. 그것은 바로 중심을 찾고 중도를 얻은 것입니다. 구이가 내괘에서 중을 얻고 있기 때문에 이런 말이 나오는 것이죠(其來復吉 乃得中也). 갈 곳이 있거든 빨리 가서 길하다는 것은 그곳에 가서 다시 어려움이 생길 수 있는 싹을 제거해 버리기 때문에 공이 있다고 했습니다(有攸往夙吉 往有功也).

    이상이 괘사에 대한 설명이고 다음은 해괘가 중요하기 때문에 천지자연의 이치로 다시 공자가 덧붙인 말씀입니다. 그렇죠. 천지天地도 기후가 풀리니까 봄철이 되어 천둥번개를 치고 비가 내리게 되어 봄물이 네 못에 가득하게 되는 것(春水滿四澤)이죠. 겨울에 얼었던 하늘이 풀려서 우레(☳)와 비(☵)가 일어나는 것입니다(天地解而 雷雨作). 우레와 비가 일어나면서 목왕절木旺節 봄이 됩니다. 또 우레는 움직이면서 소리를 내니 봄이 되면 만물이 움직이는 소리가 나지요. 우렛소리, 비오는 소리, 새소리, 물소리, 바람소리 등 갖가지 소리가 납니다. 그러면서 백과초목이 때를 만났다고 '갑탁甲坼'을 합니다(雷雨作而 百果草木 皆甲析).

    초목의 생명이 한 겨울 땅 속에서 단단한 껍질 속에 있다가 우레와 비가 일어나면서 봄이 되면 껍질이 벌어지면서 확 열려 나오는데 그것을 '갑탁'이라고 합니다. 천지가 풀려서 우레와 비가 일어나고 백과초목이 모두 땅 속에 뿌리를 내리고 있다가 껍질이 확 열려서 땅 밖으로 나오니, 그렇다면 해解의 때가 얼마나 크냐는 것입니다(解之時 大矣哉).

대상전

> 象曰 雷雨作이 解니 君子ㅣ 以하야 赦過宥罪하나니라.
> 상왈 뇌우작 해 군자 이 사과유죄

직역 「대상전」에 이르기를, 우레와 비가 일어나는 것이 해이니, 군자가 본받아서 허물은 용서해주고 죄는 감형해준다.

- 赦 : 용서할 사(일반적인 용서) / 過 : 허물 과 / 宥 : 감할 유 / 宥 : 용서할 유(벌을 경감輕減하는 용서)

강의 뇌雷는 우레괘(☳)에서 비(雨)는 물괘(☵)에서 나왔습니다. 우레가 나오고 비가 내리니 봄이 되었네요. 이렇게 천지가 풀려 뇌우雷雨가 일어나는 것이 해괘인데, 그렇다면 군자가 해괘를 본받아서 어떻게 해야 할까요? 엄동설한嚴冬雪寒에서 만물이 모두 갑탁甲坼하는 해괘를 본받아서 군자는 하찮은 허물은 아예 사면해주고(赦過), 큰 죄는 완전히 사면해줄 수는 없지만 감형은 해주어야 하는 것이죠(宥罪). 화해와 용서를 통해 군자는 사회의 화합을 도모해야 하는 것입니다. 대통령이 새로 취임했다든지 또는 정부가 새로 들어섰다든지 했을 때, 맨 먼저 하는 일이 바로 사과유죄赦過宥罪입니다.

효사와 소상전

初六은 无咎하니라.
초육   무구

象曰 剛柔之際라 義无咎也니라.
상왈 강유지제   의무구야

직역 초육은 허물이 없느니라. ◆「상전」에 이르기를, 강과 유가 만남이라. 뜻이(의리가) 허물이 없느니라.

- 際 : 사귈 제, 사이 제, 만날 제

점례 어려운 상황이 풀린다.

강의 음이 맨 처음에 있어 초육입니다. 초육은 백성의 자리입니다. 그런데 대신의 자리에 있는 구사와 음양응이 잘되어 있지요. 모든 것이 풀리고 해결되는 때이므로 대신인 구사가 약한 초육을 잘 받아들여줍니다. 그러므로 세금이나 형벌 등이 과하게 부과되거나 남용되는 일이 없어 백성으로서는 허물(탈)이 없는 것입니다(无咎).

◆**소상전** 양으로 강한 구사와 음유한 초육이 만나 화합을 이루어 (剛柔之際) 약한 초육이 강한 구사의 도움을 받으니 그 뜻이나 의리가 허물이 없는 것입니다(義无咎也).

九二는 田獲三狐하야 得黃矢니 貞하야 吉토다.
구이 전 획 삼 호   득 황 시 정   길

象曰 九二貞吉은 得中道也일세라.
상 왈 구 이 정 길   득 중 도 야

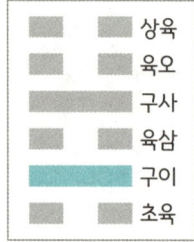

직역 구이는 사냥을 해서 세 마리의 여우를 얻어 누런 화살을 얻으니, 바르게 해서 길하도다. ◆「상전」에 이르기를, '구이정길'은 중도를 얻기 때문이라.

■ 田 : 사냥할 전(佃), 밭 전 / 獲 : 얻을 획 / 狐 : 여우 호 / 黃 : 누를 황 / 矢 : 화살 시

점례 문제의 핵심을 잡아 한꺼번에 해결한다.

강의 양이 두 번째에 있어서 구이죠. 여기에서 '밭 전田' 자는 '사냥할 전佃' 자로 보아 사냥한다는 뜻으로 풀이합니다. 밭에 있는 곡식을 해치는 새를 사냥하는 것을 말합니다. 이렇듯이 사회악을 제거하고 부정부패를 일소해서 맑고 깨끗한 사회를 만들려면 사회를 어지럽히는 자(狐)를 잡아내야 합니다. 그래서 지금 구이가 사냥을 하여 세 마리의 여우를 잡습니다.

그런데 해괘에서 여우(狐)는 어느 효를 지칭하는 것일까요? 감중련(☵) 물괘는 북방의 여우입니다. 해괘에서 그 여우는 육삼효를 가리켜 말합니다. 초육은 비록 음이 양자리에 있지만 구사와 잘 응해서 허물을 짓지 않고, 구이는 내괘에서 중을 얻어 육오와 잘 응하고 있는데, 유독 육삼은 음이 양자리에 부정하게 있고 중을 얻지도 못했으며 음양응도 되지 않습니다. 그래서 육삼은 사회악의 온상이 되는 여우인데, 구이가 바로 이 여우를 잡는다는 말입니다(田獲三狐).

구이가 세 마리의 여우를 잡고 보니 누런 화살을 얻게 되었습니다. 누런 화살(黃矢)이라는 것은 '중직中直'을 말합니다. 중앙의 색은 황색인데 구이가 내괘에서 중中을 얻었네요. 또한 화살(矢)은 곧게 나가는 것이니(直), 황시黃矢는 곧 중직中直을 말하는 것이죠. 사람들이 어지러운 세상을 만나 어렵게 사는 것은 모두 중도를 잃고 정직하게 살지 못했기 때문입니다. 그런데 구이가 사냥해서 그 중직하지 못한 여우를 잡으면 모두가 중직을 얻게 되고 그렇게 되면 모두가 바르게 되어 길한 것입니다(得黃矢貞吉).

◆**소상전** 이렇게 구이가 여우를 사냥해서 모두가 중직을 얻어 바르게 나가 길한 것은(九二貞吉) 구이 자신이 중도를 얻었고 또 그 중도를 잘 지키면서 사냥을 하기 때문입니다(得中道也).

六三은 負且乘이라 致寇至니 貞이라도 吝이리라.
육삼   부차승   치구지   정   인

象曰 負且乘이 亦可醜也며
상왈 부차승   역 가 추 야

自我致戎이어니 又誰咎也리오?
자 아 치 융   우 수 구 야

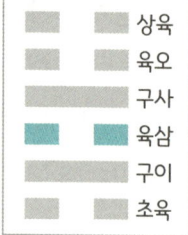

직역 육삼은 져야 할 것이 또 탐이라. 도적 이름을 이루니 바르게 하더라도 인색하리라. ◆「상전」에 이르기를, '부차승'이 또한 가히 추한 것이며, 나로부터 군사(도적)를 이르게 하였으니 또 누구를 허물하리오.

- 負 : 짊어질 부 / 且 : 또 차 / 乘 : 탈 승 / 寇 : 도적 구 / 醜 : 추할 추 / 致 : 이룰 치, 이르게 할 치 / 戎 : 도적 융, 병기 융 / 誰 : 누구 수

점례 당치 않은 일을 하다 큰 해를 입는다. 제 분수를 지켜라.

강의 음이 세 번째에 있어 육삼입니다. 육삼은 바로 구이에서 말한 여우입니다. 중을 얻지도 못하고 양자리에 음으로 제자리가 아닌 곳에 있는 육삼이 부정한 짓을 하고 있네요. 등짐을 지는 것은 소인의 일이고 수레를 타는 것은 군자의 일입니다. 그런데 육삼은 등에다 짊어져야 할 소인으로 그 일을 자기의 분수로 알고 지켜나가야 하는데 당치 않게 군자의 수레를 탔습니다. 또 육삼을 여자로 말할 것 같으면, 여자가 부정한 짓을 하고 있는 것입니다. 육삼이 지금 위로 구사라는 남자를 짊어졌습니다. 짊어졌으면 그것으로 만족해야 하는데

또 아래로 구이의 남자를 올라타고 있네요. 한편으로는 구사 남자를 부負하고 한편으로는 구이 남자를 승乘하여 동시에 부승을 하고 있으니 얼마나 부정합니까(負且乘)?

한 여자가 이렇게 부정한 짓을 하듯이 육삼이 짊어지고 또 수레를 올라탔으니 제 분수를 모르고 욕심을 부려 온갖 부정한 짓을 하고 있네요. 그러니까 다른 사람이 육삼을 가만히 놔두지 않고 육삼을 해치는 도적이 되어 이르는 것입니다. 이렇게 육삼이 욕심을 부리다 보니까 자기 스스로가 자신을 해치는 도적을 이르게 하고 있습니다. '이를 지至' 자는 스스로 이르는 것이고 '이룰 치致' 자는 이르게 하는 것이죠. 즉 육삼이 잘못해서 자기를 해치는 화를 자초한 것이라 할 수 있죠(致寇至). 이제 와서 육삼이 바르게 한다고 한들 이미 틀린 것입니다(貞吝). 공자께서 이 효가 중요하여 「계사전」에 다시 언급하셨습니다.*

◆**소상전** 한 여자가 동시에 두 남자를 지고 또 타는 것이나, 육삼이 제 분수를 모르고 욕심을 부려 등에 짊어지고 또 수레를 탄다는 것은 (負且乘) 모두 추한 일이죠(亦可醜也). 이렇게 분수 밖의 짓을 하는 것이 자기의 욕심 때문에 벌어진 일이니(自我致戎) 누구를 탓할 수 있겠습니까? 육삼이 제 분수를 모르고 부정한 짓을 많이 저질러서 자초한 일이니, 육삼이 누구를 탓하거나 원망할 수 없는 것입니다(又誰咎也).

---

* 「계사상전」 8장 (3권 129쪽) 설명 참조.

九四는 解而拇면 朋至하야 斯孚리라.
구사 해이무 붕지 사부

象曰 解而拇는 未當位也일세라.
상왈 해이무 미당위야

직역 구사는 너의 엄지발가락에서 풀면 벗이 이르러 이에 미더우리라. ◆

「상전」에 이르기를 '해이무'는 위가 마땅치 아니하기 때문이라.

- 而 : 너 이, 어조사 이 / 拇 : 엄지발가락 무, 엄지손가락 무 / 斯 : 이 사(지시대명사) / 孚 : 믿을 부

점례 혼신의 힘을 다하면 풀린다. 두 달이면 어려운 생활이 모두 풀린다.

강의 양이 네 번째에 있어 구사입니다. 구사는 육오 인군 밑의 대신으로서 사회의 모든 문제를 해결해야 할 책임이 있는 자리입니다. 풀리는 것을 몸으로 말하면 얼굴만 살짝 풀어서는 풀린 것이라고 할 수 없죠. 발가락부터 시작하여 온몸 전체가 확 풀려야 풀린 것입니다. 구사가 볼 때에 자신과 응하는 백성의 자리인 초육이 엄지발가락에 해당합니다. 백성부터 풀려야 한다는 것은 국민 전체가 완전히 풀려야 한다는 것입니다. 구사의 대신이 엄지발가락인 백성의 자리부터 시작해서 전체를 다 풀어야 한다는 것이죠(解而拇). 여기에서 '이而'는 '너 이' 자로 풀이합니다.

그렇게 할 때 구사가 당면한 일을 해결할 수 있도록 도와줄 친구가 찾아온다는 것입니다. 수산건괘의 구오에서 친구는 구삼을 가리킨 것이라면(大寒朋來), 여기 해괘 구사의 친구는 구이를 말합니다. 같은 양인 구이의 벗이 자기(九四)를 도와주러 온다는 것이지요(朋至). 그렇게 되면 일이 자신 있게 되는 것입니다. 그리고 백성들은 구사 대신을 미덥게 생각하죠(斯孚).

◆**소상전** 구사가 신하로서 양이 음자리에 있어 제자리에 있지를 못합니다(未當位). 그러므로 자신부터 풀어야 합니다. 말하자면 사회악이 만연한 세상을 다스리는 고관高官이 자신의 잘못부터 먼저 해결해야 한다는 것이죠. 자신은 잘못하면서 국민들에게만 잘 하라고 하며 사회정화의 기치를 들고 나서봤자 아무도 믿어주지 않고 일도 풀리지 않는 것이죠(解而拇).

六五는 君子ㅣ 維有解면 吉하니 有孚于小人이리라.
육오 군자   유유해   길   유부우소인

象曰 君子有解는 小人의 退也라.
상왈 군자유해   소인   퇴야

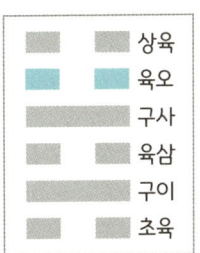

직역 육오는 군자가 오직 풀림이 있으면 길하니, 소인에게 믿음이 있으리라. ◆「상전」에 이르기를, '군자유해君子有解'는 소인의 물러감이라.

■ 維 : 오직 유 / 退 : 물러갈 퇴

점례 부하와 사원에게 관용을 베풀면, 아랫사람들이 스스로 따라준다.

강의 음이 다섯 번째에 있어 육오입니다. 육오는 비록 음으로 양자리에 있지만 외괘에서 중을 얻은 인군자리이기 때문에 군자라고 했습니다(君子). 육오 인군이 나라의 모든 일을 풀어나가려고 노력하면 해결이 되어 길한데(維有解吉), 모든 백성이 믿고 따르도록 해결해 주어야 하는 것이죠(有孚于小人).

◆**소상전** 인군이나 관직에 있는 사람이 사회문제를 원만하게 해결한다는 것은 길하죠(君子有解). 그런데 어느 정도로 해결을 해야 하느냐면 사회를 어지럽게 했던 모든 소인들이 육오의 해결해주는 정치를 믿고 스스로 물러날 정도가 되어야 한다고 풀이될 수도 있는 것이죠(小人退也).

上六은 公用射隼于高墉之上하야 獲之니 无不利로다.
상육 공용석준우고용지상 획지 무불리

象曰 公用射隼은 以解悖也라.
상왈 공용석준 이 해 패 야

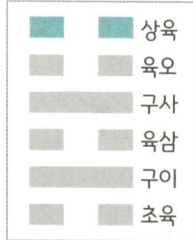

직역 상육은 공이 써 높은 담 위의 새매를 쏘아서 잡으니, 이롭지 않음이 없도다. ◆「상전」에 이르기를, '공용석준'은 거스르는 것을 푸는 것이다.

- 射 : 맞힐 석, 쏠 사 / 隼 : 새매 준 / 墉 : 담 용 / 悖 : 거스를 패, 어그러질 패

점례 능력을 길러라. 대기만성이다. 종교적으로 큰 위치에 있다.

강의 음이 맨 위에 있어 상육이죠. 육오는 인군으로 공公입니다. 상육이 변하면 이허중(☲) 불괘가 되니 남방 주작朱雀이 돼서 새매(隼)가 나오죠. 상효는 맨 위에 있는 효이기 때문에 높은 담에 올라 있는 것입니다. 높은 담에 있는 새매를 육오 인군이 또는 주역을 공부하는 군자가 쏘아서 잡았다는 말이죠(公用射隼于高墉之上獲之). 그러면 해괘의 마지막에 있는 상육에서 얽혀있는 문제, 특히 종교적 갈등이 해결되어 이롭지 않음이 없지요(无不利). 공자께서 이 말을 중요하게 여기셔서「계사전」에 한 번 더 언급하셨지요.*

해괘의 마지막 효(상육)가 변하면 주역 마지막괘인 화수미제괘(䷿)의 끝 효(상구)가 됩니다. 모든 어려움이 해결됨과 동시에 미제未濟도 이제 끝날 때가 된 것이지요.

◆**소상전** 공이 새매를 쏘아 잡음으로써(公用射隼) 이제까지 맺혀 있고 거슬려 있던 문제가 완전히 풀리는 것입니다(以解悖也).

▌**관련된 괘**

① 도전괘 : 수산건(䷦)　　② 배합괘 : 풍화가인(䷤)

③ 호　괘 : 수화기제(䷾)　　④ 착종괘 : 수뢰둔(䷂)

▌**총설**

험난한 상황을 잘 풀어가려면 움직여 변화를 추구함으로써 험한

---

*「계사하전」5장 (3권 277쪽) 해설 참조.

상황으로부터 벗어나야 합니다(動而免乎險 解). 다시 말하면 적극적으로 문제를 해결해 나가야 하는 것이죠. 더 나아가 근본적으로 사회적인 문제를 해결하려면, 해롭게 했던 원인을 찾아 척결하되 가벼운 허물은 용서하고 죄를 감해주어 화합을 도모해야 합니다(赦過宥罪).

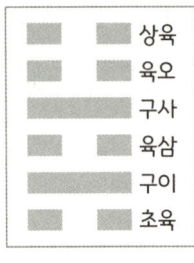

초효는 그동안에 어려웠던 일이 잘 풀리는 때가 되었으니 허물이 없는 것입니다.

이효는 적극적으로 움직여 사회악을 척결하여 해결하는 것이지요.

삼효는 모든 어려운 일들을 제공했기 때문에 척결을 당하는 것입니다.

사효는 대신으로서 백성들의 어려움을 풀어주어 믿음을 얻는 것이지요.

오효는 모든 일이 스스로 풀려서 해결되는 것입니다.

상효는 해결하려고 해도 해결하지 못했던 마지막 남은 종교문제를 해결함으로써 인류화합을 이끌어내는 것입니다.

해괘의 완전한 해결은 구이의 '전획삼호田獲三狐'를 해서 '득황시得黃矢'하는 것과 상육의 '공용석준公用射隼'을 해서 '획지獲之'하는데 있습니다.

▎편언

해괘 구이효의 '사냥해서 세 마리 여우를 잡는다'는 것은 사회를 혼란케 하는 범죄인을 잡아들인다는 것이고, '누런 화살을 얻었다'는 것은 공명정대한 심판을 하는 것을 의미한다고 볼 수 있습니다.

  형벌을 밝히고 법을 제정하는 의미가 있는 화뢰서합괘(䷔)의 사법 심판을 하는 자리인 구사효에 '득금시得金矢'라 하였고, 육오효에는 '득황금得黃金'이라 하였습니다. 따라서 '득황시'는 죄인을 재판하여 적절한 형벌로 처벌하는 것을 말하는 것이죠.

  해괘 상육효의 '공公이 높은 담 위에 있는 새매를 쏘아 잡는다'고 했는데, '높은 담 위의 새매'는 과연 무엇을 상징할까요?

대산주역강의

● 경전해설 41~50

▌ 손괘의 전체 뜻

위는 간상련(☶) 산괘이고 아래는 태상절(☱) 못괘로, '산택山澤'의 괘상이고, 괘명은 덜어낸다는 뜻의 '손損'입니다. 아래에 있는 연못의 기운은 위로 올라가서 산에 보태고, 위에 있는 산은 물 기운을 아래로 흘려보내 연못에 보탭니다. 전체적으로 보면 서로가 이익을 보는 것이지만, 산이나 연못이나 각각 자신의 기운을 덜어내니 손해를 보고 있네요.

손괘는 아래에 있는 국민들이 나라의 재정을 유지하기 위하여 세금을 내는 원리에 해당합니다. 세금을 내야 하는 국민 개개인의 입장에서는 손해를 보는 것이지만, 나라 전체로 보면 국민들로부터 세금을 걷어서 나라 재정을 유지해 나가게 되는 것이죠.

개인적으로 볼 때에는 손해를 보는 것 같지만, 전체적으로 보면 조화와 균형 속에 이익이 되고 있습니다. 그래서 보다 이상적인 사회를 만들어가는 하나의 좌표는 사익私益과 공익公益의 균형에 있는 것입니다. 산택손괘(䷨)가 겉으로는 손해를 보는 것이지만, 호괘互卦가 지뢰복괘(䷗)가 되듯이 속으로는 다시 회복되는 기운이 있네요.

뇌수해괘(䷧) 다음에 산택손괘를 둔 이유를 「서괘전」에서는 "해解는 느슨함이니 느슨하면 반드시 잃는 바가 있으므로 해괘 다음에 손괘를 놓았다."*고 하였습니다. 그렇죠. 어려운 일이 해결되면 긴장이 풀리면서 느슨해지는데 느슨해지면 해야 할 일을 놓치고 손해를 보기 마련이지요.

괘사

損은 有孚면 元吉코 无咎하야 可貞이라.
손   유부   원길   무구   가정

利有攸往하니 曷之用이리오? 二簋ㅣ 可用享이니라.
이유유왕   갈지용   이궤   가용향

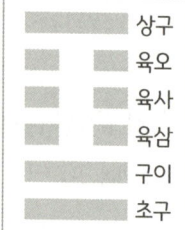

상구
육오
육사
육삼
구이
초구

직역 손은 믿음을 두면 크게 길하고 허물이 없어서 바르게 할 수 있다. 가는 바를 둠이 이로우니 어떻게 쓰리오? 두 대그릇을 써서 제사 지낼 수 있느니라.

- 元 : 클 원, 으뜸 원 / 曷 : 어디 갈, 어찌 갈, 언제 갈 / 簋 : 대그릇 궤 / 享 : 제사 올릴 향

점례 손해 본다. 지금은 손해를 보지만 나중에 이익으로 돌아온다.

강의 아래(백성)를 덜어서 위(국가)를 보태는 손괘損卦는 나라로 보면, 백성으로부터 세금을 거두어 국가를 경영해나가는 것을 의미합니다. 나라 전체를 유지하기 위해서는 국가의 근간을 이루는 백성이 도와야 하네요. 백성으로서는 손해를 보지만 자기의 몫을 덜어내어 국가

---

* 解者緩也 緩必有所失 故受之以損

전체가 유지되니, 믿음을 가지면 크게 길하고 허물이 없습니다(損有孚元吉无咎). 그러나 세금을 거두어들이고 손해를 보는 것은 공정하게 해야 하니, 바르게 해야 합니다(可貞).

한편 하경 처음인 택산함괘(☱)에서 빈 마음으로 사람을 받아들여 청춘남녀가 교감을 하고, 그로부터 10달이 되는 산택손괘에서 출산을 하게 됩니다. 이렇게 새로운 생명이 태어나니 믿음을 두면 크게 길하고 허물이 없으며, 또한 바르게 키워야 하는 것 아니겠어요(損有孚元吉 无咎 可貞)?

손해를 본다는 것은 누군가에게 이익을 주는 것이고, 나중에는 보답을 받게 되는 것이 자연의 섭리攝理입니다. 손괘는 아래의 도道가 위로 오르는 것이니, 백성 개개인은 손해를 보지만 나라 전체로 보면 이익이 되는 것이고, 그런 가운데 바르게 하니 일을 실행해 나가는 것이 이로운 것이죠(利有攸往).

그런데 손해를 보는 때에는 어떻게 해야 할까요(曷之用)? 제사 지내는 일이 가장 큰일이기 때문에 쓰임새의 가장 대표적인 것으로 제사 지내는 것을 말했습니다. 제사를 지내긴 하되 성찬으로 많이 차리지 말고 대그릇 둘에다 포 두 마리를 놓고 제사 지내는 간략한 방법을 쓰라고 하였습니다(二簋可用享). 그렇게 생활하면 손해 보는 어려운 과정을 잘 이겨내 나아갈 수 있다는 것이죠. 절약을 하고 믿음을 가지고 바르게 나아가면 무슨 일이든지 할 수 있고 손해 보는 것을 극복해서 유익하게 되는 것입니다.

단전

象曰 損은 損下益上하야 其道ㅣ 上行이니
단왈 손 손하익상 기도 상행

損而有孚면 元吉无咎可貞利有攸往이니
손이유부 원길무구가정이유유왕

曷之用二簋可用享은 二簋ㅣ 應有時며
갈지용이궤가용향 이궤 응유시

損剛益柔ㅣ 有時니 損益盈虛를 與時偕行이니라.
손강익유 유시 손익영허 여시해행

직역 「단전」에 이르기를, 손은 아래를 덜어 위를 더하여 그 도가 위로 행함이니 더는데 믿음을 두면 '원길무구가정이유유왕'이니 '갈지용이궤가용향'은 두 대그릇이 응당한 때가 있으며, 강을 덜어 유에 더함이 때가 있으니, 덜고 더하고 차고 비는 것을 때에 따라 함께 행함이라.

- 盈 : 찰 영 / 虛 : 빌 허

강의 괘사를 풀이한 「단전」입니다. 손괘는 음효 셋 양효 셋으로 삼음삼양괘三陰三陽卦입니다. 삼음삼양괘는 기본적으로 지천태괘나 천지비괘에 근본을 두고 있습니다. 손괘는 태괘(☷)로부터 온 것입니다. 지천태괘는 아래는 모두

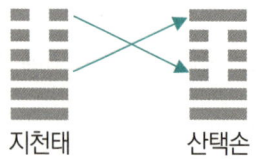
지천태   산택손

양으로 하늘괘(☰)를 이루고 위는 모두가 음으로 땅괘(☷)를 이루어, 땅괘가 위에 있고 하늘괘가 아래에 있는 괘입니다. 천지가 교통하여 태평한 세상인 태괘는 위의 치자治者는 다 비어 있고(☷) 아래

의 백성은 꽉 차 있는(☰) 괘상입니다. 백성이 잘사는 사회는 평화로운 사회이고 부유한 나라이지만 백성이 못사는 나라는 혼란하고 빈약한 나라이므로, 백성이 양으로 다 차서 잘사는 나라가 바로 지천태괘인 것입니다. 백성이 모두 풍부하게 살고 있으니까 백성의 것을 덜어다 나라의 창고에 좀 채워서 어렵고 힘든 때를 대비하는 것이죠.

태평한 세상이 아니고는 아래의 백성이 손해를 볼 수 없으므로 풍부하고 태평한 세상일 때 아래 백성이 손해를 보는 것입니다. 괘의 변화로 본다면 태괘의 하괘 건삼련(☰) 세 획이 다 양으로 차 있는데, 세 번째 양이 올라가 위를 채워주므로 이를 '손하익상'이라고 합니다(損下益上). 아래 것을 덜어서 위를 더했다는 뜻이죠. 그러므로 손괘는 아래를 덜어서 위를 더하는 것이므로 그 도가 위로 행하여 '기도상행'이라고 하였네요(其道上行).

그러므로 비록 손해를 보고 있지만 그 믿음을 두면(損而有孚) 크게 길하게 되고(元吉) 허물이 없으므로(无咎), 바른 마음으로 굳게 나갈 수 있고(可貞), 가면 이로운 것이죠(利有攸往).

'어떻게 쓰리오(曷之用)? 두 대그릇으로써 제사를 지낸다(二簋可用享)'는 것은, 어려운 시기라서 두 대그릇만 쓸 때도 있다는 것인데(二簋應有時), 혹시 그렇게 어려운 시기도 아닌데 제사를 지낼 때마다 너무 간략하게 대그릇과 포만 놓고 지낼까 봐 염려가 되어서 하는 말씀입니다. 없으면 없는 대로 하지만, 있으면서도 그렇게 하라는 건 아니라는 말씀입니다.

이는 또한 강한 것을 덜어 유한 것에 더하는 것도 때가 있으므로(損剛益柔 有時), 덜어내고 더하고 채우고 비우는 것을 때와 더불어 함께 행하여야 함을 말합니다(損益盈虛 與時偕行). 덜어내면 더해지고 채우면 비워지는 것이죠. 손익영허를 때와 더불어 함께 행한다는 것은, 강한 걸 덜어내서 유한 데에 더해줄 때가 있다는 뜻입니다. 지천태괘를 이루어서 백성이 잘 사는 때! 아래에서 풍부하게 잘사니까, 아래의 꽉 차 있는 강을 하나 덜어내서(損剛)서 유만 있는 위에다 더하는 (益柔) 것이죠.

'때'라는 것은 모두 돌고 돕니다. 달이 차면 기울고 비어 있는 달이 또 보름달로 둥글어지듯이, 지금은 손損이지만 영盈이 되고, 익益이지만 또 허虛가 될 가능성이 있습니다. 역시 때와 더불어 같이 행해지는 것입니다(與時偕行).

대상전

象曰 山下有澤이 損이니 君子ㅣ 以하야 懲忿窒欲하나니라.
상 왈 산 하 유 택 손   군 자 이   징 분 질 욕

직역 「대상전」에 이르기를, 산 아래 못이 있는 것이 손(損)이니, 군자가 본받아서 성냄을 징계하고 욕심을 막는다.

- 懲 : 징계할 징 / 忿 : 분할 분 / 窒 : 막을 질 / 欲 : 욕심 욕

강의 산택손괘의 상을 보니, 산괘(☶) 아래 못(☱)이 있네요(山下有澤). 그러니 군자는 이 산택손괘를 보고 본받아서 성냄을 징계하고 욕심을 막으라고 하였습니다(懲忿窒欲).

손은 재물만을 손해 보는 것이 아니고, 손해 볼 것은 깨끗이 손해를 봐서 좋은 일이 있는 것입니다. 그래서 「계사전」에 아홉 가지 덕

을 갖춘 괘로 구덕괘九德卦를 설명하면서, 손괘를 수신하여 몸을 닦는 '덕지수德之修'라고 했습니다.* 덜어낼 건 덜어내야죠. 병이 있으면 덜어내야지 가만 있으면 안 되고, 나쁜 마음 잡된 생각도 깨끗이 덜어내야 몸을 수신하는 겁니다. 그래서 도덕적으로 군자가 수신하는데 있어 덜어낼 건 또 덜어내야 한다는 뜻에서 '징분질욕하라'고 한 것이죠.

사람이 화가 치밀어서 분할 때에는 물로 불을 끄듯이 해야 하고, 욕심 막기를 흙으로 물 막듯이 해야 합니다. 『명심보감』에 '징분懲忿을 여소화如消火하고 질욕窒慾을 여방수如防水하라'고 하였습니다. 못으로 화가 치미는 불을 소화시켜서 끄고, 흙이 쌓인 산으로써 물 솟듯 하는 욕심을 막는 것이죠. 군자가 이러한 것을 보고, 성냄은 불을 끄듯이 물(☱ 澤)로 막고, 욕심은 물을 막듯이 흙(☶ 止)으로 막는 것입니다.

효사와 소상전

初九는 已事어든 遄往이라야 无咎리니 酌損之니라.
초구　이사　　천왕　　　　무구　　　작손지

象曰 已事遄往은 尙合志也일세라.
상왈 이사천왕　 상합지야

직역 초구는 일을 마치거든 빨리 가야 허물이 없으리니, 참작하여 더느니

---

* 「계사하전」 7장 (3권 324쪽) 참조.

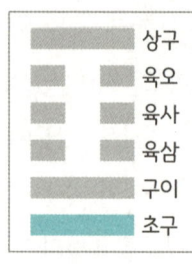

라. ◆「상진」에 이르기를, '이사천왕'은 위와 뜻을 합하기 때문이다.

- 遄 : 빠를 천 / 酌 : 참작할 작 / 已 : 마칠 이, 이미 이 / 尙 : 윗 상(上也)

점례 일이 끝났다. 계산할 때다. 낼 것은 내고 청산하라.

강의 양이 맨 처음에 있어 초구입니다. 괘를 여섯 효의 자리로 나누어 말하면 초효는 백성의 자리, 이효는 선비의 자리, 삼효는 외직外職의 자리, 사효는 중앙정부의 대신大臣의 자리, 오효는 인군의 자리, 상효는 상왕의 자리가 됩니다.

초구는 맨 아래에 있어 나라의 근간이 되는 백성의 자리입니다. 또한 양 자리에 양으로 바르고 실實하네요. 내괘 태상절(☱) 못괘는 후천팔괘방위로 가을이니 추수를 하여 수확을 하는 계절입니다. 백성이 수확을 해서 결실을 거두었으면, 나라를 위한 재정財政에 빨리 보태야 허물이 없습니다(已事遄往 无咎). 초구가 변하면 감중련(☵) 물괘로 겨울이 되니, 겨울이 되기 전에 빨리 나라의 재정에 보태야 하는 것이죠. 오늘날 현대사회에서 부과되는 각종 세금의 기본원리도 마찬가지 아니겠어요?

그런데 세금도 수확에 따라 공정하게 책정되어야 하니, 많이 수확했으면 많이 내고, 조금 수확했으면 조금 내어 민생民生과 나라의 재정이 균형을 이루어야 합니다. 그래서 참작해서 덜어내는 것이죠(酌損之).

◆**소상전** 초구의 백성이 일을 마치면 나라에 세금을 빨리 내는 것

은(己事遄往) 육사 대신과 뜻을 합하기 때문입니다. 대신大臣은 백성의 복지와 안녕을 위하는 마음을 가지고, 백성은 부국강병을 위하니 서로 뜻을 합하는 것이죠(尚合志也). 백성은 늘 인군을 모시는 신하와 응합니다. 신하는 인군의 명을 받아 백성을 위해 정치를 하는 것이고 백성은 신하를 통해서 인군을 돕는 것이죠. 손괘의 초구는 신하자리인 육사와 음양으로 바르게 잘 응하고 있습니다. 이렇게 해서 신민臣民이 서로 합치되어 나라가 부유해지는 것이죠.

九二는 **利貞**코 **征**이면 **凶**하니 **弗損**이라야 **益之**리라.
구이   이정 정   흉   불손   익지

象曰 九二利貞은 **中以爲志也**라.
상왈 구이이정   중이위지야

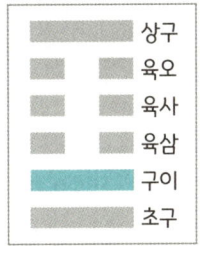

상구
육오
육사
육삼
구이
초구

직역 구이는 바르게 함이 이롭고 가면 흉하니, 덜지 말아야 더하리라. ◆「상전」에 이르기를, '구이이정'은 중中으로써 뜻을 삼은 것이다.

점례 마음을 비우고 가만히 있으면, 이로운 일이 생긴다.

강의 양이 두 번째에 있어 구이입니다. 구이는 음자리에 양으로 있어 겉으로는 실한 것 같지만 사실은 허虛합니다. 그리고 내괘의 중을 얻은 선비의 자리입니다. 선비는 또 백성과 다릅니다. 백성은 직접 일을 하여 수확하는 것이지만 선비는 글공부를 하다 보니 수확할 게 없네요. 그러니 나라에 바칠 곡식이 없어요.

  구이 선비는 육오 인군과 직접 응하는 자리이기 때문에 과거시험을 보아 급제하여 뜻을 펴는 것입니다. 배운 것을 모두 나라에 나아가 펴는 것이죠. 그러니 초구의 백성은 납세를 하느라고 '작손지(酌損之)' 하지만, 선비인 구이로서는 '바르게 해야 하고(利貞) 경솔히 나아가면 흉하다(征凶)'고 하였습니다.

  중도를 행하면 자연 바르게 되지요. 그래서 구이에게 바르게 행동하라고 먼저 경계사를 말한 것입니다(利貞). 때를 기다려야 할 구이가 바르게 가만히 있어야지, 육오 인군하고 응한다고 무턱대고 벼슬자리라도 얻으려고 가면 이것은 흉한 짓입니다(征凶). 조금 손해를 봐서 나중에 벼슬자리를 얻으면 그 손해를 채워 넣기 위해 몇 곱절을 더 받아내려고 부정부패한 탐관오리가 되는 것이죠. 그래서 구이에게는 "선비인 네가 아무리 학덕을 많이 쌓았고 또 재능이 있다 하더라도 우선은 바르게 함이 이롭고 함부로 벼슬자리를 얻으려고 육오 인군에게 가면 흉하다. 그래서 구이는 손해를 보지 아니해야 그것이 나라에 보태주는 것이다(弗損益之)." 라고 하였습니다.

  ◆**소상전** 구이가 바르게 함이 이롭다는 것은(九二利貞) 구이가 내괘의 중을 얻었으니까 이 중으로써 늘 자기 뜻을 삼아야 함을 말합니다(中以爲志也). 중도에서 벗어나면 그 뜻이 잘못 펼쳐지게 되므로 늘 중으로써 뜻을 삼아야 하는 것이죠.

六三은 三人行엔 則損一人코 一人行엔 則得其友로다.
육삼 　 삼인행 　 즉손일인 　 일인행 　 즉득기우

象曰 一人行은 三이면 則疑也라.
상 왈 일 인 행 삼 즉 의 야

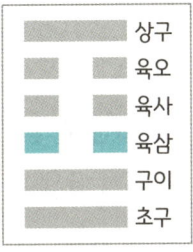

직역 육삼은 세 사람이 가는 데는 한 사람을 덜고, 한 사람이 가는 데는 그 벗을 얻도다. ◆「상전」에 이르기를, '일인행一人行'은 셋이면 곧 의심할 것이다.
점례 동업을 하다 한 사람은 떨어져 나간다. 뜻이 같은 사람과 다시 결합해도 좋다.

강의 음이 세 번째에 있어 육삼입니다. 육삼은 "세 사람이 가는 데는 곧 한 사람을 덜고(三人行 則損一人), 한 사람이 가는 데는 곧 그 벗을 얻는다(一人行 則得其友)."고 하였습니다. 이것은 손익損益의 도를 말한 것입니다.

이 육삼 효사는 주역 전체의 윤곽을 설명하는 대표적인 문장으로 볼 수 있는데, 여기에는 두 가지 의미가 있습니다. 첫째는 산택손괘(䷨)가 지천태괘(䷊)에서 온 것이라는 뜻이고, 둘째는 택산함괘(䷞) 구사효에서 소남·소녀의 동동왕래憧憧往來로 잉태되어 꼭 열 달이 되는 산택손괘 육삼효에서 출산을 한다는 의미입니다.

첫째로 지천태괘(䷊)에서 내괘 하늘괘(☰)의 양陽 세 사람이 가는 데 한 사람을 덜어내 위로 보내니 산택손괘(䷨)가 되고(三人行 則損一人), 위로 올라간 상구 양은 아래로 내려 온 육삼 음陰과 응하여 벗을 얻게 되네요(一人行 則得其友). 이것은 「단전」에서 말한 '손하익상 기도상행'과 같은 뜻이기도 합니다.

둘째로 인사를 말한 하경의 첫 번째 괘인 택산함괘(䷞)에서 소남

·소녀가 서로 교감하는데, 함괘 네 번째 자리인 구사에는 '동동왕래憧憧往來면 붕종이사朋從爾思리라.' 했습니다. "자주자주 왕래하면 벗이 네 생각을 따르리라."고 하였는데, 바로 남녀교합의 절정을 의미하는데 여기서 생명을 잉태하는 것이지요. 한 괘를 한 달로 간주하면 하경 첫 번째 괘인 택산함괘 구사 자리에서 잉태가 되었으니 하경 열 번째 괘인 해괘(䷧)에서 해산할 기미가 있는 것이고, 그 다음 손괘의 육삼에 이르러 실제로 덜어서 아기를 낳는 것입니다. 손괘의 육삼 자리가 함괘의 구사 자리로부터 헤아리면 정확히 60번째 효입니다. 60번째면 6효가 한 괘니까 10괘가 되니 만 열 달 만에 출산하는 것이 되지요(三人行 則損一人). 세 사람이란 소남·소녀가 만나 부부가 되어 잉태를 하니 세 사람이 되는 것이고, 태어난 아이 한 사람이 자라 또 짝을 만나는 것이 순리이니 그 벗을 얻게 되는 것이죠(一人行 則得其友).

◆**소상전** 여기 효상에서는 "한 사람이 가는데 셋이면 곧 의심이 된다(一人行 三 則疑也)"고 하였습니다. 뱃속에 아기가 있으면 의심이 나게 마련이죠. 출산을 해야 계집애인지 사내아이인지를 알고, 또 '출산은 잘 할까? 애기는 잘 클까?' 하는 모든 의심이 풀리는 것입니다. 한편 이 「소상전」의 문장에는 혹시 궐문闕文이 있지 않나 하는 생각도 해봅니다.

공자께서는 이 효를 중요하게 여기셔서 「계사전」에 다시 설명하셨습니다.*

---

* 「계사하전」 5장 (3권 303쪽) 참조.

六四는 損其疾호대 使遄이면 有喜하야 无咎리라.
육사 손기질 사천 유희 무구

象曰 損其疾하니 亦可喜也로다.
상 왈 손기질 역가희야

상구
육오
육사
육삼
구이
초구

직역 육사는 그 병을 덜되, 빨리하게 하면 기쁨이 있어서 허물이 없으리라. ◆「상전」에 이르기를, '손기질'하니 또한 기쁘도다.

■ 疾 : 병 질 / 遄 : 빨리할 천, 옮길 천

점례 병은 조기에 발견해야 치유가 가능하다. 급히 진찰하고 치료하도록 한다.

강의 음이 네 번째에 있어 육사입니다. 육사는 병이 있습니다. 이 병은 몸의 병이 아니네요. 육오 인군을 모셔야 할 육사 신하가 지금 음으로 허虛합니다. 육사가 음으로 허하니 나라가 공허해서 돈이 부족해요. 백성을 위해 정치를 하려면 돈이 필요하니, 나라의 재정을 확보하려고 늘 신경을 써야 하는 병입니다.

초구 백성한테는 "농사일이 끝나거든 빨리 세금을 내야 허물이 없는데 참작해서 덜어내라(已事 遄往 无咎 酌損之)."고 했습니다. 이에 상응하여 육사 대신한테는 신하인 네가 정치하는데 재정을 확보해야 하는 병을 덜어내려면(損其疾) 빨리 백성한테로 가서, 엄포를 놓는다든지 백성의 소유물을 빼앗는다든지 하는 게 아니라 백성을 도와 농사를 잘 짓게 해서 그 농사지은 것을 세금으로 조금 받으라는 말입니다(使遄). 빨리 가면 기쁨이 있게 되어 허물이 없다는 것은 백성한테 세금을 받아서 정치를 하게 되어 신하로서의 책무를 이행하기 때문이죠(有喜无咎). 위 육사는 음으로 허하고 아래 초구는 양으로 실하여 풍부하니까, 비어 있는 위의 신하가 차 있는 백성에게 가서 세금을 조금 거두는 것이죠.

◆**소상전** 점을 해서 손괘의 육사자리가 나오면 병점이 되는 것이죠. 이 병을 빨리 치료하면 건강한 몸으로 회복되니 허물이 없고 기쁨이 있게 됩니다(亦可喜也).「대상전」에서는 사람이 잡된 생각이나 욕심을 덜어내서 수신하는 징분질욕懲忿窒欲을 말했고, 여기의「소상전」에서는 병이 있으면 그 병을 덜어내는(치료하는) 것으로 말하였습니다. 병 없이 몸이 가뿐해져서 건강을 회복한다면 또한 기쁘지 않겠어요? 그것을 정치를 하는 신하 입장에서, 나라가 병들어 있는 상황에서 해야 할 일에다 비교하여 말한 것입니다.

六五는 **或益之**면 **十朋之**라. **龜**도 **弗克違**하리니 **元吉**하니라.
육오   혹익지   십붕지   귀   불극위   원길

象曰 六五元吉은 **自上祐也**라.
상왈 육오원길   자상우야

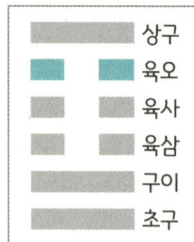

직역 육오는 혹 더하면 열 벗이라. 거북도(거북점을 하더라도) 어기지 못할 것이니 크게 길하니라. ◆「상전」에 이르기를, '육오가 크게 길함'은 위로부터 돕기 때문이다.

▪ 龜 : 거북 귀 / 違 : 어길 위 / 祐 : 도울 우

점례 윗사람이 돕고 친지가 도와 하는 일에 큰 이익을 본다.

강의 음이 다섯 번째에 있어 육오입니다. 육오는 양자리에 음으로 있어 허虛하지만 나라를 다스리는 인군의 자리에 있습니다. 국가가 빈약할 때에는 육오 인군 자신도 부富를 누릴 수 없습니다. 아래에 있는 육사 대신이 초구 백성으로부터 세금을 거두어서 나라의 재정을 충실하게 하면, 육오 인군은 그 재정을 아래 백성에게 다시 더해 주어야 합니다(或益之). 이것이 나라의 지도자로서 진정 국민의 복지福祉를 위하는 일이죠.

이렇게 인군으로서 백성의 복지를 위한 정치를 잘 하면 백성 모두가 인군을 사랑하는 벗이 됩니다(十朋之). '열 벗(十朋)'이라는 것은 나라 전체의 모든 백성을 말하는 것이죠. 나라의 인군으로서 이렇게 국민을 위한 선정善政을 베풀면 나라가 잘 되고 백성이 행복하게 사는 것 아니겠습니까? 이러한 사실은 너무나 명백하여 신통하다는 거북점을 하더라도 거북점도 어기지 못할 것이니(龜弗克違) 물어보나마나 크게 길하다는 말입니다(元吉).

육오 음이 변하면 양으로 되어 중부(䷼)괘가 되는데, 두 효씩 묶어 보면 속이 비어 있는 이허중(☲) 불괘의 상이므로 겉껍질은 딱딱하지만 속이 빈 거북이 나옵니다. 거북점은 신통한 것이죠. 그래서 거북점을 했는데 거북도 어기지 않고 좋다고 하니 육오 인군이 정치하기 수월하게 되어 크게 길하다는 것입니다.

◆**소상전** 육오 인군 스스로는 외괘의 중中을 지켜 나라를 다스리는 자리에 있으나, 양 자리에 음으로 있어 허虛한 상태에 있습니다. 그런데 그럼에도 불구하고 백성에게 보태어 주어 길하게 되는 것은(六

五元吉), 또한 바로 위에 있는 실實한 상구上九가 도와주기 때문입니다(自上祐也).

上九는 弗損코 益之면 无咎코 貞吉하니
상구   불손   익지   무구   정길

利有攸往이니 得臣이 无家리라.
이유유왕   득신   무가

象曰 弗損益之는 大得志也라.
상왈 불손익지   대득지야

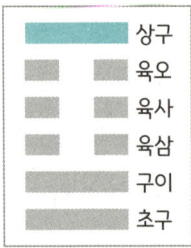

직역 상구는 덜게 하지 말고 더해주면 허물이 없고 바르게 하여 길하다. 가는 바를 둠이 이로우니, 신하를 얻음에 경계(친소)가 없으리라. ◆「상전」에 이르기를, '덜게 하지 말고 더해줌'은 크게 뜻을 얻음이라.

점례 위에서 베풀면 손해 보는 일은 없고, 크게 이익을 보게 된다. 거래처를 확보하고 후견인을 둔다.

강의 양이 맨 위에 있어 상구입니다. 상구는 「단전」에서 말한 손강익유損剛益柔, 손하익상損下益上, 기도상행其道上行의 자리입니다. 외괘 간상련(☶) 산괘의 위에 있는 상구는 아래 백성들로부터 거두어들인 세금을 나라를 위해 비축하고 나라를 위해 써야 하는 자리입니다. 그래서 덜게 하지 말고 더해주면 허물이 없다고 하였습니다(不損

益之 无咎). 또한 백성으로부터 거두어들인 재정을 비축·관리하는 자리이니 바르게 해야 길한 것이죠(貞吉).

그리고 나라를 위한 일에 써야 하니 가는 바를 둠이 이롭습니다(利有攸往). 상구가 나라를 위한 재정을 공정하게 관리하고 바르게 하면 나라를 위해 일하고자 하는 선비들이 모여들게 되니, 신하를 얻음이 경계가 없게 되네요(得臣无家). '집이 없다(无家)'는 것은 경계·한계가 없다는 뜻이죠. 모두가 상구를 따라주고 상구가 나라를 유익하게 하려는 일에 하나로 동참하기에 다 함께 합심하여 경제 난국과 위기를 타개하고 극복해 나가는 것이죠.

◆**소상전** 상구가 아랫사람들을 덜어내게 하지 않고 오히려 더해주는 것은(不損益之), 상구를 중심으로 나라의 인재가 모여들고 경제난을 해결하는 큰 뜻을 얻게 되는 것입니다(大得志也).

41 산택손

관련된 괘

① 도전괘 : 풍뢰익(䷩)   ② 배합괘·착종괘 : 택산함(䷞)
③ 호   괘 : 지뢰복(䷗)

총설

손괘는 농경사회에서 가을에 추수를 마치고 나라에 세금을 냄으로써, 나라의 재정을 유지해 나가는 원리를 나타내고 있습니다. 오늘날 국민의 납세의무에 해당되죠. 국민 개개인은 손해를 보지만 나라 전체로는 이익이 되지요. 그렇지만 국민으로부터 걷은 세금으로 국민을 위한 복지정책을 구현하니 결국 국민도 이익이 되는 것입니다.

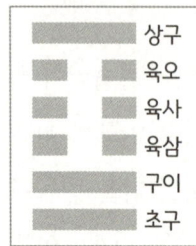

초효는 일반 백성으로, 농사를 마치고 수확물이 있으면 나라 재정을 위하여 지체 없이 세금을 내야 합니다.

이효는 지식을 추구하는 선비로서 직접 생산하는 것이 없기 때문에, 덜어내지 못하고 오히려 나라로부터 녹을 받아 사는 것이네요.

삼효는 손괘가 태괘에서 온 것이라는 것과, 함괘에서 소남 소녀가 교감하여 출산하는 뜻을 밝혔죠.

사효는 대신으로서, 나라의 재정을 위하여 초구 백성으로부터 세금을 걷어 들이네요.

오효는 인군이 복지정책을 잘 구현하여 국민을 위한 정치를 잘 하는 것입니다. 상효는 백성들로부터 거두어들인 세금을 나라를 위해 비축하고 나라를 위해 잘 써서 많은 인재들이 모여들게 됩니다.

▎편언

산택손괘(☶☱)는 지천태괘에 근원을 두고 있습니다. 지천태괘(☷☰)에서 내괘 구삼 양을 덜어내 위로 올리니 산택손괘가 되니, 아래(백성)가 손해를 보며 위(국가)를 보태는 양상이죠. 지천태괘는 상경 11번째이고, 산택손괘는 하경 11번째입니다. 상경上經의 처음인 건(☰)과 곤(☷)이 기운을 통하여 태(☱)가 되고, 하경下經의 처음인 함(☶☱)에서 교합을 하고 항(☳☴)에서 부부가 되어 손(☶☱)으로 출산을 하는 겁니다.

風雷益(42)
巽震 풍 뢰 익

▌익괘의 전체 뜻

위는 손하절(☴) 바람괘이고 아래는 진하련(☳) 우레괘로, '풍뢰風雷'의 괘상이고, 괘명은 이익을 본다는 '익益'입니다. 왜 풍뢰는 익괘일까요? 후천팔괘방위로 보면 진하련(☳) 우레괘는 동방이요, 손하절(☴) 바람괘는 동남방인데 모두 봄에 해당하네요. 봄에 아래의 진괘震卦로 파종하여 위의 손괘巽卦로 봄바람이 일면서 만물이 생화하여 풍성하게 되는 상입니다. 그러니 더한다, 보탠다, 이익을 본다는 익괘益卦가 되는 것입니다.

산택손괘를 반대로 보면 풍뢰익(䷩)이고 풍뢰익괘를 반대편에서 보면 산택손(䷨)입니다. 이렇게 도전괘를 나란히 놓았지만, 괘 순서로 보면 해괘解卦 다음에 손괘損卦가 있게 되고 손괘 다음에 익괘益卦가 옵니다. 「서괘전」에서는 "더 이상 손해 볼 게 없어지면 그 다음은 이익만 있게 되므로 손괘 다음에 익괘를 놓았다."*고 했습니다.

세상은 손익계산으로 살아가죠. 손損만 있어서도 안 되고 익益만 있어서도 안 되는 것입니다. 지출과 수입, 손익계산으로 사는 것입니다. 혼자 있다가 배우자를 만나면 익益이고, 가정을 이루어 자녀가

---

* 損而不已必益 故 受之以益

독립하면 손損이 되고, 다시 짝을 만나 부부가 되고 가정을 이루어 식구가 늘고 살림이 늘고 해서 익益이 되는 것이지요.

괘사

益은 利有攸往하며 利涉大川하니라.
익   이 유 유 왕   이 섭 대 천

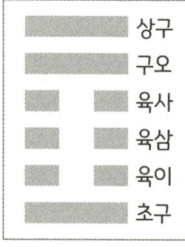

직역 익은 가는 바를 둠이 이로우며, 큰내를 건너는 것이 이로우니라.

- 涉 : 건널 섭

점례 공익사업을 한다. 홍익인간弘益人間이다. 계룡산으로 천도하려 했던 것이 이에 해당한다.

강의 익益은 저절로 가만히 있어서 유익해지는 것이 아니고 가는 바를 두어야 이롭습니다(益 利有攸往). 가는 바를 두는데 태평양이라도 건너가야 하듯이 큰일을 해야 하는 것이죠(利涉大川). 유익함을 거두려면 일을 열심히 해나가야 하고 어려움도 다 이겨내야 합니다. 바다를 건너서 외국과도 통상을 해야 하는 것이죠.

괘사에서 이렇게 이利를 강조한 것은 결실의 이로움을 거두는 괘이기 때문입니다. 「계사전」에서도 "옛적 신농씨가 나무를 깎아 보습을 만들고 나무를 구부려 쟁기를 만들어, 쟁기질과 김매는 이로움으로써 천하를 가르쳐서 농경사회가 되도록 한 것이 이 익괘에서 취상하였다."고 하였습니다.* 익괘의 괘상이 외괘는 손하절(☴) 음목이므로 땅 속을 파들어가는 것이고 내괘는 진하련(☳) 양목이므로 땅 속에서 움직여 쟁기질하는 것이 나옵니다.

단전

彖曰 益은 損上益下하니 民說无疆이요
단왈 익   손상익하   민열무강

自上下下하니 其道ㅣ 大光이라.
자상하하   기도   대광

利有攸往은 中正하야 有慶이요
이유유왕   중정   유경

利涉大川은 木道ㅣ 乃行이라.
이섭대천   목도   내행

益은 動而巽하야 日進无疆하며 天施地生하야
익   동이손   일진무강   천시지생

其益이 无方하니 凡益之道ㅣ 與時偕行하나니라.
기익   무방   범익지도   여시해행

직역 「단전」에 이르기를, 익은 위를 덜어 아래에 더함이니 백성의 기뻐함이 지경(끝)이 없음이요, 위로부터 아래로 내리니 그 도가 크게 빛남이라. '이유유왕'은 중정해서 경사가 있음이요, '이섭대천'은 목도가 이에 행함이

★ 「계사하전」 2장 : 包犧氏沒 神農氏作 斲木爲耜 揉木爲耒 耒耨之利 以教天下 蓋取諸益 (3권 237쪽)

라. 익은 움직이고 겸손해서 날로 나아감이 지경(끝)이 없으며, 하늘이 베풀고 땅이 낳아서 그 유익함에 특정한 방소가 없으니, 무릇 익의 도가 때와 더불어 함께 행하느니라.

- 說: 기쁠 열 / 慶: 경사 경 / 疆: 지경 강 / 施: 베풀 시

강의 괘사를 풀이 한 「단전」입니다. 익괘를 '손상익하'라고 하였네요. 앞의 손괘에서 말한 '손하익상'과는 정반대가 되는 내용이죠. 익괘는 위가 모두 양으로써 하늘괘(☰)이고, 아래가 모두 음으로써 땅괘(☷)인 천지비(䷋)괘로부터 온 것입니다. 천지비괘는 천기天氣와 지기地氣가 교류를 하지 못하여 위와 아래가 막혀 있고, 이는 사회적으로 볼 때 상부층은 부유하지만 아래에 있는 일반 백성은 가난하여 부익부富益富 빈익빈貧益貧의 상태에 있는 것이죠.

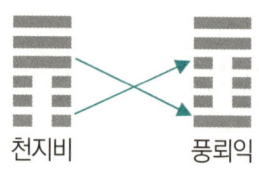
천지비   풍뢰익

익괘는 비색한 때에 위의 것을 덜어 아래 백성에게 더하는 '손상익하'로 이루어집니다. 즉 천지비괘에서 위에 있는 구사 양陽이 아래로 내려오고 초육 음陰이 위로 올라가서 풍뢰익괘가 되는 것이죠(損上益下). 아래 백성을 덜면 손損이고, 아래 백성을 더하면 익益이 됩니다. 『서경』에 '민유방본民惟邦本이라, 즉 백성은 나라의 근본이 되니, '본고本固라야 방녕邦寧이니라'*, 즉 나라의 근본인 백성이 굳게 잘살아야 나라가 편해지는 것이라고 하였습니다. 나라가 편해지는 것은 지엽이 무성한 것과 마찬가지인데, 지엽이 무성하려면 뿌리를 북돋워주어야 하고 나라가 부흥

---

* 『서경』, 「하서, 五子之歌」

하려면 백성을 잘살게 해줘야 한다는 뜻이죠. 이렇게 '손상익하'를 하면 자연 백성들이 기뻐서 어쩔 줄을 모르게 됩니다(民說无疆).

　나라의 창고 안에 꽉 차 있는 곡식을 덜어 아래 백성에 더해주니 백성의 기쁨이 끝없는 것은 곧 위를 덜어서 아래에 내려주어 그 도가 크게 빛나는 것입니다(自上下下). 하늘에서 비가 내리고 햇빛이 내리는 것처럼 한 나라의 인군이 정치를 잘해서 백성들 모두 잘살게 해주니 그 정치하는 도가 온 천하를 광명하게 비추는 것이죠(其道大光).

　괘사에 '가는 바를 둠이 이롭다(利有攸往)'고 한 것은 구오가 중정함이 있어서 경사가 있게 된다는 말입니다(中正有慶). 인군인 구오가 외괘의 중을 얻고 있고 또 양이 양자리에 바르게 있어서 중정을 다 갖추고 있습니다. 이렇게 중정한 도로써 정치를 하니까 정치가 잘되어서 경사가 있는 것이죠.

　큰 내를 건너려면(利涉大川) 배를 타야 하는데, 옛날에는 배를 나무로 만들었습니다. 익괘는 아래괘도 진하련(☳) 동방목이고 위괘도 손하절(☴) 동방목인데, 아래 진은 양목陽木이고 위 손은 음목陰木에 해당합니다. 음목의 나무로 배를 짜고 양목의 나무로 노를 깎아, 물 위에서 노를 저으니 바람 따라 흘러가는 것이죠. 위의 손은 바람이 되므로 바람을 이용하는 것이 나옵니다. 또 '손巽은 입야入也라', 뱃속에 사람이 들어가는 것이고 상구를 가리면 외호괘인 간상련(☶) 산괘로 그 안에서 사람이 그쳐 있는 것이 되죠. 이렇게 진하련 우레로 노를 저어 배를 움직이고 손하절 바람 따라 물을 건너가는 것이 '목도내행'입니다(木道乃行).

　익은 내괘가 진震이므로 안으로 움직여 나아가고 외괘가 손巽이므로 밖으로 공손하여(動而巽) 날로 계속 진전이 있어 끝없이 나아갑니다(日進无疆). 하늘이 베풀고 땅이 낳는 것도 풍뢰익괘의 상입니다. 익괘의 초구를 가리면 내호괘가 땅괘(☷)인데, 땅 속에서 내괘인 진하련 나무가 나와 잎이 피고 꽃이 펴서 열매를 맺는 것이죠. 그것은 바로 씨앗이 하늘에서 땅으로 뚝 떨어져서 나오는 것입니다(天施地生). 이렇게 하늘은 위에서 씨앗을 내리고 땅은 그것을 받아 만물을 낳으므로 그 유익함이 특정한 방소가 없이 세상이 모두 이롭습니다(其益无方). 어느 지방이든 온 땅 위에 '천시지생'하지 않는 땅이 없고, '천시지생'하는 땅 위라면 어느 방소 따질 것 없이 모두가 이익을 보게 되는 것이죠.

만물은 봄의 '천시지생'에 힘입어 여름 더위에 영글고 가을에 열매 맺어 추수하고 겨울에는 추수한 수확물을 저장해둡니다. 그 유익한 것이 늘 유익한 것만은 아니죠. 달이 찰 때는 차고, 밝을 때는 밝고, 갈 때는 가서, 때와 더불어 함께 행합니다(損益盈虛 與時偕行).

▌대상전

象曰 風雷 | 益이니
상 왈 풍 뢰   익

君子 | 以하야 **見善則遷**하고 **有過則改**하나니라.
군 자   이   견 선 즉 천   유 과 즉 개

직역 「대상전」에 이르기를, 바람과 우레가 익이니, 군자가 본받아서 착한 것을 보면 옮기고 허물이 있으면 고친다.

- 遷 : 옮길 천 / 改 : 고칠 개

강의 풍뢰익괘의 괘상은 위는 바람(☴), 아래는 우레(☳)입니다. 군자가 익괘를 본받아 제 몸을 유익하게 하려면 "우레와 같이 선한 것을 보면 얼른 움직여 가고(見善則遷), 허물이 있으면 바람에 날려서 얼른 고쳐야 한다(有過則改)."고 하였습니다. 개과천선改過遷善을 말한 것이죠. 선을 보면 우레괘로 얼른 선한 데로 옮겨가고, 허물이 있으면 얼른 바람으로 날려 세상을 선한 미풍양속美風良俗으로 고쳐 바꾸는 것입니다. 산택손괘가 나 자신의 몸을 닦고 옳은 사람이 되기 위해 징분질욕하는 것이라면, 풍뢰익괘는 개과천선하여 몸을 유익하게 하라는 것입니다.

42 풍뢰익

효사와 소상전

初九는 利用爲大作이니 元吉이라야 无咎리라.
초구　이용위대작　　　원길　　　　무구

象曰 元吉无咎는 下ㅣ 不厚事也일세라.
상왈 원길무구　　하　불후사야

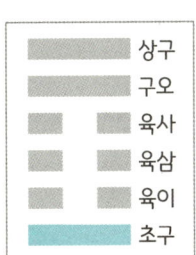

직역 초구는 크게 짓는 것이 이로우니, 크게 길하여야 허물이 없으리라. ◆「상전」에 이르기를, '원길무구'는 아래가 두터운 일을 못하기 때문이라.

• 厚 : 두터울 후

점례 사업을 크게 기획하되, 주변 여건을 잘 살펴라.

강의 양이 맨 처음에 있어 초구입니다. 초구는 백성의 자리입니다. 산택손괘에서 초구 백성의 노력(納稅)으로 이루어진 나라의 재정을 풍뢰익괘에서 베풀게 된 것은 바로 나라의 근간이 되는 백성의 경제활동으로 인한 것입니다. 그래서 익괘에서도 초구 백성은 익益의 도를 이루기 위해 크게 사업을 하는 것이 이롭다는 것이죠(利用爲大作). 백성의 사업은 곧 나라의 사업이기도 합니다. 초구가 잘 응하고 있는 육사 대신으로부터 나라의 중대한 일을 맡아서 하는 것이니, 크게 길해야 허물이 없다고 하였습니다(元吉无咎).

◆**소상전** 초구가 크게 길해야 허물이 없는 것은(元吉无咎) 사실 아래에 있는 초구 백성이 나라의 크고 두터운 일을 하지는 못하기 때문(下不厚事也)이라는 것입니다. 부국강병을 위해 초구 백성이 크게 짓는 것은 결과적으로 크게 길해야, 즉 크게 잘 되어야 허물이 없다는 것이죠. 또한 초구는 아직은 크게 일을 할 수 있는 때가 아니라는 뜻이기도 합니다.

六二는 或益之면 十朋之라.
육 이   혹 익 지   십 붕 지

龜도 弗克違나 永貞이면 吉하니 王用享于帝라도 吉하리라.
귀   불극위   영정   길   왕용향우제   길

象曰 或益之는 自外來也라.
상 왈 혹 익 지 자 외 래 야

직역 육이는 혹 더하면 열 벗이라. 거북도 능히 어기지 아니하나 길이 바

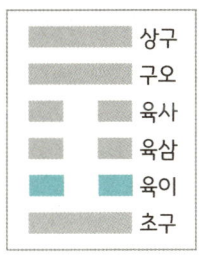

르게 하면 길하니, 왕이 상제께 제사를 지내더라도 길하리라. ◆「상전」에 이르기를, '혹익지'는 밖으로부터 옴이라.

■ 益 : 더할 익 / 朋 : 벗 붕

점례 사업할 때 외지에서 찾아와 돕는다. 기도하는 마음으로 사업한다.

강의 음이 두 번째에 있어 육이입니다. 앞의 손괘損卦에서는 육오에서 열 벗이 모두 육오에게 가서 도와주어 유익함을 받는다고 하였죠. 여기 익괘의 육이에도 '혹익지 십붕지(或益之 十朋之)'를 말하였습니다. 손괘에서는 위의 육오가 더해지는 것인 반면(損下益上), 익괘에서는 여기 아래의 육이가 더해져야 하는 것입니다(損上益下).

육이는 내괘에서 중정한 자리에 있으면서 외괘에서 중정한 구오 인군과 잘 응하고 있습니다. 중정한 구오 인군의 신임을 받고 또한 육이 자신이 중정한 도道로 사회를 유익하게 하니 모든 백성이 따르게 되네요(或益之 十朋之). 육이가 중정한 도로 사회를 유익하게 하는 것을 혹시 몰라 점을 치더라도 거북점도 어기지 않습니다(龜弗克違).

그렇지만 사회의 바른 공리公利를 위해서는 길이 영구토록 항상 바른 마음을 지켜야 길합니다(永貞吉). 이렇게 행하면 중정한 구오 인군도 육이를 절대 신임하여 천제天帝께 제사를 드리는 것까지도 맡길 정도가 되니 길하네요(王用享于帝吉). 그런데 원래 백성은 천제를 지내지 못하는 것이죠. 이 말은 구오 인군이 나라의 중대사를 육이 신하에게 맡길 정도로 신임이 두텁다는 것을 말하는 것입니다.

◆소상전 육이가 중정하게 나라와 사회의 이익을 위한 도를 펼치니

(或益之), 밖의 구오 인군도 신임할 뿐만 아니라 모든 백성이 따르고 더 나아가 하늘의 신명도 믿게 됩니다(自外來也). 익괘의 도전괘인 손괘 육오에서는 위로부터 도움이 있다(自上祐也)고 하였죠.

六三은 益之用凶事엔 无咎어니와
육삼   익지용흉사   무구

有孚中行이라야 告公用圭리라.
유부중행   고공용규

象曰 益用凶事는 固有之也일세라.
상왈 익용흉사   고유지야

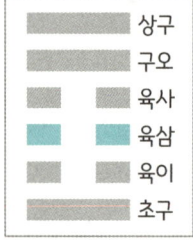
상구
구오
육사
육삼
육이
초구

직역 육삼은 더함을 흉한 일에 씀엔 허물이 없거니와 믿음을 두고 중도를 행하여야 공에 고하여 규를 쓰리라. ◆「상전」에 이르기를, '더함을 흉한 일에 씀'은 굳게 두기 때문이라.

- 圭 : 홀 규, 도장 규 / 固 : 굳을 고

점례 잘 비축해 두었다가 어려운 재난이 있을 때 구제한다.

강의 음이 세 번째에 있어 육삼입니다. 육삼은 음이 양자리에 있어 위부당하고 중에서도 벗어나 있어 마치 흉년凶年이 든 것처럼 매우 위태로운 상황입니다. 인군인 구오를 중심으로 놓고 보면 인군자리에 가까운 육사의 경우는 측근인 내직 신하이고 멀리 처한 육삼은 지방을 다스리는 외직 신하인데, 지방을 다스리고 있는 육삼 신하가 지금 백성이 굶주리는 흉사를 만났습니다. 이런 흉한 때에 육삼 신하는 마땅히 곤경에 빠진 백성을 구제하고 구휼해서 유익하게 더해주어야 허물이 없는 것이죠(益之用凶事 无咎).

그런데 신의를 지켜서 미덥게 중도를 행해야만(有孚中行) 도장을 써도 허물이 없다(告公用圭)고 하였습니다. 즉 모든 백성들이 믿도록 한쪽으로 치우치지 말고 중도를 행해야 나중에 구오(公)한테 신임장을 내보이고 보고를 드릴 수 있다는 것이죠. 육삼의 지방 제후는 흉년이 들거나 천재지변과 같은 흉한 일이 생겼을 때 백성에게 고루 베풀어 더해주어야만 허물이 없게 되는 것입니다.

규는 위도 흙(土), 아래도 흙(土)으로서 '홀 규圭'라고 하는데, 신표, 오늘날의 신임장信任狀를 뜻합니다.* 옥을 반으로 잘라 그 반은 인군이 가지고 있고 나머지 반은 신하가 가지고 있어서, 두 개를 맞춰보아 여합부절로 딱 맞아야 그 사람을 신임하는 것이죠. 옛날에는 교통과 통신의 어려움으로 인해 먼저 닥친 일부터 대처해놓고 보고를 해야 할 처지였죠. 그런 세상에 먼저 굶어죽게 된 백성부터 나라창고 안의 곡식으로 먹고 살게 해주는 법인데, 만일 믿음을 잃고 중도를 행하지 못했으면 역적으로 몰리게 되죠. 그러한 배신행위를 하지 않고 육삼이 믿음을 두고 중도를 행한다면 인군 구오한테 떳떳하게 신임장을 내놓고 사후 보고를 드릴 수 있게 됩니다.

◆**소상전** 육삼이 흉한 일에만 쓰라고 한 것은(益用凶事) 비상물품을

---

* 봉건사회에서 임금이 제후에게 일정 지역(封土)을 맡아 다스리게 하는 벼슬을 내리면서 주는 홀을 규라고 한다. 옥의 일종으로 이를 반쪽으로 나누어 한쪽은 임금이 갖고 다른 한쪽은 제후가 지니게 하여, 왕명을 전하는 사자와 이를 받는 제후의 신분을 확인하는데 증빙물로 삼았다.

비축하여 창고를 굳게 닫아놓았다가 천재지변의 흉한 일에만 풀어주라는 뜻입니다(固有之也). 평상시에는 내놓지 않아야 하는 것이죠.

> 六四는 中行이면 告公從하리니 利用爲依며 遷國이니라.
> 육사   중행   고공종   이용위의   천국
>
> 象曰 告公從은 以益志也라.
> 상왈 고공종   이익지야

직역 육사는 중도로 행하면 공에게 고해서 좇게 하리니, 의지하며 나라를 옮기는 것이 이로우니라. ◆「상전」에 이르기를, '고공종'은 (백성에게) 더하려는 뜻이라.

- 從 : 좇을 종 / 遷 : 옮길 천

점례 사업장을 옮긴다. 이사를 간다. 계획을 달리 세운다.

강의 음이 네 번째에 있어 육사입니다. 대신 자리에 있는 육사는 음이 음자리에 바르게 처해 있지만 중은 아닙니다. 그런데 한 가지 여기서 알아야 할 것이 내괘에서 중은 두 번째 효이고 외괘에서 중은 다섯 번째 효이지만, 괘 전체의 중은 세 번째 자리와 네 번째 자리가 된다는 사실이죠.* 그래서 육삼에도 중행中行이란 말을 놓았고 육사

---

* 대성괘 6효를 두 효씩 묶어 보았을 때, 위의 오효와 상효는 상위(天位)이고 아래의 초효와 이효는 하위(地位)이고, 중간의 삼효와 사효는 중위(人位)에 해당한다.

에도 중행이란 말을 놓았습니다.

이렇게 대신인 육사가 응하는 초구 백성을 위한 정치를 중도로 잘 행하면(中行), 구오 인군한테 모든 일을 보고해도 육사 대신이 하는 일에 잘 따라준다는(告公從) 것이죠. 이러한 일 가운데 제일 큰 중대사는 나라를 옮기는 일입니다.

나라 정치에 있어 근본은 백성에 있습니다. 육사 대신이 나라를 위해 정치하는 것은 바로 아래에 있는 백성 초구에게 의지하는 것이죠(利用爲依). 항상 정치의 근본은 백성에게 있으니 백성의 마음을 헤아리고 백성에게 의지하며, 또한 백성의 어려움이 심하여 나라를 보존함이 어려울 때에는 나라를 옮길 수도 있는 것입니다(遷國).

계룡산으로 도읍을 옮기게 된다는 예언도, 이 '천국遷國'이라는 말에서 나온 것이죠. 계룡산괘인 풍뢰익괘에 나라를 옮긴다는 내용이 나오기 때문에, 조선 개국 당시 태조왕이 도읍지를 계룡산 일대로 옮기려 했고, 또 조선말에 와서 대원군이 이러한 작업을 시도하였던 것입니다. 그 후 지금까지도 신도안이 도읍으로 된다는 말이 계속 전해 오죠.

◆**소상전** 육사가 공에게 보고하여 이를 좇게 하는 것은(告公從) 육사가 중도로써 아래의 백성을 유익하게 하고자 하는 것입니다(以益志也). 손괘損卦의 육삼이 직접 위로 더해주는 자리라면 여기 익괘의 육사는 직접 아래로 백성을 더해주는 자리이죠.

九五는 **有孚惠心**이라. **勿問**하야도 **元吉**하니
구오 　유부혜심　　 물문　　 원길

有孚하야 **惠我德**하리라.
유부　　혜아덕

象日 有孚惠心이라 **勿問之矣**며 **惠我德**이 **大得志也**라.
상왈 유부혜심　　물문지의　 혜아덕　 대득지야

직역 구오는 믿음을 두어 마음을 은혜롭게 함이라 (베풀어줌이라). 묻지 않아도 크게 길하니 믿음을 두어 내 덕을 은혜롭게 여기리라. ◆「상전」에 이르기를, '유부혜심'이라 물을 것도 없으며, '혜아덕'이 크게 뜻을 얻는 것이다.

- 惠 : 은혜 혜 / 問 : 물을 문

점례 남에게 덕을 베푼다. 자선사업가다. 이웃돕기운동이다.

강의 양이 다섯 번째에 있어 구오입니다. 구오는 인군의 자리입니다. 양이 양자리에 바르고 외괘에 중을 얻은 중정한 구오는 중정으로써 정치를 잘하여, 백성을 유익하게 해주는 일에만 전념하는 것입니다. 그러려면 첫째 백성에게 믿음을 두고(有孚), 늘 마음에 은혜를 베풀 생각을 가져야 합니다(惠心). 이렇게 백성에게 믿음을 두고서 마음속은 늘 백성에게 은혜를 베풀 생각으로 꽉 차 있으면 그 정치가 불문가지로 잘되어 크게 길할 것입니다(勿問元吉).

그러면 구오 자신이 백성에게 믿음을 둔만큼 백성들도 따라서 믿음을 두어, 인군인 나(구오)에게 감사하다고 은혜롭게 여길 것이라는

뜻이죠(有孚 惠我德). 즉 앞의 '유부'는 인군이 백성에게 믿음을 둔다는 말이고 '혜심'은 백성을 위해서 은혜를 베푼다는 것인 반면, 뒤의 '유부'는 백성이 인군을 성실히 믿는다는 것이며, '혜아덕惠我德'은 '나(我)'라는 인군 구오의 덕에 감사하고 은혜롭게 여기게 된다는 말입니다. 인군이 '혜이불비惠而不費'*의 마음을 가지고 다스리는 것이지요.

◆**소상전** 구오 인군이 백성에게 믿음을 두고 마음으로 늘 은혜를 베풀려고 하니(有孚惠心), 백성이 점쳐서 물을 까닭이 없지요(勿問之矣). 또 구오의 덕을 백성이 모두 감사하게 여기고 은혜롭게 여기는 것이(惠我德), 구오가 크게 뜻을 얻는 게 아니겠어요(大得志也)? 구오가 홍익사상弘益思想을 가지고 백성을 유익하게 하니 크게 성공한 것이죠.

강건중정하면서도 아울러 손순한 덕을 갖춘 구오가 아니면 이렇게 될 수 없습니다. 익괘 괘사의 이섭대천利涉大川은 이 구오에 의해 이루어집니다. 익괘의 구오가 음으로 변한 지괘는 기른다는 산뢰이괘(☶)인데, 그 육오 효사에는 '불가섭대천'이라고 하였죠.

---

* 『논어』, 「요왈」: 자장이 "무엇을 은혜롭게 하지만 허비하지 않는 것이라고 합니까?"라고 묻자, 공자께서 말씀하셨다. "백성들이 이롭게 여기는 것을 따라 이롭게 해주니, 이 또한 은혜롭게 하지만 허비하지 않는 것이 아니겠는가(子張이 曰 何謂 惠而不費니잇고? 子ㅣ 曰 因民之所利而利之니 斯不亦惠而不費乎아)?

> 上九는 莫益之라. 或擊之리니 立心勿恒이니 凶하니라.
> 상구 막익지   혹격지   입심물항   흉
>
> 象曰 莫益之는 偏辭也요 或擊之는 自外來也라.
> 상왈 막익지 편사야 혹격지 자외래야

직역 상구는 더하지 말라. 혹 치리니, 마음을 세워 항상하지 못하니 흉하니라. ◆「상전」에 이르기를, '막익지'는 편벽하다는 말이요, '혹격지'는 밖으로부터 옴이라.

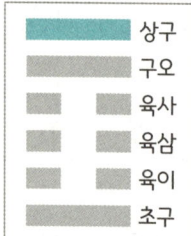

■ 擊 : 칠 격 / 自 : 스스로 자, ~로부터

점례 부정축재 했다가 옥살이한다. 각종 게이트가 이에 해당한다.

강의 양이 맨 위에 있어 상구입니다. 상구는 익괘의 마지막 효인데, 지나치게 극한데다 중과 정을 다 잃고 있어서 자신의 사리사욕만을 추구합니다. 그래서 더 이상 이익을 추구하지 말라고 경계를 하였지요(莫益之).

만일 계속 욕심을 부리면 혹 남들이 상구를 공격하게 되니(或擊之), 이것은 상구가 마음을 세워서 항구한 덕을 행해야 함에도 불구하고 그렇게 못하기 때문이므로 흉하게 되는 것이죠(立心勿恒凶).

◆**소상전** '더하지 말라(莫益之)'고 한 것은 상구가 편벽되게 친인척들만 부유하게 만들거나 좋은 자리에 앉히는 불공정한 행동을 한다는 말이고(偏辭也), '혹 공격한다(或擊之)'는 것은 밖으로부터 온다는 것인데(自外來也). 이것은 지나치게 욕심을 부리다가 뜻밖의 재앙을 받는 것을 말하는 것입니다.

관련된 괘

① **도전괘** : 산택손(䷨)　② **배합괘·착종괘** : 뇌풍항(䷟)
③ **호　괘** : 산지박(䷖)

총설

오늘날 사회에 이 손괘 익괘를 잘 공부하면 어려운 난관을 잘 극복하지 않을까 하는 생각이 드네요. 익괘는 결국 백성을 유익하게 해 주는 것을 말합니다. 백성을 유익하게 하는 것은 백성이 편안히 자기 생업生業에 힘쓰게 하고, 또 하는 사업이 잘 되도록 국가가 뒷받침을 잘하는 것입니다. 정치는 민생문제가 우선이거든요.

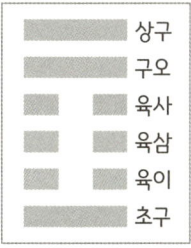

초효는 백성이 자기 생업에 충실하되 큰 뜻을 품으라는 말입니다.

이효는 선비로서 아래의 백성을 유익하게 하니 백성도 따르고 구오 인군도 육이를 발탁하여 중책을 맡긴다는 뜻이지요.

삼효는 지방 장관으로서 중도 정치를 잘 하여 진정 흉한 일에 백성을 유익하게 해줄 수 있도록 하라는 말입니다.

사효는 중도정치를 행하면, 구오 임금이 믿고 따라줌은 물론 백성까지도 호응하여 천도까지 가능하다고 하였네요.

오효는 백성을 위하는 마음으로 나라를 다스리면 백성도 그 임금의 은혜에 보답한다 하였습니다.

상효는 손익영허는 천지 인간의 철칙이니 너무 지나치게 이익을 추구하지 말라는 경계사를 두었습니다.

▌편언

  산택손괘(䷨)와 풍뢰익괘(䷩)는 풍택중부괘(䷼)와 밀접한 상관성이 있습니다. 손괘 오효가 변하면 중부괘가 되고, 익괘 이효가 변해도 역시 중부괘가 되는데, 손괘 오효와 익괘 이효에 모두 "혹익지或益之 십붕지十朋之 귀불극위龜弗克違"라는 문장이 있네요. 돈독한 중부中孚의 마음은 손익관계의 중심을 찾는 것이라 할 수 있겠죠. 무엇보다 중요한 것은 손해를 보든 이익을 보든 베풀고 서로 도와야 한다는 것입니다.

쾌괘의 전체 뜻

위는 태상절(☱) 못괘이고 아래는 건삼련(☰) 하늘괘로, '택천澤天'의 상이고, 괘명은 '쾌夬'입니다. 쾌夬는 '결단할 쾌'로서 결단하고 척결한다는 뜻이죠. 왜 결단하는 괘가 되느냐 하면, 위에 음이 하나 있고 밑에 다섯 양이 있는데, 양이 커서 자라 올라가 마지막 남은 음을 결단하기 때문입니다.

양은 군자이고 음은 소인이죠. 당초에는 소인이 밑에서부터 시작하여 천풍구(䷫), 천산돈(䷠), 천지비(䷋), 풍지관(䷓), 산지박(䷖), 중지곤(䷁)의 단계를 거치며 계속 세력을 뻗쳐 강해졌습니다. 그러나 음의 세가 계속될 수는 없는 것이니, 다시 밑에서 양이 자라나기 시작하여 지뢰복(䷗), 지택림(䷒), 지천태(䷊), 뇌천대장(䷡), 택천쾌(䷪)로 계속 성장하면서 마지막 남은 음 하나를 결단하는 것입니다. 다섯 양이 하나의 음을 결단하는 것, 즉 군자가 소인을 결단하는 것이죠.

소인이 득세할 당시에는 사회가 혼란했고 사람이 살기 어려웠지만, 다시 군자의 시대가 되어 평화로운 시대가 되는 것입니다. 지금 이 마지막 남은 하나의 음인 소인마저 결단하면 중천건(䷀)이 되어 모두가 양인 군자의 시대요, 군자가 다스리는 태평성대가 됩니다. 그런 사회를 이루기 위해서는 바로 직전의 한 음, 즉 소인을 결단해야 하는데 이것이 바로 쾌괘가 되는 것입니다.

「서괘전」에 "이익을 멈추지 않으면 반드시 결단이 난다. 그러므로 익괘 다음에 쾌괘를 놓았다."*고 했습니다. 지나치게 자신의 이익만을 추구하면 반드시 결단이 나게 마련인 것이지요.

괘사

夬는 揚于王庭이니 孚號有厲니라.
쾌   양우왕정   부호유려

告自邑이요 不利卽戎이며 利有攸往하니라.
고 자 읍   불 리 즉 융   이 유 유 왕

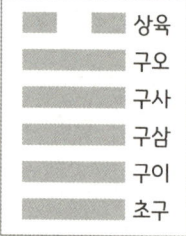

직역 쾌는 왕의 뜰에서 드날림이니, 미덥게 부르짖되(호소하되) 위태롭게 여기느니라. 읍으로부터 고함이요, 군사에 나아가는 것이 이롭지 아니하며, 가는 바를 둠이 이로우니라.

- 揚 : 드날릴 양 / 庭 : 뜰 정 / 號 : 부르짖을 호 / 卽 : 나아갈 즉 / 戎 : 군사 융

점례 독재자를 결단한다. 문서가 발동한다.

강의 결단한다는 쾌괘에서 척결해야 할 죄인은 바로 상육입니다. 소

---

* 益而不已 必決 故 受之以夬

인이지만 제일 윗자리에 있어 아직까지 세력이 강하기 때문에 소소하게 보거나 하찮게 보고 다루어서는 안 됩니다. 소인은 세력이 강할수록 자신의 힘만을 믿고 온갖 횡포를 부리며 큰 죄를 짓게 마련입니다. 이렇게 큰 죄를 진 죄인을 그저 어떤 죄목으로 슬그머니 잡아다 죽일 수는 없으므로 온 백성이 납득할 수 있도록 그 죄상을 낱낱이 고하여야 합니다. 그것이 바로 왕정에서 결단하는 것입니다. 구오는 왕의 자리이므로 왕정王庭에 해당합니다. 왕정에서 소인의 죄목이나 죄상을 공포하네요(夬 揚于王庭).

그런데 상육 소인의 죄를 모든 백성들에게 공포하면서, 이런 사람을 그냥 놔둬서는 안 된다고 호소하여 백성들의 호응을 얻은 뒤에야 죄인인 상육을 척결해야지, 거짓말하거나 억지로 꾸며서는 안 됩니다. 백성들에게 미덥게 호소하면서도 늘 마음을 놓지 말고 두려운 마음으로 위태롭게 여겨야 하는 것이죠(孚號有厲).

백성의 호응과 지지를 얻지 않고 군사를 일으켜서 소인을 결단하려고 하면 피를 흘리고 전쟁을 해야만 합니다. 그러나 그동안 이 소인 때문에 세상이 많이 어지러웠고 많은 살생이 있었는데 지금 또 이 소인 하나를 척결하기 위해서 군사를 일으켜 다시 전쟁이 나면 안 됩니다. 그래서 읍으로부터 고하고 군사를 일으키는 것이 이롭지 않다고 한 것이죠(告自邑 不利卽戎).

여기에 읍은 곧 사람의 마음을 말합니다. 사람의 도읍지는 심금, 즉 마음인 것이죠. 먼저 모두가 자기 읍으로부터 자기의 죄상을 고해야 함을 말하는 것이죠. 이렇게 상육 소인뿐만 아니라 모두가 자성해서 자기 과오를 뉘우치고 과거의 잘못을 깨끗이 청산하여 새사람이 되도록 노력하는 한편 앞으로는 절대 싸움이 벌어지지 않도록 정치를 해나가면 개인이나 나라가 모두 이롭게 됩니다(利有攸往).

■ 단전

象曰 夬는 決也니 剛決柔也니 健而說하고 決而和하니라.
단왈 쾌   결야   강결유야   건이열   결이화

揚于王庭은 柔ㅣ 乘五剛也요
양우왕정   유   승오강야

孚號有厲는 其危ㅣ 乃光也요
부호유려   기위   내광야

告自邑不利卽戎은 所尙이 乃窮也요
고자읍불리즉융   소상   내궁야

利有攸往은 剛長이 乃終也리라.
이유유왕   강장   내종야

직역 「단전」에 이르기를, 쾌는 결단하는 것이니, 강이 유를 결단함이니, 굳세며 기뻐하고, 결단하여 화합하니라. '양우왕정'은 유가 다섯 강을 탄 것이고, '부호유려'는 그 위태함이 이에 빛남이며, '고자읍불리즉융'은 숭상하는 것이 궁하게 됨이고, '이유유왕'은 강한 것이 자라서 마치게 될 것이다.

- 決 : 결단할 결 / 乘 : 탈 승 / 危 : 위태할 위

강의 괘사를 풀이한 「단전」입니다. 괘명의 '쾌夬' 자는 결단한다는 뜻이네요(夬者 決也). 아래의 강한 다섯 양효가 마지막 남은 음효(柔)

를 결단한다는 것이죠(剛決柔也). 그런데 내괘는 하늘괘(☰)로서 강하며, 외괘인 못괘(☱)는 말하고 웃고 즐기고 기뻐하는 것입니다. 그러므로 안으로는 마음이 강건하고 굳세면서도 밖으로는 모두에게 기쁘게 대해야 하고(健而說), 하늘괘로서 결단을 하되 못괘로서 화합해야 하는 것입니다(決而和). 소인을 결단함에 있어서 '건이열'과 '결이화' 두 가지로써 결단을 해야 한다는 것이죠.

또 왕정에서 상육 소인의 죄상을 선양하고 공포하는 것은 유(상육)가 아래의 다섯 강을 탔기 때문입니다(揚于王庭 柔乘五剛也). 유가 아래에 있으면 별것 아닌데 밑에 있는 다섯 강을 올라타고 있으므로 그 세력이 대단한 것이지요.

백성에게 미덥게 호소하기는 하지만 위태로움이 있다고 한 '부호유려'는 미덥게 호소를 하고서도 '늘 위태로움이 있지' 하고 주의를 한다면, 비록 위태롭지만 백성의 호응을 얻어 상육 죄인을 잘 결단하게 되니까 그 위태로움이 오히려 빛납니다(其危乃光也).

'읍으로부터 고하고 군사를 일으키는 것이 이롭지 않다(告自邑 不利卽戎)'는 것은 사람이 무력이나 군사를 숭상하면 그 숭상하는 바가 이에 궁해짐을 말합니다(所尙 乃窮也). 군사를 숭상하는 것보다 서로가 마음을 깨끗이 하고 맑게 가지며 바르게 사는 운동을 전개해서 모든 사람들이 제 잘못을 뉘우칠 줄 알고 앞으로 새롭게 살아나갈 각오를 가지도록 만든다면 그것은 앞길이 훤히 열리는 것이지만, 다시 또 싸움이 벌어지거나 하면 그 숭상하는 바가 전쟁을 숭상하는 것이 되어 계속 궁해질 뿐이지요.

'가는 바를 둠이 이롭다(利有攸往)'는 것은, 양이 아래에서 위로 올라가는 것을 '간다(往)'라고 하는데, 이 강이 맨 위까지 계속 성장하여 결국은 강한 것으로 끝을 이룬다는 뜻입니다(剛長 乃終也).

대상전

象曰 澤上於天이 **夬**니
상왈 택상어천 쾌

君子ㅣ **以**하야 **施祿及下**하며 **居德**하야 **則忌**하나니라.
군자 이 시록급하 거덕 칙기

직역 「대상전」에 이르기를, 못이 하늘에 오르는 것이 쾌이니, 군자가 본받아서 녹을 베풂이 아래에 미치게 하며, 덕에 거하여 금기해야 할 것을 법으로 정한다.

- 祿 : 봉녹 록 / 及 : 미칠 급 / 則 : 법칙 칙 / 忌 : 꺼릴 기

강의 택천쾌괘(䷪)는 못이 하늘에 올라 있는 상입니다(澤上於天). 이를 군자가 본받아서 녹을 베풂이 아래에 미치게 하며(施祿及下), 덕에 거해서 금기해야 할 것을 법칙으로 본받는 것이죠(居德則忌). 칙기則忌는 '꺼릴 기忌', 즉 남들이 싫어함을 본받아 법으로 삼음을 말합니다. 이것은 쾌괘 맨 위의 음을 아래의 양들이 꺼려 결단하는 상이기 때문입니다.

쾌괘는 위는 못괘(☱)고 아래는 하늘괘(☰)인데 본래 못이라는 것은 땅 밑에 물이 고여 아래에 있는 것이죠. 그런데 그 못의 기운이 하늘에 올라 그 윤택한 기운을 아래로 내리듯이, 위에서 녹을 베풂이 아래에까지 미치게 하는 것입니다. 백성이 배불리 잘 먹고 평화롭게

사는 것은 위에서 임금이 정치를 잘하는데 있습니다. 그것을 '우로지택雨露之澤'이라고 합니다. 은혜로운 혜택, 기름진 고택이라고 하는 것이죠. 여기서는 임금이 정치를 잘하는 덕택을 녹으로 말하였네요. '민民은 이식위천以食爲天'이라, 즉 백성은 잘 먹고 잘 사는 것을 하늘로 삼는다고 하였습니다.

상괘인 못 택澤이 바로 이 녹에 해당합니다. '시록급하'는 이 못물이 위에서 아래 백성들에게 고루 미침과 같이, 못괘의 택을 덕택으로 보고 이 덕택이 아래 백성들에게 미치도록 하라는 뜻입니다. 또 '거덕칙기'라고 한 것은 구오 인군이 덕으로 정치한다는 뜻으로, 덕에 거해 그 꺼리는 일을 법으로 삼으라는 말입니다.

효사와 소상전

初九는 壯于前趾니 往하야 不勝이면 爲咎리라.
초구   장우전지   왕   불승   위구

象曰 不勝而往이 咎也라.
상왈 불승이왕   구야

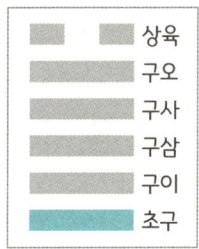

직역 초구는 앞 발꿈치에 씩씩함이니, 가서 이기지 못하면 허물이 되리라. ◆「상전」에 이르기를, 이기지 못하면서 가는 것이 허물이다.

- 趾 : 발꿈치 지

점례 힘을 길러야 한다. 아직은 때가 아니다.

강의 양이 맨 처음에 있어 초구입니다. 택천쾌괘는 초구의 강, 구이의 강, 구삼의 강, 구사의 강, 구오의 강 모두가 한마음 한뜻으로 상육의 유를 결단하려고 합니다. 그런데 초구의 양은 맨 아래에 있어 아주 약한데도 맨 윗자리의 상육을 결단하려고 발꿈치가 들먹거리는 것이지요(壯于前趾). 초구는 서 있을 때는 발꿈치이고 앉으면 엉덩이에 해당합니다. 서 있는 상태로 보면 초구는 발꿈치의 힘에 불과하고, 그런 초구가 발꿈치의 힘만 믿고 상육을 결단하러 가서, 만일 이기지 못하면 자신만 피해를 입는 게 아니라 오히려 죄를 더 짓게 되니, 이것은 안 갈 데를 가서 허물이 되는 것이죠(往不勝爲咎).

◆**소상전** 가면 이겨야 하는데 이기지를 못하고, 오히려 허물을 면치 못합니다(不勝而往 咎也). 결국 초구의 힘만 가지고는 상육을 이기지 못한다는 말입니다.

九二는 **惕號**니 **莫夜**에 **有戎**이라도 **勿恤**이로다.
구이 척호 모야 유융 물휼

象曰 有戎勿恤은 **得中道也**일세라.
상왈 유융물휼 득중도야

상육
구오
구사
구삼
구이
초구

직역 구이는 두렵게 부르짖음이니, 날 저문 밤에 군사가 있더라도 근심치 말지로다. ◆「상전」에 이르기를, '유융물휼'은 중도를 얻었기 때문이다.

■ 惕 : 두려워할 척 / 莫 : 저물 모(≒暮) / 恤 : 근심 휼

점례 바르고 의로우니, 모든 사람들이 힘이 돼줘서

큰 일을 성사시킨다. 어떠한 위협이 있더라도 임무를 완수하라.

강의 양이 두 번째에 있어 구이입니다. 구이는 내괘에서 중을 얻은 자리입니다. 구이는 위의 구오 인군의 명을 받아 부정을 일삼아 온 소인을 척결하는데 실질적인 역할을 합니다. 그런데 두려워서 부르짖네요(惕號). 노회老獪한 상육의 음을 척결하는 것이 구이로서는 만만한 일이 아니죠. 그래서 두려운 마음으로 호소하는 것입니다.

이렇게 방심하지 않고 인군으로부터 받은 소임所任을 완수하고자 늦은 밤까지 일을 하니, 구이의 일을 방해하고자 한밤중에 상육의 군사가 침입한다 하더라도 근심하지 말라고 하였습니다(莫夜有戎 勿恤). 구이는 구오 인군의 명을 받아 상육 음을 척결하는 일을 하는 것이고 또한 두려운 마음으로 백성들에게 호소하면서 일을 하니 백성들이 구이에게 호응하기 때문입니다.

구이가 변하면 내괘가 이허중(☲) 불괘로 되어 지괘之卦가 택화혁澤火革괘로 됩니다. 잘못된 것을 결단하여 고치는 핵심자리가 바로 구이인 것이죠. 오늘날 마치 부패 정치인을 수사하느라고 밤을 지새우는 검찰이라고나 할까요?

◆**소상전** 저문 밤에 침입하는 군사가 있어도 근심하지 말라는 것은(有戎勿恤) 꼭 구이가 힘이 강해서 그런 것이 아니고 내괘의 중에 처하여 중도를 얻었기 때문입니다(得中道也). 구이가 중도로써 행해 나아가기 때문에 민심을 얻어 상육을 두려워하거나 근심할 까닭이 없는 것이죠.

> 九三은 壯于頄하야 有凶코 獨行遇雨니 君子는 夬夬라
> 구삼   장우구   유흉   독행우우   군자   쾌쾌
>
> 若濡有慍이면 无咎리라.
> 약유유온   무구
>
> 象曰 君子는 夬夬라 終无咎也니라.
> 상왈 군자   쾌쾌   종무구야

직역 구삼은 광대뼈에 씩씩해서 흉함이 있고 홀로 행하여 비를 만나니, 군자는 결단할 것을 결단하는 까닭에, 젖는 듯해서 성냄이 있으면 허물이 없으리라. ◆「상전」에 이르기를, 군자는 결단할 것을 결단한다. 마침내 허물이 없느니라.

■ 頄 : 광대뼈 구 / 獨 : 홀로 독 / 遇 : 만날 우 / 濡 : 젖을 유 / 慍 : 성낼 온

점례 사사로운 일에 얽매이지 말라. 결단할 일은 결단하여 기개를 보여라.

강의 양이 세 번째에 있어 구삼입니다. 구삼은 중을 얻지 못하였고 양자리에 양으로 있어 강하기만 합니다. 거기에다 다른 효와 달리 유독 상육 음과 응하고 있습니다. 모두가 상육의 소인을 척결해야 한다고 주장하는데, 구삼 역시 척결해야 한다고 목소리를 높이니 '광대뼈에 씩씩한 격'이죠(壯于頄). 그렇지만 속으로는 딴 생각을 품고 있으니 흉함이 있다고 하였네요(有凶).

중도를 지키지 못하는 구삼이, 겉으로는 척결해야 한다고 목청을 높이지만 속으로는 상육 음陰과 응하여 내통內通하면서 모반謀叛할 가능성이 있는 것입니다. 그래서 '홀로 행하여 비를 만난다.'고 하였

네요(獨行遇雨). 양이 음을 만나면 비가 내리므로 주역에서는 양효가 음효를 만나는 것을 비로 표현합니다. 구삼은 상육 음陰과 홀로 응하고 있으니, 중도를 잃으면 상육의 꼬임에 빠질 가능성이 있는 것이죠. 처신을 잘해야만 합니다.

그래서 뒤이어 "군자라면 결단할 것은 결단해야 한다(君子夬夬)."고 경계하는 말을 하였네요. 만일 상육과 홀로 만나는 친한 관계라 하여 상육을 보호해주면, 군자가 아니라 소인과 동배가 되고 큰 죄를 면치 못하니, 결단할 것은 결단하라는 말이죠. 결단할 상대는 상육이고, 결단해야 하는 주체는 구삼입니다.

그런데 이 상육이 가만히 있지를 않지요. 상육이 힘으로 대하는 게 아니라 친한 자리 구삼에게 나를 좀 잘 봐달라고 유혹을 합니다. 아무리 강한 구삼이라도 유혹에 빠지기 쉽죠. 그러나 흔들리지 않고 분연히 떨쳐 일어나 결단해야 할 상육을 결단하게 된다면(若濡有慍) 구삼이 허물이 없다고 하였습니다(无咎).

즉 '군자쾌쾌'의 뒤의 쾌는 구삼에 의해 결단나는 상육이고, 앞의 쾌는 상육을 결단하는 구삼입니다. '약유'는 상육이 구삼에게 빌붙어서 구삼의 양을 적시는 것으로 여자에게 녹아나는 것입니다. '유온'은 그렇게 당하지 않고 성질을 내서 분연히 일어나 상육을 결단하는 것이죠.

◆**소상전** 구삼이 소인과 같으면 상육의 음에게 젖었을 때 꼼짝 못하므로 결단을 못하지만, 군자는 그렇지 않고 결단할 것을 결단해서(君子夬夬) 마침내 허물이 없는 것이죠(終无咎也).

九四는 臀无膚며 其行次且니 牽羊하면 悔ㅣ 亡하련만은
구사   둔무부   기행자저   견양   회 망

聞言하야도 不信하리로다.
문언   불신

象曰 其行次且는 位不當也오 聞言不信은 聰不明也라.
상왈 기행자저   위부당야   문언불신   총불명야

직역 구사는 볼기에 살이 없으며 그 행함이 머뭇거리니, 양을 끌면 뉘우침이 없으련마는 말을 듣더라도 믿지 않을 것이다. ◆「상전」에 이르기를, '기행자저'는 자리가 당치 않음이고, '문언불신'은 귀밝음이 밝지 않은 것이다.

■ 臀 : 볼기 둔 / 次 : 머뭇거릴 자 / 且 : 머뭇거릴 저* / 牽 : 끌 견 / 聰 : 귀밝을 총

점례 결단성이 없어 좌불안석이요 유예미결이다. 매사 이루어지지 않는다.

강의 양이 네 번째에 있어 구사입니다. 구사는 양이 음자리에 있으면서 중을 못 얻었습니다. 차라리 구삼과 같이 양이 양자리에서 강하면 과감성이라도 있는데, 구사는 유에 처하여 결단도 못하는 미결의 상태입니다. 구오 밑에 있는 대신인 구사가 인군인 구오와 같은 권력을 쥐고 있지 못한데다가 유한 자리에서 모든 일을 과감하게 해내지

* '次且'는 나아가지 못하고 머뭇거리는 모습을 나타내는 글자로 '자저'라고 읽는다.

못하고 있는데, 구삼과 구이 그리고 초구의 모든 강들이 밑에서 구사를 들쑤시고 있는 것입니다. 구사가 앞서 나가야 하는데 유한 자리에서 지금 과감하게 나가지 못한 것이 엉덩이에 살이 없는 상태가 되어 딱딱하고 불편합니다(臀无膚).

그래서 아래에 앉은 자리가 불편하니, 가긴 가야 하는데 이러지도 못하고 저러지도 못하고 머뭇거리기만 하네요(其行次且). 왜냐하면 위에 구오가 앞길을 막고 있기 때문입니다. 구오가 막고 있기 때문에 상육을 결단하러 가는 길이 막히는 것이죠. 즉 그 가는 길이 막힌다는 '기행자저'는 구오 때문이고, 엉덩이에 살이 없다는 '둔무부'는 밑에 양들이 들쑤시기 때문입니다.

외괘의 태상절(☱) 못괘는 양¥이 되는데, 양은 매우 고집 센 속성을 가지고 있지요. 그래서 앞에서 아무리 잡아당겨도 안 되고, 뒤에서 때려가며 밀고 가려고 해서도 안 됩니다. 안 가려고 하는 것을 억지로 끌고 가려고 해도 안 되고, 오려고 하는 걸 못 오게 막을 수도 없는 게 양의 고집이요, 성질인 것이지요. 그러므로 그 속성을 알아 뒤에서 살살 몰아서 한 마리만 나아가게 하면 다 따라서 가게 됩니다. 이렇게 양의 속성을 알아서 양을 잘 몰듯이 슬기로운 방법으로 잘하면 된다고 일러주는 말을 구사가 잘 들어야 '둔무부 기행자저'의 후회가 없어지는데(牽羊悔亡), 구사가 그 말을 듣고 있으면서도 믿지를 않습니다(聞言不信).

슬기로운 방법을 조금 쓰면 그 후회가 없어지는데 그런 방법을 쓰지 못한다는 것이죠. '견양'은 '염소 몰듯이 슬기로운 방법을 쓰라는 말이고 '회망'은 구사가 상육을 척결함에 있어서 쉽게 나서지 못하여 후회될 일이 있는데 그 '후회가 없으련마는' 하는 말입니다.

그러나 도무지 그러한 말을 들어도 구사는 믿지 못하네요. 외괘가 태상절(☱) 못괘이니 후천팔괘방위로 저녁이 되어 어두운 상이고, 또한 구사가 변하면 양이 음으로 바뀌어 외괘가 감중련(☵) 물괘로 되니, 총명함이 더욱 어두워져 믿지 못하는 상황이 됩니다(聞言不信).

◆**소상전** 구사가 행함이 머뭇거리는(其行次且) 까닭은 양이 음자리에 있어 자리가 마땅하지 않기 때문이죠(位不當也). 또 말을 들어도 믿지 않는다(聞言不信)고 한 것은 구사의 귀밝음이 태상절(☱) 못괘로 어두워서 밝지 못하기 때문입니다(聰不明也).

九五는 **莧陸夬夬**면 **中行**에 **无咎**리라.
구오   현륙 쾌쾌   중행   무구

象曰 中行无咎나 **中未光也**라.
상왈 중행무구   중미광야

직역 구오는 현륙을 결단하고 결단하면, 중을 행함에 허물이 없으리라. ◆「상전」에 이르기를, '중행무구'나 중이 빛나지 못함이라.

- **莧** : 쇠비름 현 / **夬** : 결단할 쾌

점례 심지를 굳게 가져라. 농락당하지 말고 흔들리지 말라.

강의 양이 다섯 번째에 있어 구오입니다. 구오는 외괘에서 중정한 인군 자리에 있는데, 마침 바로 위에 있는 상육 소인을 결단해야 할

위치에 있기 때문에 많은 어려움을 겪습니다. 비록 중정한 자리에 있기는 하지만 음인 상육 여자와 구오가 가까이하여 음습한 곳에 젖어 있는 상태인지라 난처한 지경에 빠진 것이죠. 그래서 음으로 되어 있는 야들야들한 쇠비름(莧陸)으로 비유하였습니다. 쇠비름은 음력 삼월에 나오는데 쾌괘가 마침 음력 3월(辰月)에 해당하는 괘네요.

구삼에서는 상육과 '독행우우'로써 인연이 맺어졌고, 이 인연 때문에 군자가 상육을 결단하지 못할 것을 고민하지 말고 결단해야 할 것은 결단해야 한다는 뜻에서 '군자쾌쾌'라고 하였습니다. 또 만약 상육의 음이 구삼을 축축하게 꼼짝 못하도록 붙들고 늘어져도 상육을 단연코 결단해야만 허물이 없다(若濡有慍 无咎)고 하였죠. 이건 구삼이 상육과 응하는 자리에 있기 때문이네요.

그런데 구오는 지금 상육과 이웃하는 상비관계이므로 먼저 음기운이 강한 식물인 쇠비름으로써 상육의 물에 젖는 것을 말한 뒤에 구삼과 같이 '결단할 것을 결단하라(夬夬)'고 하였습니다. 여기에서 결단당해야 할 것은 상육, 결단하는 것은 구오네요. 그렇게 되면 구오가 중도를 행하는데 허물이 없는 것입니다(中行无咎).

앞의 구이에서도 중도를 행하기 때문에 민심을 얻어서 '한밤중에 군사가 쳐들어와도 근심할 것이 없다(莫夜 有戎勿恤)'고 한 것과 마찬가지로 구오도 외괘의 중을 얻어 중도를 행하는데 허물이 없다는 뜻이죠. 중도를 행한다는 것은 상육이 비록 구오를 쇠비름으로 만든다 하더라도 쇠비름이 되지 않고 결단할 것을 결단하니까, 구오는 사심 없이 어디든 치우치지 않고 중도를 행하게 됨을 말합니다. 그래야 구오가 허물이 없는 것이죠.

◆**소상전** 다른 괘 같으면 중中이 참 좋은데 여기의 구오는 태상절

(䷹) 못괘로 서쪽의 해가 지는 어두운 때이다 보니 괘가 빛나지를 못합니다. 그래서 중도를 행하여 허물이 없기는 하지만(中行无咎) 구오의 중이 빛나지는 못합니다(中未光也). 구오가 쇠비름이 되었는데도 결단해야 할 상육을 결단하여 중도를 행합니다. 그러나 중도를 행했는데도 그 중이 빛나지 못한다는 것은 남을 잡아 가두고 형벌을 가하기 때문이죠. 아무리 죄인이라지만 그렇게 결단하려고 하는 것은 그것이 썩 자랑스러운 일이거나 좋은 일 혹은 기쁜 일, 빛날 일은 못되는 것입니다.

上六은 无號니 終有凶하니라.
상육 무호 종유흉

象曰 无號之凶은 終不可長也니라.
상왈 무호지흉 종불가장야

직역 상육은 호소할 데가 없으니, 마침내 흉함이 있느니라. ◆「상전」에 이르기를, '호소할 데가 없어 흉함'은 끝까지 자라지 못하기 때문이다.

점례 갈 곳이 없고, 호소할 데 없는 외롭고 불쌍한 신세다.

강의 음이 맨 위에 있어 상육입니다. 맨 위의 상육은 음이 홀로 위에 처하여 나아갈 곳도 없고 호소할 데도 없습니다(无號). 옛날에는 소인이 안에서 실권을 쥐기 시작해서 계속 성장해 올라갔습니다(姤

☰→遯☴→否☷→觀☷→剝☷→坤☷). 이때는 참 기세등등했죠. 그런데 하늘이 소인이 다스리는 어지러운 세상을 가만히 놔두지는 않습니다. '일치일란—治—亂'으로 다시 군자가 다스리는 태평한 세상이 오는 것입니다. 양이 오기 시작하면 군자가 계속 세력이 강해지는데 (復☷→臨☷→泰☷→大壯☷→夬☰→乾☰), 쾌괘에서는 마지막 남은 이 음 하나를 척결하므로 상육은 마침내 흉하게 되네요(終有凶).

임금인 구오가 왕정에서 직접 백성에게 호소를 하고, 구이는 저 민간에서 두렵게 호소를 해서 백성의 호응을 받고 있지만, 상육은 어디에다 호소를 합니까? 그동안 한 일이 모두 죄악으로 쌓이고 쌓여서 백성들의 원한만 사고 있는 상육이 호소할 곳이 없으므로 마침내 척결을 당해서 흉한 것이죠.

◆**소상전** 상육이 부르짖을 곳이 없어서 흉한 것은(无號之凶) 음이 마침내 더 이상 성장을 못하고 이것으로 끝나기 때문입니다(終不可長也). 「잡괘전」에서도 쾌괘를 "강이 유를 결단하니, 군자의 도가 길어지고 소인의 도는 근심이라(君子道長 小人道憂)."고 하였습니다.

▌ 관련된 괘

① **도전괘** : 천풍구(☰)   ② **배합괘** : 산지박(☷)

③ **호 괘** : 중천건(☰)   ④ **착종괘** : 천택리(☰)

총설

쾌괘夬卦(䷪)는 일음오양괘一陰五陽卦인데, 이미 오양五陽이 자라나서 마지막 남은 일음一陰을 결단하는 괘입니다. 여기서 음은 소인이고 양은 군자이지요. 아무리 하나 남은 소인이지만 쉽게 물러나지 않습니다. 그래서 만인이 보는 앞에서 명명백백하게 죄상을 밝히고 공명정대하게 척결해야 합니다. 그렇게 결단함에 있어서도 각 효의 이해가 다르네요.

초효는 양이 양자리에 있어서 바르지만, 아직 어리고 약하므로 결단할 처지나 시기가 아닙니다.

이효는 양이 음자리에 있기 때문에 크게 강하지는 못하지만, 중도를 행하여 민심을 얻었기 때문에 혹시 변고가 있거나 군사의 움직임이 있더라도 근심하지 말라고 하였습니다.

삼효는 중에서 벗어나고 양이 양자리에 있어서 지나치게 강하지만, 홀로 상육과 응하므로 상육의 유혹을 받더라도 의롭게 나아가라고 하였습니다.

사효는 아래의 양들이 밀고 올라와 상육을 척결해야 한다고 주장하지만, 같은 태체(䷹)에 있는 상육이 안쓰러워서 좌불안석이 되어 엉덩이에 살이 없는 상태이고, 중과 정을 얻지 못했으므로 결단하지 못하고 주저하며 멈칫거리는 것이죠.

오효는 강건중정한 인군으로서 상육을 결단할 주체이지만, 음인 상육이 바로 윗자리에 있으므로 쇠비름과 같이 야들야들해진 상태인데, 그래도 척결해야 할 것은 척결해서 중도를 행해야만 허물이 없습니다.

<u>상효는</u> 다섯 양이 한 음을 척결하는 때에 음으로서 홀로 윗자리에 처해 있으므로, 아무한테도 호소할 데가 없고 마침내 척결당하여 흉할 뿐입니다.

▌편언

옛날 노를 꼬며 정치할 때 큰 사건은 크게 매듭짓고 작은 사건은 작게 매듭지으며, 이미 해결된 것은 얽어매고, 해결되지 않은 것은 헐겁게 하던 것을 여기 쾌괘에서 취상하여 문서로 대신하게 되었다고 합니다. 인류사회에서 문서의 사용은 획기적인 문명 발전의 계기가 되지요.

乾
巽
天風姤(44)
천 풍 구

▌구괘의 전체 뜻

위에는 건삼련(☰) 하늘괘이고 아래는 손하절(☴) 바람괘로, 괘상은 '천풍天風'이고, 괘명은 만난다는 '구姤'입니다. 왜 만난다는 구괘일까요? 순양純陽으로 되어 있던 중천건괘(䷀)에서 맨 아래에 음陰 기운이 들어오니, 양 군자만 있다가 음 소인을 만나게 되니 만난다는 구괘姤卦가 된 것이죠.

군자들만 있던 기존의 상황과 다른 새로운 기운이 들어오면서 변화를 예고하는 만남입니다. 그런데 이 기운은 음 소인으로 기존 군자의 입장에서는 부정적인 양상을 내포하고 있으니 잘 다스려야 하는 것이죠. 12월괘의 하나로 하지夏至에 일음시생一陰始生하는 음력 5월에 해당합니다.

「서괘전」에서는 "쾌는 결단하는 것이고, 결단하다 보면 반드시 만나는 바가 있으므로 쾌괘 다음을 구괘로써 받았다."*고 하였습니다. 쾌괘(䷪)에서 결단을 하면 순양 군자의 시대인 건괘(䷀)가 되네요. 그렇지만 쾌괘에서 결단난 음이 구괘(䷫)에서 다시 시작되네요. 소인의 시대가 가고 군자의 시대가 왔는데, 또 소인의 시대가 오기 시

---

* 夬者決也 決必有所遇 故 受之以姤

작합니다. 그래서 이 결단난 음을 다시 만났다고 해서 구괘가 되는 것입니다.

괘사

姤는 女壯이니 勿用取女니라.
구   여장   물용취녀

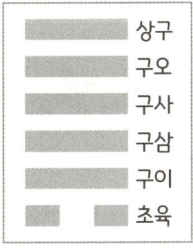

직역 구는 여자가 씩씩함이니 여자를 취하지 말지니라.

점례 우연히 만난다. 돌발적인 사고도 일어난다. 여성이 리더가 되어 하는 일은 성공한다.

강의 구姤는 만나는 것입니다. 중천건괘 순양純陽의 상태에서 새로운 기운, 즉 음 기운을 만나는 것이죠. 양陽은 남자요 음陰은 여자이니 남자들만 있다가 여자를 만나는 것입니다. 그런데 양 기운이 많은 상황에 음 기운이 나올 때, 그 음 기운은 자신의 생존을 위한 생명력을 보다 강하게 키우기 마련입니다. 이것을 여자에 비유하면, 뭇 남자에 대응하기 위하여 여자로서의 순한 도를 잃고 기운이 드센 상태를 의미하죠(姤 女壯). 이러한 여자는 아내로서의 정순한 덕을 잃어 올바른 가정을 이끌 수 없으니, 그러한 여자는 함부로 취하지 말라는 것입니다(勿用取女).

이를 달리 표현하면, 구괘는 역동적인 자연과 사회현상에 있어서 현재의 안정적인 상황에 소용돌이를 일으킬 수 있는 새로운 현상의 조짐이 나오는 것을 뜻합니다. 또한 현재의 상황과 대비할 때 부정적인 기운을 의미하기도 하죠. 그래서 순양純陽의 중천건重天乾이라는 긍정적인 상황을 유지하기 위해서는 음의 부정적인 현상을 취하지 말라는 뜻도 됩니다.

단전

象曰 姤는 遇也니 柔遇剛也라.
단왈 구 우야 유우강야

勿用取女는 不可與長也일세라.
물용취녀 불가여장야

天地相遇하니 品物이 咸章也요
천지상우 품물 함장야

剛遇中正하니 天下에 大行也니 姤之時義ㅣ 大矣哉라!
강우중정 천하 대행야 구지시의 대의재

직역 「단전」에 이르기를, 구는 만남이니, 유가 강을 만남이라. '물용취녀'는 더불어 자랄 수 없기 때문이다. 천지가 서로 만나니 모든 물건이 다 빛나고, 강한 것이 중정한 덕을 만나서 천하에 크게 행함이니, 구의 때와 뜻이 크도다.

- 咸 : 다 함 / 章 : 빛날 장

강의 괘명의 구姤는 만난다는 뜻입니다(姤 遇也).* 천풍구괘는 맨 아래의 음이 처음 자라나 위의 다섯 양과 만나는 것이므로 유가 강을 만나는 것이죠(柔遇剛也).

괘사에 여자를 취하지 말라(勿用取女)고 한 것은 초육 여자를 취하지 말라는 뜻인데, 소인이 계속 강해져서 군자와 더불어 함께 번창할 수 없음을 말한 것입니다. 음陰이 양陽을 이기며 성장하기 때문에 함께 공존할 수 없다는 것이죠(不可與長也). 유가 성장을 하게 되면 세상은 모두 음의 시대, 소인의 시대가 되어 어지러워집니다. 그러므로 괘사에서 말한 '물용취녀'는 음을 성장하지 못하도록 막지는 못할망정 그 음을 취해서, 즉 여자에게 장가들어 같이 성장하면 안 된다는 뜻입니다. '취녀取女'의 두 글자를 묶으면 곧 '장가들 취娶' 자가 되지요(娶=取+女).

그런데 음이 성장하기 때문에, 또 유가 강을 만났기 때문에 괘명을 구姤라 했습니다. 유가 강을 만나면 세상이 어지러워지고, 힘이 강해지는 여자를 만나 더불어 가정을 이루면 그 집안이 평화롭지 못하다고 경계를 했지만 또한 만나지 않고는 안 되는 것이죠. 남녀가 만나서 자식을 낳고, 하늘과 땅이 서로 만나서 모든 물건이 다 밝은 생명의 빛을 내는 것입니다(天地相遇 品物咸章).* '만물萬物'은 많다는 것을 표시하는 통칭으로 전체를 말하고, '품물品物'은 물건이 자기 품성대로 타고나는 것을 말하죠.

---

* 구姤자를 나누어 보면 여자(女) 임금(后) 또는 임금의 부인인 후비后妃에 대한 뜻이 들어 있다. 이렇게 괘명을 삼은 것은 천풍구괘가 음이 처음 자라는 괘로서 음의 근원이 되기 때문이다.

* 함咸은 하경의 머릿괘인 택산함괘의 괘명이다. 함괘 또한 처녀총각이 만나 서로 느끼고 교합하는 괘로서, 내괘가 소남인 간산艮山이고 외괘가 소녀인 태택兌澤이다. 마침 함괘의 호괘도 천풍구이다.

친풍구괘의 주효主爻는 인군에 해당하는 구오인데, 구오는 강건중 정한 효입니다. 「단전」에서는 이를 강건한 구오가 중정을 만난 것이 라고 하였습니다(剛遇中正). 한 나라를 다스리는 임금 구오가 중정을 만나지 못하면 정치를 중정하게 하지 못할 것인데, 중정을 만났기 때문에 정치가 온 천하에 잘 행해집니다(天下大行). 그렇다면 만난다는 그때, 또는 만남에 들어 있는 깊은 뜻이 참으로 중요하고 큰 것임을 알 수 있는 것이지요(姤之時義 大矣哉).

영웅호걸도 때를 만나야 웅지를 펴고 성인도 때를 만나야 도덕·경륜을 펼 수 있습니다. 주역의 도가 크게 행해지는 것도 때를 만나야 하는 것이죠.

대상전

象曰 天下有風이 **姤**니 **后**ㅣ **以**하야 **施命誥四方**하나니라.
상왈 천하유풍 구 후 이 시명고사방

직역 「대상전」에 이르기를,, 하늘 아래 바람이 있는 것이 구이니, 후가 본받아서 명을 베풀고 사방에 고한다.

- 施: 베풀 시 / 誥: 고할 고

강의 구괘(☴)는 상괘가 건삼련(☰) 하늘이고 하괘가 손하절(☴) 바람이므로 하늘 아래 바람이 부는 모습입니다(天下有風). 구괘의 이러한 상을 보고서 하늘 아래로 바람이 두루 불듯이 명을 베풀어 온 사방에 알린다고 하였습니다(施命誥四方).

다른 괘들과 달리 후后로 말한 것은 괘명이 '계집 녀女' 변에 '임금 후后'를 한 '만날 구姤'이기 때문입니다(姤=女+后). 여자가 왕노릇을 하는 것도 '후'라고 하죠. 「대상전」에서 이렇게 '후'로 표현한 곳은 상경의 지천태괘(䷊)와 하경의 천풍구괘(䷫) 뿐입니다.

'고吿'는 말이나 글로 하는 보고의 총칭이고, '고誥'는 명령을 글로 고하는 것이죠. 한 나라에 임금이 있어 명을 베푸는 것인데 명은 바람괘(☴)에서 나옵니다. 바람괘가 없는 괘의 「대상전」에는 '목숨 명命' 자가 없어요. 이것은 아래위가 모두 바람괘인 중풍손괘(䷸)에 명을 거듭해서 일을 행한다는 '신명행사申命行事'나 화풍정괘(䷱)에 자리를 바로 하여 명을 엉긴다는 '정위응명正位凝命'에서도 입증이 됩니다.

그래서 바람 따라 명이 전해지므로 풍속, 풍습, 풍류라고 하는 것이죠. 모두가 바람 따라 흔들리고 하는 것이 아니겠어요? 하늘 아래 바람이 있으니까 바람 따라 임금이 명을 베풀어 시행해서 온 나라에 명을 고합니다. 그렇게 되면 백성과 임금이 만나네요. 임금의 명을 백성이 받고 만나는 것입니다. 높은 자리에서 임금이 명을 시행하고, 그 명은 사방에 고해져서 사방의 신민들이 모두 임금의 명을 받아 만나는 것이죠.

효사와 소상전

初六은 繫于金柅면 貞이 吉코 有攸往이면 見凶하리니
초육 계우금니 정 길 유유왕 견흉

羸豕ㅣ 孚蹢躅하니라.
이시 부척촉

象曰 繫于金柅는 柔道ㅣ 牽也일세라.
상왈 계우금니 유도 견야

직역 초육은 쇠말뚝에 매면 바르게 함이 길하고, 가는 바를 두면 흉함을 보리니 마른 돼지가 뛰고 또 뛸 것만 생각하니라. ◆「상전」에 이르기를, '계우금니'는 유의 도를 이끌어야 하기 때문이다.

- 繫 : 맬 계 / 柅 : 말뚝 니 / 羸 : 여윌 리 / 豕 : 돼지 시 / 孚: 믿을 부 / 蹢 : 뛸 척 / 躅 : 뛸 촉

점례 꼼짝 마라. 가출하면 사고 친다.

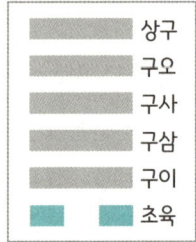
상구
구오
구사
구삼
구이
초육

강의 음이 맨 처음에 있어 초육입니다. 초육은 괘사에서 '여자를 취하지 말라(勿用取女)'고 한 여자(음)에 해당합니다. 점점 강성해지는 소인이지요. 이걸 붙들어 매야지 그냥 놔두면 큰일을 냅니다. 그래서 '쇠말뚝에 붙들어 매라(繫于金柅)'고 경계를 두었습니다.

말뚝은 보통 나무로 만드는데, 나무로 만든 말뚝보다 더 튼튼한 쇠로 만든 말뚝에다 꽁꽁 붙들어 매라는 것이죠. 초육이 변하면 건삼련(☰)이 되어 단단한 쇠(金)가 나오고, 내괘인 손하절(☴) 음목陰木에서 말뚝(柅)이 나와서 '금니金柅'가 됩니다. 손하절은 말뚝도 되지만 칡넝쿨 같은 음목도 되기 때문에 이것으로 끈을 만들어서 붙들어 맨

다는 말도 나옵니다(繫于金柅). 쇠말뚝에 꽁꽁 붙들어 매었으면 바르게 가만히 있어야 길하고(貞吉), 그렇지 않고서 초육이 제멋대로 행동하면 큰일을 내게 됩니다(有攸往 見凶).

그 흉함을 마른 돼지가 이리저리 뛰며 농작물을 망치는 것에 비유하고 있습니다. 내괘 손하절에서 음물인 돼지가 나오고, 또 초육도 음효이기 때문에 역시 돼지가 됩니다. 그런데 초육이 양으로 변하면 하늘괘가 되므로 마른 돼지지요. 이 마른 돼지가 분수를 모르고 양으로 조급해서 마구 날뜁니다(羸豕 孚蹢躅). 그렇지 않아도 돼지가 성질이 급한데 마른 돼지는 더 더욱 성미가 급하므로, 날뛰는 마른 돼지를 안정시켜야 합니다.

◆**소상전** 초육의 음을 '쇠말뚝에 붙들어 매라(繫于金柅)'고 한 이유는, 어차피 초육 음이 점차 자라나 순음괘인 중지곤괘가 되겠지만, 좋은 방향으로 이끌어서 그 피해를 줄이고자 하는 겁니다. 그래서 '음의 도를 이끌어 준다'고 했네요. 여기서 '견牽' 자의 해석이 중요합니다. '이끈다, 만류한다, 견제한다'는 뜻인데, 일단 마른 돼지를 쇠말뚝에 매어서 안정시킨 뒤에 잘 이끌어준다는 뜻이지요. '견제한다'보다는 '이끌어 준다'는 뜻이 더 중요합니다(柔道牽也).

九二는 包有魚면 无咎하리니 不利賓하니라.
구이   포유어   무구   불리빈

象曰 包有魚는 義不及賓也라.
상왈 포유어   의불급빈야

직역 구이는 꾸러미에 고기가 있으면 허물이 없으리니, 손님(賓)에게는 이롭지 아니하니라. ◆「상전」에 이르기를, '포유어'는 의리가 손님에게 미치지 못함이라.

- 包 : 꾸러미 포, 쌀 포 / 賓 : 손님 빈

점례 여자로 인해 출세한다. 경쟁자와 불편한 관계에 있다.

강의 양이 두 번째에 있어 구이입니다. 구이 양陽은 내괘의 중을 얻어 아래의 초육 음陰과 바로 접하고 있습니다. 이제 기존의 질서에 좋지 않은 변화를 가져오는 새로운 음기운이 바로 아래에서 올라오고 있습니다. 이러한 때에 구이는 초육 음(물고기)을 잘 감싸서 바른 길로 인도하려는 노력을 합니다(包有魚). 그래서 음기운이 더 자라나지 못하게 하니 허물이 없게 되는 것이죠(无咎).

그런데 '손님에게는 이롭지 않다(不利賓)'고 하였습니다. 이 말은 무슨 뜻일까요? 여기에서 손님은 초육 음이 응하고 있는 구사 대신을 말합니다. 구이는 초육이 응하는 구사(손님)에게 그 영향이 미치지 않도록 해야 합니다. 군자는 부정한 기운이 있을 때 스스로 대책을 강구해야 하고, 이를 남에게 미루지 않는 것이죠. 이것이 의리義理인 것입니다. 그렇지 않고 만일 구이가 초육에게 감화되어 음陰 소인으로 변하면 천산돈괘(䷠)가 되어 군자들의 바른 정치가 사라지게 되는 것입니다.

◆**소상전** 구이 군자가 초육 음을 감싸서 교화하려는 것은(包有魚) 초육의 부정한 기운이 구사의 대신(손님)에게 미치지 못하게 하려는 뜻입니다(義不及賓也).

九三은 **臀无膚**나 **其行**은 **次且**니 **厲**하면 **无大咎**리라.
구삼 둔무부   기행   자저 려   무대구

象曰 其行次且는 **行未牽也**라.
상왈 기행자저   행미견야

직역 구삼은 볼기에 살이 없으나 그 행함은 머뭇거리니, 위태하게 여기면 큰 허물이 없으리라. ◆「상전」에 이르기를, '기행자저'는 행함을 이끌지(견제하지) 못함이라.

■ 牽 : 끌 견, 이끌 견

점례 바늘방석에 앉아 있다. 조심하면 다행히 그곳을 벗어날 수도 있다.

강의 양이 세 번째에 있어 구삼입니다. 구삼은 엉덩이에 살이 없으나(臀无膚) 그 행하는 것은 머뭇거리고 있으니(其行次且), 위태롭게 여기면 큰 허물이 없게 된다(厲无大咎)고 하였네요.

구삼은 양 자리에 양으로 있어 강하지만 중에서 벗어나 있습니다. 맨 아래에서 음 기운이 자라나니 구삼 입장에서도 초육을 다스리려는 마음에 노심초사勞心焦思하니 엉덩이에 살이 없는 형국입니다(臀无膚).

그런데 구삼이 초육 음을 이끌어주려고 해도 아래에 있는 구이가 초육을 맡아 견제하고 감싸니, 정작 행하지는 못하고 머뭇거리고 있습니다(其行 次且).

구삼이 음기운이 새로이 자라나는 구괘에 있고 처지가 애매하지만, 위태롭게 여기고 조심하면 큰 허물은 없을 것이라고 했습니다(厲

无大咎). '자저次且'는 나아가지 못하고 머뭇거리는 뜻을 나타내는 문자로 '자저'라고 읽습니다.

◆**소상전** 구삼은 초육 음을 견제하고 다스려야 하는 것을 알고 있음에도 머뭇거리고 주저하고 있네요(其行次且). 그것은 구삼이 행하고자 하여도, 아래 구이 때문에 초육을 이끌지 못하는 것입니다(行未牽也).

九四는 包无魚니 起凶하리라.
구사   포무어   기흉

象曰 无魚之凶은 遠民也일세라.
상왈 무어지흉   원민야

직역 구사는 꾸러미에 고기가 없으니 흉함이 일어나리라. ◆「상전」에 이르기를, '고기가 없어 흉함'은 백성을 멀리 하기 때문이라.

점례 고독하다. 인색하다. 흉하다. 아랫사람에게 모든 것을 맡기고 방심하다가 모든 것을 잃는다.

강의 양이 네 번째에 있어 구사입니다. 구사는 음 자리에 양으로 있어 자리가 부당합니다. 그렇지만 구오 인군 밑에 있는 구사는 초육 백성과 잘 응하고 있습니다. 대신大臣으로서 아래의 백성들을 포용하여 정치를 잘 해야 하는 자리네요. 그런데 구괘姤卦에서는 구이가 초육을 감싸고 있고, 구삼이 또한 노심초사하고 있으니, 구사는 정작 대신으로서 해야 할 역할이 없게 됩니다. 이러한 상태에서 구사 대신이 자신이 해야 할 역할을 계속 방기하면, 결국 백성이 구사 대신을 멀리하게 되어 마치 꾸러미에 고기가 없는 격이 되는 것입니다(包无魚). 이것이 원인이 되어 나중에는 대신으로서의 역할을 전혀 하지 못하게 되어 흉하게 되는 것이죠(起凶). 아무리 일인지하 만인지상의 자리에 있어도 따르는 백성이 없으니 무슨 소용이 있겠습니까? 흉한 일만 일어나는 것이죠.

◆**소상전** 구이에게는 고기가 있는데 구사에게는 고기가 없어서 결국 흉하게 된다는 것은(无魚之凶) 구사가 백성을 포용하여 정치를 잘 해야 함에도 불구하고 당초부터 백성을 멀리했기 때문입니다(遠民也). 백성을 멀리하면 안 된다는 것을 말하는 것이지요.

九五는 以杞包瓜니 含章이면 有隕自天이리라.
구오   이기포과   함장   유운자천

象曰 九五含章은 中正也요
상왈 구오함장   중정야

有隕自天은 志不舍命也일세라.
유운자천   지불사명야

직역 구오는 박달나무로써 오이를 쌈이니, 빛나는 것을 머금으면 하늘로부터 떨어짐이 있으리라. ◆「상전」에 이르기를 '구오가 빛남을 머금음'은 중정하기 때문이고, '유운자천'은 뜻이 명을 버리지 않기 때문이다.

▪ 杞 : 박달나무 기(詩經에는 '갯버들 기'라고 함) / 瓜 : 오이 과 / 含 : 머금

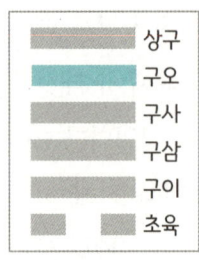

을 함 / 隕 : 떨어질 운 / 舍 : 버릴 사(≒捨)

점례 오갈 데 없는 사람 돕는다. 하늘이 복을 내린다.

강의 양이 다섯 번째에 있어 구오입니다. 「단전」에 강이 중정을 만나서(剛遇中正) 천하에 왕의 정치가 크게 행해진다(天下大行)는 것은 여기 구오를 두고 한 말입니다. 구오의 강건중정한 도는 천하백성을 모두 포용하므로 이를 박달나무의 잎사귀로 오이를 싸는 것으로 비유하였네요(以杞包瓜). 박달나무는 산 높이 있는 것이고, 오이는 땅에 딱 붙어 있는 것입니다. 아래의 초육은 음으로써 오이가 되고 구오는 높은 데 있는 박달나무가 됩니다. 옛날에는 인군과 백성들이 직접 만나지를 못했어요. 그런데 만나지 못하는 박달나무와 오이가 만납니다. 구오의 박달나무 잎사귀가 초육인 오이를 포옥 감싸주듯이 구오 인군이 내려와서 모든 백성을 잘 포용해주네요.

구이와 구사에서는 초육을 고기라고 했기 때문에 포包를 '꾸러미'로 풀이하였고 구오에서는 백성을 포용한다는, 즉 감싸준다는 '쌀 포'의 의미로 풀이합니다. 초육 백성을 만나서 잘 포용해주고 사랑해주는 것입니다. 구오의 중정한 정치가 저 아래 백성들을 포용해주는 것은 결국 서로 만나는 것이죠. 쾌괘夬卦는 3월괘이므로 3월에 나오는 쇠비름(莧)이 나오고, 구괘姤卦는 5월괘이기 때문에 5월에 열리는 오이(瓜)라는 말이 나옵니다.

이렇게 구오가 빛나는 정치를 하므로 빛난 것을 머금는다고 하였습니다(含章). 구오가 변하면 이허중(☲) 불괘가 돼서 빛난다는 말이 나오죠. 빛이라는 것은 하늘의 빛, 한 나라의 임금이 정치를 하는 것을 말합니다. 그래서 남의 나라 정치가 잘되나 못되나 보는 것을 관광觀光이라고 합니다.* 이렇게 속에 가득히 빛나는 것을 머금고 빛나는 정치를 하게 되면 하늘로부터 복이 내려옵니다(有隕自天).

◆소상전 구오가 빛나는 것을 머금는다(九五含章)는 것은, 구오가 중정한 자리에서 중정하게 정치를 한다는 말이죠(中正也). 하늘로부터 떨어짐이 있다(有隕自天)는 것은 구오의 뜻이 천명을 버리지 않기 때문입니다(志不舍命也). 하느님이 구오를 낼 때에는 백성들을 위해서 정치를 잘하라고 낸 것입니다. 굳이 하늘의 명이 아니더라도 인군이 해야 할 사명을 버리지 않아야 합니다.

上九는 姤其角이라 吝하니 无咎니라.
상구   구기각   인   무구

象曰 姤其角은 上窮하야 吝也라.
상왈 구기각   상궁   인야

상구
구오
구사
구삼
구이
초육

직역 상구는 그 뿔에서 만나기 때문에 인색하니, 허물할 데가 없느니라. ◆「상전」에 이르기를, '구기각'은 위에서 궁하여 인색한 것이다.

점례 손해를 보게 하고 못살게 군다. 인덕이 없다.

---

* 풍지관괘의 구사에 보면 '관국지광'이 나온다.

강의 양이 맨 위에 있어 상구입니다. 상구는 구괘姤卦의 맨 위에 있어 몸체가 아닌 뿔에 있는 격이네요. 그래서 그 뿔에 만난다고 하였습니다(姤其角). 초육에서 음陰의 새로운 조짐이 나타나니, 구이가 감싸서 잘 교화하려는 노력을 하고, 구삼은 노심초사하고, 구오는 덕으로 밝은 정치를 하고자 하는데, 정작 상구는 높은 자리에 있지만 해야 할 역할이 없어 인색하게 됩니다(吝). 그렇다고 상구가 나서면 외괘가 태상절(☱) 못괘가 되고, 지괘之卦가 대과괘(䷛)가 되니 잘못하면 큰 허물을 짓게 되네요.

◆**소상전** 이렇게 상구가 그 뿔에서 만난다는 것은(姤其角), 너무 위로 올라가 궁할대로 궁해져서 인색하게 되었다는 것입니다(上窮 吝 也). 어느 누구를 탓할 바는 아닌 것이죠.

▌관련된 괘

① **도전괘** : 택천쾌(䷪)   ② **배합괘** : 지뢰복(䷗)
③ **호 괘** : 중천건(䷀)   ④ **착종괘** : 풍천소축(䷈)

▌총설

천풍구괘(䷫)는 모두가 양인 건괘(䷀)데서 음 하나가 생긴 괘입니다. 절기로는 하지에 해당하는 5월괘죠. 일음이 이음·삼음·사음·오음·육음으로 커가면서 6월·7월·8월·9월·10월이 되어 음으로 꽉 찬 중지곤괘(䷁ 10월)로 마칩니다. 동짓달이 되면 다시 또 양이 하나 생겨 지뢰복괘(䷗)가 됩니다. 구괘와 복괘는 하지와 동지에 해당하

는 것이죠. 이렇게 하나의 양과 하나의 음이 오고가서 밤과 낮이 왕래하여 하루가 되고, 한 달이 되고, 일 년이 되고, 몇 천 년이 되는 것입니다. 그래서 하늘의 천근天根과 땅의 월굴月窟이 한가로이 왕래하면서 세월이 오가는 것이라고 하였죠.

초효의 경우는 음 소인의 세력이 급격히 커질까봐 경계하여 쇠말뚝에 단단히 붙들어 매라고 하였지요(繫于金柅).

이효는 꾸러미에 물고기를 담듯이 초육을 품어 잘 교화하라고 했습니다(包有魚).

삼효는 초육을 구이가 품고 있으니 머뭇거리며 노심초사하는 것이지요(其行次且).

사효는 당초에 백성을 멀리했기 때문에, 꾸러미에 있어야 할 고기가 없듯이, 따르는 백성이 없어서 흉한 것이죠(包无魚).

오효는 중정한 자리에 있어 정치를 잘하니, 초육인 백성을 잘 만나주는 것이 됩니다(以杞包瓜).

상효는 너무 꼭대기에 있어서 초육과는 거리가 멀어 아예 만나지를 못하네요(姤其角).

백성과 가까이 있는 구이는 선비이지만 포어득민包魚得民이고, 백성과 상응하는 구사는 대신이지만 백성을 멀리하여 무어실민无魚失民이네요.

▌편언

　천풍구괘(䷫)는 일음오양괘-陰五陽卦인데, 한 음이 초효에 있네요. 구괘의 초육이 변하면 음이 양으로 바뀌면서 지괘가 중천건괘(䷀)가 됩니다. 중천건괘는 하늘의 운행을 말한 괘입니다. 망설이거나 쉬지 않고 공정무사한 운행을 할 뿐이지요.

　사실 중천건괘를 비롯해서 12월괘는 모두 자연의 순환 중의 하나를 표현한 겁니다. 한 번은 양이 주장하고, 한 번은 음이 주장하며 순환하는 것이지요. 건괘는 필요하고 구괘는 필요없다는 것이 아닙니다.

　구괘에서 유일한 음인 초육을 경계하면서도 막거나 멸절시키라는 말이 없고, 오히려 '하늘과 땅이 서로 만났다'고 하고, '잘 이끌어주라'고 한 말을 유의해 볼 필요가 있네요.

澤地萃(45)
택지취

▌취괘의 전체 뜻

　위에는 태상절(☱) 못괘이고 아래는 곤삼절(☷) 땅괘로, '택지澤地'의 상이고, 괘명은 모인다는 뜻의 '취萃'입니다. 택지澤地를 취萃라고 한 것은, 땅에 못을 파면 물이 고여 취합되기 때문이죠.

　또 내괘가 땅괘인데다 내호괘가 간상련(☶) 산괘이고 외호괘가 손하절(☴) 나무가 되므로, 땅이나 산에 수목이 가득 들어차서 모이네요.

　취萃는 '풀 초⺿' 밑에 '군사 졸卒'을 했습니다. 많은 졸개무리처럼 풀이 우묵하게 무더기로 났다는 뜻이죠. 땅에 못을 파서 물이 모이는 것도 '취'이고, 땅이나 산에 수목이 꽉 들어차 있는 것도 '취'가 됩니다.

　「서괘전」에서는 "구姤는 만나는 것이니, 물건이 만나면 서로 모이므로 구괘 다음에 취괘를 놓았다."＊고 하였습니다.

＊ 姤者遇也 物相遇而後萃 故受之以萃

괘사

萃는 (亨)王假有廟니 利見大人하니 亨하니 利貞하니라.
취　　　왕격유묘　　이견대인　　　형　　이정

用大牲이 吉하니 利有攸往하니라.
용 대 생　길　　이 유 유 왕

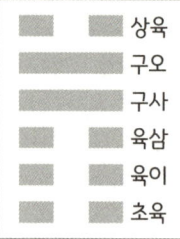

상육
구오
구사
육삼
육이
초육

직역 취萃는(형하니) 왕이 사당을 둠에 지극히 함이니, 대인을 봄이 이롭고 형통하니, 바르게 함이 이로우니라. 큰 희생을 쓰는 것이 길하니, 갈 바를 둠이 이로우니라.

- 萃 : 모일 취(본음 췌) / 假 : 지극할 격, 이를 격 / 牲 : 희생 생, 큰 동물 생

점례 사람들이 모여서 왁자지껄한 축제분위기다. 침울하던 표정도 사라지고 소원하게 지내던 사람끼리도 다정하게 느껴진다.

강의 취萃는 모이고 쌓여서 가득함을 말합니다. 재물이나 물질만 부유해서 취가 되는 것은 아니고 정신도 취합이 되어야 합니다. 한 나라가 건전하게 나아가려면 물질만 취합하여 부흥해서도 안 되고 정신적으로 하나로 모여야 하는 것이죠. 그래서 임금이 사당을 지어 놓고 선왕들을 지성으로 받드는 종묘사직이 있는 것입니다(王假有廟).

마찬가지로 한 가정에서도 사당을 짓고 조상의 혼을 받들어 정신적인 취합을 하는 것이 아니겠어요? 정신적 취합이 없는 가정이나 국가는 오래가지 못합니다. 그래서 취는 먼저 정신을 모아야 한다고 해서 사당을 지어 놓고 지극하게 받듭니다. 그 다음에 정치를 해서

재물이 취합되도록 하는데 대인이라야 그렇게 할 수 있습니다. 소인은 자기 욕심 때문에 안 되지요. 강건중정한 구오는 아주 공정하게 처리하여 모든 이를 취합하는 대인입니다. 욕심 부리지 않고 삿되지 않은 대인을 보고 그 대인의 가르침을 받아서 이롭게 되고, 그렇게 해서 비로소 형통해지는 것입니다(利見大人 亨).

취합은 먼저 정신부터 모여야 하고 공정하게 처리하는 대인이어야 가능한 것입니다. 그래야 형통한 것이지 그렇지 않으면 형통하지 못합니다. 형통한 취를 계속 유지하려면 올바르게 해야 합니다. 그래서 끝에 '바름이 이로우니라.'고 했습니다. 계속 바르게 취합해야만 이롭게 되는 것이죠(利貞).

한편 사당을 지어 놓고 제사를 지냄에 있어서 그만큼 많은 재산이 있으면 큰 희생을 써서 지내야 길합니다(用大牲吉). 없으면 없는 대로 지내고 있으면 있는 대로 지내는 것인데, 많은 재산을 쌓고도 제사 지낼 때 포 한 마리 놓고 지내면 안 되죠. 취괘만은 큰 희생을 써서 성대하게 제사를 지내야 하는 것이고, 그래서 또 좋은 것입니다. 정치를 함에 있어서도 이렇게 나아가는 바가 이로운 것입니다(利有攸往). 다시 말해서 '가는 바를 둔다'는 것은 정치를 해나간다는 말이고, '큰 희생을 써서 길하다'는 것은 없다면 몰라도 현재 재산이 많으니, 정성을 다해 바치라는 말이죠.

단전

象曰 萃는 聚也니 順以說하고 剛中而應이라
단왈 취   취야 순이열   강중이응

故로 聚也니라.
고   취야

王假有廟는 致孝享也요
왕격유묘   치효향야

利見大人亨은 聚以正也일세요
이견대인형   취이정야

用大牲吉利有攸往은 順天命也니
용대생길이유유왕   순천명야

觀其所聚而天地萬物之情을 可見矣리라!
관기소취이천지만물지정   가견의

직역 「단전」에 이르기를, 취萃는 모으는 것이니, 순해서 기뻐하고 강한 것이 중을 얻어 서로 응하기 때문에 모이는 것이다. '왕격유묘'는 효성을 다해서 제사를 올리는 것이고, '이견대인형'은 모으는 데 바른 것으로 하는 것이며, '용대생길이유유왕'은 천명을 따름이니, 그 모으는 바를 보아서 천지만물의 실정을 볼 수 있을 것이다.

- 享 : 제사지낼 향 / 聚 : 모을 취(인위적으로 취합하는 것) / 萃: 모일 취(풀이 자라는 것처럼 저절로 모이는 것)

강의 괘사를 풀이한 「단전」입니다. 우선 괘명의 뜻을 말하기를 '취萃는 취聚라'고 정의하였습니다(萃 聚也). 괘명의 취萃는 모으는 것,

또는 모이는 것을 뜻하지요. 그런데 왜 취괘가 모은다는 뜻이 될까요? 그것은 '순이열順以說'하고 '강중이응剛中而應'하기 때문입니다.

주역의 64개 괘명 중에서 일반적으로 쓰는 발음과 달라서 문제되는 것은, 수뢰둔(준)괘, 산화비(분)괘, 천산돈(둔)괘와 택지취(췌)괘의 네 괘입니다. 이 중에서 둔괘와 비괘 그리고 돈괘는 조선시대 발행한 언해본 주역의 발음 표기대로 하면 되는데, 다만 취괘는 언해본에도 '췌'로 되어 있고, 반절음反切音은 '在季反'이라고 해서 '졔' 또는 '쳬'로 발음해야지요. 그런데 '췌'라 하지 않고 '취'라고 하는 것은, 「단전」에서 '萃는 聚也라' 하고, 「잡괘전」에서 '萃는 聚'라고 하신 공자님 말씀을 따른 것입니다. 옛날에는 발음이 같으면 통가通假라고 해서 같은 뜻으로 썼습니다. '취聚'의 발음을 따라서 '취'라 한 거지요.

취의 내괘는 곤삼절(☷) 땅괘로 순順이고, 외괘는 태상절(☱) 못괘로 열說(悅)이므로 순종하고 기뻐하는 덕이 있습니다(順以說). 안으로 마음을 순하게 갖고 밖으로 모든 사람들에게 기쁘게 대해주는 것이죠. 그리고 강한 양 구오가 외괘에서 중을 얻어 내괘의 육이와 음양 조화가 잘됐네요(剛中而應). 외괘 구오도 양으로 중정하고 내괘 육이도 음으로써 중정합니다. 마음의 중심을 강하게 가지고 모든 사물과 일에 응하게 되는 것이죠. 그러면 하늘이 도와서 취가 되는 것이 아니겠어요?

순열順說의 덕을 가지고 강중剛中하여 응하는 것은, 곧 안으로 순하고 밖으로 기뻐하는 덕을 갖추는 한편 강중하게 해서 모든 사물에 응하는 행동을 말합니다. 순열은 내적인 덕이고 강중은 외적인 덕입니다. 그러므로 모으고 모이는 것이죠(故取也).

왕이 사당을 지어 놓고 원래 있는 사당을 지극히 받든다는 것은 한 나라에서는 왕은 왕대로, 한 가정으로 볼 때는 자식은 자식대로 자손은 자손대로 조상에게 효도로 제향을 지내는 것이 효성을 다하는 것입니다(王假有廟 致孝享也).

대인을 봄이 이롭고 또 형통하다고 한 것은 바르게 모으기 때문입니다(利見大人亨 聚以正也). 대인을 따라서 배우고 듣고 그대로 이행하려고 하니 형통하게 되어 이것이 비로 바르게 모으는 것입니다. 그렇지 않으면 도둑질하는 것이죠.

큰 희생을 잡아 놓고 정성껏 제사를 지내기 때문에 복을 받아 길하고, 그런 정성을 가지고 계속 정치를 해나감이 이롭다는 것은(用大牲吉 利有攸往) 천명에 순종하기 때문입니다(順天命也). 천명이 부富하게 해주었으면 그 부한 재물을 가지고 정성스럽게 제사를 지내야겠지요. 부유한데도 인색하게 제사를 지내면 부하게 해준 천명에 순하지 못한 것이죠.

공자께서 여기까지 괘사를 모두 해석하고 한 말씀 더하여, "그 모으는 바를 봐서 천지만물의 참된 실정을 본다(觀其所聚而 天地萬物之情可見矣)."고 하였는데, 모은다는 것이 도둑질해서 모으는 것도 아니고 참으로 정성을 다하고 바르게 해서 모으는 것이므로, 이렇게 모으는 데에서 천지만물의 참된 실정을 가히 볼 수 있다는 말씀입니다.

지구상에 있는 모든 만물은 천지가 만물을 모으는 이치 속에서 다 이루어지는 게 아니겠어요? 그것은 거짓이 없고 참된 것입니다. 그러면 사람도 참된 실정에 따라서 바르게 모아야죠. 조상에게 효향孝享도 올려야 하고 순열강응順說剛應을 해야 하고, 또 대생大牲을 쓸 때에는 써서 바르게 나아가야 하는데, 그것을 여기 췌萃에서 배워야 한다는 것이죠.

대상전

象曰 澤上於地 | 萃니
상왈 택상어지 취

君子 | 以하야 除戎器하야 戒不虞하나니라.
군자 이 제융기 계불우

직역 「대상전」에 이르기를, 못이 땅 위에 올라가 있는 것이 취이니, 군자가 본받아서 병기를 수리하여 헤아리지 못할 일을 경계한다.

- 除 : 닦을 제, 손질할 제 / 戎 : 군사 융 / 器 : 그릇 기(戎器 : 무기) / 虞 : 헤아릴 우

강의 취괘(䷬)는 연못이 땅 위에 처한 상입니다(澤上於地). 못이 땅 밑에 있으면 아무 문제가 없습니다. 못물이 땅 위로 넘치면 적당히 흘러가지만 못이 땅 위에 우뚝 솟아 있으면 언제 둑이 터질지 모르는 것이죠. 여기서는 둑의 역할을 하는 구사가 음으로 변하면 즉 둑이 터지면 감중련(☵) 물이 되어서 땅 위로 물이 흘러갑니다. 둑이 터지면 땅 위에 있는 생물은 물난리 속에서 살 수가 없는 것이죠.

이것이 바로 한 국가에 언제 외침外侵이 있을지, 언제 불의의 사고나 사변이 일어날지 늘 마음을 놓지 못하고 걱정스러운 것입니다. 그래서 군자는 이를 예방하려면 방심하지 말고 융기戎器, 즉 무기를 손질해서 대비를 해야 한다(除戎器 戒不虞)는 생각을 가지고 행동으로 옮겨야 합니다.

▌효사와 소상전

初六은 有孚나 不終이면 乃亂乃萃하릴새
초육　유부　부종　　내란내취

若號하면 一握爲笑하리니 勿恤코 往하면 无咎리라.
약호　　일악위소　　　 물휼　왕　　무구

象曰 乃亂乃萃는 其志亂也일세라.
상왈 내란내취　 기지란야

직역 초육은 믿음이 있으나 끝까지 믿음이 있지 않으면, 이에 어지러워져서 어지러운 상태로 모이기 때문에, 만약 호소하면 일제히 비웃을 것이니, 근심치 말고 가면 허물이 없으리라. ◆「상전」에 이르기를, '내란내취'는 그 뜻이 어지럽기 때문이다.

▪ 握 : 손아귀 악, 잡을 악 / 號 : 호소할 호, 부르짖을 호 / 恤 : 근심 휼

점례 좌우에서 뭐라 해도 내 갈 길을 간다. 모임을 달리 한다. 당을 바꾸거나, 배우자를 다시 만난다.

강의 음이 맨 처음에 있어 초육입니다. 초육은 구사 양과 음양 응이 잘됐네요. 음양 응이 됐는데 모으는 취괘이기 때문에 초육이 과연 구사한테 시집을 가서 가정을 이루고 모여야 하느냐, 시집가지 말고 여자끼리 같이 모여 있어야 하느냐를 가지고 논란이 일어나는 것이죠. 그런데 현재는 초육, 육이, 육삼의 여자들이 모여 있으나, 초육은 구사한테 시집을 가야 합니다. 그래서 초육이 음양 응이 잘되고 천생연분으로 배필이 되는 구사한테 믿음을 두고 있지만(有孚) 같은 또래인

육이, 육삼의 여자들이 시집가는 것을 방해합니다. 친구들을 떨쳐 끊어버리고 가야 하는데 그러한 결단을 내리지 못하면 시집을 못 가는 것이죠.

끝까지 시집을 못 가게 되면(不終), 이에 초육의 마음이 어지럽습니다. 마음이 어지러우면서도 이 사람들(여자)하고 같이 모여야 하는 것이죠(乃亂乃萃). 다만 육이와 육삼은 여자 친구들이지 평생 같이 살 사람들은 아닙니다. 그런데 구사를 믿으면서도 친구들 때문에 가지 못하고, 마음이 심란한 채로 모이고만 있다면 안 되죠. 초육이 구사한테 '얼른 와서 나를 좀 데려가세요'라고 호소한다면(若號), 육이·육삼의 여자들이 일제히 '초육이 시집을 못 가서 안달났다'고 비웃게 됩니다(一握爲笑).

그래서 초육을 보고 성인께서 "시집가려는 것을 친구들이 방해놓고 비웃는다 할지라도 근심하지 말고 구사한테 가면 허물이 없다(勿恤往 往无咎)."고 말씀하였네요. 여자든 남자든 사업을 하든 학문을 하든, 뭐든지 이러한 위치에 있으면 방해되는 것을 너무 괘념치 말고 자기 목적을 이루어야 한다는 말씀이죠. 이것이 세상의 이치입니다.

◆**소상전** 이에 어지럽기도 하고 이에 모이기도 한다(乃亂乃萃)는 것은 초육이 같은 여자들과 모일지 구사한테 가야 할지 그 뜻을 정하지 못해서 마음이 그저 심란하고 어지럽다는 뜻입니다(其志亂也).

> 六二는 引하면 吉하야 无咎하리니 孚乃利用禴이리라.
> 육이 인 길 무구 부내이용약
>
> 象曰 引吉无咎는 中하야 未變也일세라.
> 상왈 인길무구 중 미변야

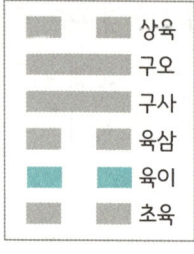

직역 육이는 이끌면 길하여 허물이 없을 것이니, 미더워서 이에 간략히 제사 올리는 것이 이로우리라.
◆「상전」에 이르기를, '인길무구'는 중덕이 있어서 변하지 않기 때문이다.

▪ 引 : 이끌 인, 당길 인 / 禴 : 봄제사·여름제사 약(봄·여름은 음식이 귀하고, 잘 상하므로 간략히 지낸다.)

점례 정성스런 마음으로 정신을 모아 기도한다. 남을 이끌어 주면, 나도 남이 이끌어 준다. 항시 변치 않는 마음을 갖는다.

강의 음이 두 번째에 있어 육이입니다. 육이는 음이 음자리에 바르게 있고, 내괘에서 중을 얻어 구오와 서로 음양으로 잘 응해 있네요. 초육은 구사한테 시집을 가야 하는데 육이와 육삼이 방해를 해서 그 뜻이 어지럽다고 했죠. 그래서 근심하지 말고 가라고 하였는데, 육이는 중을 얻고 구오 인군과 잘 응해 있습니다. 구사는 초육을 이끌어 주지 않고 초육이 가야 하지만 구오 인군은 중정한 육이의 신하를 끌어서 등용하여 같이 정치를 하는 겁니다.

구오가 이렇듯 육이를 이끌어주고 등용하게 되니까 길해서 허물이 없습니다(引吉无咎). 내가 벼슬을 하려고 욕심을 내어 구오를 찾아가는 게 아니고, 구오 인군이 나를 알아주고 불렀으니 허물이 없는 것이죠. 그러나 육이가 구오에게 믿음을 가지고서 간략하게 제사를 지내야 합니다(孚乃利用禴). 간략히 제사를 지내더라도 정성스러움이 중요하죠. 풍성하게 차려놓고도 정성스럽게 지내지 않는 제사는 헛된 제사인 것이고 간략하게 차려놓고도 정성스럽게 지내는 제사야말로 옳게 지내는 것입니다.

취괘 괘사에서는 '큰 희생을 써서 지내라' 하고, 육이는 '간략하게 지냄이 이롭다'고 한 까닭은 무엇일까요? 용대생用大牲은 구오 인군이 사당에 바치는 제물을 풍성하게 놓으란 말이고, 구오가 등용한 육이는 신하인데 풍성하게 하면 안 되기 때문이죠. 게다가 육이는 선비입니다. 등용되면 녹을 받아먹고 사는 정도라서 간략히 제사를 올려야 하는 것입니다.

그런데 왜 간략히 제사를 올려야 하는 이야기를 했느냐? 그것은 구오 인군한테 갈 때 많은 폐백을 가져가지 말고 성심성의껏 조그마한 폐백을 가지고 가라는 말입니다. 꼭 제사 지내는 것이 아니라 제사 지내는 정성을 보이라는 것이죠. 믿음과 정성을 구오에게 다하면 구오는 육이를 이끌어주고 육이는 구오에게 가서 자기 소임을 다하는 것이죠.

◆**소상전** 육이가 구오 인군이 이끌어서 길하고 또 인군의 신하가 되어 허물이 없는 것은(引吉无咎) 바로 어떠한 경우에도 육이의 마음이 변하지 않기 때문입니다. 육이가 중심을 그대로 지키고 있기 때문에 구오가 육이를 알아주는 것이죠. 육이는 간략히 제사 지내는 믿음과 정성으로 끝까지 구오를 섬겨 그 중심이 변하지 않습니다(中未變也). 중심이 변할 사람 같으면 구오가 이끌어주지도 않고 길할 수도 없고 허물만 있는 것이죠.

六三은 萃如嗟如라 无攸利하니
육삼 취여차여 무유리

往하면 无咎어니와 小吝하니라.
왕   무구   소린

象曰 往无咎는 上이 巽也일세라.
상왈 왕무구   상   손야

직역 육삼은 모이는 데 탄식하느니라. 이로운 바가 없으니, 가면 허물이 없지만 조금 인색하리라. ◆「상전」에 이르기를, 가서 허물이 없다는 것은 위가 겸손하기 때문이다.

- 嗟 : 탄식할 차, 슬퍼할 차 / 如 : 어조사 여(~듯, ~같다)

점례 홀로 소외되어, 남이 알아주지 않고 멀리한다. 윗사람을 만나 도움을 청해라.

강의 음이 세 번째에 있어 육삼입니다. 육삼은 음이 양자리에 있어서 바르지 못한데다가 중도 얻지 못한 상태입니다. 초육과 같이 중을 얻지 못했으면 구사 양과 잘 응하기라도 해야 하는데 육삼은 상육과 음양 응도 되지 않습니다. 초육은 구사와 만나서 가정을 이루고, 가정이 모여서 한 인류 사회가 구성되니, 이것이 작게 모이고 작게 모인 것이 크게 모이고 냇물이 강물 되고 강물이 바닷물 되는 것입니다. 그런데 육삼은 차라리 여자끼리라도 모였으면 하는데 그것도 안 되네요. 초육은 구사한테 시집가고 육이는 구오한테 시집가지만 육삼은 어디로 가야 하나요? 음양 응이 안 돼서 슬퍼하는 것이죠(萃如嗟如). 모이는 마당에서 육삼이 울고 있는 것입니다.

점을 해서 이 자리가 나왔으면 뜻과 같이 일이 안 되고 통곡만 하는 것이죠. 이로울 바가 없습니다(无攸利). 그러나 모이는 괘이니까 하다못해 남자가 아니라 여자인 상육이라도 찾아가야죠. 아쉬우면 아쉬운 대로 가면 허물이 없거니와(往无咎), 다만 그것이 썩 좋은 일은 못 되기에 조금은 인색합니다(小吝).

◆**소상전** 육삼이 이렇게 인색하고 이로울 바도 없고 슬픈데도 상육에게 가면 허물이 없다(往无咎)고 한 것은 육삼이 남자가 아니듯이 상육 역시 남자가 아니므로 육삼이 오는 것을 못 오게 막지는 않습니다. 위의 상육도 자기가 아쉬우니까 육삼이 오는 것을 동병상련同病相憐으로 공손히 받아들이기 때문이죠(上巽也). 외호괘가 손하절(☴)괘가 되어서 공손한 것이 나옵니다.

九四는 **大吉**이라야 **无咎**리라.
구사   대길   무구

象曰 大吉无咎는 **位不當也**일세라.
상 왈 대 길 무 구   위 부 당 야

직역 구사는 크게 길하여야 허물이 없으리라. ◆「상전」에 이르기를, '대길무구'는 위位가 당치 아니하기 때문이다.

점례 욕심내지 말고 지금 위치를 만족하게 여겨라. 권력도 금전도 더 탐내서는 안 된다.

강의 양이 네 번째에 있어 구사입니다. 구사는 양이 음자리에 있기 때문에 위가 마땅치 않고 중도 또한 못 얻었습니다. 그러나 구오 인군 밑에 있는 대신이네요. 비록 양이 음자리에 있지만 현명하고 강직한 신하라고 할 수 있습니다. 그래서 구사가 해야 할 처신을 '크게 길하여야 허물이 없다(大吉无咎)'고 하였습니다.

구사의 '대길大吉'은 하늘이 복을 퍼붓듯이 주어서 저절로 크게 길해지는 것이 아닙니다. 취괘에서 많은 재산이 모이는데 이 재산을 구오가 주장해야지 구사가 취하면 안 됩니다. 그런데 재물이 전부 구사에게로 모입니다. 내호괘가 간상련(☶) 산괘이므로 산으로 모여들어 높이 쌓이는 것이 나오네요.

대신인 구사를 통해서 구오에게로 진상이 되는 것이고 구사를 통해서 나라에 쓰이는 것이기 때문에, 막강한 권력을 가지고 얼마든지 자기 소유로 할 수 있는 구사에게 경계를 한 것입니다. 즉 구사가 자기 직책을 이행하고 녹 받는 것을 크게 길하게 여기고 분수를 지켜야 구사가 죄를 면하고 허물이 없게 된다는 것이죠.

◆**소상전** '크게 길하여야 허물이 없다(大吉无咎)'는 것은 양이 음자리에 있는 것이 부당한 자리인 까닭에 구사가 부당한 일을 할 우려가 있으므로 이런 경계사를 붙인 것이죠(位不當也). 구사는 욕심 부리지 말고 자기 직분만큼 받는 것을 대길로 여겨야 한다는 말입니다.

九五는 萃有位코 无咎하나 匪孚어든 元永貞이면
구오   취유위   무구   비부   원영정

悔ㅣ亡하리라.
회   망

象曰 萃有位는 志未光也일세라.
상왈 취유위   지미광야

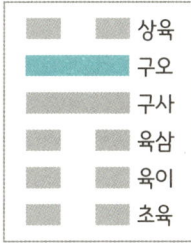

직역 구오는 모으는 데 위位가 있고 허물이 없으나, 믿지 아니하거든 원元하고 영永하고 정貞하면 뉘우침이 없으리라. ◆「상전」에 이르기를, '취유위'는 뜻이 빛나지 않기 때문이다.

- 匪 : 아닐 비(不·非의 뜻)

점례 많은 것을 소유하고 높은 자리에 있으면서도 남에게 존경을 받는 것은 믿음과 정직 때문이다. 더욱 노력한다.

강의 양이 다섯 번째에 있어 구오입니다. 구오는 양이 양자리에 있고 중을 얻은 대인으로서 바르게 잘 다스리는 임금에 해당합니다. 그래서 구오는 취괘에서 모든 것을 다스리는 최고의 위치에 있으면서 (萃有位) 허물이 없습니다(无咎). 만일에 허물을 짓는다거나 그럴 염려가 있어서 사람들이 믿지 않으면(匪孚), '원·영·정'이란 세 가지 정책을 가지고 정치를 하면 뉘우칠 것이 없게 된다(元永貞 悔亡)고 했네요.

 '원영정'은 모든 것을 선하게 사랑으로써 대하고(元), 계속(永) 바르게 나아가라(貞)는 뜻이죠. 조삼모사朝三暮四하지 말고 이 세 가지를 지켜 나아간다면, 정치를 잘못해서 허물이 되거나 후회하는 일이 깨끗이 없어진다는 것입니다.

◆**소상전** 나라 안의 모든 백성과 재물이 다 구오 인군에게 모이고, 그 위位를 구오가 확보하고 있으므로(萃有位), 보통사람의 경우 참 좋다고 생각하겠지만 그건 빛나지 못합니다(志未光也). 상괘인 태상절(☱) 못괘는 서방에 해가 지는 곳에 해당하므로 어둡고 침침해서 빛나지 못한 곳이죠.

구오 인군이 삿된 욕심을 가지고 있다면, 자기가 빛나지 못하면서도 빛나는 줄 알고 착각하다가 허물을 짓고 후회하겠지만, 중정한 자리에 있는 구오는 '취유위萃有位'이므로 그렇게 하지 않습니다. 그렇지만 이 자리가 늘 불안합니다. 사람이 높은 자리에 있고 많은 것을 소유하고 있을 때에는 자기도 모르게 욕심이 생겨 몰래 쌓아놓기 십상입니다. 그렇다면 지도자나 책임자로서 큰 문제가 되는 것이죠.

上六은 齎咨涕洟니 无咎니라.
상 육　자 자 체 이　무 구

象曰 齎咨涕洟는 未安上也라.
상 왈　자 자 체 이　미 안 상 야

직역 상육은 탄식하며 눈물콧물을 흘림이니, 허물할 데가 없느니라. ◆「상전」에 이르기를, '자자체이'는 위에서 편안하지 못한 것이다.

■ 齎 : 탄식할 자 / 咨 : 탄식할 자, 물을 자 / 涕 : 눈물 체 / 洟 : 콧물 이

점례 자기 이익만 추구하여 배신을 일삼다가, 외롭고 괴로운 신세가 됐다.

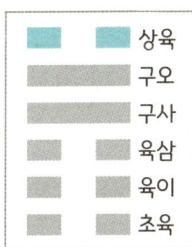

누구를 원망하겠는가?

강의 음이 맨 위에 있어 상육입니다. 상육은 맨 위에 있는데, 응이 없습니다. 구오는 육이와 만나고 구사는 초육과 만나지만 상육은 누구 하나 응해 주는 사람이 없이 혼자 외롭습니다. 욕심만 잔뜩 부리다가 결국은 눈물과 콧물만 흘려야 하는 자리입니다(齎咨涕洟).

육삼은 그냥 슬퍼한다고 했는데 여기는 눈물 콧물까지 흘려가며 슬퍼하네요. 육삼보다 더 슬퍼하는 것이죠. 태상절(☱) 못괘는 입과 구멍이 되므로 슬퍼서 눈물 콧물이 다 나오는 것이죠. 음양 응이 안 되는데 맨 위에 있으면 뭐합니까? 자기에게 응해주는 사람이 있어야죠. 여기까지 욕심을 부리고 왔기 때문에 스스로 지은 업보이지 누구를 탓할 수 있겠습니까(无咎)?

◆**소상전** 상육이 위에 있으면서 편하려면 아래에 응하는 자리에 양이 있어서 서로 화합을 이루어야 하는데 그렇지 않네요. 육삼이 찾아오면 뭐합니까? 아까 육삼에게는 위에서 받아줄 테니 가라고는 했지만 상육 입장에서는 육삼이 와서는 소용없습니다. 외롭게 '자자체이'하고 있는 것은 위에서 편안하지 못함을 말합니다(未安上也).

▌ 관련된 괘

① **도전괘** : 지풍승(☷)   ② **배합괘** : 산천대축(☶)

③ **호 괘** : 풍산점(☴)   ④ **착종괘** : 지택림(☷)

총설

취聚는 정신적 취합과 물질적 취합, 사회적 취합이라는 세 관점으로 봅니다. 그러므로 먼저 정신적 취합을 해야 하기 때문에 괘사에 '왕격유묘(王假有廟)'라 하고, 다음 물질적 취합에 있어 조상을 받드는데 인색하지 말라(用大牲)고 했습니다. 그러나 재물을 적취積聚하면 반드시 도둑이 찾아오기 때문에, 「대상전」에 '제융기 계불우(除戎器 戒不虞)'라 해서 대비하라고 했지요. 그리고 사회적 취합은 순이열(順以說)과 강중이응(剛中而應)으로 하라고 했네요.

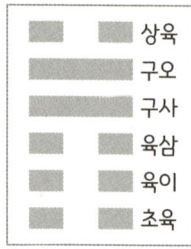
상육
구오
구사
육삼
육이
초육

초효는 남녀가 혼인하여 가정을 꾸미는 취합이네요(勿恤 往).

이효는 선비가 인군에게 등용되므로 정치적인 취합입니다(孚乃利用禴).

삼효의 취聚는 음양응이 되지 않아 의지할 곳 없어 외로이 슬퍼하는 것입니다(萃如嗟如).

사효는 대신의 위치에서 물질적 취합에 있어 사심 없이 관리하라는 것이지요(大吉 无咎).

오효는 취합을 총괄하는 위치에서 원영정(元永貞) 세 가지 덕을 가지란 말입니다.

상효는 사면초가요 육친무덕六親無德으로, 고립무원이 되어 설움이 복받치는 것입니다(齎咨涕洟). 그러니까 초육과 구사는 남녀지합男女之合이고, 육이와 구오는 군신지합君臣之合이며, 육삼과 상육은 비취불합非萃不合입니다.

▌편언

'취萃'는 체가 되는 글자이고, '취聚'는 용에 해당하는 글자입니다. 그래서 '모은다'고 할 때는 '취萃'를 잘 쓰지 않고 '취聚'를 씁니다. '취萃'는 모이는 것의 기본적인 글자이기 때문에 '모일 취', 즉 저절로 풀이 수북하게 모이는 뜻이고, '취聚'는 많은 것을 내가 취해오는 것이기 때문에, '취할 취取'에 '무리 중衆'을 써서 내가 무리를 많이 취해 온다는 뜻이 됩니다. '취萃'가 자연스럽게 모이는 것이라면, '취聚'는 인위적으로 모으는 것이죠.

45
택
지
취

승괘의 전체 뜻

위에는 곤삼절(☷) 땅괘이고 아래가 손하절(☴) 바람괘로, '지풍地風'의 상이고, 괘명은 오른다는 '승升'입니다. 아래의 손괘는 바람괘도 되지만 동방목 나무괘가 되므로, 전체 괘상이 나무가 땅 속에서 나와 커 올라간다고 해서 괘명을 '오를 승升'이라고 하였습니다.

음목인 내괘의 손하절(☴)로 땅 속에 뿌리를 내리는 한편, 외호괘 동방목인 진하련(☳) 양목陽木이 움직여서 커나가는 것을 알 수 있습니다. 손괘(☴)는 동방목에 음목이고 진괘(☳)는 동방목에 양목이므로, 땅 속에 있는 손목은 뿌리를 내리고 땅 밖으로 나온 진목은 커 올라가서, 지풍地風을 승升이라고 하는 것입니다. 낮은 땅에서부터 점점 높이 올라가는 지위地位를 말하는 것이지요.

만난다는 구괘 다음에 모인다는 취괘를 놓고, 그 다음 승괘를 놓았습니다. 만나니까 모이고 모이면 쌓여 올라갑니다. 취괘와 승괘는 도전괘에 해당합니다. 취괘를 놓고서 반대로 보면 승괘가 되지요. 「서괘전」에서는 "모여서 올라가는 것을 승이라고 하니, 취괘 다음에 승괘를 놓았다."*고 하였습니다.

---

* 聚而上者謂之升 故受之以升

괘사

升은 **元亨**하니 **用見大人**호대 **勿恤**코 **南征**하면 **吉**하리라.
승   원형   용견대인   물휼   남정   길

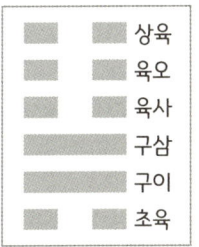

상육
육오
육사
구삼
구이
초육

직역 승은 크게 형통하니, 대인을 보되 근심치 말고 남으로 가면 길하리라.

- 恤: 근심 휼

점례 땅속에 뿌려진 씨알이 뿌리를 내리고 땅 밖으로 싹이 터 나온다. 신념을 갖고 실력을 양성한다. 때가 왔으니, 앞으로 나아가며 승승장구한다. 남쪽으로 가면 좋다.

강의 나무가 커 올라가고 지위가 오르는 괘인 승괘는 당연히 크게 형통합니다(元亨). 그런데 대인을 보라(用見大人)고 하였네요. 이것은 위의 인군인 육오가 아래의 어진 신하인 구이를 만나보라는 말입니다. 구이는 크고 밝은 양이므로 현명하고, 내괘에서 중을 얻었으므로 대인大人이 됩니다. 육오가 유비劉備라면 구이는 제갈량諸葛亮이죠.

육오는 구이 대인을 만나야 정치를 합니다. 정치를 잘하기 위해서는 육오가 구이를 만나봐야 하고 구이는 육오를 찾아가야 길한 것이죠. 이것이 바로 남정길입니다(南征吉). 뒤는 북쪽이고 앞은 남쪽이므로 남쪽으로 간다는 것은 아래의 구이가 위에 있는 육오를 찾아간다는 말입니다. 즉 '용견대인用見大人'은 육오 인군이 구이 대인을 만나고자 부른다는 것이고, '남정길南征吉'은 구이 대인이 육오 인군을 찾아간다는 뜻이죠. 그런데 구이의 입장에서는 육오가 자신을 해칠까 걱정하지 말고(勿恤) 남쪽으로 육오에게 가야 길합니다.

승괘는 대체적으로 원형元亨한 괘입니다. 승괘가 나오면 계급이 올라가고 모두가 승승장구乘勝長驅로 잘되어가니까 크게 형통한 괘이죠. 밑에 있는 구이가 육오의 부름을 받아서 올라가면 승진이 되어 올라가네요. 그래서 저 변방에 있던 사람도 내직으로 들어가고 또 임금 밑의 대신이 되고 계급이 올라가는 것이죠.

단전

象曰 柔ㅣ 以時升하야 **巽而順**하고 **剛中而應**이라
단왈 유   이시승   손이순   강중이응

是以大亨하니라.
시이대형

用見大人勿恤은 **有慶也**요 **南征吉**은 **志行也**라.
용견대인물휼   유경야   남정길   지행야

직역 「단전」에 이르기를, 유柔가 때로 올라가서 공손해서 순하고 강중한 것과 응함이라. 이로써 크게 형통하니라. '용견대인 물휼'은 경사가 있음이요, '남정 길'은 뜻이 행해지는 것이다.

강의 괘사를 풀이한 「단전」입니다. 양이 위에 있는 것은 승升이 아닙니다. 양이 위에 있는 것은 원래 양자리는 자연히 위에 있는 것이니까요. 아래에 있던 음이 올라가는 것이 승이죠. 육사도 음, 육오도 음, 상육도 음으로 모두 한꺼번에 위로 올라갔네요. 아래에 있어야 할 땅괘(☷)가 위로 올라가고, 아래에 있어야 할 음이 위로 올라간

것이죠. 그래서 음이라는 유柔가 때를 만나 위로 올라가게 되었으니 (柔以時升), 두 양효는 아래로 내려가 있는데 세 음효는 위로 올라갔습니다.

그 음인 유柔가 때를 만나서 올라가니까 곤삼절(☷) 땅괘가 되었지요. 땅은 순한 것이고, 아래의 손하절(☴) 바람괘도 공손한 것입니다. 그래서 안으로 공손한 마음을 가지고 밖으로 순하게 대하네요(巽而順).

승괘는 여자인 육오가 올라가 왕이 되어 정치를 하는데, 원래 아래에 있어야 할 음이 왕이 되다 보니까 현명한 구이 신하를 만나야 하네요. 어두운 육오가 밝은 구이를 만나야만 합니다. 구이 대인은 내괘에서 강으로 중을 얻어 음인 육오 인군과 잘 응하고 있습니다(剛中而應). '강중剛中'은 구이가 내괘에서 중을 얻었다는 말이고, '이응而應'은 육오 인군과 응한다는 말입니다. 이러한 '손순'한 덕이 있는데다가 육오 인군과 잘 응하는 구이가 '강중'한 덕을 가짐으로써 승괘가 크게 형통한 것이라고 단정한 것이죠(是以大亨).

육오를 만나러 가는 구이에게는 근심하지 말라(用見大人勿恤)고 한 것은 그만큼 경사가 있기 때문입니다(有慶也). 육오 인군은 구이를 등용함으로써 정치를 잘하여 복지국가를 만듦으로써 온 나라에 경사가 있는 것이고, 구이로 말하면 육오가 불러 '남정南征'을 해서 큰 벼슬을 얻었으니 경사가 있는 것이죠. 이처럼 사적으로나 공적으로나 국가적으로나 모두 경사가 있네요.

구이가 현명한 양으로서 또 강직한 양으로서 많은 것을 배우고 알고 있습니다. 그래서 남정南征을 하여 육오 인군을 도와 구이의 뜻을 세상에 펼쳐야죠(志行也). 남쪽으로 가는 것은 육오 인군을 찾아가는 것이고 육오 인군을 만나면 구이를 등용하여 정치하도록 해주니까 자기 뜻이 펼쳐지는 것입니다. '남정길南征吉'이란 바로 구이의 뜻이 행해진다는 말입니다.

대상전

象曰 地中生木이 升이니
상왈 지중생목　승

君子ㅣ 以하야 順德하야 積小以高大하나니라.
군자　이　　순덕　　적소이고대

직역 「대상전」에 이르기를, 땅 속에서 나무가 나오는 것이 승이니, 군자가 본받아서 덕에 순해서 작은 것을 쌓아 크게 한다.

강의 앞에서 말한 바와 같이 땅 속에 있는 손하절(☴) 나무가 뻗어 나오는 것이 승입니다(地中生木). 나오면 커 올라가는 상을 보고 군자가 무엇을 본받고 어떻게 행동하느냐면, 먼저 덕에 순하여(順德) 군자가 덕을 베풀고 덕을 쌓고 또 그것을 순리적으로 해나갑니다. 이렇게 군자는 덕에 순하면서, 나무가 작게 나와 점점 커지듯이 작은 것을 쌓아서 높고 크게 합니다(積小以高大).

　처음에는 하찮은 미관말직에 있다가 나중에는 정승판서가 되는 것이죠. 처음엔 조그맣던 묘목이 마침내 큰 나무가 됨과 같이 한번에 승升이 되는 것이 아니라 티끌이 모여 태산이 되듯이 작은 것을 모아서 높고 크게 하는 것이죠.

효사와 소상전

初六은 允升이니 大吉하니라.
초육　윤승　　대길

象曰 允升大吉은 上合志也라.
상왈 윤승대길　　상합지야

상육
육오
육사
구삼
구이
초육

직역 초육은 믿어서 오름이니 크게 길하니라. ◆「상전」에 이르기를, '윤승대길'은 위와 뜻이 합함이라.
점례 윗사람의 인정을 받아 크게 발탁된다.

강의 음이 맨 처음에 있어 초육입니다. 초육은 음이 양자리에 있어서 제자리가 아니고 음으로 약하고 어두운 데다 처음 나와서 어리고 육사와도 음양 응이 되지 않아 보잘 것이 없습니다. 그런데 이 유柔가 믿음을 가지고 올라가게 된다고 하였습니다(允升). 그것도 올라가는 데 있어 아주 자신만만하네요. 구이가 초육을 올라가게 해주는 것이지요. 초육이 구이에게 매달려서 쉽게 올라가게 되었으니 초육이 크게 길한 것입니다(大吉).

◆**소상전** 초육이 믿고 올라가서 크게 길하다(允升大吉)는 것은 바로 위의 구이와 뜻이 합해져서 이를 믿고 올라가기 때문입니다(上合志也). 나무는 음으로 땅 속에 뿌리를 내리는 것인데 음양 합이 되어야 그것이 땅 밖으로 나와서 잘 성장합니다. 그러기 위해서는 이웃해 있는 음양이 합하여 뿌리를 단단히 내리고 자라야 하는 것이죠.

九二는 **孚乃利用禴**이니 **无咎**리라.
구이　부내이용약　　무구

象曰 九二之孚는 **有喜也**라.
상왈 구이지부　유희야

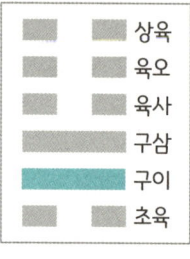
상육
육오
육사
구삼
구이
초육

직역 구이는 믿음성이 있어서 이에 간략한 제사를 씀이 이로우니, 허물이 없으리라. ◆「상전」에 이르기를, '구이의 믿음성이 있음'은 기쁨이 있는 것이다.
점례 정신을 모아 기도하면 기쁜 일이 있다. 산제 또는 불공을 정성스럽게 지낸다.

강의 양이 두 번째에 있어 구이입니다. 구이는 초육이 올라오는 것을 잘하도록 해주면서 동시에 육오 인군과 잘 응해 있습니다. 이것이 강중이응剛中而應입니다. 육오한테도 강중이응이고 또 초육한테도 강중이응으로 대하죠. 승괘에서 구이의 역할이 대단합니다. 구이가 육오에게 올라가는 것이 미덥지만, 취괘의 구오 인군이 육이를 이끌어주고 이러한 구오에게 육이가 간략히 제사를 올리면서도 정성을 다하는 것과 같이, 승괘의 구이 또한 성실한 마음을 가지고 육오를 찾아가야 합니다(孚乃利用禴).

아무리 구이가 양이고 인군이 음이라 해도 인군은 인군이고 신하는 신하입니다. 정성을 다해야지요. '남정길南征吉'하는데 정성스럽게 육오를 섬기기 위하여 가는 것입니다. 그래서 구이가 믿음성이 있으면서 육오 인군에게 간략하게 제사 지내는 마음과 정성스러움을 쓰는 것이 이롭고 허물이 없습니다(孚乃利用禴 无咎). 아주 순수하게 육오한테 바치는 정성, 제사 지낼 때 신에게 바치는 정성, 간략히 올리는 그런 정성을 드리는 것이 이롭고 허물이 없는 것이죠.

◆**소상전** 구이가 믿음성을 가지고 가지 않는다면 기쁨이 있을 까닭이 없죠. 믿음성을 가지고 간다는 것은 구이 자신에게 그만큼 기쁨이 있는 것입니다(有喜也). 구이가 믿음성(九二之孚)이 있기 때문에 육오가 써주는 기쁨이죠.

九三은 升虛邑이로다.
구삼   승허읍

象曰 升虛邑은 无所疑也라.
상왈 승허읍   무소의야

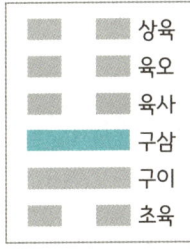

직역 구삼은 빈 읍에 오름이로다. ◆「상전」에 이르기를, '승허읍'은 의심하는 바가 없음이라.

■ 虛 : 빌 허

점례 앞에 거칠 것 없이 길이 확 열렸으니 의심하지 말고 갈 길을 간다.

강의 양이 세 번째에 있어 구삼입니다. 구삼은 의심할 것이 없네요. 양이 양자리에 바르게 있고 양으로 움직입니다. 또 외호괘가 진하련(☳) 우레괘가 되어 움직이는데 외괘는 곤삼절(☷) 땅괘로 훤히 열려 있으므로 거칠 것 없이 승승장구합니다. 막힐 게 없으므로 빈 읍으로 올라가는 것이 됩니다(升虛邑). 땅괘는 읍, 즉 나라에 해당합니다. 텅 빈 읍을 진하련 우레로 움직여서 올라가는 것이죠.

◆**소상전** 텅 빈 읍을 올라간다는(升虛邑) 것은 하나도 막힘없이, 즉 의심이 없이 올라가는 것입니다(无所疑也). 점을 해서 이 효가 나왔으면 의심할 것이 하나도 없네요. 대립되는 사람도 없고 상대적인 것도 없이 혼자서 마음대로 올라가는 것이죠.

六四는 王用亨于岐山이면 吉코 无咎하리라.
육사   왕용향우기산   길   무구

象曰 王用亨于岐山은 順事也라.
상왈 왕용향우기산   순사야

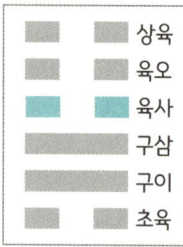

직역 육사는 왕이 기산에서 제사를 지내는 방법을 쓰면 길하고 허물이 없으리라. ◆「상전」에 이르기를, '왕용향우기산'은 순히 섬기는 것이다.

- 亨 : 제사지낼 향(程子는 '형통할 형'으로 해석) / 岐 : 두 갈래길 기

점례 옛날 문왕은 서산에 올라 제사 지냈다. 서쪽의 명산을 찾아 올라가 제사 지내면 좋은 일이 있다.

강의 음이 네 번째에 있어 육사입니다. 육사는 왕이 기산岐山에서(기산은 곧 서산) 제사를 지내는 것으로 표현했어요. 옛날 문왕이 정치했던 곳이 기산岐山입니다. 주周나라가 기산에서부터 발단이 됐죠. 기岐는 '뫼 산山' 변에 '가지 지支', 즉 산 줄기를 말합니다. 내호괘가 태

상절(☰)로서 서방에 해당하므로 서쪽 기산이 나오네요.

 육사는 음이 음자리에 있어서 바르기는 하지만 중은 얻지 못했습니다. 육오가 인군이고 육사는 신하인데, 육사가 여기까지 올라왔네요. '왕용향우기산王用亨于岐山'은 문왕을 두고 한 말입니다.

 이를 두 가지로 나누어 풀이합니다. 먼저 '亨'을 '형통할 형'으로 보면 기산에서 왕이 돼서 형통했다는 말이 됩니다. 승괘니까요. 가령 육오를 동쪽에 있는 천자 주紂라고 한다면 육사는 그 당시에 핍박을 받던 서쪽에 있는 제후 문왕文王입니다. 아직 왕위에 오르지 못한 문왕이 기산에서 왕위에 오르니 형통한 것이죠. 즉 승괘 그대로 승진하면 길하고 허물이 없다는 뜻이 됩니다(吉无咎). 왕위에 올라서 정치를 하는데 '때를 얻어 천리와 인사에 순응한다'고 보는 것은 정자程子의 해석입니다.

 한편 주자朱子는 주역을 점으로 해석하였기 때문에 산에 올라가 제사 지내는 '제사올릴 향'의 뜻으로 '亨'을 풀이하였습니다. 동쪽에서 주紂는 폭정을 하고 백성은 도탄에 빠져서 살기 어려운 때인데, 저 서쪽 기산에 있는 문왕이 괘명인 '오를 승' 그대로 산에 올라가 천제를 지내서 길하고 허물이 없다는 것이죠.

 육사가 왕위는 아니니까 산에 올라가 제사 지내는 뜻으로 본 것이지요. 그래서 육사는 혼란한 때를 당해서 문왕이라는 성인이 기산이라는 산에 올라가서 제사를 지내니, 하늘이 감응하고 신명이 감응하여 길해서 허물이 없는 것입니다.

 ◆**소상전** 육사가 기산에 올라가 제사를 지낸다는 것은 모든 일이 순하게 잘 풀리도록 기원하는 것이죠(順事也).

六五는 **貞**이라야 **吉**하리니 **升階**로다.
육오 정   길   승계

象曰 貞吉升階는 **大得志也**리라.
상왈 정길승계   대득지야

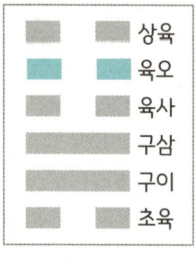

직역 육오는 바르게 하여야 길하리니 섬돌에 오르도다. ◆「상전」에 이르기를, '정길승계'는 뜻을 크게 얻을 것이다.

- 階 : 섬돌 계, 오를 계

점례 평소에 바르고 성실하게 노력했기에 계급이 오른다. 큰 뜻을 펼친다.

강의 음이 다섯 번째에 있어 육오입니다. 육오는 인군의 자리입니다. 비록 음이 양자리에 있지만 외괘에서 중을 얻고 인군의 자리에 오른 것입니다. 승괘는 승진, 승급하는 괘이죠. 그래서 섬돌에 오른다고 하여 계급을 말하고 있습니다(升階).

여섯 효가 모두 계급과 관련되는데, 유독 육오 인군자리에서만 계급을 얘기했습니다. 육오가 인군의 위位에 등극하여야 벼슬을 줄 수 있기 때문이죠. 벼슬을 주어야 할 주인공이 먼저 계급에 올라야 하는 겁니다. 섬돌에 오른다는 것은 인군이 제위帝位에 등극한다는 것이죠.

등극을 하는데 바르게 해야 하는 것이죠. 육오는 인군자리에 있는데 음이 양자리에 있어 비록 중을 얻었지만 바르지 못할 염려가 있으므로 '정길貞吉', 즉 바르게 하여야 길하다고 경계사를 붙였습니다.

◆**소상전** 육오가 바르게 해서 길하고 섬돌에 오른다(貞吉升階)는 것은 육오가 크게 뜻을 얻음을 말합니다(大得志也). 요즘 말로는 대통령에 입후보한 사람이 당선된다는 뜻이지요.

上六은 冥升이니 利于不息之貞하니라.
상육   명승   이우불식지정

象曰 冥升在上하니 消不富也로다.
상왈 명승재상   소불부야

|상육|
|육오|
|육사|
|구삼|
|구이|
|초육|

직역 상육은 오르는데 어두워지니, 쉬지 않는 바름이 이로우니라. ◆「상전」에 이르기를, '오르는데 어두워짐'이 위에 있으니, 사라져 부유하지 못하도다.

■ 冥 : 어두울 명 / 息 : 불어날 식, 숨쉴 식

점례 너무 많이 올라가서 위험하다.

강의 음이 맨 위에 있어 상육입니다. 맨 위의 상육은 오르는 데 어두워졌다(冥升)고 하였습니다. 분별을 잘 하지 못해서 오르는 데 어두워진 것이지요. 외괘가 땅괘(☷)인데 땅 속은 본래 어두우므로 명승冥升이 나옵니다. 이렇게 오르는데 어두워진 상태이니 계속 계급에만 집착하여 오르려 하지 말고, 그런 의욕을 바르게 사는 데 쓰되 쉬지 않고 한번 나아가보라고 한 것이지요(利于不息之貞). 그러면 반드시 성공해서 이롭게 됩니다.

취괘萃卦의 상육은 돈을 벌려고 애쓴 경우이고, 승괘升卦의 상육은 계급에 오르려고 애쓴 경우입니다. 조금 다르죠. 같이 상육의 자리에 있는데 췌卦의 상육은 돈벌려고 욕심 부리다 실패를 해서 결국 눈물 콧물 흘리면서 탄식하는 지경에 이르렀고, 승升의 상육은 높은 자리에 오르려고 하였으나 어두워졌으므로 결국 실패한 거나 마찬가지가 되지요.

◆**소상전** 만일 아래에 있다면, 올라가는 데 누가 충고라도 해준다든지, 스스로 깨닫는다든지 해서 고쳐질 수도 있으나 상효까지 올라갔다면 이미 끝난 것이라는 말입니다(冥升在上). 다 끝난 자리가 된 것이죠. 이제 병들고 죽는 자리에 있어서 다 소멸되어 부富하지 못합니다(消不富也). 음이 허해서 부富하지 못하네요. 세상사 공연히 헛된 욕심만 부리고 헛살았다는 말이지요.

▎관련된 괘

① 도전괘 : 택지췌(䷬)   ② 배합괘 : 천뢰무망(䷘)
③ 호　 괘 : 뇌택귀매(䷵)   ④ 착종괘 : 풍지관(䷓)

▎총설

승괘升卦는 한 단계 한 단계씩 오르고 승진하는 것입니다. 이 세상의 모든 현상이, 하나의 씨앗에서 아름드리나무가 이루어지듯이 미미한데서 시작되어 크게 이루어집니다. 그래서 작은 것부터 쌓아서 크고 높게 하라고 하였네요(積小以高大).

초효는 위에 있는 구이가 이끌어주기 때문에 믿으면서 오르니 크게

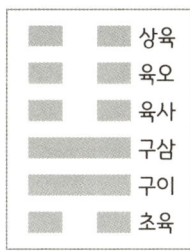

길하다고 하였습니다(允升).

이효는 아래의 초육을 끌어주면서도 육오에 대한 믿음으로 간략한 제사를 드리듯이 정성을 드리면 육오 인군이 끌어올려줍니다(孚乃利用禴).

삼효는 앞이 확 트여 있으니 막힘이 없이 오릅니다(升虛邑).

외괘로 올라간 사효(육사)는 더욱더 정성을 드리기 위해 산에 올라가 천제를 지냅니다(亨于岐山).

오효는 바르게 행동하여 만민의 추대를 받아서 왕위에 오릅니다(升階).

상효는 오르는데 어두워졌으니 오르는데 집착하지 말고 바르게 살도록 정진하라고 했습니다(利于不息之貞).

편언

승괘는 단지 외형적인 승진을 말하는 것이 아닙니다. 외형적인 승진에 앞서 정신적인 믿음과 바름을 말하고 있는 것이죠. 그래서 초육은 믿음을 가지고 오르는 것, 구이는 믿음과 성의를 다하는 것, 구삼은 마음을 비우고 믿음으로만 오르는 것, 육사는 믿음과 성의로 산에 올라 제를 지냄, 육오는 바르게 하여 왕위에 오름, 상육은 믿음도 바름도 잃었네요.

그래서 효상에서는 초육은 '상합지上合志', 구이는 '유희有喜', 구삼은 '무소의无所疑', 육사는 '순사順事', 육오는 '대득지大得志', 상육은 '소불부消不富'라고 한 것입니다.

澤水困(47)
택수곤
兌
坎

▎곤괘의 전체 뜻

위에는 태상절(☱) 못괘이고 아래는 감중련(☵) 물괘로, '택수澤水'는 괘상이고, 괘명은 곤궁하다는 뜻의 '곤困'입니다. 왜 택수澤水가 곤困일까요? 외괘의 연못에 고여 있어야 할 물이 아래로 계속 새어 흘러버리니, 마실 물이 없어져 곤궁한 상황이 됩니다. 매우 어려운 괘이죠.

곤괘困卦는 나라의 경제가 피폐하여, 백성들이 너 나 할 것 없이 먹을 것이 없고 입을 것도 없는 매우 어려운 상황을 뜻합니다. 경제적인 자력도 없고, 도와주는 이도 없고, 그야말로 고립무원孤立無援의 어려운 상황이죠. 괘명인 곤困도 우리 안에 갇힌 나무를 뜻합니다. 나무(木)라는 것은 가지가 쭉쭉 뻗어야 하는데 우리(口) 안에 갇혀 있으므로 곤한 것이죠.

오른다는 승괘升卦 다음에 곤궁하다는 곤괘困卦를 놓은 것은, 오르고 오르다 보면 반드시 곤해지기 때문입니다. 산꼭대기를 오르다 보면 나중에는 지쳐서 올라가지도 못하고 내려가지도 못하여 곤하게 되죠. 그래서 「서괘전」에서도 "오르기만 하고 그치지 않으면 반드시 곤궁해지기 때문에 승괘로 받았다."*고 하였습니다.

괘사

困은 亨코 貞하니 大人이라
곤　형　　정　　대인

吉코 无咎하니 有言이면 不信하리라.
길　무구　　　유언　　　불신

직역 곤困은 형통하고 바르니, 대인이라야 길하고 허물이 없으니, 말을 하면 믿지 않으리라.

점례 곤궁하고 어렵다. 담벽에 걸려 가지를 못 뻗는 나무나, 물 없는 웅덩이에서 헐떡거리는 고기와 같다. 은인자중하고 침착하게 때를 기다리며 말을 함부로 하지 말라.

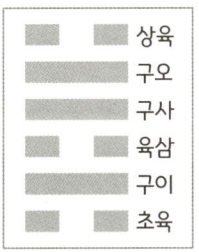

상육
구오
구사
육삼
구이
초육

47
택수곤

강의 괘는 곤궁하다는 곤괘困卦인데 괘사에서는 오히려 형통함을 말하고 또 바르다고 했습니다. 군자는 곤할수록 더욱더 마음이 흔들리지 않고 견고하게 나아가므로 형통하고 바른 것이죠(困亨貞). 비록 몸은 곤하지만 마음은 곤하지 않다는 말입니다.

　곤궁한 형편인데도 마음이 형통하고 올바르게 행해 나가는 것은 군자와 대인이 아니고는 불가능하므로 뒤이어 대인을 말하였네요. 대인 군자라야만 곤해도 마음이 궁색하지 않고 끝까지 바르게 나아가서 길하고 허물이 없는 것이죠(大人 吉无咎).＊

＊ 升而不已 必困 故 受之以升

＊ 공자는 「계사전」에 아홉 가지 덕을 구덕괘로 나누어 설명하면서, 곤괘困卦를 '덕

그렇기는 하지만 아무리 대인 군자라고 해도, 곤한 사람의 말은 믿어주지를 않아요. 태상절(☱) 못괘는 입에 해당하고 '말하다, 웃는다, 즐거워하다, 슬퍼하다' 등의 뜻이 있어요. '말을 둔다(有言)'는 것은 이 태상절 못괘에서 나오는 것인데, '이 말을 해보았자(곤궁한 연유를 설명해도 구차한 변명으로 받아들일 터인데) 곤한 나를 누가 믿어주겠느냐'는 뜻이지요(有言不信).

단전

象曰 困은 剛揜也니
단 왈 곤   강 엄 야

險以說하야 困而不失其所亨하니 其唯君子乎인져!
험 이 열   곤 이 불 실 기 소 형   기 유 군 자 호

貞大人吉은 以剛中也요
정 대 인 길   이 강 중 야

有言不信은 尙口ㅣ 乃窮也라.
유 언 불 신   상 구   내 궁 야

> **직역** 「단전」에 이르기를, 곤(困)은 강강(剛)이 (柔에게) 가려진 것이다. 험하되 기뻐하며, 곤궁하되 그 형통한 바를 잃지 아니하니, 그 오직 군자로구나!

이 판별된다(德之辨也)'고 하고 '곤궁하면 통하게 된다(窮而通)'고 풀이하였다. 곤궁할 때의 처신에서 그 사람이 군자인지 소인인지가 비로소 판별되는 것이고, 곤궁함을 이겨내고 노력하다 보면 마침내 막힌 것이 뚫려 통하게 마련인 것이다.

'정대인길貞大人吉'은 강이 득중했기 때문이고, '유언불신有言不信'은 입을 숭상함이 이에 궁하게 된 것이다.

- 揜 : 가릴 엄, 가려질 엄 / 尙 : 숭상할 상, 오히려 상

강의 공자께서 괘를 정의한 괘사를 다시 판단해서 해석하신 말씀인 「단전」입니다. 곤困은 못 속에 물이 없어져도 곤이지만 군자가 되는 강剛이 소인인 유柔한테 가려져서 곤합니다(剛揜也). 구오의 강은 상육 음인 유에 가려지고, 구이의 강은 육삼 음인 유에 가려졌네요. 이렇게 소인이 앞을 가로막고 있어 군자가 곤하게 되는 것입니다.

그러나 앞이 막혀 곤하기는 하지만 군자는 이런 험한 가운데에서도 기뻐하는 덕을 행하고 있습니다(險以說). 내괘의 감중련(☵) 물괘는 험한 것이지만 외괘의 태상절(☱) 못괘는 기뻐하는 괘이죠. 비록 험하지만 누구한테든지 자신의 험하고 궁색함을 내비치지 않고 밖으로는 모두에게 기쁘게 대해준다는 것입니다. 이런 덕을 가지고 있는데 아무리 곤하다 해도 형통하지 않겠어요(困而不失其所亨)? 이렇게 형통한 바를 조금도 잃지 않는 것은 오직 군자만이 가능합니다(其唯君子乎).

대인이 곤궁함 속에서도 바르게 행해 나가서 길한(貞大人吉) 것은 강건한 대인이 중심을 굳건히 잡고 바르게 하기 때문입니다(以剛中也). 외괘에서는 구오라는 군자가 내괘에서는 구이라는 군자가 강중剛中했기 때문에 대인이 길하다고 한 것이죠. 강으로써 중을 했기 때문에 대인이 되고, 중을 했기 때문에 바르므로 길하네요.

그런데 대개의 경우 사람은 입을 숭상합니다(尙口). 남을 설득도 시키고 자기를 내세우기도 하고 아는 지식을 발표하는 것 등을 모두

입으로 하지요. 그런데 곤경에 처한 때에는 아무리 입을 열어도 그것이 궁해지기만 합니다. 곤한 사람의 말은 들어주지 않기 때문에 더욱 구차하고 궁해질 뿐이죠(有言不信 尙口乃窮也).

대상전

象曰 澤无水ㅣ 困이니 君子ㅣ 以하야 致命遂志하나니라.
상 왈 택 무 수 곤   군 자   이   치 명 수 지

직역 「대상전」에 이르기를, 못에 물이 없는 것이 곤(困)이니, 군자가 본받아서 목숨을 다하여 뜻을 이룬다.

- 致 : 다할 치, 맡길 치, 이를 치 / 遂 : 이룰 수, 드디어 수

강의 택수澤水가 곤인데, 괘상으로 보면 내괘 감중련(☵) 물괘의 아래가 터져서 물이 다 흘러나가니 정작 연못에 있어야 할 물이 없는 상이네요(澤无水). 물이 없어진 것처럼 먹고 살 게 없고 생활이 어려운 여러 가지가 다 곤困에 해당하는 것이지요.

이러한 곤괘의 괘상을 보고 군자는 나라가 망한다거나 위기에 처하게 될 때에는 기꺼이 험한 속에 생명을 바쳐 자기 뜻을 이룬다고 하였습니다(致命遂志). 내괘인 감괘는 생명生命의 원천인 물이고 계절의 끝인 겨울에 해당하므로 목숨을 다 바치는 치명致命이 나오고, 외괘인 태괘는 결실을 거두는 가을에 해당하므로 뜻을 완수하는 수지遂志가 나옵니다.

효사와 소상전

初六은 臀困于株木이라.
초육　둔곤우주목

入于幽谷하야 三歲라도 不覿이로다.
입우유곡　　삼세　　부적

象曰 入于幽谷은 幽不明也라.
상왈 입우유곡　유불명야

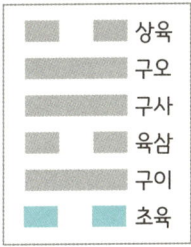

직역 초육은 궁둥이가 등걸에 곤함이라. 그윽한 골짜기에 들어가서 3년이라도 보지 못하도다. ◆「상전」에 이르기를, '입우유곡'은 그윽해서 밝지 못함이라.

■ 臀 : 궁둥이 둔 / 株 : 등걸 주, 그루터기 주(줄기를 잘라낸 나무의 밑둥) / 幽 : 그윽할 유 / 覿 : 볼 적

점례 감옥에 갇혀 3년 동안 곤궁을 당한다.

강의 음이 맨 처음에 있어 초육입니다. 초육은 중中과 정正을 다 잃고 있는 소인인데다 구덩이에 해당하는 감괘(☵)의 밑에 있어서 거처한 곳이 캄캄한 상태입니다. 그래서 등걸나무에 엉덩이를 걸친 형국이 되고(臀困于株木) 그윽한 골짜기에 들어가서 3년이 되어도 보지 못한다(入于幽谷 三歲不覿)고 하였네요.

　초육은 맨 아래이므로 앉으면 엉덩이고 서면 발꿈치에 해당합니다. 그 앉아 있는 엉덩이에(엉덩이가 닿는 바닥) 나무등걸이 있네요. 외호괘가 손하절(☴) 음목이므로 그 나무 아래로 그루터기만 남아 있는 것이죠. 그루터기만 남게 되는 때는 겨울철인데, 내괘인 감중련

(☵) 물괘가 북방수요, 겨울철에 해당합니다. 초육이 나무 밑 땅에 붙어 있으니 그루터기 위에 올라앉아 있는 형국이므로 엉덩이가 찔리고 아프지 않겠어요?

외괘의 구사 양과 응하고 있지만 곤괘困卦에서와 같이 지극히 곤궁한 상황에서는 구사도 초육을 도와줄 여력이 없습니다. 그러니 오직 홀로 어두운 골짜기로 들어가 3년이 되도록 아무도 보지 못하는 격입니다(入于幽谷). 죄를 짓고 감옥살이를 하는 것도 그윽한 골짜기죠. 내호괘인 불괘(☲)는 밝아서 보는 것이지만 내괘인 감중련(☵) 물괘가 수극화水克火해서 물이 불을 끄므로 캄캄해져서 보지를 못합니다.

◆소상전 초육이 그윽한 골짜기에 들어가므로(入于幽谷) 골짜기가 깊숙해서, 또 감옥에 깊숙이 갇혀서 밝지 못합니다(幽不明也). 밝지 못하니까 볼 수가 없고 또한 곤궁에 빠진 것이죠.

九二는 困于酒食이나 朱紱이 方來하리니 利用亨祀니
구이   곤우주식   주불   방래   이용향사

征이면 凶하니 无咎니라.
정   흉   무구

象曰 困于酒食은 中이라 有慶也리라.
상왈 곤우주식   중   유경야

직역 구이는 주식에 곤하나 주불朱紱이 바야흐로 오리니, 제사를 올리는 것이 이로우니 가면 흉하니 허물할 데 없느니라. ◆「상전」에 이르기를, '곤우주식'은 중中이라 경사가 있을 것이다.

- 紱 : 인끈 불(朱紱 : 임금이 수레를 타고 행차할 때 무릎을 가리는 붉은 천). / 亨 : 제사지낼 향, 드릴 향 / 朱 : 붉을 주

점례 곤궁하던 식생활이 해결되고 취직을 한다. 귀인이 나를 부르고, 반가운 손님이 내 집에 찾아온다.

강의 양이 두 번째에 있어 구이입니다. 구이는 인군인 구오와 음양으로 응한 것은 아니지만 구오가 인군의 자리이고 구이가 신하의 자리이므로 서로 자리로써 응합니다.

술이고 밥이고 간에 일단 물이 없으면 짓지를 못하므로 감중련(☵) 물괘에서 주식酒食이 나오는데, 구이 신하가 주식에 곤하다고 하였습니다(困于酒食). 그 까닭은 구이가 농사짓는 사람이 아니고 선비인데, 선비가 학문으로 먹고 살아야 하는데 나라에 등용되지를 못해서 먹고 살 것이 없게 되었기 때문입니다.

그런데 '붉은 인끈이 바야흐로 온다(朱紱方來)'고 하였습니다. 옛날에는 인군이나 신하가 예복을 입고 밖에 나갈 때 무릎 앞을 가리는 패슬佩膝을 '인끈 불紱'이라고 했는데, '주불朱紱'은 인군이 무릎에 차고 다니는 패슬이고 '적불赤紱'은 신하가 무릎을 가리고 다니는 패슬을 말합니다. 붉은색 가운데에도 '주朱'는 정색正色이므로 인군을 뜻하고 '적赤'은 간색間色이므로 신하를 뜻합니다.

구오한테는 신하인 구이의 '적불'이 온다고 하였고, 구이에게는 인군인 구오의 '주불'이 온다고 했는데, '주불방래朱紱方來'는 구오 인군이 구이를 찾아온다는 말입니다. 유비가 제갈량을 삼고초려三顧草廬해서 제갈량이 등용되듯이, 구이가 지금 자기가 녹봉이 없고 먹을 것이 궁한데 인군이 찾아와 써주게 되었습니다. 이렇게 인군이 오게 되리니 또한 구이는 제사를 올려서 정성을 다해야 합니다. 구이가 제사를 지냄이 이롭다는(利用亨祀) 것은 인군에게 정성을 다 바쳐야 이롭다는 뜻이죠.

그런데 '주불'인 구오가 오라고 해서 가면 좋지만, 주불이 오라고 하기도 전에 주식에 곤궁하다고 해서 먼저 찾아가면 의심을 받을 것이요, 모함을 받게 되니 흉합니다(征凶). 이 흉함을 어디에다 호소합니까? 누구를 허물하고 탓할 데가 없는 것이죠(无咎).

◆소상전 비록 주식에 곤궁하지만(困于酒食) 구이는 내괘에서 중을 얻었기 때문에 기쁜 경사가 있게 되는 것입니다(中有慶也). 비록 구이가 지금은 주식에 곤하지만 중을 지키고 있으니, 결국 '주불'이 찾아와서 경사가 있게 되었네요.

六三은 困于石하며 據于蒺藜라.
육삼 곤우석 거우질려

入于其宮이라도 不見其妻니 凶토다.
입우기궁 불견기처 흉

象曰 據于蒺藜는 乘剛也일세요
상왈 거우질려 승강야

入于其宮不見其妻는 不祥也라.
입우기궁불견기처 불상야

직역 육삼은 돌에 곤하며 가시덤불에 웅거함이라. 그 집에 들어가더라도

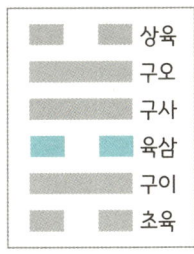

그 아내를 보지 못하니 흉하도다. ◆「상전」에 이르기를, '거우질려'는 강을 올라탔기 때문이고, '입우기궁불견기처'는 상서롭지 못한 것이다.

■ 據 : 웅거할 거 / 蒺 : 가시 질 / 藜 : 가시 려 / 祥 : 상서로울 상

점례 설상가상이요 첩첩산중이다. 갈 길은 막히고 있을 곳은 없다. 아내 생각, 자식 생각에 마음 또한 불안하다.

강의 음이 세 번째에 있어 육삼입니다. 육삼은 음이 삼효라는 양자리에 있어서 자리가 당치 못하며, 득중을 하지 못하고 지나쳤어요. 또 상육과 음양 응도 되지를 않고 위에도 양, 아래에도 양이므로 양 사이에 끼여 있어서 부당하고 부정한 짓을 하는 소인입니다. 그래서 딱딱한 돌에 웅거하고(困于石) 가시덤불에 웅거한다(據于蒺藜)고 하였습니다.

구사의 딱딱한 양(石)에게 육삼이 이마를 부딪히는 것이고, 아래 구이를 올라타고 있기 때문에 '질려(가시덤불)'에 웅거한다는 것이죠. 이렇게 구이를 깔고 앉으니 가시덤불을 깔고 앉은 상태인데다 상육과 음양 응이 되지 못하므로 집에 들어가더라도 그 아내를 보지 못해서 흉합니다(入于其宮 不見其妻 凶). 자기 배우자를 볼 수 없게 되어 흉하게 된 까닭은 이 여자가 자기 짝인 상육과도 응이 되지를 않고 구이와 구사 두 남자 사이에 끼여 있어서 부정한 행동을 하기 때문입니다. 공자께서는 이 말씀이 중요하다고 보아「계사전」에 다시 말씀하셨습니다.*

◆소상전 육삼이 가시덤불에 웅거한다(據于蒺藜)는 것을 한마디로

말하면 강한 구이를 탔기 때문입니다(乘剛也). 딱딱한 구이를 올라탄 것은 바로 '질려蒺藜'에 있는 거나 마찬가지입니다. 외괘인 태상절(☱) 못괘는 가을에 해당합니다. 가을철이 지나서 겨울철이 닥칠 9, 10월경에는 나무가 앙상해져 가시만 남는 것이죠. 상육을 가리면 외호괘인 손하절(☴) 바람괘가 나오는데, 손괘는 음목에 해당합니다. 음적인 나무이므로 가시덤불인 '질려'가 되는 것이죠.

자기 집 안에 들어가서도 그 아내를 보지 못해 흉하다는 것은(入于其宮不見其妻 凶) 상서롭지 못한 일이기 때문입니다(不祥也).

九四는 來徐徐는 困于金車일세니 吝하나 有終이리라.
구사   래서서   곤우금거   인   유종

象曰 來徐徐는 志在下也니 雖不當位나 有與也니라.
상왈 래서서   지재하야   수부당위   유여야

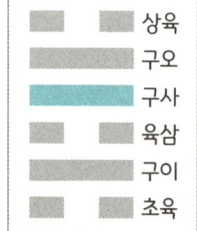

직역 구사는 오는 것이 느릿느릿한 것은 쇠수레에 곤하기 때문이니, 인색하나 마침이 있으리라. ◆「상전」에 이르기를, '래서서'는 뜻이 아래에 있음이니, 비록 위位가 마땅치 않으나 더불음이 있는 것이다.

■ 徐 : 느릴 서 / 車 : 수레 거 / 終 : 마칠 종, 마침내 종

점례 외로이 기다리는 심정은 일각이 여삼추인데 올 사람은 오지 않아 애태우다가 늦게 온다. 병점을 치면 죽어서 상여를 타고 간다.

---

* 「계사하전」 5장 (3권 275쪽) 참조.

강의 양이 네 번째에 있어 구사입니다. 구사는 양이 비록 음자리에 있지만 강건한 양으로서 구오 인군 밑에 있는 대신입니다. 그런데 구사는 육삼과 다른 점이 있습니다. 초육과 음양 응이 잘되어 초육이 구사를 찾아오게 되어 있습니다. 그래서 곤은 면하는 것이죠.

인군 밑에 있는 대신이 궁핍해진 나라의 민생문제를 해결하기 위해서는 백성인 초육이 세금을 가지고 와서 구사에게 주어야, 구사가 그걸 받아 나라 살림을 꾸려나게 됩니다. 그런데 지금 초육이라는 여자가 배필인 구사 남자를 찾아가려 하지만 초육 위에 있는 구이가 구오와 음양상응이 되지를 않으므로 아래의 초육을 막고 있는 상태입니다. 그래서 초육이 구사를 찾아가기가 어렵습니다. 구이가 떡 하니 막고 있기 때문에 초육이 구사한테 찾아오는 것이 더디게 되는(來徐徐) 것을 쇠수레에 곤하기 때문이라고 하였네요(困于金車). 여기서 '올래來' 자는 초육이 구사에게 오는 것이고, '서서徐徐'는 구이한테 막혀서 어려움을 겪는다는 말이죠. '금거金車'는 곧 강건한 구이를 말합니다.

초육을 지금 만나야 하는데 못 만나 곤하게 된 구사가 마음이 조급하고 인색하기는 하지만, 하늘이 정해준 배필은 언제 만나도 반드시 만나게 되어 있으므로 마침이 있는 것입니다(各有終).

◆**소상전** 구사에게 오는 초육이 느릿느릿하다고(來徐徐) 한 것은 구사의 뜻이 아래의 초육에게 있어서 기다리고 있기 때문입니다(志在下也). 구사 양이 음자리에 있고 초육은 음이 양자리에 있어서 비록 모두 부당한 자리에 있지만(雖不當位), 음양 응이 되기 때문에 결국은 서로 더불어서 부부가 된다(有與也)는 것이죠.

九五는 劓刖이니 困于赤紱하나 乃徐有說하리니
구오   의월   곤우적불   내서유열

利用祭祀니라.
이용제사

象曰 劓刖은 志未得也요 乃徐有說은 以中直也요
상왈 의월   지미득야   내서유열   이중직야

利用祭祀는 受福也리라.
이용제사   수복야

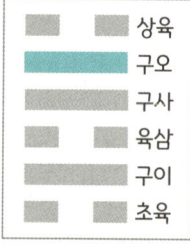

직역 구오는 코를 베이고 발꿈치를 베임이니 적불赤紱에 곤하나, 이에 서서히 기쁨이 있으리니, 제사를 지냄이 이로우니라. ◆「상전」에 이르기를, '의월'은 뜻을 얻지 못함이요, '내서유열'은 중을 얻고 곧기 때문이요, '이용제사'는 복을 받게 될 것이다.

■ 劓 : 코 베일 의 / 刖 : 발꿈치 베일 월

점례 하는 일이 부진하고 능력 또한 없어, 대내적으로는 고통이 심하고 대외적으로는 망신을 당하지만 뒤늦게 실력자를 만나 모든 일이 확 풀린다. 제사를 지내고 정성을 다한 덕이다.

강의 양이 다섯 번째에 있어 구오입니다. 구오는 인군입니다. 그런데 구오로 말할 것 같으면 곤하긴 곤한데 어떻게 곤하게 되어 있느냐? 상괘인 태상절(☱)은 금에 해당하고, 금은 폐에 속하는데(金屬肺), 사람의 코는 양쪽 폐에 속해 있으므로 코가 됩니다. 지금 구오가 위로는 얼굴에 있는 코를 베이고 아래로는 백성의 자리에 해당하는 발꿈치를 베였습니다(剕刖).

코를 베인 것은 얼굴을 내놓지 못할 정도로 부끄럽게 되었다는 말이고 발꿈치를 베인 것은 행보를 못하게 되었다는 말입니다. 인군이 곤하게 되어 아주 수치스럽고 부자연스럽다는 뜻이죠. 아무리 구오 양이 중을 얻고 바른 자리에 있다 하더라도, 또 아무리 대인 군자라 하더라도 혼자서는 정치를 못합니다. 제갈량과 같은 훌륭한 신하 구이를 만나야 하는 것입니다. '적불赤紱'은 신하가 무릎에 차는 것인데, 지금 구이가 오지를 않으니까 '적불'에서 곤하네요(困于赤紱).

아래의 구이는 주식에 곤했는데 구오의 '주불'이 와서 주식이 해결되는 것이고, 구오는 먹고 사는 문제가 아니라 정치를 잘못한다고 얼굴을 내놓을 수 없을 정도가 된 것이죠. 인군을 보필할 훌륭한 신하가 있어야 하는데 옛날 문왕을 도왔던 강태공 같은 신하가 없기 때문에 곤하게 된 것입니다. 이렇게 자기를 돕는 사람이 없어서 정치가 엉망이 되고 백성들의 원성을 사서 문 밖을 나갈 수가 없게 됐습니다.

하지만 구오 양으로 말하자면 바르게 있고 중을 얻었기 때문에 결국에는 기쁜 일이 생겨서 좋습니다(乃徐有說). 외괘의 태상절(☱)은 기뻐하는 괘이죠. 그런데 아래의 구이가 제사를 잘 지내는 정성을 가지고 구오 인군을 찾아가라고 하였듯이, 구오도 제사를 지내야 이롭게 됩니다(利用祭祀). 구오 인군이라고 함부로 구이 신하를 대하면 안 되고 인군일수록 더욱더 성실해야 하는 것이죠.

그래서 구오는 구오대로 인군이 지내야 하는 제사를 정성들여 지내니 결국에 가서는 기쁨이 있게 되고, 그렇게 되면 구이 또한 구오를 만나 기쁘게 됩니다. 구이와 구오가 서로 만나 기쁘고, 이렇게 해서 상하 군신의 뜻이 잘 맞아서 정치를 하게 되면 힘든 것이 모두 해결됩니다.

◆**소상전** 구오가 코 베이고 발꿈치 베이는(劓刖) 것은 구이가 오지 않아서 구오가 뜻을 얻지 못했기 때문입니다(志未得也). 그러나 구이 신하가 찾아와서 서서히 기쁨을 누리게 되는데(乃徐有說), 이것은 구오의 양이 양자리에 있어 곧고 중을 얻었기 때문입니다(以中直也). 제사를 지냄이 이롭다는(利用祭祀) 것은 하느님이 정성스럽게 제사 지내는 것을 보고 복을 내려주신다는 뜻입니다(受福也).

上六은 困于葛藟와 于臲卼이니 曰動悔라하야
상육   곤우갈류   우얼올   왈동회

有悔면 征하야 吉하리라.
유회   정   길

象曰 困于葛藟는 未當也요 動悔有悔는 吉行也라.
상왈 곤우갈류   미당야   동회유회   길행야

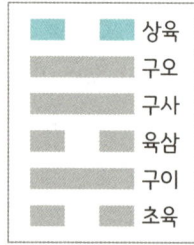

직역 상육은 칡넝쿨과 위태한 곳에 곤함이니 말하되 '움직이면 뉘우친다'라 하여 뉘우침을 두면 가서 길하리라. ◆「상전」에 이르기를, '곤우갈류'는 당치 않음이요, '동회유회'는 길하게 행하는 것이다.

▪ 葛 : 칡 갈 / 藟 : 칡 류 / 臲 : 위태할 얼 / 卼 : 위태할 올

점례 옴짝달싹 못하는 위태한 지경이니, 어떻게든 그 곳을 벗어나야 살

수 있다.

강의 음이 맨 위에 있어 상육입니다. 상육은 곤괘의 맨 위에 있는데다 음자리에 어두운 음이 놓여 있어 곤궁함이 극에 달한 것입니다. 극에 달하니까 '칡넝쿨이 잔뜩 뻗어 있고(困于葛藟) 산 비탈진 위태로운 곳에 처하였다(于臲卼)'고 하였습니다. 외호괘 손하절(☴) 음목에서 칡넝쿨이 나옵니다. 아래로 넝쿨이 쭉쭉 뻗어 있으므로 상육이 발을 옮겨놓을 수가 없을 정도로 곤한 것이죠.

이렇게 상육의 곤궁이 극에 달해 있지만 성인은 절망적으로 얘기하지 않고 희망적인 말로써 험로를 벗어나는 방법까지 해석해주셨습니다. 즉 상육이 곤궁에서 벗어나려고 발이라도 한번 떼어놓으면 자꾸 걸려서 넘어지고 험한 곳으로 떨어질 것이므로, '내가 움직일수록 후회만 남지' 하면서 자꾸 뉘우치면(曰動悔 有悔) 결국 그곳을 벗어나서 길하게 된다(征吉)는 것입니다.

비탈진 곳에 있고 칡넝쿨이 쭉쭉 뻗어 있으니 발이 걸리고, 오도가도 못하는데 그렇다고 그 자리에 가만히 있으면 죽고 맙니다. 그 자리를 벗어나려고 움직이면 후회하게 되고 또 후회하면서 움직이고 해서 이를 벗어나야 하는 것이죠. 그렇게 되면 오히려 길하게 됩니다. 사람이 곤하다는 것은 자기 잘못으로 곤한 것입니다. 상육까지 이르도록 너무 허욕을 부리다 보니까 나중에는 진퇴양난이 되어 후회막심한 상황이 됐습니다. 그러나 회개해서 다시는 죄를 짓지 않고 자꾸 선하게 나아가야(改過遷善) 길하게 되는 것이죠.

◆**소상전** 상육이 지금 칡넝쿨에 곤하게 된 것은(困于葛藟) 부당한 짓을 했기 때문이고(未當也), 움직이고 뉘우치고 또 뉘우치고 하는 것

은(動悔有悔) 그렇게 함으로써 길한 방향으로 간다는(吉行也) 말입니다. 큰 길로 가려면 그것을 모면해야 하고 모면하려면 자꾸 움직이고 뉘우치고 또 뉘우쳐야죠. 지금이라도 늦지 않았으니 빨리 길행으로 나아가라는 것입니다.

▌읽을거리 – 야산 점례

야산 선생님께서 어느 환자의 병점을 쳤는데, 마침 이 효가 나와서 '죽는다'고 말씀하셨고, 결국 죽고 말았습니다. '금거金車'는 상여가 되고, '래서서來徐徐'는 상여가 느릿느릿 가는 것이며, '유종有終'은 세상살이가 끝났다는 말로 풀이할 수 있기 때문입니다.

퇴계 선생님 임종할 즈음에 제자들이 걱정이 되어 점을 쳤는데, 마침 지산겸괘(䷎)의 구삼이 나왔습니다. 그 괘사와 효사에 모두 '군자 유종君子有終'이라고 하였으므로 돌아가실 줄 알았다는 것이죠. 퇴계 선생은 '군자'이고 그 임종을 맞는 것이 '유종'이 되기 때문입니다. 같은 '유종'이라도 점치는 대상에 따라 다르게 해석해야 하는 것이죠.

▌읽을거리 – 당강과 최저

동곽언의 여동생인 당강은 미색이 뛰어난 여자였지만 남편이 일찍 죽었습니다. 제나라의 실권자인 최저(최무자)가 조문하러 갔다가 당강의 용모와 자태를 보고는 그녀에게 흠뻑 빠졌지요. 그래서 자신의 가신인 동곽언에게 중매를 서라고 하였습니다.

동곽언이 "부부는 성씨가 달라야 하는데, 주군께서는 정공의 후손이고 신은 환공의 후손으로 성씨가 같아서 안됩니다(최저 역시 강성姜 姓인데, 채읍采邑의 이름을 따서 최를 씨로 삼은 것이다)."라고 하자, 당강의 미색에 넋이 나간 최저가 시초점을 쳐서 결정하자고 하였지요. 택수 곤괘의 삼효가 동한 '곤지대과困之大過'를 얻었습니다.

진문자陳文子가 "효사에 '돌에 부딪혀 곤하고 가시덤불에 숨어들어 가는 격이며, 설사 그 집에 들어간다 하더라도 자신의 아내를 보지 못하니 흉하다'고 했습니다. 돌에 부딪혀 곤하다는 것은 가더라도 물을 건너지 못한다는 뜻이고, 가시덤불에 숨어들어간다는 것은 믿는 것에 의해 다치게 된다는 뜻입니다. 그 집에 들어가도 아내를 보지 못해서 흉하다는 것은 돌아갈 곳이 없다는 뜻입니다."하고 반대를 했지요. 하지만 최저는 "그 여자는 과부인데 무슨 해가 되겠는가? 그런 액운은 전의 남편이 당했던 것이다."하고는 당강을 아내로 맞아들였습니다. 뿐만 아니라 최명이라는 아들을 낳고는 "우리 아들이 장성하면 전실 자식들을 제치고 적자로 세우겠소."라고 당강에게 약속하였지요.

그런데 제나라 임금인 장공도 당강의 미모에 반해서 당강과 간통하니, 화가 난 최저가 당강은 어찌지 못하고 장공만 시해하고 맙니다.

그후 최저의 전실 자식 둘이 경봉에게 가서 아버지가 자신들을 죽이려 한다며 도와달라고 하자, 군사를 이끌고 최저의 집으로 가서 최저의 아들들과 가신을 죽였습니다. 그것을 보고 놀란 당강이 목을 매서 죽었는데, 부랴부랴 집으로 돌아온 최저가 "내가 경봉에게 속다니 분하다. 아내도 자식도 집도 없어졌으니 어떻게 산다는 말인가?"하며 목을 매서 자살하고 맙니다. 주역의 점괘는 확실히 믿고 따를 마음이 있어야 치는 것인데, 욕심에 눈이 어두워서 점괘가 주는 경고를 무시해서 얻은 재앙입니다.

관련된 괘

① **도전괘** : 수풍정(䷯)　② **배합괘** : 산화비(䷕)
③ **호　괘** : 풍화가인(䷤)　④ **착종괘** : 수택절(䷻)

총설

곤괘困卦는 나라 경제가 피폐하여, 너 나 할 것 없이 먹을 것이 없고 입을 것도 없는 매우 어려운 상황을 뜻합니다. 안자顔子는 누항陋巷에서 단사표음簞食瓢飮을 하면서도 그 즐거움을 바꾸지 않았습니다. 사람이 곤궁해지면 그것을 못 참고 잘못하여 죄를 범합니다. 그 사람의 인품이나 덕을 알려면 곤궁한 데 있어봐야 하기에, 주역 「계사전」 구덕괘九德卦에 '곤困은 덕을 분별할 수 있는 괘(困 德之辨也)라' 했습니다.

초효는 생활이 곤궁하다 보니 잘못해서 죄인이 되어 감옥에서 햇빛을 못 보는 것이지요.

이효는 처음은 곤하다 나중에는 봉록을 받게 되어 곤궁함을 면하는 것입니다.

삼효는 부정한 행동으로 패가망신하는 것이지요.

사효는 노총각이 혼인 못해 곤하다가 뒤늦게 배우자를 만나 좋아지지요.

오효는 귀한 신분으로 곤하게 되어 갖은 봉변을 당하지만 자기중심을 잃지 않고 바르게 처신하므로 하늘이 돕고 사람이 도와 복을 받게 됩니다.

상효는 극도로 곤궁한 처지에서 애써 그곳을 모면하는 것입니다. 이렇게 곤한 괘에 곤한 것도 제각각이지요. 같은 곤이라도 아래 감坎의 험한 괘는 더 곤하고, 위 태兌의 기쁜 괘는 덜 곤하네요.

편언

옛날에는 제사에도 구분이 있었습니다. 구이에 제사 지낸다는 '향享(≒享)' 자를 붙인 것은 신하나 서민, 즉 인군보다 아랫사람이 지내는 제사이기 때문이고, 천제 등의 큰 제사를 지내는 것은 제주祭主인 구오이므로 '제祭' 자를 그대로 썼습니다. 인군의 제사는 '제사'라 하고, 신하가 지내는 제사는 '향사'인 것이죠.

水風井(48)
坎巽 수풍정

▌정괘의 전체 뜻

위에는 감중련(☵) 물이고 아래에는 손하절(☴) 바람으로, '수풍水風'은 괘상이고, 괘명은 우물이라는 뜻의 '정井'입니다. 옛날에는 나무로 침목沈木을 만들어 우물을 만들었습니다. 나무를 짜서 물이 나오는 땅 속에다 묻고 우물벽을 쌓으면, 그 물구멍으로 샘이 차오릅니다. 우물에 물이 고이도록 해놓고 물을 길어 먹고 살았던 것이지요.

'손巽은 입야入也라', 즉 들어간다고 했습니다. 손하절 나무가 '우물 정井' 자로 만들어져서 물속으로 들어가는 형상입니다. 물은 아래로 흘러내려가는 것인데, 정자井字 형태의 침목 위로 감중련 물이 차올라 오는 물을 길어 마시는 것이죠.

「서괘전」에서는 "너무 오르다 보면 곤하게 되어 승괘 다음에 곤괘를 놓고, 위에서 곤하게 됐으면 아래로 내려가는 수밖에 없기 때문에 곤괘 다음에 정괘를 두었다."*고 하였습니다. 못에 물이 없던(澤无水) 곤困이 정井이 되어 물이 꽉 차게 되니 드디어 곤을 해결했네요. 물이 없어서 모두가 파리해지고 곤궁해졌던 것이 이제 물이 올라서 윤택하게 된 것이죠. 겨울이 지나 봄이 되면 물이 올라 모두가 실하

* 升而不已 必困 故受之以困 困乎上者 必反下 故受之以井

게 살찌는 것 아니겠어요?

괘사

井은 改邑호대 不改井이니 无喪无得하며 往來ㅣ 井井하나니
정 개읍   불개정   무상무득   왕래 정정

汔至亦未繘井이니 羸其甁이면 凶하니라.
흘지역미 귤정   이기병   흉

직역 정은 읍은 고치되 우물은 고치지 못하니, 얻음도 없고 잃음도 없으며, 가는 이와 오는 이가 우물을 푸고 물을 마신다. 거의 이르러 또 우물에 닿지 못함이니, 그 병을 깨면 흉하니라.

점례 우물은 땅을 파야 물이 난다. 10길을 파야 하는데, 9길 파다 말아서 물이 안 나오면 헛수고다. 그대로 중지하면 그 동안의 공이 수포로 돌아가고 노력하여 끝을 보면 최후의 승리자가 된다.

강의 주역은 한 가지로만 봐서는 안 됩니다. 여러 가지로 보고 '바꿀 역易'의 의미 그대로 바꿔서도 봐야 합니다. 그것이 바로 이치니까요. 이치는 하나의 이치가 여러 가지로 확대되어 나가는 것입니다.

정괘井卦의 괘사에는 '읍을 고치되(改邑) 우물은 고칠 수 없다(不改井)'고 하였네요. 상괘인 감중련(☵)의 구오 양이 오기 전에는 본래 곤삼절(☷) 땅괘이니 사람이 모이는 읍邑인데, '읍을 고친다(改邑)'는 것은 땅(☷) 가운데에 양효가 와 물(☵)이 되는 것을 말합니다. 땅

을 파고서 물이 생긴 것이죠. 또 '우물을 고칠 수 없다(不改井)'는 것은 땅을 파서 생긴 물을 가둬놓은 것이 우물인데, 이 물이 나오는 근원 자체를 고칠 수는 없다는 뜻입니다.

인군이나 정치하는 사람들이 잘못을 하면 모두 들어내서 뜯어고쳐야 하지만(改邑), 백성이 살아가는 근원인 민생문제를 고쳐서는 절대 안 됩니다(不改井). 도읍지는 이리저리 옮길 수 있지만 샘물이 나오는 우물은 짊어지고서 어디로든 옮겨다닐 수가 없는 것이지요. 이것은 바로 백성을 위한 정치의 원칙을 고칠 수는 없고, 정치의 원칙에 어긋나는 정치인들은 모두 교체시켜야 한다는 것입니다.

그런데 이 우물이라는 것은 아무리 길어도 없어지지 않고, 잃지도 않으며, 줄지도 않고, 안 마시고 놔둔다고 해서 넘치지도 않습니다(无喪无得). 인군은 이렇게 '무상무득'의 정치를 해야 합니다. 그저 이쪽이나 저쪽을 다 파먹어버리면 이것은 자꾸 민생을 괴롭게 만들고 위화감만 조성하는 것이 됩니다. 공평하게 정치를 잘해야 하는 것이죠.

가는 이도 물을 떠먹으며 가고, 또 오는 이도 물을 떠먹으러 오는 곳이 바로 우물입니다. 옛날에는 한 마을에 우물 하나를 파면 그 주변에 많은 사람들이 오고가며 물을 길어가곤 했습니다(往來井井). 이렇게 '왕래정정'하는 것은 아래 백성들이 모두 구오 인군이 하는 정치에 늘 관심을 두어, 어떻게 정치를 잘해서 우리 백성들을 잘 먹고 살게끔 해줄 것인가를 살피면서 우물물을 찾아 오가는 것을 말합니다.

우물의 샘물을 퍼올리기 위해서는 두레박줄이 길어 밑바닥에 닿아야 하고 병(두레박)을 깨지 말아야 하는데, 만약 줄이 짧아 물도 퍼

올리지 못하고(汔至亦未繘井) 게다가 쪽박까지 깨버리면 흉하게 됩니다(羸其瓶 凶). 우물을 파놓고 물을 긷는데 두레박줄이 우물물에 닿을락말락하다가 닿지 못하고 두레박마저 깨뜨려 흉하다는 것이지요.

'우물 정井' 자는 우물을 말하고, '샘 천泉' 자는 물이 나오는 원천인 샘구멍을 말합니다. 열 길을 파야 샘물이 나는데 샘을 파다가 아홉 길을 파고 그만두면, 즉 물이 나오는 데까지 미치지 못하면 그동안의 노력은 물거품이 되고 말죠.

젊은 시절 부여에서 공부할 당시 휴전반대 궐기대회가 있었습니다. 주변의 여러 사람들이 궐기사蹶起辭를 한마디 하라고 부탁을 하길래, 나가서 "아홉 길을 파놓고 한 길만 더 파면 샘물이 나오는데, 그냥 그만두자고 포기해버리면 헛수고만 한 것이다. 오늘날까지 싸워온 것은 나라가 독립하기 위해서였는데, 독립되지 않은 상태로 분단된 채 휴전하고 말면 여태까지 싸워온 보람이 어디 있느냐?"라는 말을 해서 박수를 받은 적이 있었습니다.

야산 선생님께서 처음에 주역을 가르치신 곳은 대둔산大屯山의 석천石泉이라고 하는 조그만 암자였습니다. 돌에서 샘물이 나온다는 석천을 찾아가셔서, "내가 여기 와서 주역을 가르치면서부터 '우물 정井' 자로 바꿔야겠다."고 하시곤 석천石泉을 석정石井이라고 하셨습니다. 우물물이 민생문제를 해결하고 길어도 길어도 궁하지 않듯이, 이곳을 주역의 발원지로 삼아 주역을 공부하는 많은 사람을 양성해서 이 나라를 구해야겠다는 일념이셨죠.*

---

* 야산 선생은 해방 이듬해인 병술년부터 정해년(선천을 마치는 마지막 해) 겨울까지 충남 대둔산의 석정암에서 제자 108명에게 홍범과 주역을 가르쳐 통강通講케

또 우물은 가는 사람, 오는 사람, 공부하러 오는 사람, 또 공부하러 왔다가 가는 사람 모두가 왕래정정往來井井하는 것이며, 돌에서 나는 샘물은 맑고 깨끗한 것이므로 심신을 수양하면서 공부한다는 의미도 되는 것이죠. 그래서 옛날에는 한밤에 정화수井華水를 떠놓고 기도도 했던 것입니다.

단전

象曰 巽乎水而上水ㅣ 井이니 井은 養而不窮也하니라.
단 왈 손 호 수 이 상 수   정   정   양 이 불 궁 야

改邑不改井은 乃以剛中也요
개 읍 불 개 정   내 이 강 중 야

汔至亦未繘井은 未有功也요
흘 지 역 미 귤 정   미 유 공 야

羸其瓶이라 是以凶也라.
이 기 병   시 이 흉 야

직역 「단전」에 이르기를, 물에 들어가서 물을 올리는 것이 우물이니, 우물은 (만물을) 길러서 끝이 없느니라. '개읍불개정'은 이에 강으로써 중을 얻음이고, '흘지역미귤정'은 공이 없는 것이며, '병을 깸'이라 이 때문에 흉한 것이다.

- 汔 : 거의 흘 / 繘 : 두레박줄 귤(율) / 羸 : 깰 리, 엎지를 리 / 瓶 : 병 병

하는 한편 홍역학洪易學을 제창 반포하여 널리 세상에 알렸다.

강의 바람은 파고들므로 손巽은 속으로 들어가는(巽 入也) 뜻으로도 쓰입니다. 여기 정괘井卦는 외괘가 감중련(☵) 물이고 내괘가 손하절(☴) 바람이므로, 이 손목巽木에 해당하는 정자井字 형태의 침목沈木이 물속으로 들어가서 위로 물을 퍼 올리는 상이죠. 그래서 나무로 우물을 짜서 물에 넣어 물을 위로 뽑아 올리는 것을 정井이라고 하였네요(巽乎水而上水 井). 사람이 먹는 물도 이와 같이 상수上水라고 합니다.

본래 물의 성질은 아래로 흘러 내려가는 것인데(下水, 즉 潤下), 물이 상수上水가 되어야만 물을 끌어올려 먹을 수 있습니다. 사람도 물이 아래에만 있으면 수승화강水昇火降이 되지 못해서 건강을 유지하지 못합니다. 물이 위로 올라가고 불이 아래로 내려가는 수승화강이 되어야 건강을 유지하는 것이죠. 나무가 봄이 되면 물이 오르듯이 물은 내려가는 것이지만 올라와야 합니다. 이것이 바로 샘을 파면 샘물이 올라오는 것과 똑같은 이치입니다.

정井은 길어도 길어도 궁하지 않습니다(養而不窮也). 학문이라는 것은 길러도 길러도 궁하지 않듯이 물이라는 것도 마찬가지로 길어도 길어도 땅에서 자꾸 솟아올라 고이게 마련이니, 정치도 그와 같이 백성을 길러도 길러도 궁하지 않아야 합니다.

'읍은 고쳐도 우물은 고치지 못한다(改邑不改井)'는 것은 앞에서 말했다시피 곤삼절(☷) 땅괘에 양이 와서 중을 얻어(乃以剛中也) 물괘(☵)로 변한 것이 곧 개읍改邑인데, 우물에서 샘물이 올라오는 것을 말합니다. 이 양이 오지 않았을 때에는 지풍승괘(䷭)입니다. 승괘는 '오를 승升'의 뜻인데 승괘에 양을 집어넣으면 물이 올라와서 정괘井卦가 되는 것이죠.

이렇게 물이 올라서 읍이 고쳐지고 땅괘가 물괘가 되어서 수풍정 水風井 우물을 이루었으므로 '불개정不改井'이라고 하였습니다. 왜냐하면 지풍승에는 양이 와서 고쳐지는 것이지만 이 수풍정 괘는 이미 고쳐진 상태이기 때문이죠. 그러므로 읍은 고쳐도 우물은 고치지 못하는 것은 구오 강이 와서 중을 얻은 것을 말합니다(乃以剛中也).

그런데 '우물물에 두레박의 줄이 닿을락말락해서 물을 푸지 못한다(汔至亦未繘井)'는 것은 공이 없는 것을 뜻합니다(未有功也). 아무리 노고를 했어도 공을 세워야지 공이 없으면 아무것도 내세울 수가 없는 것이죠. 게다가 물을 푸기는커녕 오히려 물을 퍼올리는 두레박마저 깨뜨린다면(羸其瓶) 이건 더 말할 것도 없이 흉한 것이죠(是以凶也).

▌ 대상전

象曰 木上有水ㅣ **井**이니 **君子**ㅣ **以**하야 **勞民勸相**하나니라.
상 왈 목 상 유 수 정 군 자 이 노 민 권 상

직역 「대상전」에 이르기를, 나무 위에 물이 있는 것이 정(井)이니, 군자가 본받아서 백성을 위로하고 서로 돕게 권하느니라.

- 勞 : 위로할 로 / 勸 : 권할 권 / 相 : 도울 상

강의 정괘(䷯)의 상에서 아래의 손하절(☴)은 나무이고, 위의 감중련(☵)은 물입니다. 그래서 나무 위에 물이 있는 모습인데(木上有水), 우물(井) 모양으로 나무를 짜서 물이 나오는 땅 밑에 묻고 벽을 쌓아

서 우물의 물이 새지 않고 차오르는 것이죠.

　군자는 정괘井卦의 상을 보고 본받아서 백성을 위로하고 도울 것을 권장합니다(勞民勸相). 위의 감괘坎卦는 북방수인데, 「설괘전」에서는 노괘勞卦라고 하였죠. 노勞는 '수고로울 로', '위로할 로'의 뜻인데 겨울철에는 1년 동안 농사지은 것을 위로하고 밤에는 그날 일한 것을 위로하는 것이죠. 아래의 손괘巽卦는 '바람이 든다', '바람으로 흔들리게 한다'는 뜻이므로 모두가 부지런히 일해야 함을 권장하고 권면하는 것입니다(勸相).

　생명의 활동에 필수적인 것이 바로 물입니다. 일하고 생산하는 것에도 물이 없어서는 안 되죠. 그래서 나라의 인군이나 군자가 '목상유수木上有水'인 정괘를 보고 행동하기를 첫째 노민勞民해야 하고, 즉 모든 백성을 위로해주어서 일하고도 못 먹는 사람이 없도록 해주고, 둘째 권상勸相, 즉 모두 부지런히 일하도록 권하고 돕는 것입니다.

효사와 소상전

初六은 井泥不食이라 舊井에 无禽이로다.
초육　정니불식　　　구정　무금

象曰 井泥不食은 下也일세요 舊井无禽은 時舍也라.
상왈 정니불식　　하야　　　구정무금　　시사야

직역 초육은 우물에 진흙이 있어 먹지 못함이라. 옛 우물에 새가 없도다.
◆「상전」에 이르기를, '정니불식'은 밑에 있기 때문이고, '구정무금'은 때가 버린 것이다.

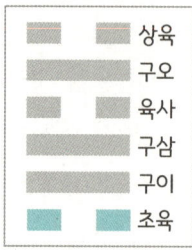

■ 泥 : 진흙 니 / 禽 : 새 금

점례 물이 썩었으니, 다른 샘을 파도록 해야 한다. 새롭게 시작하라.

강의 음이 맨 처음에 있어 초육입니다. 초육은 음이 맨 밑에 있기 때문에 질퍽질퍽한 진흙입니다. 진흙물을 누가 먹습니까(井泥不食)? 사람만 못 먹는 것이 아니라 새도 먹지를 않습니다. 새는 물이 조금만 있어도 찍어먹는데, 새도 찍어먹지 않을 정도가 되면 이것은 폐정廢井된 옛 우물의 썩은 물이죠(舊井无禽).

이 우물괘에서는 양효가 맑은 물에 해당하고 음효는 우물의 진흙이나 벽, 뚜껑 등에 해당합니다. 초육은 중中과 정正을 모두 잃은데다 위에 있는 육사와도 음양 응이 되지 못하네요. 게다가 은복隱伏하는 괘상인 손하절의 아래에 있는 음이므로 아무도 찾지 않는 구정舊井이 됩니다.

◆**소상전** '우물이 진흙투성이가 돼서 먹지 못한다(井泥不食)'는 것은 우물의 맨 밑에 있기 때문이고(下也), '옛 샘에 새가 없다(舊井无禽)'는 것은 때로 버려진 샘이 되었기 때문입니다(時舍也). 버려진 샘이 구정舊井인 것이죠.

앞의 괘사에 읍은 고칠 수 있지만 우물을 옮길 수는 없다고 하였습니다(改邑不改井). 잘못된 것은 바꾸고 고쳐야 하지만 백성을 위한 민생 문제 등 원칙적인 것은 고칠 수 없다는 것이죠. 초육은 묵은 우물의 상입니다. 이것은 한 사람만 계속 집권을 하다보니 부정부패가 만연하게 되었으니, 이런 썩은 물은 새도 안 먹는 물입니다. 이것은 얼른 고쳐야 하는 물이죠. 그래서 때가 오래 되어 이미 버려진 샘물이라는 것입니다.

九二는 **井谷**이라 **射鮒**요 **甕敝漏**로다.
구이   정곡   석부   옹폐루

象曰 井谷射鮒는 **无與也**일세라.
상왈 정곡석부   무여야

48 수풍정

상육
구오
육사
구삼
구이
초육

직역 구이는 우물이 골짜기인지라 붕어가 쏠 정도이고, 항아리가 깨져 새도다. ◆「상전」에 이르기를, '정곡석부'는 더불어 하는 이가 없기 때문이다.

■ 射 : 쏠 석('석'으로 발음 되는 것은 쏘는 모습이고, '사'로 발음 되면 쏘는 것의 통칭이 된다) / 鮒 : 붕어 부 / 甕 : 독 옹 / 敝 : 깨질 폐 / 漏 : 샐 루

점례 알맹이는 다 빼먹고 꼬챙이만 남았다. 깨진 독에 물 붓는 격이다.

강의 양이 두 번째에 있어 구이입니다. 다른 괘 같으면 양이 중을 얻어서 구이가 좋습니다. 그런데 정괘는 아래에 있는 것은 소용이 없고 위에 있는 양이라야 합니다. 물이 위로 차올라야 먹게 되는데, 구이는 물이 아래에 있어서 골짜기가 되네요(井谷).

내괘인 손하절(☴)은 '들어간다(入)'는 뜻이니 골짜기로 들어가는 것이죠. 초육을 가린 내호괘가 태상절(☱) 못괘가 되므로 골짜기가 나옵니다. 우물의 물이 아래 골짜기로 다 흘러서 새나가면 먹을 물이 없게 되지요. 초육은 음이 너무 밑에 있어 진흙이어서 못 먹고, 구이

의 물은 골짜기로 다 새나가서 못 먹는 것이죠.

골짜기에 물이 없다가 밑으로 조금 내려가면 물이 고여 있는데 그것이 다 새는 물입니다. 그래서 골짜기로 새버려서 붕어가 물을 톡톡 쏘며 물장난을 할(射鮒) 정도밖에 물이 없네요. 그것은 물을 담은 독이 깨져버려 물이 다 새버린 것과 마찬가지입니다(甕敝漏). 구이도 역시 못 먹는 물인 것이지요.

◆**소상전** 구이는 구오와 더불어야 하는데 음양 응이 되지 못해서 구오 따로 구이 따로 있기 때문에 서로 더불지 못하는 상입니다(无與也). 신하인 구이가 구오 인군과 정치적으로 함께해야 하는데 더불지 않기 때문에 손발이 맞지 않아서 정치가 잘못되고 민생문제를 제대로 해결하지 못하는 것이죠. 그것이 바로 독이 깨진 것이나 한가지입니다. 독이 깨져 물이 다 새버리니, '너는 너대로 가고 나는 나대로 간다'는 식이니 뭐가 되겠습니까?

九三은 井渫不食하야 爲我心惻하야 可用汲이니
구삼   정설불식   위아심측   가용급

王明하면 竝受其福하리라.
왕명   병수기복

象曰 井渫不食은 行을 惻也요 求王明은 受福也라.
상왈 정설불식   행   측야   구왕명   수복야

직역 구삼은 우물이 깨끗하되 먹지 못해 내 마음을 슬프게 한다. 길어서 쓸 수 있으니, 왕이 밝으면 같이 복을 받을 것이다. ◆「상전」에 이르기를,

'정설불식'은 (먹지 않고) 감을 슬퍼함이고, 왕의 밝음을 구하는 것은 복을 받는 것이다.

■ 渫 : 깨끗이 할 설 / 惻 : 슬퍼할 측 / 汲 : 길을 급 / 竝 : 아우를 병

점례 자격은 있는데 아직 인정을 못 받고 있다. 그러나 곧 나를 알아주고 써 줄 사람이 생기며, 같이 복을 받게 된다.

강의 양이 세 번째에 있어 구삼입니다. 구삼은 양이 양자리에 바르게 있고 내괘에서 외괘로 넘어가는 자리입니다. 우물이 반쯤 차서 깨끗해졌으므로 사람으로 말하면 공부도 할 만큼 해서 이제는 나아가 구오 인군을 도와 정치를 잘할 수 있는 재능 있는 사람이 되기는 했지만, 인군인 구오가 몰라주기 때문에 이 물을 못 먹습니다(井渫不食). 상육을 가린 외호괘가 이허중(☲) 불괘이므로 구오가 밝게 아래를 봐야 하는데, 외괘인 감중련(☵)물괘의 한가운데에 있어서 수극화水克火하므로 캄캄한 것이죠. 감괘는 방위상으로도 북방에 해당하므로 어두운 밤중에 해당합니다.

구삼의 물을 먹게 되면 구삼이 세상에 나아가 정치하는 것인데, 구삼의 물을 못 먹는다는 것은 구삼이 아직 세상에 나아가지를 못한다는 뜻이죠. '정설井渫'은 구삼 우물이 깨끗해졌다는 말이고, 불식不食'은 구오가 알아주고 등용을 해야 하는데 등용되지를 못하여 우물을 먹지 못한다는 말입니다.

그러니 구삼의 마음이 슬플 수밖에요(爲我心惻). 슬프기는 하지만 구삼 쯤 되면 물이 깨끗하니까 결국은 퍼 올려 물을 길을 수 있게 됩니다(可用汲). 아직 먹지 못하는 구삼이 물을 푸게 되었으니 인군에

게 벼슬자리를 얻게 된다는 것이죠. 그런데 왕이 밝지 못하고 어두우면 끝내 구삼을 몰라주지만, 왕이 밝으면(王明) 구삼과 구오가 아울러 그 복을 받게 됩니다(幷受其福). 제갈량과 유비가 만나서 촉蜀나라를 세우듯 구오와 구삼이 서로 만나, 아울러 정치를 잘해서 복을 받게 된다는 말이죠.

◆**소상전** '우물이 깨끗해졌는데도 먹지 못한다(井渫不食)'는 것은 먹지 못하고 그냥 가는 것을 보고 슬퍼하는 수밖에 더 무엇이 있겠느냐. 이 물을 못 먹고 그냥 가니 딱하게 여기는 것입니다(行惻也). 그만한 능력이 있는데도 그냥 되돌아가게 되면 슬프지 않겠어요? 그런데 인군이 밝아지기를 구해서(求王明) 밝은 인군에게 등용되면 구삼이 복을 받네요(受福也). 구삼 쯤 되면 물을 퍼서 마실 수 있는데 아직 물이 반밖에 안 찼으니까, 구오에게 잘 보이지를 않습니다. 사람들이 이렇게 물을 먹으려고 내려다만 보고 그냥 간다면 슬픈 일이지요.

六四는 井甃면 无咎리라.
육사　정추　　무구

象曰 井甃无咎는 脩井也일세라.
상왈 정추무구　수정야

직역 육사는 우물을 치면 허물이 없으리라. ◆「상전」에 이르기를, '정추무구'는 우물을 수리하기 때문이다.

■ 甃 : 샘칠 추

점례 개혁한다. 집을 고치거나 사업장을 수리한다.

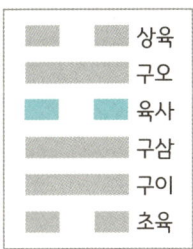

강의 음이 네 번째에 있어 육사입니다. 옛날에 공동으로 우물을 파놓고 마을 사람들 모두가 한 우물물을 먹을 때, 우물물이 탁하거나 우물 벽이 무너지거나 하면 샘을 치고서 벽을 새로 쌓았지요. 초육의 음이 우물 밑의 진흙이라면(井泥) 육사의 음은 우물 위로 쌓아올린 벽에 해당합니다.

구오에서는 물이 가득 차서 완전한 물이 되는 것이고 내괘에서 외괘로 넘어온 여기 육사에서는 샘을 쳐서 새로 쌓아야 하는 때입니다. 또 구오가 인군이라면 구사 대신은 마땅히 샘을 쳐야 할 의무와 책임을 갖고 있는 것이죠. 샘을 깨끗이 치면(井甃) 백성이 그 깨끗한 물을 먹을 수 있게 되므로 육사로서는 허물이 없게 됩니다(无咎).

◆소상전 육사가 개혁할 것은 개혁하고 쫓아낼 사람은 쫓아내서 깨끗이 샘물을 쳐서 허물이 없는(井甃无咎) 것은 곧 우물을 수리하는 것이죠(脩井也). 새 사람은 새 부대에 넣어서 새로 모든 것을 잘 개혁하라는 뜻입니다.

九五는 **井洌寒泉食**이로다.
구 오   정 렬 한 천 식

象曰 寒泉之食은 **中正也**일세라.
상 왈 한 천 지 식   중 정 야

직역 구오는 우물이 맑아서 찬 샘물을 먹도다. ◆「상전」에 이르기를, '찬 샘물을 먹는다' 함은 중정하기 때문이다.

- 冽 : 맑을 렬, 깨끗할 렬(구삼의 渫과 대비된다) / 寒 : 찰 한

점례 좋은 결실을 거둔다. 최후의 성공이다.

강의 양이 다섯 번째에 있어 구오입니다. 구오는 양이 양자리에 바르게 처한데다(正), 외괘에서 중中을 얻어 중정中正합니다. 한쪽으로 치우쳐버리면 한쪽으로는 물이 괴고, 한쪽으로는 물이 말라버리죠. 정확히 중정해야 물이 고르게 차서 절도節度를 이루게 됩니다.

　우물이 여기 구오까지 와서는 아주 맑은 물이 됐습니다. 무얼 먹습니까? 찬 샘물을 먹는 것이죠. 원래 물이라고 하는 것은 북방수입니다. 북방은 추운 곳이고 서늘한 한밤중에 해당합니다. 양기운은 없고, 음기운만 남는 때이기에 물은 찬 것입니다. 온천수가 나오는 것은 별도의 문제이고 물이라는 것은 원래 그 성질이 차갑습니다. 이렇게 해서 한천寒泉, 즉 깨끗하고 맑은 진짜 좋은 샘물을 먹게 됐으니(井冽寒泉食) 얼마나 좋겠습니까? 구삼에서 못먹던 물이 육사에서 우물물을 쳐서, 이제 구오에 와서 찬 샘물을 잘 마시게 된 것이죠.

　◆**소상전** 찬 샘물을 먹는 것은(寒泉之食) 구오가 중정하기 때문입니다. 중정하지 않고는 '한천지식'이 될 수 없는 것이죠(中正也).

上六은 井收勿幕고 有孚라 元吉이니라.
상육   정수물막   유부   원길

象曰 元吉在上이 大成也라.
상왈 원길재상   대성야

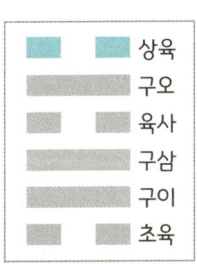

직역 상육은 우물을 거두어서 덮지 않고 믿음을 두느니라. 크게 착하고 길하니라. ◆「상전」에 이르기를, 크게 착하고 길한 것으로 위에 있음이 크게 성공한 것이다.

- 幕 : 덮을 막 / 收 : 거둘 수, 길을 수

점례 열심히 일하고 저축하여, 이웃을 돕는다. 크게 성공한다.

강의 음이 맨 위에 있어 상육입니다. 다른 괘에서는 대개 상효가 좋지 않습니다. 상구도 안 좋은데 상육은 더욱 안 좋죠. 그러나 수풍정 괘는 샘물을 위로 퍼올리는 괘입니다. 이 상육이 음으로 벌어져 여기에서 물을 퍼먹는 상이기 때문에 참으로 좋은 것이지요.

'정수물막井收勿幕'은 모든 백성이 물을 먹을 수 있도록 우물을 거두어 그 뚜껑을 덮지 말라는 뜻입니다. 한 나라의 인군이 정치를 하려면 샘을 파서 우물에 가득 차게 해야 합니다. 그래서 깨끗한 물을 만들어 덮지 말고 백성 누구나 고루 마시도록 하면 그것이 바로 미더운 것이죠(有孚). 신의가 아닌 정치는 정치라고 할 수 없는 것입니다. 믿음을 두어 백성 모두가 그 나라를 믿고 그 인군을 믿고 우물물을 마음껏 마시게 되면 크게 길할(元吉) 것이 명약관화明若觀火합니다.

◆**소상전** 크게 길한 것이 아래에 있다고 하면 처음에는 크게 길하

다가 조금 올라가서 우물이 무너지거나 샘물이 탁해져 못 먹을 수도 있지만, 우물을 파서 찬 샘물을 먹게 되고 뚜껑을 덮지 않을 정도로 위에 있다면 이것이야말로 대성공입니다. 본래 크게 길한(元吉) 것이 대성공하여 크게 이룬다(大成也)는 것이죠.

읽을거리 - 정전법(井田法)

우물이라고 하는 것은 참으로 중요합니다. 옛날 거북이 등에 지고 나온 낙서洛書를 보면 '井정' 자가 나오죠. 그래서 밭에 '우물 정' 자를 그어 하나·둘·셋·넷·다섯·여섯·일곱·여덟·아홉(낙서의 구궁수), 즉 아홉 칸으로 밭 900묘畝를 만들어서, 여덟 집을 모아 한 집에 백묘百畝 한 칸씩 떼어줍니다. 바깥의 여덟 밭을 떼어주는 것이지요. 그래서 바깥 밭 800묘는 각 주인이 경작을 해서 먹는 것이라 사전私田이라 하고, 중심의 100묘는 여덟 집이 공동으로 경작해서 추수한 것을 나라에 세금으로 바치는 것이라 공전公田이라고 하지요.* 이것을 우물 정 자 형태로 만든 경작법이라고 해서 정전법이라고 합니다.

사전	사전	사전
사전	공전	사전
사전	사전	사전

井田法

---

* 모내기나 추수를 할 때는 먼저 공전公田부터 하고 그 다음 사전私田을 한다. 여기에서 '공적인 것을 앞세우고 사적인 것을 뒤로 한다'는 선공후사先公後私의 법도를 살필 수 있다. 공전뿐만 아니라 사전의 경우에도 여덟 집이 서로 힘을 합하여 순차를 정하고 돌아가면서 같이 경작을 도우니 우리나라의 두레나 계 등에서도 이를 볼 수 있다. 정전井田은 바로 공동체 사회의 기초가 된다.

읽을거리 – 정곤(井困)과 병(瓶)

정괘 괘사에 '그 병마저 깨면 흉하다(羸其甁)'고 경계사를 둔 것처럼, 이 세상은 앞으로 자기 스스로 병을 다 깨게 되는 때가 온다는 것입니다. 지금은 서양의 과학과 물질문명만 무분별하게 받아들여 천방지축으로 날뛰다가, 그 병들을 다 깨버리고 우물물을 퍼먹지 못하고 마는 세상이지요. 그런데 그 병을 깨지 않으면서 병을 얻는 방법을 여기다가 넣어놨습니다.

구삼과 육사가 중요합니다. 우물물이 말라 없어져버리느냐, 밑으로 흘러서 없어져버리느냐, 아니면 물이 차오르냐를 결정하는 중요한 자리입니다. 육사가 변하면 양이 되어 외괘가 태상절(☱) 못괘가 되고, 구삼이 변하면 음이 되어 감중련(☵)물괘가 되므로 택수곤澤水困(䷮)괘를 이룹니다. 반대로 곤괘困卦의 구사가 변하면 감중련(☵) 물괘가 되고, 육삼이 변하면 손하절(☴) 바람괘가 되므로 수풍정水風井(䷯)괘를 이루네요. 즉 정괘井卦의 육사와 구삼이 변하면 곤괘困卦가 되고, 곤괘의 구사와 육삼이 변하면 정괘가 됩니다. 이것을 통틀어 정곤井困이라고 하는 것입니다.

이렇게 '정곤'이 되면 '병 병甁' 자가 나옵니다. 즉 구삼의 '병수기복幷受其福'의 '병幷' 자와 육사의 '정추무구井甃无咎'의 '와瓦' 자를 합치면, '병 병甁' 자가 됩니다. 아까 깨진 병이 다시 완전한 병이 되어 나오는 것이죠.

이는 공자 이후로 야산 선생님께서 홀로 발견하시고는, 앞으로 올 세상을 살아가는 지혜라고 말씀해주셨지요. 이렇게 해서 우리나라가 새로 서고, 새 정치가 잘 이루어지고, 우물물의 샘을 쳐서 깨끗한 샘물을 모든 사람들이 와서 먹게 되는 큰 비결이 여기에 담겨 있는 것입니다.

▌읽을거리 - 정전곤의(井田困義)

야산 선생님께서는 이 '정井'과 '곤困'의 변화를 '정곤의井困義', 즉 정괘와 곤괘의 뜻이라 해서 두 괘를 서로 배합시켰고, 대둔산의 '석천石泉'을 '석정石井'으로 이름을 고치셨습니다.

정곤의는 '井' 자의 바깥에 울타리를 치고, 가운데 'ㅁ'에 '열 십十'을 더한 상이죠. 여기에서 '困' 자와 '井' 자가 다 나와 한꺼번에 '井困'이 되는데, 이렇게 되어야 곤괘의 어려움을 해결하고 정괘의 '길어도 길어도 끝없이 나오는 물'을 써먹는 것이 됩니다. 그러나 곤困 없이는 정井도 없습니다. 음이 있으면 양이 있듯이 그걸 해결하는 게 가장 중요한 것이지요.

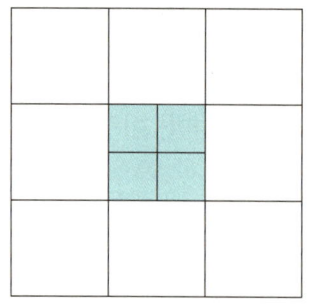

그래서 여기 井에다 이렇게 '밭 전田'을 만들어 '十'을 중심에 넣으면 예로부터 중요한 비결로 전해지는 「신지비사神誌秘詞」*의 '약폐삼유지若廢三喩地면

---

* 『고려사』,「김위제열전」: 김위제는 당의 일연一衍으로부터 지리법을 수학하고 돌아온 도선국사의 비기秘記를 인용하여, 도읍지를 옮기는 것이 사직흥쇠와 직결된다고 주장하면서 천도遷都를 주청하는 상소문을 올렸다. 그 글에 고조선 이래 내려오는 신지비사 50자의 원문을 처음으로 인용하여, 삼경三京인 松嶽(中京), 木覓壤(南京), 平壤(西京)을 두고, 11월~2월은 중경, 3월~6월은 남경, 7월~10월은 서경으로 순행巡行하면서 도읍지를 삼아야 한다는 근거를 삼았다.
「신지비사神誌秘詞」의 글 중에 "首尾均平位 興邦報太平"의 열 글자가 대한민국 임시정부의 건국강령에 인용되기도 하였다.

왕업유소경王業有所傾'의 '삼유지三兪地'가 됩니다. '삼유'를 파자해보면 '세 입(口)을 더한다(兪 : 더할 유)'는 뜻인데, '井'의 한가운데가 본래 '입(口)'이 하나이지만, 여기에 열 십十을 하여 '田'을 이루면 입구가 넷이 되므로 '口'가 셋이 더 늘어납니다. '약폐삼유지'는 이렇게 입구 셋이 늘어난 삼유지를 만약 폐하면 왕업이 무너질 것이라는 비결이죠.

'井'에다 '十'을 더하면 그 안에서 '王' 자가 나오고, '田' 안의 '日'과 '井' 밖의 '月'을 합치면 '明' 자가 나오므로, 이것이 곧 '王明'입니다. 또한 복을 받는다는 '福'을 파자하면 '한(一) 입구(口)에 밭(田)이 보인다(示 : 보일 시)'는 뜻이 되는데, 이는 '井'의 한복판 중심(一口)이 '田'이 되는 것을 말합니다.

이뿐만 아니라 ㄱ, ㄴ, ㄷ, ㄹ, ㅁ, ㅂ, ㅅ, ㅇ, 아, 야, 어, 여……등의 자음과 모음이 모두 여기에서 나옵니다. 샘에서 물이 나와 사통팔달하는 이치나, 목구멍에서 발성되는 소리로 두루 의사소통을 하는 이치나 매한가지인 것이죠. '井'이 이렇게 중요합니다.

읽을거리 - 신지비사(神誌祕詞)

고조선 초기의 글로 여겨지는 「신지비사」는 우리나라 최고最古의 귀중한 역사문헌으로 손꼽힙니다. 천제天帝의 신성한 명命과 가르침을 기록한다는 뜻인 '신지神誌'는 고조선 당시 왕명출납과 문서기록을 맡았던 국사國師에 해당하는 직위이기도 하며, '비사祕詞'는 곧 비밀스럽게 전수되는 글을 의미합니다.

비록 50자에 그치는 간단한 글이지만 '비사'라고 한 바와 같이 글

뜻을 파악하기 매우 어렵고, 고려 숙종 때 김위제가 오행도참설로 해석해서 천도遷都를 주장하였던 까닭에 사학자들도 별다른 관심을 기울이지 않았습니다. 그러나「신지비사」는 끊어진 고대사의 실마리를 이어줍니다. 동방의 문화가 처음 열린 계명처啓明處가 고조선이라는 사실과 함께, 우리 민족의 사상적 토대와 고조선의 정치철학이 무엇인지를「신지비사」를 통하여 추정해볼 수 있게 합니다.

▌관련된 괘
① 도전괘 : 택수곤(䷮)   ② 배합괘 : 화뢰서합(䷔)
③ 호 괘 : 화택규(䷥)   ④ 착종괘 : 풍수환(䷴)

▌총설

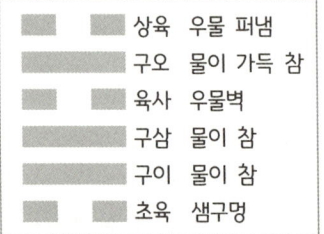

옛날 성인은 정괘井卦의 상을 보고 우물을 팠다고 합니다. 그러니까 초효는 우물물이 나오는 샘구멍이고, 이효와 삼효는 물이 차올라가는 것이고, 사효는 우물벽이고, 오효는 물을 퍼서 마실 만큼 다 찬 것이고, 상효는 우물물을 푸는 것이죠.

다시 말하면 초육의 진흙물(井泥)은 구삼에서 맑아지고(井渫), 구이에서 독이 깨져서 골짜기로 새버린 물은(井谷) 육사에서 벽을 쌓아 고치고(井甃), 구삼에서 못 먹던 물은(不食) 구오에서 먹게 되는 것입니다(井洌 寒泉食). 상육은 구오의 물을 마시도록 우물 덮개를 열어놓는 것이죠(井收勿幕).

편언

읍邑은 고쳐도 우물은 고치지 않는다고 한 것은, 우물은 만인의 공변된 그릇이기 때문입니다. 즉, 우물은 어느 누구 개인의 소유물이 아니며, 모든 백성이 맑은 물의 혜택을 받아야 하는 공기公器이죠. 경제를 원활히 하기 위한 제도도 마찬가지입니다. 규제 위주로 정책을 펴면 어느 누구도 제도를 활용할 수가 없습니다. 제도는 규제하기 위해 만드는 것이 아니라, 만인이 보다 효율적으로 쓸 수 있도록 만들어야 한다는 정신을 정괘에서 배울 수 있습니다.

澤火革(49)
택 화 혁

兌
離

▌ 혁괘의 전체 뜻

위에는 태상절(☱) 못괘이고 아래에는 이허중(☲) 불괘로, '택화澤火'는 괘상이고, 괘명은 고쳐서 새롭게 한다는 뜻의 '혁革'입니다. 혁에는 개혁·혁신·혁명의 뜻이 있지요. 위에 있는 못물은 흘러서 아래에 있는 불을 끄고, 아래에 있는 불은 타올라 위에 있는 못물을 말려서 서로를 멸식滅息시키는 상멸相滅(相克)관계에 있습니다. 그래서 이런 때에 개혁이나 혁명을 하지 않으면 안 된다는 의미입니다.

또한 위의 못물은 아래로 내려가고 아래의 불은 위로 올라가 수화기제水火旣濟를 이루어, 수화의 조화 속에서 좋은 금으로 고쳐져 나오는 것입니다. 태상절 못괘는 서방 금金에 속하고, 이허중 불괘는 남방 화火에 속하니, 금이 불 속에서 달구어진 다음 물에서 식어 나오는 것으로서 여름철 더위 속에 금이 들어 있다가 잘 고쳐져 나오는 것이죠.

괘의 순서를 말한 「서괘전」에서는 "우물이 오래 되어 쓰지 못하게 되면 불가불 고쳐야 한다고 해서 정괘 다음에 혁괘를 놓았다."*고 했습니다.

---

* 井道不可不革 故 受之以革

괘사

革은 已日이라야 乃孚하리니 元亨코 利貞하야 悔ㅣ 亡하나라.
혁　이일　　　내부　　　원형　이정　회　망

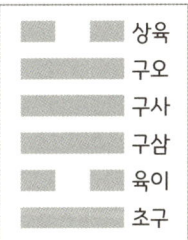
상육
구오
구사
구삼
육이
초구

직역 혁은 날이 마쳐야 이에 믿으리니, 크게 형통하고 바르게 함이 이로워서 뉘우침이 없어지느니라.

- 革 : 고칠 혁 / 已 : 이미 이 / 亨 : 형통할 형

점례 서둔다고 되는 것이 아니라, 봄에 새 싹이 트듯 때가 맞아야 한다. 제때에 혁명을 해야 후회가 없다.

강의 혁은 고치는 것이지만 아무 때나 고치는 것이 아니라 개혁하지 않으면 안 될 바로 그날이 되어야 모든 사람이 개혁하는 것을 믿어주고 찬성하는 것입니다(已日乃孚). 잘못된 폐단을 바르게 고쳐놓으니 원형이정(元亨利貞)이라고 했듯이, 다시 새롭게 시작하는 것입니다. 그리고 또 잘못된 것을 고치니 크게 형통한 것이고(元亨), 고치기 전에도 바르게 하고 고친 후에도 바르게 하니 이롭습니다(利貞). 이렇게 하니 그동안 고치지 않아 쌓였던 후회나 잘못 고쳐서 생기는 후회가 모두 없어지는 것입니다(悔亡).

단전

彖曰 革은 水火ㅣ 相息하며 二女ㅣ 同居호대
단왈 혁　수화　　상식　　　이녀　　동거

49
택화혁

其志不相得이 曰革이라.
기 지 불 상 득   왈 혁

已日乃孚는 革而信之라.
이 일 내 부   혁 이 신 지

文明以說하야 大亨以正하니 革而當할새
문 명 이 열   대 형 이 정   혁 이 당

其悔ㅣ 乃亡하니라.
기 회   내 망

天地ㅣ 革而四時ㅣ 成하며 湯武ㅣ 革命하야
천 지   혁 이 사 시   성   탕 무   혁 명

順乎天而應乎人하니 革之時ㅣ 大矣哉라!
순 호 천 이 응 호 인   혁 지 시   대 의 재

직역 「단전」에 이르기를, 혁은 물과 불이 서로 멸식滅息하며, 두 여자가 함께 거처하되 그 뜻을 서로 얻지 못함을 혁이라고 한다. '날이 마쳐야 믿음'은 고쳐서 믿게 하는 것이다. 문명하고 기뻐해서 크게 형통하고 바르니, 고쳐서 마땅함에 그 뉘우침이 곧 없어지느니라. 천지가 고침에 사시가 이루어지며, 탕왕과 무왕이 혁명해서 하늘에 순하고 백성에게 응하니, 혁의 때가 크도다!

강의 혁은 상괘의 태상절(☱) 못물이 하괘의 이허중(☲) 불을 끄려 하고, 하괘의 불은 상괘의 못물을 마르게 하여 상극관계에서 서로 멸식하는 지경에 이르렀으며(革 水火相息), 또 이離 중녀中女와 태兌 소녀少女의 자매가 아래위로 한 집에서 함께 거하지만(二女同居), 시집

은 다른 데로 가기에 서로의 운명과 뜻이 같을 수는 없기 때문에(其志不相得), 이 두 가지 조건으로 인해 혁이라고 한 것입니다(日革).

이일내부己日乃孚의 부孚는 신지체信之體이고 혁이신지革而信之의 신信은 부지용孚之用입니다. 이미 날이 돼서 고치니 믿는다는 것이죠. 그런데 여기서 '이미 이己' 자는 '자기 기己' 자로도 봅니다. 천간天干의 '甲乙丙丁戊己庚辛壬癸'의 '기己'가 되죠. '갑을병정'이 오전이고, '경신임계'가 오후라면 '무기戊己'는 중앙 토로 오전에서 오후로 넘어가는 점심때에 해당합니다. '무기' 중에서도 '기'를 지나야 오후로 넘어가는 것이죠.

기를 지나면 '경庚'이 되는데, 갑은 동쪽에서 시작하는 것이고 경은 서쪽에서 고쳐서 새롭게 다시 시작하는 것입니다. '경庚'을 '고칠 경'이라 하는데, 갑을 경으로 고친다고 해서 동갑생同甲生을 동경생同庚生이라고도 합니다. 해가 동쪽을 지나 서쪽으로 가고 그에 따라 오전이 지나 오후가 오듯이 기토己土를 지나야 고쳐지는 때가 되는 것이니, 이것이 '이일내부'입니다(己日乃孚). 이렇게 고쳐야 할 시기가 와서 고치니 모두가 믿을 수밖에요(革而信之).

그리고 고침에 있어 안으로는 리괘(☲)의 문명文明으로 밝게 판단하고, 밖으로는 태괘(☱)의 기뻐함으로 일을 추진하여(文明以說), 크게 형통해서 바르게 되어 이로움(利)이 그 가운데 있습니다(大亨以正). '대형이정'은 곧 원형이정元亨利貞입니다. 혁신이나 개혁이나 혁명을 잘못하게 되면 원망을 사서 후회스러울 수도 있겠지만 고쳐야 할 때에 합당하게 고치니 잘못되지 않아 후회가 없습니다(革而當 其悔乃亡).

혁괘가 중요하기 때문에 공자께서는 다음의 말씀을 덧붙였습니다.

'어떤 일이나 물건을 고치는 것뿐만 아니라, 천지도 음양이 서로 바뀌어 날을 바꿈으로써 춘하추동 사시가 이루어지는 혁을 하고 있습니다(天地革而 四時成). 또 인사人事적으로 예를 들어 말하면 탕湯은 하夏의 걸桀이 포악한 정치를 하여 백성의 원망을 사자 하나라를 멸하고 은殷나라를 세웠고, 무武는 은의 주紂가 폭정을 하자 은나라를 멸하고 주나라를 세웠으니 이것이 비로 혁명인 것이죠. 하나라의 걸과 은나라 주의 폭정에 대해, 탕과 무가 하늘의 명에 순종하고 백성의 바람에 응해서 혁명을 한 것이지요. '순천응인順天應人'이 아니면 혁명이라 할 수 없는 것입니다(湯武革命 順乎天而應乎人). 그러니 아무 때나 누구든 힘이 있다고 함부로 혁명하는 것이 아니기에 혁의 때가 큰 것(革之時 大矣哉)'이라고 하신 것이죠.

대상전

> 象曰 澤中有火ㅣ 革이니 君子ㅣ 以하야 治歷明時하나니라.
> 상왈 택중유화 혁 군자 이 치력명시

직역 「대상전」에 이르기를, 못 속에 불이 있는 것이 혁이니, 군자가 본받아서 역(책력)을 다스려서 때를 밝힌다.

- 歷 : 책력 력(≒曆), 지낼 력 / 明 : 밝을 명, 밝힐 명

강의 태상절(☱) 못괘는 문서인데, 외호괘가 건삼련(☰) 하늘괘로 천도天道이니, 천도운행에 관한 문서로 책력이 되어 치력治歷입니다. 이허중(☲) 불괘는 일월日月의 운행으로서 때(時)가 되고 명明이 되

니 '명시明時' 하는 것입니다. 예로부터 혁명을 한 뒤에는 반드시 역법과 정령政令, 예악禮樂을 고쳐서 민심을 새롭게 하였죠. 군자가 혁괘의 상을 본받아서 천시의 변화를 알아 책력을 고쳐 백성들에게 나누어 주어 농사일을 하는데 어긋나지 않도록 해주어야 하죠. 그런 다음에 나라의 안정을 위해 인재를 적재적소에 등용하여 완전히 혁신해나가는 것입니다.

효사와 소상전

初九는 鞏用黃牛之革이니라.
초구   공용황우지혁

象曰 鞏用黃牛는 不可以有爲也일세라.
상왈 공용황우   불가이유위야

직역 초구는 굳게 누런 소의 가죽을 쓰니라.
◆「상전」에 이르기를, '굳게 누런 소를 씀'은 일을 할 수 없기 때문이다.
■ 鞏 : 굳을 공 / 爲 : 할 위

점례 모든 것을 바꾸어 보려고 하는데 아직은 때가 이르다. 해서는 안 된다. 기축己丑년이 되거든 변화를 도모한다.

강의 양이 맨 처음에 있어 초구입니다. 괘는 고친다는 혁괘이지만 초구는 맨 처음에 있어 아직 때가 되지 않았으니 혁명을 하려는 뜻을 황우黃牛의 가죽과 같이 공고히 가지고 아직 나서지는 말라는 것입니다(鞏用黃牛之革). 황黃은 중中의 토색土色이고, 곤坤은 순순이므로 중순中順이 되니 중순한 마음을 가죽같이 단단하고 질기게 가져 중도를 지키고 순한 마음으로 초구가 변한 간상련(☶) 산괘처럼 그쳐서 기다리라는 뜻입니다.

또 황우의 '황黃'은 중앙토를 말한 것이니 천간으로는 무기戊己이고, '우牛'는 지지로 볼 때 축丑입니다. 그러니까 기축己丑이 되어야 괘사에서 말한 '이일내부'가 되어 고친다는 것이지요. 그런데 초구는 아직 기축이 못 되어 '이일내부'가 아니라는 말이죠. 점을 해서 혁괘의 초구가 변하면 그 개혁해야 할 일이 기축년이나 기축일에 있다는 것이고, 크게 보면 선후천의 개혁 또한 기축에 있다는 비결입니다.

◆ **소상전** 초구가 아직은 무슨 일을 해서는 안 되는 때이기에(不可以有爲也) 중순中順한 마음을 질긴 가죽같이 공고히 가지고 있어야 한다(鞏用黃牛)는 것입니다.

六二는 **巳日**이어야 **乃革之**니 **征**이면 **吉**하야 **无咎**하리라.
육이 이일 내혁지 정 길 무구

象曰 巳日革之는 **行有嘉也**라.
상왈 이일혁지 행유가야

직역 육이는 날이 마쳐야 고치리니, 나아가면 길해서 허물이 없으리라. ◆ 「상전」에 이르기를, '날이 마쳐야 고침'은 행함에 아름다움이 있는 것이다.

▪ 征 : 갈 정 / 嘉 : 아름다울 가

점례 기대하고 바라던 때가 왔으니, 미련 없이 개혁한다. 새롭게 일을 추

진하며, 매사 진전이 있다.

강의 음이 두 번째에 있어 육이입니다. 육이는 음으로 순順하면서 내괘에서 중中을 얻어 중순中順하니, 초구에서 말한 '황우黃牛'입니다. 또한 중中에 있어 '기己(乙)'이고 리괘(☲)는 일日이니, 괘사에서 말한 '이일내부已日乃孚'가 된 것입니다(己日→已日). 개혁해야 할 때가 되어 개혁하는 것이니(乃革之), 고치러 가면 일이 잘 이루어져 길할 뿐만 아니라 잘못되는 일도 없게 됩니다(征吉无咎).

◆**소상전** 개혁해야 할 때인 '이일已日'이 되어서 개혁하는 것이니(已日革之), 가면 이허중(☲) 불괘가 건삼련(☰) 하늘괘가 되어 빛이 나고 명예를 얻게 되어 아름다워지지요(行有嘉也). 육이가 중정한 덕을 지니고 있으며 또 구오 인군과 음양 응이 잘되니 아름답습니다. 또한 불괘는 사시 중 남방 화왕절火旺節인 여름이고 원형이정 중 형亨에 속하는데, 「건괘 문언전」에 "형은 아름다움의 모임(亨者 嘉之會也)." 이라 해서 아름다운 것(嘉)이 됩니다.

> 九三은 征이면 凶하니 貞厲할지니 革言이 三就면 有孚리라.
> 구삼 정 흉   정려   혁언   삼취 유부
>
> 象曰 革言三就어니 又何之矣리오?
> 상왈 혁언삼취   우하지의

직역 구삼은 나아가면 흉하니, 곧고 바르게 하며 위태롭게 여겨야 할 것이니, 고친다는 말이 세 번 이루어지면 미더움이 있으리라. ◆「상전」에 이르기를, '고친다는 말이 세 번 이루어짐'이니 또 어디를 가리오?

- 就 : 나아갈 취 / 之 : 갈 지

점례 즉흥적으로 무슨 일을 바꾸면 잘못되기 쉽다. 심사숙고하여 세 번은 물어보고 한다.

강의 양이 세 번째에 있어 구삼입니다. 구삼은 양이 양자리에 있어 강하지만 중을 얻지 못하고 구오 인군과 음양 응도 되지를 않습니다. 구오는 양이 양자리에 있어 강하고 구삼도 양이 양자리에 있어 강하지만 구오는 외괘에서 중을 얻은 인군이고 구삼은 아래에 있어 변방을 지켜야 할 외직신하입니다. 이런 처지에 구삼이 구오를 치려고 가면 혁명이 이루어지지 않아 흉한 것이죠(征凶). 그러므로 구삼은 자기의 본분을 알아 지키고 늘 바르게 하면서 조심스럽게 생각하고 행동해야 합니다(貞厲).

그렇게 하면서 구오의 명이 내려오거나 또는 자신이 혁신할 것이 있다고 생각되면 임의로 하지 말고 모든 사람들에게 한 번 물어보고 또 물어보고 세 번을 물어봐서 모든 사람들의 뜻이 집약되었을 때 실행해야(革言三就) 믿음이 있으리라(有孚)는 말입니다.

◆**소상전** 이허중(☲)괘의 불로 발양發揚되는 말(言)이 '화취조火就燥'해서 나아가는데(就) 삼리화三離火로 세 번 나아가는 것이죠. '삼세판'이란 말도 있듯이 심사숙고해서 고치자는 말이 세 번 나와(초효. 이효. 삼효 세 단계를 거쳐) 미덥게 되었는데(革言三就), 혁革을 하기 위해서 가지 않고 어디를 가겠느냐(又何之矣)는 뜻입니다.

'의矣' 자는 '집어의執語矣'라고 하여 '야也'보다도 강한 뜻이 있습니다. 앞서 비괘(䷓) 육삼에서 말했듯이, 「소상전」 가운데 비괘(䷓) 육삼의 '不亦傷乎'와 혁괘(䷰) 구삼 '又何之矣'의 두 군데만이 '也'를 종결어미로 하지 않고 강조하는 뜻의 '乎'와 '矣'로 끝냈지요. 가면 흉하다고 한 것이 여기(革言三就)에 이르면 반드시 가야 한다는 말입니다.

九四는 悔亡하니 有孚면 改命하야 吉하리라.
구사   회망   유부   개명   길

象曰 改命之吉은 信志也일세라.
상왈 개명지길   신지야

상육
구오
구사
구삼
육이
초구

직역 구사는 뉘우침이 없어지니, 미더움이 있으면 명을 고쳐서 길하리라. ◆「상전」에 이르기를, '명을 고쳐서 길함'은 뜻을 믿기 때문이다.

■ 改 : 고칠 개 / 信 : 믿을 신

점례 때가 되어 바꿀 일을 바꿨으니, 이제 정리만 하면 된다.

강의 양이 네 번째에 있어 구사입니다. 구사는 내괘에서 외괘로 넘어간 자리로 해가 서쪽으로 기울어져 오후가 되었고, 리괘(☲)의 여름이 지나 태괘(☱)의 가을로 접어들었으니 구삼까지의 고치는 과정에서 있었던 후회가 없어졌습니다(悔亡). 구삼의 '혁언삼취革言三就'라는 혁革의 과정을 거쳐 이제 명命을 뜯어고치는 것이지요. 혁언삼취의 '혁革'과 개명改命의 '명命'이 합해야 '혁명革命'이 되고, 구사의 개改와 구삼의 혁革으로 완전히 '개혁改革'이 되는 것입니다.

구사는 대신으로서 나라를 다스리는 데 여러 가지 새로운 계획을 세워 새 술을 새 부대에 담듯이 새로운 인재를 등용하여 새로운 사회를 건설하니 이것이 개명改命입니다. 구사가 비록 중을 얻지는 못했지만 강한 양이 음자리에 있어 강유를 겸비한 대신으로서 미덥게 개명하는 것이죠(有孚改命). 그래서 잘못될까봐 걱정했던 후회가 없어질 뿐만 아니라 길한 것이죠(吉).

◆**소상전** 구사가 개명해서 길한 것(改命之吉)은 구사의 개명하는 뜻을 세상 사람들이 믿어주기 때문(信志也)입니다.

九五는 大人이 虎變이니 未占애 有孚니라.
구오 대인 호변 미점 유부

象曰 大人虎變은 其文이 炳也라.
상왈 대인호변 기문 병야

직역 구오는 대인이 범의 문채와 같이 변하는 것이니, 점치지 않아도 미더움이 있느니라. ◆「상전」에 이르기를, '대인호변'은 그 무늬가 빛나는 것이

다.

- 虎 : 범 호 / 文 : 문채 문, 무늬 문, 꾸밀 문, 글자 문 / 炳 : 빛날 병

점례 범이 완전히 털갈이 하고, 솔개가 발톱을 갈아서 새 모습을 이루듯, 대인의 견지에서 사심 없이 고칠 것은 고친다. 망설일 것도 없고 물어볼 것도 없다.

강의 양이 다섯 번째에 있어 구오입니다. 구오는 양이 양자리에 바르게 있고 외괘에서 중을 얻어 중정한 대인의 상이 됩니다. 중천건괘의 구오 대인과 혁괘의 구오 대인은 모두 대인이라는 점에서는 같습니다. 건괘의 구오가 '비룡재천飛龍在天'의 용龍대인으로서 요·순堯舜에 해당한다면, 혁괘 구오의 '대인호변大人虎變'의 호虎대인은 탕·무湯武에 해당합니다. 요순시대는 용처럼 사람을 죽이는 일 없이 무위이화無爲而化로 정치를 했고, 탕무는 걸·주가 폭정을 하니 '순천응인順天應人'하여 범처럼 전쟁을 일으켜 혁명을 하였습니다. 이렇게 중정한 대인이라는 점에서는 같으나 무혈無血의 용龍과 유혈有血의 호虎로 그 정치하는 방법은 다른 것이죠.

태상절 못괘(☱)는 서방태西方兌로 백호白虎가 되는데 변혁한다는 혁괘에 처해 있으므로 '호변虎變'이 됩니다. 범은 이허중(☲) 불괘의 여름철이 지나서 태상절(☱) 못괘의 가을이 되면 털갈이를 하는데 여름철에 드문드문 났던 털이 가을이 되면 총총하게 빛이 나서 털갈이를 하게 됩니다. 그것이 호변입니다. 고치려면 완전히 뜯어고쳐야지 조금 고치려 하면 변혁이 제대로 이루어지지를 않죠. 그래서 개혁을 하는데, 범이 변하듯이 완전히 변해야 한다는 말입니다(虎變).

'미점유부'는 문맥상 '범이 가을철이 되어 털갈이하듯 개혁을 한다면, 점을 칠 필요도 없이 불문가지不問可知로 틀림없이 살기 좋은 세상이 이루어진다'는 뜻으로 새길 수 있습니다.

그런데 여기에는 공자께서 숨겨둔 뜻이 있습니다. 태상절 못괘는 서방태로 해가 서쪽으로 기울면 오후가 되고 오후는 미未시부터입니다. 이것은 바로 후천이 온다는 것이죠. 오전이 지나면 오후가 오는 것이고, 봄·여름이 지나면 가을·겨울이 오는 것이고, 선천의 시대가 가면 후천의 시대가 오는 것입니다. 즉 선천에서 후천으로 넘어가기 위해서는 호변虎變하듯이 사람의 정신도 바꿔어야 한다는 뜻입니다 (未占有孚).

◆소상전 여름에 듬성하게 났던 범의 털이 털갈이를 하듯이, 대인이 호변의 정치를 하면(大人虎變) 범의 털이 총총히 빛나는 것처럼 문명하고 살기 좋은 사회가 된다는 것(其文炳也)이죠.

上六은 君子는 豹變이요 小人은 革面이니
상육 군자 표변 소인 혁면

征이면 凶코 居貞이면 吉하리라.
정 흉 거정 길

象曰 君子豹變은 其文이 蔚也요
상왈 군자표변 기문 위야

小人革面은 順以從君也라.
소인혁면 순이종군야

| | 상육 |
| 구오 |
| 구사 |
| 구삼 |
| 육이 |
| 초구 |

직역 상육은 군자는 표범의 문채와 같이 변하고, 소인은 낯만 고치니, 가면 흉하고 바른 데 거처하면 길하리라. ◆「상전」에 이르기를, '군자표변'은 그 무늬가 성함이고, '소인혁면'은 순하게 임금을 좇음이라.

■ 豹 : 표범 표 / 面 : 얼굴 면 / 蔚 : 성할 위

점례 군자와 같이 아름답게 일을 추진한다. 남의 눈치만 보고 겉으로만 따르는 척하면 이는 소인이 하는 행위이니, 진심으로 모든 일을 고쳐 나가라.

강의 음이 맨 위에 있어 상육입니다. 상육은 개혁을 다 마친 상황이므로 군자와 소인을 같이 말했습니다. 구오의 대인에게는 범이라 했고 상육의 군자에게는 표범이라 했는데, 범과 표범은 같은 과科에 속하는 동물로서 둘 다 털갈이를 합니다. 다만 구오는 인군자리이기 때문에 대인(虎)이라고 했고 상육은 인군의 자리가 아니기 때문에 군자(豹)로 말하였는데, 군자나 대인이 지금 온 사회를 개혁하기 위해 노력하고 있지요(君子豹變).

그런데 소인이 문제인데 소인은 완전히 마음속까지 뜯어고치는 것이 아니고 마음속에는 다른 마음을 품고 있으면서 낯만 살짝 바꾸는 것으로 겉으로만 고치는 척하는 것이죠(小人革面).

혁명을 하는 과정에서 전쟁을 일으켜 백성들이 살기가 어려운데, 소인이 혁심革心을 하지 않는다고 해서 또 다시 싸우러 가서는 안 됩니다. 오히려 소인이 혁면革面이라도 하는 것을 다행으로 여겨야지 그렇지 않고 치러 가면, 혁면이나마 한 소인의 마음마저도 반감을 사게 되고 혹 반란이라도 일으키게 되어 사회적으로도 큰 문제가 될 수

있습니다(征凶).

◆**소상전** 군자는 표범이 털갈이하듯이 마음속까지 완전히 뜯어고치니 구오의 빛남과 같이 그 무늬가 성대한 것입니다(君子豹變 其文蔚也). 그러나 소인이 낯만 고쳤다는 것은 겉으로만 순종한다는 뜻입니다. 소인까지도 마음속으로 완전히 고쳐진다면 좋겠지만, 속에 딴 마음을 품고 있으니 언제 무슨 일을 저지를지 모르시요(小人革面 順以從君也). 이런 때에 소인을 복종시키려고 정벌하지 말고, 혁이 이루어진 상태를 유지하면서 바르게 나아간다면 소인도 점차 혁이 되어 길하다는 겁니다.

▌ 관련된 괘

① 도전괘 : 화풍정(䷱)　② 배합괘 : 산수몽(䷃)
③ 호　괘 : 천풍구(䷫)　④ 착종괘 : 화택규(䷥)

▌ 총설

혁괘는 서로가 싸워 분란을 일으키고(水火相息), 같이 거처하는 자가(二女同居) 뜻이 서로 맞지 않아(其志不相得) 부득이 혁신革新을 하는 것으로 되어 있습니다(曰革). 그러나 무턱대고 혁을 하는 것이 아니고, 그 시기와 이유가 적절할 때(革而當) 혁을 해야 잘못 된 후회가 없는 것입니다(其悔乃亡). 그래서 혁을 해야 할 시기가 중요한 것이죠(革之時大矣哉).

초효는 아직 시기상조이니, 능력을 기르고 때를 기다려 혁을 해야

한다는 것입니다.

이효는 혁을 할 수 있는 능력을 갖추고 때도 왔으니, 개혁을 하되 바르게 하면 그 혁이 아름답게 이루어진다는 것입니다(行有嘉).

삼효는 혁을 하되 심사숙고해서(革言三就) 실수 없이 하라는 것입니다. 이효는 아래에 있는 음인데도 혁을 하여 아름답고, 삼효는 위에 있는 양인데도 깊이 생각해서 하라는 것은, 이효는 중을 얻고 있지만 삼효는 중을 얻지 못했기 때문입니다.

사효는 내괘에서 외괘로 넘어온 첫 번째 자리이기 때문에 과거를 모두 갈무리하고, 앞으로의 모든 일을 새롭게 전개하는 것입니다(改命). 그래서 내괘가 끝나는 삼효가 혁革이라면, 외괘가 시작하는 사효는 개改이지요. 그래서 개혁改革이 아니겠어요?

오효는 개혁의 책임자로서 완전무결하게 개혁하여 평화롭고 문명한 사회를 이루라는 것이지요(其文炳).

상효는 겉만 따르는 가면을 벗고 진실로 개혁을 하라는 것입니다.

▎편언

일반적으로 어짊과 덕을 기준으로 대인·군자·소인을 구분합니다. 세상이 바뀔 때에는 어떻게 될까요? 혁괘에서는 호변대인虎變大人, 표변군자豹變君子, 혁면소인革面小人으로 구분하네요.

離 巽 火風鼎(50)
화 풍 정

▌ 정괘의 전체 뜻

위에는 이허중(☲) 불괘이고 아래는 손하절(☴) 바람괘로, '화풍火風'의 상이고, 괘명은 솥으로 밥을 해먹는다는 '정鼎'입니다. 이 정괘(䷱)의 괘상은 솥의 형상과 흡사합니다. 정괘를 살펴보면 초육은 솥의 발이고, 구이·구삼·구사는 솥에 든 음식물이고(솥의 몸체), 육오는 솥을 들어 올릴 때 쓰는 양쪽의 귀이고, 상구는 솥의 뚜껑에 달린 고리가 됩니다. 이렇게 정괘의 형상을 보아 솥을 만들어 걸어 놓고, 손하절(☴)의 나무를 해 와서 이허중(☲)의 불을 지펴 손하절(☴)로 밑에서 들이면, 불이 타올라가면서 솥 속의 음식물을 익히는 것입니다.

그래서 정괘는 그 형상으로 보면 솥이 되고, 또 괘가 가지고 있는 의미를 보면 솥에다 음식물을 넣고 나무로 불을 지펴서 때면 그 음식물이 익는 것이죠. 이렇게 해서 화풍火風은 정鼎이 됩니다.

혁괘(䷰)와 정괘(䷱)는 도전괘의 관계입니다. 「서괘전」에 "물건을 고치는 것은 솥 보다 더 잘 고치는 것이 없기 때문에, 혁괘 다음에 정괘를 놓았다."*고 했습니다. 고치면 새롭게 됩니다. 그래서 「잡

---

* 革物者 莫若鼎 故 受之以鼎

「괘전」에 "혁은 옛것을 버리는 것이고 정은 새로운 것을 취하는 것이라고 했습니다."

괘사

鼎은 元(吉)亨하니라.
정　원　　형

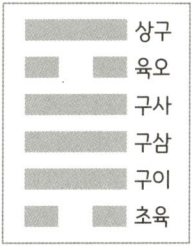

직역 정은 크게 (길하여) 형통하니라.

점례 한 가지 일을 셋이 하면 큰 성공을 거둔다. 안정감 충실감이 있는 괘이다. 지위가 확정된다. 두령이 되는 운이다.

강의 이곳의 '吉'은 공자께서 「단전」에 '元亨'만 풀이한 것으로 보아 없어도 되는 연문衍文이라고 보아야 합니다. 혁에서 고치는 과정을 다 지나고(革 去故), 정에서는 새롭게 되기(鼎 取新) 때문에 묵은 밥이 아닌 잘 익은 새 밥을 먹게 되어 크게 형통합니다. 좋은 괘는 말이 간단하죠. 정괘가 바로 좋은 괘이기 때문에 단지 '원형'이라고만 했습니다.

단전

象曰 鼎은 象也니 以木巽火ㅣ 亨飪也니
단왈 정   상야   이목손화   팽임야

聖人이 亨하야 以享上帝하고 而大亨하야 以養聖賢하니라.
성인   팽   이향상제   이대 팽   이양성현

巽而耳目이 聰明하며 柔進而上行하고
손이이목   총명   유진이상행

得中而應乎剛이라. 是以元亨하니라.
득중이응호강   시이원형

직역 「단전」에 이르기를, 정괘는 형상으로 취한 것이다. 나무로써 불을 들여서 음식을 삶으니, 성인이 삶아서 상제께 제사 올리고, 크게 삶아서 성현을 기른다. 겸손하고 귀와 눈이 총명하며, 유(六五)가 나아가 위로 가고 중을 얻어 강(九二)에 응함이라. 이 때문에 크게 형통하니라.

- 亨 : 삶을 팽(≒烹) / 飪 : 밥 임 / 養 : 기를 양

강의 정괘를 살펴보면 초육은 솥의 발이고 구이·구삼·구사는 솥에 든 음식물이고 육오는 솥의 귀이고 상구는 솥의 고리가 됩니다. 이렇게 정괘는 솥의 형상이라는 것이지요(鼎象也).

솥을 만들어 걸어 놓고 손하절(☴)의 나무를 해와서 이허중(☲)의 불을 지펴 손하절(☴)로 밑에서 들이면(以木巽火) 불이 타올라가면서 솥 속의 음식물을 삶아 익히는 것입니다. 밥은 물이 아니면 만들어질 수 없기 때문에 '북방 임壬'을 '밥 식食' 변에 붙여 '밥 임飪'으로 한 것이죠. 형통할 '형亨' 자의 아래 부분을 가로 그으면 (一) '제사지낼

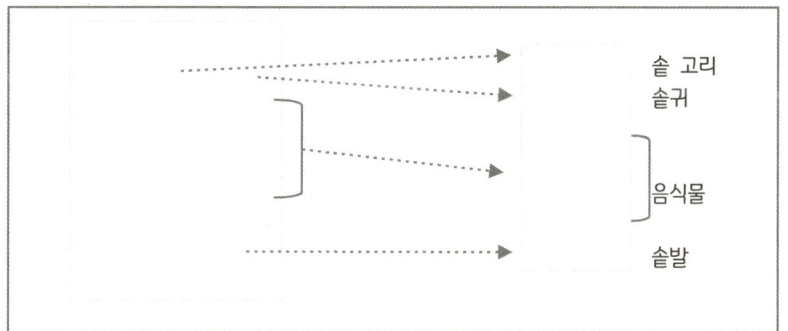

향亨' 자입니다. 그리고 형亨 밑에 '불 화灬'를 받침으로 넣어야 '삶을 팽烹' 자가 되지요. '형통하다', '제사 지낸다', '삶는다'는 것은 그 의미가 모두 통하는 것이기 때문에 '형통할 형亨' 자를 삶는다는 뜻으로 쓸 때에는 '삶을 팽烹'으로 읽습니다(亨飪也).

　이렇게 밥을 삶는 것은 먹고 살기 위한 것인데, 먼저 나를 존재케 해 주고 또 먹고살도록 해주는 나의 근원은 바로 상제입니다. 그러므로 성인은 밥을 삶아 먼저 상제께 제사 올림으로써 은혜에 보답한다는 것입니다(聖人 亨 以享上帝).

　상제께 밥을 삶아 올렸으면 또 성현도 길러내어 그들이 사회를 위해 정치를 하고 또 국민을 가르치는 교육도 할 수 있도록 해야 합니다. 그래서 솥에 음식을 삶아 성현을 기르는 것도 '양養'이고 또 그 음식을 먹은 성현이 교육을 해서 다른 사람을 기르는 것도 '양養'이죠(而大亨 以養聖賢).

　정괘를 보면 아래는 손하절괘(☴)로서 공손한 덕이 있고, 밖으로는 이허중(☲) 불괘(離爲目, 爲明)로 눈이 밝습니다. 또 외호괘는 태상절괘(☱)로 오행 중 금金에 속하는데 『서경』「홍범편」에 금金은 '청왈총(聽曰聰)'이라 하여 귀가 밝은 것입니다. 이렇게 사람이 정괘를 본받아서 안으로는 공손한 마음을 가지고, 밖에 있는 눈과 귀로는 밝게 보고 들어야 한다는 것이죠. 즉 솥을 걸어 놓고 쌀과 물을 넣고 불을 때는데 솥 속에서 음식물이 어떻게 익느냐 하는 것을 눈대중과 귀대중으로 알아내야 한다는 것입니다. 밥이 익은 정도를 눈대중과 귀대중으로 이목耳目이 총명해서 솥을 열어보지 않고도 알 수 있다는 것입니다(巽而耳目聰明).

이 정괘가 당초에는 손하절(☴) 바람괘가 중첩된 중풍손괘(䷸)였습니다. 중풍손괘의 「대상전」에 보면 '신명행사申命行事'라고 했습니다. 바람 따라 명이 행해지고 풍속이 새롭게 달라지는 것인데, 솥 속에서 음식이 익어 새로운 밥이 나오듯이 행해져야 합니다. 그렇게 되려면 솥괘가 되어야 하는데, 솥괘가 되려면 중풍손괘의 오효와 사효가 서로 자리를 바꿔야죠. 이렇게 중풍손괘의 육사가 위로 올라가(柔進而上行) 육오六五가 됨으로써 외괘의 중을 얻어 불괘가 되면, 괘 전체가 화풍정괘가 되어 솥의 형상과 더불어 정괘가 가지고 있는 모든 뜻이 나오게 됩니다. 외괘에서 중을 얻은 음은 구이의 양과 잘 응하고 있습니다(得中而應乎剛).

또한 이것은 밥이 잘 익는 과정을 말한 것입니다. 쌀을 일어 넣었는데 밑에서 그대로 타버리면 안 되죠. 음기운인 김이 보글보글 끓어 올라(柔進而上行) 음식물이 오효 정도까지 와서 중을 얻어 설지도 않고 타지도 않게 적당히 잘 익어야 하는 것입니다. 위층 밥이 아래층에 있는 밥과 똑같이 응해졌을 때 이 솥 속에 있는 밥은 맛있게 고루 잘 익는 것입니다(得中而應乎剛). 이렇게 '유진이상행柔進而上行'을 하여 이루어진 정鼎은 '손이이목총명巽而耳目聰明'하고 '득중이응호강得中而應乎剛'을 했기 때문에 괘사에서 말한 바와 같이 '원형元亨'이 되는 것입니다(是以元亨).

▌ 대상전

象曰 木上有火ㅣ 鼎이니
상왈 목상유화   정

君子ㅣ 以하야 **正位**하야 **凝命**하나니라.
군 자   이   정위   응 명

직역 「대상전」에 이르기를, 나무 위에 불이 있음이 정(鼎)이니, 군자가 본받아서 위(位)를 바로 해서 명을 엉기게 한다.

- 凝 : 엉길 응

강의 손하절(☴) 나무 위에 이허중(☲) 불이 타올라 솥에 있는 음식을 익히는 것이 정괘의 형상이죠. 그런데 정鼎괘는 현재 구삼九三만 양이 양자리에 있어 정위正位라 할 수 있고, 초육과 육오는 음이 양자리에 있으며 구이 구사 상구는 양이 음자리에 있어 나머지 다섯 효는 정위가 아닙니다. 그렇기 때문에 모두 바르게 되어야 하는 것이죠. 솥을 걸어 놓으려 할 때 삐딱하게 걸면 한쪽으로만 치우쳐 명이 엉기지를(밥이 익지를) 않습니다. 솥이 바르게 걸려야 밥이 설거나 타지 않고 골고루 잘 익습니다. 한 나라를 다스리는 사람도 정당하게 정위正位을 하여야 하는 것이죠(正位). 인군이 바른 자리에 서서 바르게 정치를 해야 그 명이 골고루 전해지고 잘 엉겨서 모든 백성들이 평등하게 잘 살 수 있는 것입니다(凝命).

효사와 소상전

初六은 鼎이 顚趾나 利出否하니 得妾하면 以其子无咎리라.
초육   정 전지   이출비   득첩   이기자무구

象曰 鼎顚趾나 未悖也요 利出否는 以從貴也라.
상왈 정전지 미패야   이출비   이종귀야

직역 초육은 솥의 발이 엎어지나 비색한 것을 내놓게 되어 이로우니, 첩을 얻으면 그 자식으로써 허물이 없어지리라. ◆「상전」에 이르기를, '정전지'이나 거스르지 않는 것이고, '이출비'는 귀한 것을 따르는 것이다.

▪ 顚 : 엎을 전 / 趾 : 발꿈치 지 / 悖 : 거스를 패, 어그러질 패

점례 옛 것을 버리고 새롭게 출발한다. 쌀을 일어 솥에 넣었으니 곧 밥을 먹게 된다. 새 가정을 이루고 자식을 낳는다.

강의 음이 맨 처음에 있어 초육입니다. 초육은 솥의 발이 되는데 발이 위로 쳐들고 엎어져 있는 것입니다. 솥괘에서 맨 처음에 있으므로 음식이 들어 있는 솥이 엎어진 것이 아니고 음식을 짓기 위해서 빈 솥을 엎어 놓은 상태입니다(鼎顚趾).

새로 쌀을 일어 넣기 위해서 솥 속에 들어 있던 더러운 것을 손괘(☴)로 깨끗이 씻어내는 것이죠(利出否). 이렇게 솥을 깨끗이 씻어낸 다음에 새 쌀을 넣고(得妾) 불을 지피면 잘 익어서 밥이 되어 나오니 (以其子) 허물이 없는 것입니다(无咎).

혁革에서 옛것은 지나가고 정鼎에서 새로워지니까 마치 새 첩을 얻

어 아들을 낳아서 기르면 세대가 바뀌는 것과 같은 것이고, 또 사회적으로 말하면 정치가 새로워지는 것입니다. 이렇게 새로워지는 것을 밥하는 것으로 비유하면, 솥 속의 더러운 것을 깨끗이 씻어낸 다음 새 음식물을 넣고 불을 때서 익혀 먹는 것과 다를 바가 없지요.

◆소상전 솥이 엎어졌으나(鼎顚趾) 음식물이 들어 있는 솥이 부서졌다는 말이 아니고(未悖也), 새 음식을 짓기 위해 솥 속에 있던 음陰의 더러운 것들을 깨끗이 씻어내려고 솥을 엎어놓았다는 뜻이 됩니다(利出否). 이것을 괘효 관계로 살펴보면 초육이 자신과 응하는 구사 양陽의 귀貴함을 따르는 것이고 또 아들을 낳아 대를 잇게 해주니 자신도 귀하게 되는 것입니다(以從貴也).

50 화풍정

九二는 鼎有實이나 我仇ㅣ 有疾하니
구이   정유실   아구 유질

不我能卽이면 吉하리라.
불아능즉   길

象曰 鼎有實이나 愼所之也니 我仇有疾은 終无尤也라.
상왈 정유실   신소지야   아구유질   종무우야

상구
육오
구사
구삼
구이
초육

직역 구이는 솥에 내용물이 있으나, 내 짝이 병이 있으니, 내게 다가오지 못하게 하면 길하리라. ◆「상전」에 이르기를, '정유실'이나 가는 바를 삼가니, '아구유질'은 마침내 허물이 없어지리라.

■ 仇 : 짝 구, 원수 구 / 卽 : 나아갈 즉, 곧 즉 / 尤 : 허

물 우

점례 남자는 가까이 하는 여자가 있으니 조심해야 한다. 돈을 노리는 자가 있으나 내가 상대를 하지 않으면 별 일은 없다.

강의 양이 두 번째에 있어 구이입니다. 초육에서 새 음식물을 넣기 위해 솥을 엎어 더러운 것을 씻어냈으니 구이에서는 솥에 음식물이 들어 있는 것입니다. 빈 솥이라면 陰음으로 虛허할텐데 솥에 음식물이 陽양으로 實실하게 차 있는 것이죠(鼎有實).

  양으로 실한 구이는 내괘에서 중을 얻고 위에 있는 육오와 음양 응도 잘되어 있지요. 그러므로 위로 육오와 만나야 음식이 보글보글 끓어올라 음식이 잘 익는 것입니다. 그런데 구이의 바로 아래에는 초육의 음이 구이에게 미쳐서 병이 되어 있습니다. 만약 구이가 초육과 만나기 위해 아래로 처진다면 음식물이 새기 때문에 음식물이 속에서 익지를 않게 됩니다. 구이는 육오와 천정배필인데 아래에 있는 초육이 자꾸 따라붙으니 초육이 구이에게는 원수가 되는 것이죠(我仇有疾).

  이런 때에 구이가 아래로 초육에게 내려가지 않고 자기와 정응인 육오와 만나야 합니다. 그래야 음식물이 아래로 새거나 처지지 않고 위로 끓어올라 밑바닥에 있던 쌀이 위로 수북해지면서 익게 되어 먹을 수 있는 것입니다(不我能卽吉).

  ◆**소상전** 구이는 솥에 실한 음식물이 들어 있다고 해서(鼎有實) 쉽게 생각하지 말고 구이가 가는 바를 신중히 하여 초육에게 가지 않고 자신과 정응인 육오에게 가는 것입니다(愼所之也). 비록 자기 바로 아래에 있는 초육이 구이에게 미쳐서 병들었다 하더라도(我仇有疾), 갈

바를 신중히 해서 천정배필인 육오에게 가니 마침내 허물이 없게 되어 밥이 잘 익는 것이죠(終无尤也).

九三은 鼎耳l 革하야 其行이 塞하야 雉膏를 不食하나
구삼   정이   혁   기행   색   치고   불식

方雨하야 虧悔l 終吉이리라.
방우   휴회   종길

象曰 鼎耳革은 失其義也일세라.
상왈 정이혁   실기의야

직역 구삼은 솥귀가 변혁돼서 그 가는 길이 막혀서 꿩의 기름을 먹지 못하나, 바야흐로 비가 내려서 이그러진 후회가 마침내 길하게 되리라. ◆「상전」에 이르기를, '정이혁'은 그 의리를 잃었기 때문이다.

■ 塞 : 막힐 색　雉 : 꿩 치　膏 : 기름 고　虧 : 이지러질 휴

失 : 잃을 실

점례 위치가 달라져서 전근가거나 이사한다. 처음은 일이 막히나 나중에 풀려서 길하다.

강의 양이 세 번째에 있어 구삼입니다. 먼저 인사人事로 말해볼까요. 육오는 인군의 자리이고 솥으로 말하면 솥귀의 자리이기 때문에 솥귀가 바뀌었다는 것은 새로운 인군이 들어섰음을 말합니다(鼎耳革). 새로운 인군인 육오는 비록 밝은 리괘(☲)에 있지만, 외호괘인 태괘

(☴)로 어둑어둑해서 자기와 음양 응이 되지 않는 구삼을 몰라보니 구삼이 육오에게 등용되지 못합니다. 그러니까 육오가 구삼과 응하지 못하기 때문에 육오가 구삼을 등용하지 않는 것이죠(其行塞).

그래서 구삼은 육오의 녹(꿩기름)을 받아먹지 못합니다. 인군자리에서 정치하는 것을 고膏라고 하죠. 리괘(☲)는 꿩이 되는데 외호괘로 태상절(☱)의 고택膏澤이니 꿩기름(雉膏)이 됩니다. 그런데 현명하고 능력 있는 신하가 인군을 만나지 못해 나랏일을 같이 하지 못하니 꿩으로 상징되는 문명한 사회를 건설할 수 없는 것이죠(雉膏不食).

그러나 구삼은 양으로 바른 자리에 있고 강으로 현명한 재능을 지니고 있으므로 결국 육오 인군이 이허중(☲) 불괘로 밝게 알아보고 등용합니다. 주역에서 양이 음을 만나는 것을 '비를 만난다'고 합니다. 즉 육오 인군의 음이 자신에게 오게 되어 만나게 된다는 것이죠(方雨).* 수풍정괘(䷯)의 구삼에서 깨끗한 우물인데도 인군이 처음에는 알아보지 못하다가 결국 왕이 밝아서 알아보고 나랏일을 시켜서 모두 복을 받는다고 했듯이, 정괘鼎卦의 구삼도 인군이 자기를 알아보아 등용이 되니 이제까지의 후회가 없어지고 길하게 되는 것입니다(虧悔 終吉).

또 솥 속에 음식을 넣고 익히는 과정으로 말해보면 구삼 쯤 돼서 밥이 보글보글 끓고 있습니다. 한참 끓어서 솥귀가 빨갛게 달아올랐으니(鼎耳革) 이제는 손을 대고 만질 수가 없습니다(其行塞). 구삼은 내괘에서 외괘로 넘어가는 단계이기 때문에 아직 밥이 완전히 다 익지는 않아서(설익어서) 먹지를 못합니다(雉膏不食). 그러나 다 익은

---

* 화택규괘 상구, 택천쾌괘 구삼효 참조.

후에는 젖은 행주로(方雨) 솥뚜껑을 열어 먹을 수 있게 되니 길하지요(虧悔終吉).

◆**소상전** 구삼은 인군이 바뀌어, 또 불을 때서 솥귀가 달아올라 음식이 끓고 있으므로(鼎耳革) 자신의 벼슬할 뜻을 잃는 것이고 또한 아직 밥을 먹지 못하는 것이죠(失其義也).

九四는 鼎이 折足하야 覆公餗하니 其形이 渥이라 凶토다.
구사 정 절족   복공속   기형   악   흉

象曰 覆公餗하니 信如何也오?
상왈 복공속   신 여 하 야

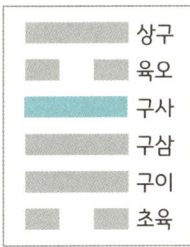

직역 구사는 솥이 다리가 부러져서 공의 밥을 엎으니, 그 얼굴이 땀으로 젖음이라 흉하도다. ◆「상전」에 이르기를, '공의 밥을 엎음'이니, 믿음이 어떠하겠는가?

■ 折 : 꺽을 절 / 覆 : 엎을 복 / 餗 : 밥 속 / 渥 : 젖을 악

점례 부하의 실수로 처벌을 받는다. 일을 그르치고 윗사람에게 면목이 없게 된다. 그러나 능력있는 사람이면 오히려 궁즉통窮則通의 결과가 나온다.

강의 양이 네 번째에 있어 구사입니다. 구사가 동하면 간(☶)으로 진(☳)의 족足이 뒤집힌 것인데 외호괘인 태괘(☱)로 훼절당해 끊어

져서 뒤집어진 것입니다(鼎折足). 초육은 솥 속의 더러운 것을 씻어내기 위해서 엎은 것이지만, 구사는 육오 인군에게 바칠 밥을 정응인 초육에게 지으라고 시켰는데 초육이 음으로 약하고 능력이 부족하여 밥이 들어있는 솥을 그만 엎고 말았네요(覆公餗).

책임은 초육의 능력을 제대로 알아보지 못한 구사에게 돌아가는 것이죠. 솥의 발이 끊어져서 육오 인군에게 바쳐야 할 밥을 바치지 못하게 되니 구사가 두려움에 떨다가 땀이 줄줄 흘러내려 흉하다는 것입니다(其形渥凶). 이것은 정자程子의 해석이고, 주자朱子의 해석은 다릅니다. 즉 솥의 발이 끊어져 공公의 밥을 엎으면 큰 형벌을 받게 되니 악渥을 옥剭(삼족을 멸하는 중형)으로 보아 흉하다고 풀이했습니다. 공자께서 이 효를 중요하게 여겨서 「계사하전」 5장*에 다시 설명하셨습니다.

◆**소상전** 공의 밥을 엎어 못 먹게 되어서 얼굴이 젖든지 형벌을 당하든지 간에(覆公餗) 구사가 육오에 대한 신의를 잃어버렸다는 것입니다(信如何也).

---

* 「계사하전」 5장 (3권 290쪽) 설명 참조.

六五는 鼎黃耳金鉉이니 利貞하니라.
육오 정황이금현 이정

象曰 鼎黃耳는 中以爲實也라.
상왈 정황이 중이위실야

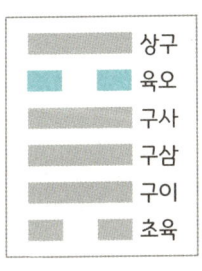

직역 육오는 솥이 누런 귀에 쇠로 된 고리니 바르게 함이 이로우니라. ◆「상전」에 이르기를, '정황이'는 중덕으로써 실질을 삼음이다.

- 鉉 : 솥 고리 현

점례 재수대통해서 큰 이익을 본다.

강의 음이 다섯 번째에 있어 육오입니다. 육오가 득중하였으므로 중앙 토색이 황黃이고 솥귀가 오효에 해당하므로 누런 솥귀가 되죠. 육오가 변하면 건괘(☰)가 되어 금金이 되니 단단한 고리입니다. 밥이 익어서 육오쯤 되면 새까맣던 솥귀가 누렇게 되고, 상구의 솥고리는 뜨겁고 단단해집니다(鼎黃耳金鉉). 그래서 밥이 설지도 않고 타지도 않게끔 바르게 잘 익어야 먹게 되어 이로운 것이죠(利貞).

◆**소상전** 육오쯤 되면 솥 속에 있는 음식은 익으면서 새까맣던 솥귀는 누렇게 됩니다(鼎黃耳). 육오는 중을 얻었지만 음으로 비어 있으니 원래 실實은 아닙니다. 처음에 솥 속에 쌀이 바닥에 깔려 있으니 육오의 위치에는 빈 상태가 됩니다. 불을 때면 쌀이 익으면서 육오까지 수북이 차서 실해지는 것입니다. 육오가 중덕으로 자신을 비우니까 밥이 차올라 실하게 된 것이죠(中以爲實也).

上九는 鼎玉鉉이니 大吉하야 无不利니라.
상구   정옥현   대길   무불리

象曰 玉鉉在上은 剛柔ㅣ 節也일세라.
상왈 옥현재상   강유   절야

직역 상구는 솥이 옥고리이니, 크게 길해서 이롭지 않음이 없느니라. ◆「상전」에 이르기를, '옥고리가 위에 있음'은 강유가 잘 조절되기 때문이다.
점례 크게 길한 점이다. 큰 이득이 있다. 결식아동에게 밥을 주고, 경로잔치를 베푼다.

강의 양이 맨 위에 있어 상구입니다. 금은 단단하기만 한 것이고 옥은 단단하면서도 부드러운 것을 겸한 것입니다. 그래서 양이 음자리에 있어 강유를 겸비하고 상효는 솥귀의 고리에 해당하니 솥의 옥고리가 된 것입니다. 아주 뜨겁던 솥이 고리를 들고 밥을 퍼먹을 만큼 된 것이지요(鼎玉鉉).

밥을 먹게 되니 길하고 또 정치를 잘해서 모든 백성들이 배불리 먹게 되니 길하고 또 만사가 이롭게 된 것입니다(大吉无不利).

◆**소상전** 밥이 다 익어서 솥의 고리를 들어 올리고 안에 있는 밥을 먹게 된 것은(玉鉉在上) 솥 속에 있는 물과 쌀이 음양배합으로 잘 조절되어 음식을 먹게 된 것입니다(剛柔節也).

▌읽을거리 – 정절족(鼎折足)과 안자(顔子)

공자가 제나라에 식량을 구하러 자공을 보낸지 오래 되었는데도 돌아오지 않자, 제자들이 점을 해서 화풍정괘 구사효가 나왔습니다. 다른 제자들은 이구동성으로 "이제 모두가 굶어죽게 되었으니 큰일 났다' 면서 걱정을 하였는데 안자는 빙긋이 웃으면서 "오늘 미시未時가 되면 풍랑도 가라앉고 자공이 배에 식량을 싣고 올 것이니 걱정할 것이 없다."고 하였습니다.

결과적으로 안자의 풀이대로 되었어요. 이처럼 역易은 때에 따라 사리에 맞게 이리저리 바꾸어 볼 수 있는 것입니다. 즉 솥의 다리가 끊어졌다면(鼎折足) 물 위에 띄우는 배가 된 것이고, 정괘는 솥에 밥을 삶는 것인데 구사는 내괘에서 외괘로 넘어간 자리로서 하루로 말하면 오전에서 오후로 막 넘어간 때이므로 한낮을 지난 미시未時가 되는 것이죠. 그러므로 오후 첫 시간인 미시에 배에 곡식을 싣고 물 위에 둥둥 떠오는 것입니다.

▌관련된 괘

① **도전괘** : 택화혁(䷰) ② **배합괘** : 수뢰둔(䷂)

③ **호 괘** : 택천쾌(䷪)   ④ **착종괘** : 풍화가인(䷤)

▌총설

솥은 발이 셋이기 때문에 삼합三合이 잘 맞아서 있는 것을 정립鼎立이라고 하듯이, 솥 안에 있는 음식물(밥)이 잘 익으려면 쌀과 물과 불의 삼합이 잘 맞아야 합니다. 그리고 불을 땔 때 불의 강도가 너무 강하면 솥 속의 밥이 타고 너무 약하면 밥이 설익기 때문에 과불급過不及 없이 조절을 잘 해야지요.

초효는 '첩을 얻어 아들을 낳는다'고 한 말과 같이, 깨끗이 씻은 솥에 쌀을 일어 넣어 밥이 되는 것이 마치 새장가를 들어 아들을 낳아 대를 잇는 것과 같은 것이죠. 즉 자식을 얻고 좋은 음식을 지어 조상을 받드는(奉祭祀) 것을 말합니다. 옛날에는 시어머니가 며느리에게 솥을 내려주어 살림살이를 맡겼죠.

이효는 쌀을 일어 넣은 상태입니다(鼎有實). 그런데 그 쌀이 아래에만 있으면 익지를 않습니다. 위로 끓어 올라가야 합니다. 그래야 밥이 익듯이 이효 남자(陽)는 정응인 오효 여자(陰)에게 장가를 가서 가정을 이루고 대를 잇는 아들을 두도록 해야지, 정응이 아닌 초효 여자(陰)와 만나면 매사를 그르친다는 것입니다(愼所之).

삼효는 능력을 가지고 새 시대를 만났지만, 자신을 몰라주니 쓰이지 않다가 결국 능력을 인정받고 쓰이는 것입니다.

사효는 대신자리에 있으면서 국사를 그르친 경우입니다. 왕에게 진상해야 할 밥을 짓는데 자격이 없는 자가 잘못 솥을 엎어 벌을 받는 것이지요. 구삼은 밥을 지어놓고 아직은 먹지 못하지만 곧 먹게 되는 것이고, 구사는 다 된 밥을 엎어 못 먹게 되는 것이죠. 다 같은 솥의 밥이지만 구삼은 먹게 되고 구사는 못 먹게 되는 것은, 구삼은 제자리에 바르게 있고, 구사는 바르지 못한 자리에 있기 때문입니다.

오효는 솥에 가득히(中以爲實) 밥이 잘 익었다는 것입니다.

상효는 솥 고리를 들고 솥을 옮겨 밥을 퍼서 제사도 지내고(奉祭祀) 빈객도 대접(接賓客)하며 맛있게 잘 먹는 것입니다. 그래서 육오는 솥이 바르게 잘 걸려 있어 밥이 고루 잘 익어야 하는 것이고(利貞), 상구는 즐겁게 먹는 것입니다(大吉无不利).

▌편언

 수풍정괘(䷯)는 물이기 때문에 떠서 마시는 자리인 상육이 좋다고 했고, 화풍정괘(䷱)도 밥이기 때문에 상구에서 떠서 먹으니 좋다고 했습니다. 수풍정괘에서는 구삼에서 못 먹던 물을 구오를 거쳐 상육에서 먹게 되었고, 화풍정괘에서도 구삼에서 못 먹던 밥을 육오를 거쳐 상구 자리에서 먹게 된 것입니다. 모두 먹고 마시는 것이기 때문에 그 공을 다 이룬 맨 윗자리를 좋게 보는 것입니다.
 다만 수풍정괘는 물이기 때문에 그냥 마시면 되지만, 화풍정괘는 밥을 하는 것이기 때문에 물과 쌀을 잘 조절해야 하니 '강유절'이라고 한 것이지요.

대산주역강의

● 경전해설 51~60

重雷震(51)
중 뢰 진

진괘의 전체 뜻

위도 우레괘(☳)이고 아래도 우레괘(☳)로 우레가 거듭되어 중뢰진괘重雷震卦입니다. 괘상은 '중뢰'이고 '진'이 괘명입니다. 안팎으로 우레가 거듭하여 진동하네요. 화풍정火風鼎괘에서 '자리를 바르게 하여(正位) 명을 응결시킨다(凝命)'고 했는데, 이렇게 하는 것은 우레가 거듭 칠 때 혼비백산魂飛魄散하는 위험을 대비하는 것이기도 합니다.

진震은 '우레, 움직이다'의 뜻으로, 「설괘전」에 진震을 발(足)이라고 하였습니다. 또 천지가 사귈 때 제일 처음 나오는 양으로, 땅(☷) 속에서 우레(☳)가 나옵니다. 우레괘를 사람으로 보면 장남입니다. 장남은 가통家統을 잇는데, 가통을 잇는다는 것은 솥(鼎)을 전하는 것으로, 솥에 음식을 익혀서 조상님들에게 제사를 올리며 받드는 것이지요(奉祭祀).

「서괘전」에서도 "솥은 맏아들이 맡아 관리하는 것이기 때문에, 음식을 익히는 정괘 다음에 장남괘인 진괘를 놓았다."*고 했습니다.

---

* 主器者 莫若長子 故 受之以震

괘사

震은 亨하니 震來에 虩虩이면 笑言이 啞啞이리니
진   형   진래   혁혁   소언   액액

震驚百里에 不喪匕鬯하나니라.
진경백리   불상비창

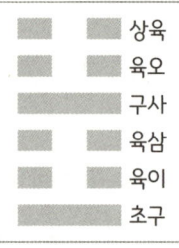

직역 진은 형통하니, 우레가 침에 놀라고 두려워하면 웃는 소리가 깔깔거릴 것이니, 우레가 백리를 놀라게 함에 숟가락과 울창주를 놓치지 않느니라.

- 虩 : 놀랄 혁 / 啞 : 웃을 액('액액'은 깔깔거린다는 의성어) / 驚 : 놀랄 경 / 匕 : 숟가락 비(제사 때 시저匙箸 그릇에 놓는 숟가락, 匕≒匙)* / 鬯 : 향기로운 술 창(鬯酒, 鬱鬯酒. 제사 때 강신降神하기 위하여 울금과 검은 기장으로 빚은 향기로운 술) : 제사를 주관한다는 뜻에서, 비창匕鬯을 세자, 장자, 후계자로 보기도 한다.

점례 맑던 하늘이 갑자기 흐려지고 번쩍거리는 번개와 천둥소리에 깜짝 놀라 허둥댄다. 그러다 천둥소리가 멀어지고 하늘이 맑아지면 벌벌 떨던 것을 잊어버리고, 아까 왜 그렇게 무서워했던가 하며 웃는다. 요란만 하고 피해는 적다. 큰소리만 치고 실속은 없다.

강의 진震은 움직이는 것이고 앞이 탁 트여 있으므로 형통한 괘입니다(震亨). 하늘에서 천둥이 치며 진동하는데 놀라지 않을 사람이 어

---

* 옛날에는 희생犧牲에 비수를 꽂고 제사를 올렸으나, 요즘에는 곡식에 숟가락을 꽂고 제사를 올리므로, '시저匙箸'의 발음을 따서 '시'라고도 읽는다.

디에 있습니까? 천둥이 치면 '지은 죄가 없나?' 하며 무서워하고 두려워합니다. 그것이 사람의 양심입니다(震來虩虩). 번개와 천둥이 쳐도 두려워하지 않는다면 나쁜 일을 계속할 사람이지만, 놀라고 두려워하며 '벌을 받지 않을까?' 하며 지난 일을 반성하는 사람은, 자신의 허물을 고쳐서 착한 일을 할 사람입니다. 그래서 우레가 칠 때, 두려워하며 정성껏 자신을 돌아보고 반성한다면 과거의 허물을 고치고 잘못을 범하지 않으니, 우렛소리가 떠나간 다음에 안도의 숨을 쉬면서 오히려 웃습니다(笑言啞啞).

그런데 우레라는 것이 백 리 안에는 다 들리는 것입니다. 천 리 안에 같은 바람이 불고 백 리 안에는 우렛소리가 들리는 것이죠(震驚百里). 그 우렛소리가 백 리 안에 모든 사람을 놀라게 하는데, 이 진동震動으로 사람이 모두 갈팡질팡하며 정신을 못 차립니다. 그러나 숟가락을 올려놓고 향기로운 술을 땅에다 부으며 제사 지내는 사람을 흔들리게 하지는 못 합니다. 하느님과 천지신명을 받들고 조상을 받들어 정성을 다하는 사람은 아무리 천지가 진동한다 해도 몸과 마음이 평온하여 자신이 지켜야 할 것들을 잃어버리지 않는다는 말이지요. 장남이 솥에서 익힌 음식으로 조상을 받들 듯이, 제사 지내는 사람은 천지가 진동하더라도 지성감천至誠感天이라서 흔들림이 없는 것입니다(不喪匕鬯).

단전

> 象曰 震은 亨하니 震來虩虩은 恐致福也요
> 단왈 진 형 진래혁혁 공치복야
>
> 笑言啞啞은 後有則也라. 震驚百里는 驚遠而懼邇也니
> 소언액액 후유칙야 진경백리 경원이구이야
>
> 出可以守宗廟社稷하야 以爲祭主也라.
> 출가이수종묘사직 이위제주야

직역 「단전」에 이르기를, 진은 형통하다. '우레가 침에 놀라고 두려워함'은 두려워하여 복을 이룸이고, '웃음소리가 깔깔거림'은 뒤에 법칙이 있음이라. '우레가 백리를 놀라게 함'은 먼 데서는 놀라게 하고 가까운 데서는 두려워하게 함이니, 나아감에 종묘와 사직을 지켜 제주(長子:祭主)가 되리라.

- 驚 : 놀랄 경 / 懼 : 두려워할 구 / 邇 : 가까울 이 / 守 : 지킬 수

강의 괘사에 문왕의 말과 같이 진은 형통합니다(震亨). 천지가 진동할 때 두려워하고 자신의 잘못을 뉘우치고 고쳐서 착한 일을 하다 보니 복을 이루는 것입니다(震來虩虩 恐致福也). 하느님이 노여워하는데 두려워하지 않으면 안되겠죠?

'웃음소리가 깔깔거린다'는 것은, 우레 치는 게 끝난 뒤에 '사람이 죄 짓고는 못 사는 것이다'라는 것을 삶의 법칙으로 삼는 것입니다. 그래서 마음이 넓어지고 몸이 편안하여 즐겁습니다. 천지가 진동하는 때에 모두 죽고 자기는 살아났습니다. 두려워하고 반성하는 마음으로 복을 이루니, 하느님이 살려주신 거지요. 그래서 '사람이 죄 짓

고는 못 사는 것이다'라는 것을 삶의 법칙으로 삼게 되지요(笑言啞啞
後有則也).

우레가 백 리에 울리니 멀리서는 놀라고 가까이서는 조마조마하면서 두려워하게 됩니다(震驚百里 驚遠而懼邇也). 이럴 때에는 방 안에 가만히 있지 말고, 나가서 종묘사직을 지켜야 한다는 말이죠. 종묘는 역대 왕들을 받드는 사당이고, 사직은 국토를 수호하는 신입니다. 종묘와 사직을 받들어 국토를 편안케 하고 대를 이으면 국태민안國泰民安이지만, 종묘와 사직을 받들지 못하게 되면 대가 끊기고 나라가 망하는 것이지요. 이것을 한 가정으로 말하면 사당에서 제사를 지내야 하고, 사당이 없는 집은 지방이라도 써 붙이고 제사를 지내야 합니다(出可以守宗廟社稷). 그래서 나라에는 왕통王統을 이을 세자가 제주祭主가 되고, 가문에는 가통家統을 이을 장자가 제주가 되는 것입니다(以爲祭主也).

대상전

象曰 洊雷ㅣ 震이니 君子ㅣ 以하야 恐懼脩省하나니라.
상왈 천뢰   진   군자   이   공구수성

직역 「대상전」에 이르기를, 거듭 치는 우레가 진(震)이니, 군자가 본받아서 놀라고 두려워하며 몸을 닦고 허물을 살핀다.

- 洊 : 거듭할 천 / 懼 : 두려워할 구 / 脩 : 닦을 수(≒修), 수양할 수

강의 진괘의 외호괘가 물괘(☵)이므로 수(氵≒水)입니다. 비가 올

때 우레가 있는(存) 것이라고 해서 '천洊'인데, 거듭(重)이라는 의미입니다. 군자가 하늘과 땅이 진동하는 상을 보고 본받아서 두려워하며 허물을 살펴서 고치고 몸을 닦아 새사람이 되어야 한다는 것입니다. 우레괘(☳)로 두려워하는 것이고(恐懼), 내호괘 산괘(☶)로 반성하는 것이며, 외호괘 물괘(☵)로 마음과 몸을 닦는 것입니다(脩省).

효사와 소상전

初九는 震來虩虩이라야 後에 笑言啞啞이리니 吉하니라.
초구   진 래 혁 혁   후   소 언 액 액   길

象曰 震來虩虩은 恐致福也요 笑言啞啞은 後有則也라.
상 왈 진 래 혁 혁   공 치 복 야   소 언 액 액   후 유 칙 야

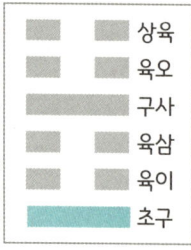

직역 초구는 우레가 옴에 놀라고 두려워해야 뒤에 웃음소리가 깔깔거릴 것이니 길하니라. ◆「상전」에 이르기를, '우레가 옴에 놀라고 두려워함'은 두려워하여 복을 이룸이고, '웃음소리가 깔깔거림'은 뒤에 법칙이 있음이라.

점례 간담이 서늘할 일이 생겨서 가슴 졸이다가 기쁜 일로 바뀐다.

강의 양이 맨 처음에 있어서 초구입니다. 우레가 거듭되어서 내괘도 우레괘(☳)이고 외괘도 우레괘(☳)입니다. 진괘震卦를 전체적으로 보면 양이 우레가 되는데, 초구와 구사 중에 초구효가 진괘의 주효입니다. 초구의 양이 처음 와서 우레가 된 것이니, 음의 자리에 있어

발동하지 못하는 구사보다는 양의 자리에서 왕성하게 발동하는 초구가 진정한 우레를 이루는 주효입니다. 문왕의 괘사와 주공의 효사에 모두 '진래혁혁 소언액액'이라고 한 것은 주효인 초구를 말한 것입니다. 우레가 옴에(震來) 놀라지 않을 수 없으니, 두려워하면서 자신을 되돌아보고 삼가야 합니다(虩虩). 그런 뒤에야 웃음소리가 액액 할 수 있는 것이죠(後笑言啞啞). 그래서 비록 천지가 진동하는 때이지만 초구가 길한 것입니다(吉).

◆**소상전** 공자께서 「단전」에 문왕의 괘사를 해설하신 말을, 여기서 주공의 효사를 해설하면서 그대로 쓰셨네요. 즉 천지가 진동하는 때에 두려워하고 삼가는 것(震來虩虩)은 결국 그 두려워하는 것으로 인해 복을 이루게 되는 것이고(恐致福也), 그 결과 즐겁고 기뻐하게 되었으며(笑言啞啞), 나쁜 일에 부화뇌동하며 휩쓸리지 않고 자신이 지킬 올바른 법칙을 지켜나갈 수 있게 되었다는 것입니다(後有則也).

六二는 震來厲라. 億喪貝하야 躋于九陵이니
육이   진래려   억상패   제우구릉

勿逐하면 七日得하리라.
물축   칠일득

象曰 震來厲는 乘剛也일세라.
상왈 진래려   승강야

직역 육이는 우레가 침에 위태함이라. 재물 잃을 것을 헤아려 구릉에 오름이니, 쫓지 말면 칠일 만에 얻으리라. ◆「상전」에 이르기를, '우레가 침에

위태함'은 강을 탔기 때문이다.

- 億 : 헤아릴 억(≒憶) / 貝 : 재물 패, 조개 패 / 躋 : 오를 제 / 逐 : 쫓을 축

점례 두려워하는 마음을 갖는다. 화가 복이 된다. 산에 올라 7일 만에 돌아온다.

강의 음이 두 번째에 있어 육이입니다. 초구는 맹렬한 우레로서 요란하게 소리를 내는데, 육이는 초구와 가장 가까이 있어서 초구의 우렛소리를 가장 가까이에서 맨 먼저 듣는 자리입니다. 그러니 위태롭게 되므로(震來厲) 피신해야 합니다.

'억億'에는 '헤아리다(憶)'와 '억조창생'이라는 두 가지 뜻이 있습니다. 천지가 진동하는 위태한 상황을 헤아린다는 뜻과 위태하기 때문에 억조창생이 재물을 버리고 피난한다는 뜻이라 할 수 있죠. 육이가 중정中正한 덕으로 위태로운 상황을 잘 판단하고 헤아려서, 육이가 변한 못괘(☳→☱)의 훼절로 재물을 모두 버리고(億喪貝) 살기 위해 구릉으로 올라갑니다. 내호괘인 산괘(☶)에서 언덕(陵)이 나오니, 구릉九陵에 올라가는 것입니다(躋于九陵).

구릉은 우리나라 간방艮方을 말하는 것이라고도 합니다. 천지가 개벽할 때에 구릉 속에 비결이 있다는 것이죠*. 그런데 재물에 집착하여, 7일 만에 다시 얻어지는 것을 생각하지 못하고 쫓아가면 자신의 지켜야 할 중정의 덕을 잃게 됩니다. 그러므로 재물에 집착하여 쫓지

---

* 야산 선사의 作詩 「庚元吟」: 木王元德統先天, 乾道革時損益年, 百里驚雷君紀否, 九陵七日妙眞傳.

말아야 하고 미련을 버려야 합니다. 중정함을 잃지 않고 위태로운 상황에 잘 대처하면, 그 재물은 7일 만에 얻어지는 것이죠(勿逐 七日得).

◆**소상전** 천지를 진동하는 소리가 다가옴에 위태한 것은(震來厲) 육이가 우렛소리를 내는 초구에 올라탔기 때문입니다. 즉 초구와 가장 가까이에 있기 때문인 것이죠(乘剛也).

六三은 震蘇蘇니 震行하면 无眚하리라.
육삼　진소소　진행　　무생

象曰 震蘇蘇는 位不當也일세라.
상왈 진소소　위부당야

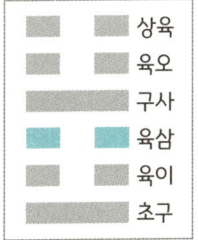

직역 육삼은 우레가 침에 까무러치니(두려워 머뭇거림이니), 움직여서 나가면 재앙이 없으리라. ◆「상전」에 이르기를, '우레가 침에 까무러침'은 자리가 마땅치 않기 때문이다.

■ 眚 : 재앙 생 / 蘇 : 까무러칠 소, 소생할 소 / 蘇蘇 : 두려워서 머뭇거리는 모양

점례 칠전팔기다. 쓰러지거든 다시 일어나라. 정신을 차려라.

강의 음이 세 번째에 있어 육삼입니다. 육이는 내괘에서 중을 얻고 바른 자리에 있으므로 초구에 가장 가까이 있어도 구릉에 올라 7일 만에 얻는다고 했습니다. 육삼은 육이에 비해 초구와 멀리 있어서 육이 보다는 우렛소리가 크게 들리지 않지만, 중中을 얻지 못하였고 나

약한 음으로 양의 자리에 부당하게 있기 때문에 두려움에 떨며 머뭇거리다 정신을 잃게 되는 것입니다(震蘇蘇).

그러니 육삼은 정신을 차리고 몸을 움직여 부당한 자리를 피해 어디로든 가야 합니다. 그 자리에 가만히 있으면 재앙을 당합니다. 피난뿐만이 아니라 선후천이 바뀔 때에는 마음자리를 움직여 바꾸어서 개과천선改過遷善하는 정신개벽을 해야 한다는 말도 되는 것이죠(震行无眚).

◆**소상전** 육삼이 까무러쳤다가 깨어나는 소동이 벌어지는 것은, 음이 양의 자리에 부당하게 있기 때문입니다(位不當).

九四는 震이 遂泥라.
구사 진 수니

象曰 震遂泥는 未光也로다.
상왈 진수니 미 광 야

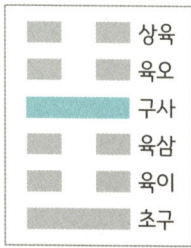

직역 구사는 우레가 마침내 진흙에 빠짐이라. ◆「상전」에 이르기를, '우레가 마침내 빠진다' 함은 빛나지 못한 것이다.

- 遂 : 드디어 수 / 泥 : 진흙 니, 빠질 니

점례 활동력이 저하되어 의기소침해진다. 장한 일은 못된다. 힘을 내어 분발하라.

강의 양이 네 번째에 있어 구사입니다. 진괘의 초구도 우레이고 구사도 우레지요. 같은 우레라도 초구는 처음 치는 우레이고 양자리에 있기 때문에 강렬한 우레지만, 음자리에 있는 구사는 의기소침意氣消沈한 우레입니다. 진흙 속에 빠졌기 때문에 의기소침해져서 진동하는 소리가 많이 약해진 것이죠.

우레는 움직이는 성질인데, 내호괘가 산괘(☶)로 그치는 상이고, 외호괘는 물괘(☵)로 진흙 속에 빠져 있는 상이니, 제대로 발동하지 못하는 의기소침한 우레입니다(震遂泥).

◆**소상전** 우레는 강하게 움직이고 소리를 내야 빛이 나는 것인데, 구사는 진흙 속에 빠져서 의기소침해진 우레니 제대로 소리를 내지 못하여 빛나지 못하는 것입니다. 즉 외호괘가 물괘(☵)로 구사 양陽의 밝은 빛을 감춰버려서 빛나지 못하는 것입니다(未光).

51 중뢰진

六五는 震이 往來ㅣ 厲하니 億하야 无喪有事니라.
육오 진 왕래 려 억 무상유사

象曰 震往來厲는 危行也오 其事ㅣ 在中하니
상 왈 진왕래려 위행야 기사 재중

大无喪也니라.
대 무상야

직역 육오는 우레가 가고 옴에 위태로우니, 잘 헤아려야 맡은 일에 잃음이 없느니라. ◆「상전」에 이르기를, '우레가 가고 옴에 위태로움'은 위태롭게 행함이요, 그 일이 중에 있으니 크게 잃음은 없는 것이다.

점례 어려운 일에 남을 구제한다. 나도 살고 남도 살린다. 큰일을 해낸다.

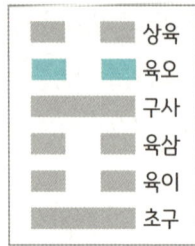

강의 음이 다섯 번째에 있는 육오는 인군人君의 자리이지요. 천지가 진동하여 재앙으로 죽어가는 사람들을 구제하는 자리입니다. 천지를 진동하는 우렛소리가 사방에서 들려옵니다. 가까이에 있는 구사의 우렛소리가 오기도 하고, 멀리 있는 초구의 우렛소리가 오기도 하는 것입니다(震往來厲). 육오가 중정中正한 덕으로 그 상황을 잘 헤아려(億) 대처하면 천지가 진동하는 가운데에서도 잃은 것 없이 일을 잘 처리할 수 있습니다(无喪有事).

한편으론 '무상유사'의 '상喪'을 죽는다로 보아서, '헤아려서 일을 하는 사람은 죽지 않는다.'로 해석하기도 합니다. 어려운 상황 속에서도 잘 헤아려서 사람 살리는 일을 하는 사람은 죽지 않는다는 것이지요.

육오의 '억億'도 육이와 같이 두 가지로 보는데, 육이의 '억億'은 진동하는 상황을 헤아리며 억조창생 스스로가 살기 위해서 피난하는 것이고, 육오의 '억億'은 진동하는 상황을 잘 헤아려 억조창생을 구제하는 것입니다. 다시 말하면 육이는 아래(내괘)에서 중中을 얻었기 때문에, 억조창생이 살아남기 위해 구릉으로 올라가 피난하는 것이고, 육오는 위(외괘)에서 중을 얻었고 지도자의 자리에 있기 때문에, 억조창생을 살려 내려고 구제창생救濟蒼生의 깃발을 들고 나서는 것입니다.

◆**소상전** 우레가 가고 옴에 위태롭다는 것은 위태롭게 행함을 말하고(危行), 위태롭게 행하는 속에서 사람 살리는 일이 그 중中을 지키는 데에 있으니(其事在中), 이렇게 억조창생을 살리기 위해서 일을 하는 육오는 본인은 물론 많은 창생을 구제하니, 크게 잃음이 없다(大

无喪)는 말입니다.

上六은 震이 索索하야 視ㅣ 矍矍이니 征이면 凶하니
상육 진 삭삭   시 확확   정   흉

震不于其躬이요 于其隣이면 无咎리니 婚媾는 有言이리라.
진불우기궁   우기린   무구   혼구   유언

象曰 震索索은 中未得也일세요 雖凶无咎는
상왈 진삭삭 중미득야   수흉무구

畏隣戒也일세라.
외린계야

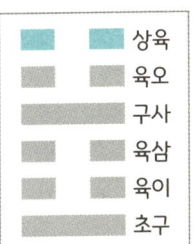

상육
육오
구사
육삼
육이
초구

직역 상육은 우레가 (사방으로) 흩어져 눈을 두리번거림이니, 가면 흉하다. 우레가 자기 몸에 이르지 않고 그 이웃에 이르면 허물이 없으리니, 혼구(함께하는 사람)는 말이 있으리라. ◆「상전」에 이르기를, '우레가 흩어짐'은 중을 얻지 못했기 때문이고, 비록 흉하나 허물이 없음은 이웃이 경계함을 보고 두려워함이라.

■ 索 : 흩어질 삭(색) / 矍 : 두리번거릴 확 / 躬 : 몸 궁 / 隣 : 이웃 린

점례 이웃집에 불이 나서 타들어 온다. 정신 차려라. 눈을 크게 뜨고 두리번거린다. 나를 구해주는 사람이 있으니, 말을 잘 들어라.

강의 음이 맨 위에 있어서 상육입니다. 상육은 우렛소리가 사방으로 흩어지니(震索索). 큰 눈을 두리번거리며 겁을 먹습니다(視矍矍). 이

런 때에 그 자리에서 정신을 차리지 못하고 우렛소리에 놀라 아무데나 가면 다쳐서 흉하다는 것이죠(征凶). 우레가 아직 상육 자신의 몸에는 직접 이르지 않았고(震不于其躬), 이웃에 있는 육오가 당하고 있는 것이니(于其隣) 상육이 다치지는 않았습니다(无咎). 이럴 때에 중간에서 구제창생을 하는 육오가(婚媾) 상육이 살 수 있는 방법에 대해 말해줍니다(有言). 그러므로 상육은 정신을 똑바로 차리고 육오의 말을 잘 들으며 가만히 있어야 한다는 것입니다.

◆**소상전** 중中을 얻었으면 나뿐만 아니라 남도 살릴 여유를 갖지만 상육은 중을 얻지 못해(中未得) 중심을 잡지 못하고 있습니다. 그런데 상육이 비록 흉하지만 허물이 없다고 한 것은(雖凶无咎) 살아갈 방도를 일러 주는 이웃 육오의 경계를 두려워하면서 따르기 때문입니다. (畏隣戒也).

▌ **관련된 괘**

① **도전괘** : 중산간(☶) ② **배합괘** : 중풍손(☴)

③ **호　괘** : 수산건(☶) ④ **착종괘** : 중뢰진(☳)

▌ **총설**

'진震'은 천둥치고 벼락치는 진도 되지만, 지진地震으로 땅이 들썩거리는 진도 됩니다. 천지가 진동하는 것이니, 사람에게는 무섭고 두려운 진동입니다. 이러한 천재지변이 일어날 때는, 정신을 하나로 모으는 치성致誠을 들여야 살아남을 수 있다는 것입니다(不喪匕鬯).

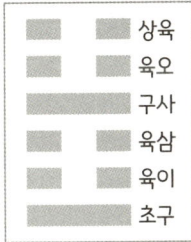

초효는 진의 주체이기 때문에, 괘사의 글 그대로 '진래혁혁震來虩虩 소언액액笑言啞啞'이라고 하였습니다. 정성을 들이고 두려워하며 자신의 본분을 잘 지키니 복을 받아서 즐거운 것이지요.

이효는 천지가 진동하는 두렵고 황급한 상황에서도, 때와 장소를 잘 헤아려 욕심을 버리고 살 곳을 찾으라고 했지요(躋于九陵).

삼효는 부당한 자리에서 중中을 잃었기 때문에 우렛소리에 망연자실하지요. 그러나 성인은 실망하지 말고 정신을 바짝 차려 그곳을 벗어나라고 가르쳐주셨습니다(震行无眚).

사효로 말하면, 초구의 진은 발동하는 강한 진이고, 구사의 진은 쇠퇴하는 약한 진이니, 초구는 진정으로 움직이고 회개하여 공치복恐致福이지만, 구사는 너무 미진하여 미광未光입니다.

오효는 위급한 때를 당하여 의로움과 자비를 베푸는 구세주와 같습니다. 그러나 이런 일은 아무나 할 수 있는 것이 아니고 육오만이 중을 얻었기 때문에 가능한 것입니다(无喪有事).

상효는 놀란 토끼와 같이 갈피를 잡지 못하고 당황하지요. 성인은 어리석은 상육에게 함부로 날뛰지 말고 너를 구해줄 사람의 말을 잘 듣고 행동하라고 했습니다(畏隣戒).

▎편언

진괘는 어려운 상황 속에서도 판단을 잘하여 행동하는 것을 귀하게 여긴 괘입니다. 자연현상의 순환은 물론이고, 사회적으로 경제적으로도 힘들고 어려운 일이 닥치게 됩니다. 이런 때에 나쁜 마음을 먹거나 물질의 욕심에 집착하여 부화뇌동하지 말고, 상황판단을 잘 하여 자신이 지켜야 할 본분을 잘 지키며 열심히 노력하다보면, 마침내는 좋은 일이 생겨 복을 받게 된다는 것이 진괘의 가르침이지요.

重山艮(52) 중산간

▌간괘의 전체 뜻

위에도 산괘(☶)이고 아래도 산괘(☶)로, 산이 거듭한 '중산重山'의 상이고, 괘명은 '간艮'입니다. 안에서 그치고 밖으로도 그치지요. 중뢰진괘(䷲)는 강력한 움직임으로 지진이라는 재앙이 일어나는데, 중산간괘(䷳)는 모든 움직임을 그치고 그야말로 아무 생각도 없고 행위도 없는 평정平靜의 세계입니다. 그래서 중산간괘는 수양하는 방법론과 그 과정에 대한 내용을 담고 있습니다.

중뢰진괘와 중산간괘는 서로 도전괘 관계에 있습니다. 세상의 모든 운동은 상대성을 지니고 있습니다. 진괘震卦는 가장 강력하게 움직이는 기운을 내재하고 있지만, 움직임이 극에 이르면 도리어 그쳐서 고요한 평정을 유지하게 됩니다.

진은 움직이는 것인데 어떤 물건이든지 계속 발동하는 게 아니고, 한번 움직이고 한번 멈추는(一動一靜) 이치에 의해서 반드시 그치는 때가 있기 마련입니다. 그래서 「서괘전」에서도 "진은 움직이는 것인데, 만물이 끝까지 움직일 수만은 없어서 그치기 때문에, 진괘 다음에 그친다는 간괘를 놓았다."*고 했습니다.

---

* 震者動也 物不可以終動 止之 故 受之以艮

괘사

艮其背면 不獲其身하며 行其庭하야도
간 기 배   불 획 기 신   행 기 정

不見其人하야 无咎리라.
불 견 기 인   무 구

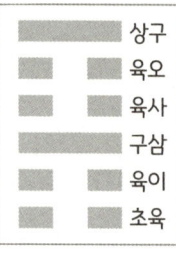

직역 그 등에 그치면 그 몸을 얻지(보지) 못하며, 그 뜰에 다녀도 그 사람을 보지 못하여 허물이 없으리라.

- 背 : 등 배 / 獲 : 얻을 획 / 庭 : 뜰 정

점례 산과 같이 요지부동하며 만사에 태연자약 하라. 욕망을 버리고 조용히 일신을 지킨다. 도를 닦는다. 심신을 수양한다. 티끌 모아 태산이다. 점차 대성한다.

강의 간艮은 산이고 산은 그쳐 있는 것입니다. 『대학』에 "명덕을 밝히고 백성을 새롭게 하고 지극히 선한 데 그쳐야 한다.'고 했습니다. 저울추가 왔다 갔다만 하면, 평생 놔두어도 몇 냥인지 몇 돈인지 저울에 단 물건의 무게를 모르는 것처럼, 사람이 방황만 하다가는 사람 노릇을 못하는 것이죠. 제자리에 그칠 줄 알아야 저울에 단 물건의 무게도 알 수 있고 사람도 사람 노릇을 제대로 하는 것입니다. 이렇게 잘 그치는 것은 불가의 참선參禪이나 유가의 관觀공부를 할 때도 마찬가지입니다.

불가에서 말하는 깨달음을 얻거나 유가에서 말하는 도道를 통하려면, 그 등에 그쳐 무아지경無我之境이 되어야 합니다. 앞에 있는 눈·

귀·코·입은 모두 욕심꾸러기이니 보고, 듣고, 먹고, 냄새 맡는 모든 것은 욕심으로 움직입니다. 그러나 등은 욕심이 하나도 없는 곳이기 때문에, 등에 그치면(艮其背) 욕심이 없어져서 욕심덩어리의 나를 잃어버린 무아지경이 됩니다(不獲其身).

그 뜰에 왔다 갔다 하면(行其庭) 사람이 보이게 마련이지만, 욕심이 없이 그치면 무인지경無人之境에 이르게 되어 사람들이 왔다 갔다 하는 것도 모르게 됩니다(不見其人). 이렇게 '불획기신'의 무아지경과 '불견기인'의 무인지경에 이르러야 진정으로 그친 것이어서 허물을 짓지 않을 수 있는 것입니다(无咎).

단전

彖曰 艮은 止也니 時止則止하고 時行則行하야
단왈 간 지야 시지즉지   시행즉행

動靜不失其時ㅣ 其道ㅣ 光明이니
동정불실기시   기도   광명

艮其(止)背는 止其所也일세라.
간기   배   지기소야

上下ㅣ 敵應하야 不相與也일세
상하   적응   불상여야

是以不獲其身行其庭不見其人无咎也라.
시이불획기신행기정불견기인무구야

직역 「단전」에 이르기를, 간은 그침이니, 때가 그칠 때면 그치고, 때가 행할 때면 행하여, 움직이고 그침에 그 때를 잃지 아니함이 그 도가 빛나고 밝은 것이니, '그 등에 그침'은 그쳐야 할 곳에 그치기 때문이다. 위와 아래가 적응敵應하여 서로 더불지 못하니, 이로써 '그 몸을 얻지 못하며, 그 뜰에 행하여도 그 사람을 보지 못하여 허물이 없음'이 된다.

강의 간은 그친다는 뜻인데(艮止也), 그친다는 것은 말뚝처럼 가만히 한 곳에 있는 것이 아닙니다. 행할 때는 행하고, 그칠 때는 그쳐야 하며, 나아 갈 때는 나아가고, 물러날 때는 물러나며, 입을 다물 때는 다물고, 입을 열고 말할 때는 말해야 합니다. 즉 시중時中으로 늘 중中을 행하는 것이 바로 그치는 것입니다. 저울추가 적중해서 무거운 물건은 무거운 데 가서 그치고 가벼운 물건은 가벼운 데 가서 그치듯이, 한 번 움직이고 한 번 고요한 일동일정一動一靜에 그 때와 도를 잃지 않는 것이 간艮의 빛나고 밝음입니다(動靜不失其時 其道光明).

'간기배艮其背'가 아니고 '간기지艮其止'로 되어 있지만 「단전」은 괘사를 설명한 글이기 때문에 '간기지艮其止'는 괘사에 쓰인대로 '간기배艮其背'로 보는 것이 맞습니다. 등에 그친다는 것은 그칠 곳(其所)에 그치는(止) 것입니다.

『대학』에 문왕은 오지五止(止仁 · 止敬 · 止孝 · 止慈 · 止信)를 했다고 하였지요. "인군이 되어서는 백성을 사랑(仁)하는 데에 그치시고, 신하가 되어서는 공경(敬)하는 데에 그치시고, 자식이 되어서는 효도(孝)하는 데에 그치시고, 아버지가 되어서는 사랑(慈)에 그치시고, 백성들과는 신의(信)에 그치셨다."*고 했습니다. 여기서 '그친다'는 말

---

* 『대학』, 전문 3장 : 詩云 穆穆文王이여! 於緝熙敬止라하니 爲人君엔 止於仁하시고

이 '한정짓다, 완성하다'는 뜻으로도 쓰임을 알 수 있습니다.

이렇듯 '간기배'라는 것은 내가 억지로 힘써서 그치는 것이 아니라, 나를 버리고 지공무사至公無私한 마음으로 그쳐야 할 곳에 그치는 것입니다. 사람들 모두가 그쳐야 할 곳에 그치지 못하기 때문에 시비송사를 하고, 서로 빼앗기 위해 싸우다 보니 사회가 어지러운 것입니다. 모두가 개인적으로는 등에 그치고 또 사회적으로는 자기의 분수를 알아 그칠 곳에 그친다면 그런 혼란은 없을 것입니다(艮其背 止其所).

'위와 아래가 적응敵應'이라는 것은, 상충相沖 관계에 있음을 말합니다. 양은 양끼리 음은 음끼리 바라보고 있어서, 음양 합이 되지 않고 오히려 충이 되어 서로 대적하고 있는 것이죠(上下敵應). 팔괘가 거듭된 중천건(☰), 중지곤(☷), 중뢰진(☳), 중풍손(☴), 중수감(☵), 중화리(☲), 중산간(☶), 중택태(☱)의 중성팔괘重成八卦는 모두 양과 음이 적응하고 있으므로 팔충괘八沖卦라고 합니다.

도통하기 위해 들어앉아 수행할 때 제일 넘기 힘든 마魔는, 남자에게는 여자, 여자에게는 남자입니다. 즉 수행하는데 방해가 되는 것은 음양 관계인 것이죠. 만약에 적응敵應이 아니라 상응相應관계에 있다면, 정신이 팔리고 마음이 흔들려 제대로 그치지를 못할 것입니다. 그러나 음끼리 또는 양끼리 만나 음양이 서로 더불지 않으니(不相與也), 마음이 음양 관계로 이끌릴 곳이 없어서 홀로 무아지경이나 무인지경으로 잘 그치는 것입니다(是以不獲其身 行其庭 不見其人 无咎也).

爲人臣엔 止於敬하시고 爲人子엔 止於孝하시고 爲人父엔 止於慈하시고 與國人交엔 止於信이러시다.

대상전

象曰 兼山이 艮이니 君子ㅣ 以하야 思不出其位하나니라.
상왈 겸산   간   군자   이   사불출기위

직역 「대상전」에 이르기를, 산이 아울러 있는 것이 간이니, 군자가 본받아서 생각이 그 자리(분수, 位)를 벗어나지 않는다.

- 兼 : 아우를 겸(並과 同義)

강의 '생각 사思' 자의 위에 있는 '전田'은 '정수리 신囟'의 변형된 모습입니다. 뇌腦와 마음(心)으로 이루어진 글자로, '머리와 마음으로 생각하고 느낀다'는 의미이지요. 생각을 의미하는 글자가 많지만, '사思'는 '자기 자신을 스스로를 돌아보고 생각한다.'는 뜻입니다. 내가 하는 일이나 행동이 올바르고 사리에 맞는지를 돌아보며 생각하는 것이죠. 『논어』에도 구사九思*가 있습니다.

중산간괘(䷳)는 내괘도 산괘(☶)이고 외괘도 산괘(☶)로 산이 층층이 중첩해 있기 때문에 겸산兼山입니다. 산은 항상 그 자리에 그쳐 있습니다. 만고에 변하지 않은 산처럼 군자도 자기의 자리에 그쳐 분수 밖의 일을 도모하지 말라는 뜻입니다(思不出其位).

---

* 『논어』, 「계씨」 : 공자께서 말씀하시길, "군자는 아홉 가지 생각함이 있으니, 봄에는 밝음을 생각하며, 들음에는 귀밝음을 생각하며, 얼굴빛은 온화함을 생각하며, 모양은 겸손함을 생각하며, 말은 충성함을 생각하며, 일은 경건함을 생각하며, 의심스러움은 물음을 생각하며, 분함은 어려움을 생각하며, 얻는 것을 보면 의로움을 생각한다."(孔子曰 君子有九思 視思明 聽思聰 色思溫 貌思恭 言思忠 事思敬 疑思問 忿思難 見得思義.)

효사와 소상전

初六은 艮其趾라 无咎하니 利永貞하니라.
초육   간기지   무구   이영정

象曰 艮其趾는 未失正也라.
상왈 간기지   미실정야

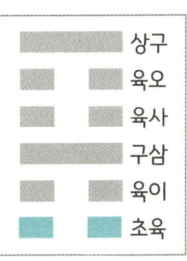

직역 초육은 그 발꿈치에 그치기 때문에 허물이 없으니, 길이 바르게 함이 이로우니라. ◆「상전」에 이르기를, '발꿈치에 그침'은 바름을 잃지 아니한 것이다.

점례 함부로 움직이다 실수하지 말고 본분을 지키며 바르게 가만히 있어야 한다.

강의 음이 맨 처음에 있어 초육입니다. 사람이 서 있으면 맨 아래에 있는 것이 발꿈치입니다. 맨 처음 발꿈치부터 그치는 것을 시작하니(艮其趾), 허물이 없습니다(无咎). 그러나 그치다 말면 그치나마나 하여 의미가 없으니 일관성 있게 머리끝까지 바르게 그쳐야만 잘 그친 것이 되어 이롭습니다(利永貞).

◆**소상전** 그 발꿈치에 그친다는 것은 바르게 서 있으려는 것입니다. 발꿈치를 나무로 말하면 뿌리가 되고 나라로 말하면 백성입니다. 그래서 아래가 잘 그쳐야 하는 것입니다. 아래의 뿌리가 움직여 들썩거리면 나무가 흔들리는 것이고 백성이 안정되지 않으면 나라가 혼란에 빠지는 것입니다(未失正).

> 六二는 艮其腓니 不拯其隨라 其心不快로다.
> 육이   간기비   부증기수   기심불쾌
>
> 象曰 不拯其隨는 未退聽也일세라.
> 상왈 부증기수   미퇴청야

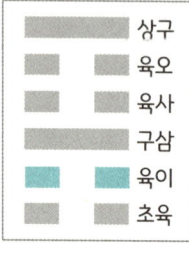

직역 육이는 그 장딴지에 그침이니, 그 따르는 이를 구원하지 못하기 때문에 그 마음이 유쾌하지 아니하도다. ◆「상전」에 이르기를, '그 따르는 이를 구원하지 못함'은 윗사람이 물러나서 듣지 않기 때문이다.

- 腓 : 장딴지 비 / 拯 : 구원할 증 / 快 : 유쾌할 쾌 / 退 : 물러날 퇴 / 聽 : 들을 청, 따를 청(순종하다)

점례 윗사람과 갈등이 생긴다. 마음이 불쾌하다. 내 말에 순종하지 않는다.

강의 음이 두 번째에 있어 육이입니다. 초효가 발꿈치라면 육이는 장딴지입니다. 발꿈치에 그쳤으니 다음으로 올라가 장딴지에 그치는 것이죠(艮其腓). 음은 고요한 성질을 가지고 있고 양은 움직이는 성질을 가지고 있는데, 육이는 바른 자리에 고요히 그쳐 있습니다.

그런데 육이는 장딴지로서 구삼의 허리를 따라가게 되어 있어요. 허리가 움직이면 아래에서 그치고 있어야 아무 소용이 없습니다. 육이는 '제발 구삼이 움직이지 않았으면' 하는데, 구삼은 육이보다 높고 또 양이어서 육이의 말을 듣지 않고 자꾸 움직입니다. 허리가 움직이면 장딴지가 따라갈 수밖에 없기 때문에, 움직이는 구삼을 따르기만 하고 구원할 수는 없습니다(不拯其隨). 내호괘인 물괘(☵)로 근심해서 마음(中)이 유쾌하지 못한 것이죠(其心不快).

◆**소상전** 장딴지는 육이이고 구삼은 허리인데, 육이가 '허리가 가만히 있었으면' 해도 구삼이 듣지를 않습니다. 구삼이 뒤로 물러나 육이의 말을 들으면 좋은데, 잘난 체하며 듣지 않기 때문에(未退聽) 육이가 구삼을 구원할 수 없는 것입니다.

九三은 艮其限이라 列其夤이니 厲ㅣ 薰心이로다.
구 삼   간 기 한   열 기 인   려   훈 심

象曰 艮其限이라 危ㅣ 薰心也라.
상 왈 간 기 한   위   훈 심 야

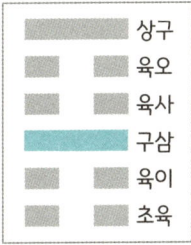

직역 구삼은 그 허리에 그쳤기 때문에 그 팔뚝을(등뼈를) 벌림이니, 위태하여 마음을 태우도다. ◆「상전」에 이르기를, 그 허리에 그쳤기 때문에 위태로움에 마음을 태우는 것이다.

■ 限 : 허리 한 / 夤 : 등골뼈 인(≒려脊), 팔뚝 인, 臏과 통용 / 薰 : 그을릴 훈, 태울 훈

점례 가슴이 답답하다. 팔뚝을 벌리고 기지개를 편다. 6·25사변 점이다.

강의 양이 세 번째에 있어 구삼입니다. 구삼은 허리에 해당합니다. 진괘는 움직이는 것이 핵심이기 때문에 처음 나온 초구가 진짜 우레지요. 하지만 간괘는 그치는 것이 핵심이기 때문에 완전히 그친 상구가 진짜 그친 것이고, 구삼은 양이 양자리에 있는데다 외호괘인 진

(☶)의 움직이는 성질이 있기 때문에, 순수하게 그치지를 못하지요. 더구나 내괘와 왜괘의 갈림길이라서 허리에 그친 상이 됩니다(艮其限). 내괘와 외괘 사이에서 제대로 그치지를 못해 답답해서, 허리와 등을 펴려고 팔을 벌리며 마구 휘둘러댑니다(列其夤). 몸을 반듯하게 그치려면 허리가 가만히 있어야 하는데 자꾸 움직이려고 하니 온몸이 편치 못해 애가 다고 답답한 것이죠(厲薰心).

◆**소상전** 자꾸 움직이려고 하는 성질을 가진 허리에 그쳐 있어(艮其限), 몸과 마음이 불편하여 애를 태우는 것이죠(危薰心).

六四는 **艮其身**이니 **无咎**니라.
육사   간 기 신   무 구

象曰 艮其身은 **止諸躬也**라.
상 왈 간 기 신   지 저 궁 야

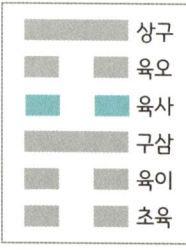

직역 육사는 그 몸에 그침이니 허물이 없느니라.
◆「상전」에 이르기를, '그 몸에 그침'은 그 몸에 그침이라.

- 諸 : 어조사 저, 모두 제 / 躬 : 몸 궁

점례 몸도 마음도 편안하다. 무슨 걱정이 있으랴?

강의 음이 네 번째에 있어 육사입니다. 육사는 비록 중을 얻진 못했지만 음이 음의 자리에 바르게 있습니다. 구삼은 양이 양자리에 있어 강하게 움직이지만 육사는 부드럽게 가만히 있는 것입니다. 육사는 심장의 자리이고 육사가 변하면 불괘(☲)가 되어 심장이 됩니다. 몸이 잘 그친다는 것은 마음이 그친다는 것과 같습니다(艮其身). 이렇게 몸과 마음이 잘 그쳐서 육사는 허물이 없지요(无咎).

◆**소상전** 몸에 잘 그쳐 있다는 말은(艮其身) 몸체에 잘 그쳐 있다는 것입니다(止諸躬). '몸 궁躬' 자는 '궁躬'의 속자俗字인데 '궁躬' 자의 오른쪽에 있는 '려呂'는 본래 '등골뼈'를 의미합니다. 그러니 '지저궁止諸躬'은 몸체에 잘 그쳐 있다는 의미이죠. 또 '몸 궁躬' 자는 '몸 신身' 자에 '활 궁弓'을 했으니 몸이 약간 꾸부정하다는 의미도 됩니다. 즉 육사가 음의 자리에 바르게 있으니 몸을 구부려 겸손하게 잘 그쳤다는 의미이지요.

六五는 艮其輔라 言有序니 悔亡하리라.
육오   간기보   언유서   회망

象曰 艮其輔는 以中으로 正也라.
상왈   간기보   이중   정야

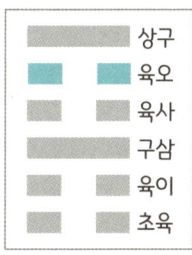

직역 육오는 그 볼에 그침이라. 말이 차례(序)가 있음이니 후회가 없으리라. ◆「상전」에 이르기를, '그 볼에 그침'은 중으로써 바름이라.

▪ 輔 : 볼 때기 보 / 序 : 차례 서

점례 말을 삼간다. 말을 하되 조리 있게 하면 후회가 없다. 좋은 점이다.

강의 음이 다섯 번째에 있어 육오입니다. 초육은 발꿈치에 그치고, 육이는 장딴지에 그치는데 허리가 말을 잘 안 들어서 마음이 불쾌하고, 구삼은 허리에 그치려고 하니까 힘이 들어 답답했고, 육사는 몸과 마음이 잘 그쳤으며, 여기 육오에 이르러선 입이 그치네요. 볼때기에 그치니(艮其輔), 저절로 입이 다물어져 함부로 말하지 않고 조리에 맞게 할 말만 하는 것입니다(言有序). 그러니 말을 잘못해서 생기는 후회가 없게 됩니다(悔亡).

◆**소상전** 볼에 그친다는 것은 입을 다물고 할 말만 하는 것입니다. 또 육오가 외괘에서 중을 얻었고 입 또한 얼굴의 좌우로 치우치지 않고 중간에 있는 것처럼 중을 지키면 저절로 바르게 됩니다. 육오가 음이 양의 자리에 있어 원래 바른 것이 아니나 중을 얻어서 중도를 잘 지키므로 바르게 되는 것이죠(以中正也).

上九는 **敦艮**이니 **吉**하니라.
상구   돈간   길

象曰 敦艮之吉은 **以厚終也**일세라.
상왈 돈 간 지 길   이 후 종 야

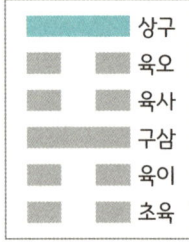

직역 상구는 돈독하게 그침이니 길하니라.

◆「상전」에 이르기를, '돈독하게 그침이 길함'은 마침을 두텁게 하였기 때문이다.

▪ 敦 : 도타울 돈

점례 후하게 모든 일이 잘 마무리된다.

강의 양이 맨 위에 있어 상구입니다. 건괘乾卦의 상구에 '항룡유회亢龍有悔'라고 했듯이 대부분의 괘에서는 상효가 극한 자리이기 때문에 좋지 않지만, 간괘(☶)에서는 그치는 것을 주장하기 때문에 상구는 맨 위에 있어서 더 이상 그칠 데가 없으니 최고로 잘 그쳐 있는 것이고, 그래서 길합니다(敦艮吉).

◆**소상전** 돈독히 그쳐서 길한 것은 산같이 후중하게 끝을 맺었기 때문이죠(以厚終也). 이렇게 초육의 '간기지', 육이의 '간기비', 구삼의 '간기한', 육사의 '간기신', 육오의 '간기보'를 거쳐 상구의 '돈간'이 되어 육지六止가 되는 것입니다.

이것은 『대학』의 지지知止, 유정有定, 능정能靜, 능안能安, 능려能慮, 능득能得이 되는 것*과 같은 의미입니다. 그리고 그 결과 괘사에서 말한 간기배가 되어 무아무인지경無我無人之境이 되는 것이죠.

관련된 괘

① 도전괘 : 중뢰진(☳)　② 배합괘 : 중택태(☱)

③ 호　괘 : 뇌수해(☳)　④ 착종괘 : 중산간(☶)

총설

역易은 한 가지로만 보는 것이 아니고 이리저리 바꾸어보는 것입

---

* 『대학』,「경1장」: 知止而后에 有定이니 定而后에 能靜하며 靜而后에 能安하며 安而后에 能慮하며 慮而后에 能得이니라.

니다. 옛날부터 우리나라를 간방艮方*으로 말해왔기에, 간괘(䷳)에서 우리나라의 위치, 지형, 풍습, 운명 등을 찾아볼 수 있지요. 또 괘사에 '등에 그친다'고 했는데, 등에 그치는 것을 짐을 지는 지게로도 말할 수 있습니다. 지게가 넘어지지 않게 하려면 작대기로 받쳐야 하는 것이죠.

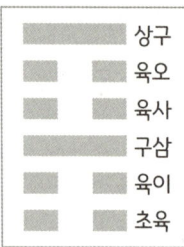

간괘의 초효는 『대학』의 '지어지선止於至善'의 '지지知止'에 해당합니다. 처음으로 그칠 줄 알게 되어 그치니, 우선 발꿈치부터 그치는 것이죠(艮其趾).

이효는 장딴지에 그치기 때문에 『대학』의 육지六止 가운데 유정有定이 되어 몸이 안정되는 것입니다. 그러나 육이는 음陰이고 또 아래에 있기 때문에, 자기는 고요히 잘 그치고 있지만 위의 구삼이 움직이려 하기 때문에 마음이 불안합니다. 매사가 처음부터 편안하게 잘 이루어지는 것은 아니죠.

삼효는 몸 한가운데 중요한 곳인 허리(腰)에 해당하네요. 괘도 내괘의 끝이고 위아래를 잇는 곳이라, '허리 요腰' 자를 쓰지 않고 '지경 한限' 자를 썼습니다. 간艮방의 언덕(阝)을 중간으로 한계限界를 그은 것입니다. 이곳을 지금 우리가 당면한 조국의 분단현실에 비추어 38선으로 보기도 합니다. 여기에 6·25사변의 비결이 있다는 것이죠.

---

* 팔방八方중에서는 '종만물 시만물終萬物始萬物'하는 간방艮方이 태극방太極方이다. 전 세계에서 유독 간방艮方에 위치한 한국만이 태극기를 국기로 지니고 있는 것도 이와 무관하지 않다. 「설괘전」 6장 참조.

사효는 심신이 동시에 안정된 상태입니다. 목적하는 일이 비로소 자리를 잡아가는 것이죠.

오효는 수양을 쌓아 인격을 형성하고, 모든 일이 착오 없이 잘 추진되는 것입니다.

상효는 모든 일이 유종의 미를 잘 거두는 것입니다. 중산간괘가 안팎(위, 아래)으로 산이 둘인데, 아래의 산은 제대로 된 산이 아니기 때문에 불안정한 상태이고, 위의 산은 참으로 후중하게 그친 산이 되어 좋습니다(敦艮之吉 以厚終).

편언

진괘(☳)에서 상황을 잘 살펴서 판단을 잘하고 처신하라고 하였다면, 간괘(☶)에서는 무아無我의 체험수련을 통해 안분지족安分知足하고 낙천지명樂天知命할 것을 가르치고 있습니다.

주역에서는 중산간괘(䷳)와 풍지관괘(䷓)에서 도통하는 수양을 말했는데, 이 두 괘의 차이와 장단점을 연구하는 것도 좋은 공부가 될 것입니다.

風山漸(53)
풍산점

巽
艮

▎점괘의 전체 뜻

위는 손하절 바람괘(☴)이고 아래는 간상련 산괘(☶)로, '풍산風山'의 상이고, 괘명은 '점漸'입니다. 점漸은 '점진적으로 나아간다'는 의미를 지니고 있습니다. 바람괘(☴)는 나무가 되기 때문에, '풍산風山'은 산 위에 나무가 나서 자라고 있는 상이 되지요. 나무는 싹이 트자마자 큰 나무가 되는 것이 아니라 점차로 커나가는 것입니다. 즉 손목巽木이 간산艮山에서 내호괘인 물괘(☵)의 기운으로 점점 커나가는 것이죠.

질서와 차례를 지켜 나아가는 가장 대표적인 것이, 여자가 시집가는 절차입니다. 그래서 점괘漸卦 괘사는 여자가 시집가는 것에 비유했어요. 그리고 기러기는 질서와 차례를 의미하는 동물이므로, 효사에는 기러기가 날아오르는 과정으로 묘사하였습니다. 문명과 문화의 발전도 점진적으로 나아가야 합니다. 풍산점괘는 인류의 점진적인 발전을 예시한 것이죠.

「서괘전」에 "만물은 항상 끝까지 머물러 있을 수만은 없기 때문에 그친다는 간괘 다음에 나아간다는 점괘를 놓았다."*고 했습니다.

---

* 物不可以終止 故 受之以漸

괘사

漸은 女歸ㅣ 吉하니 利貞이니라.
점　여귀　길　　이정

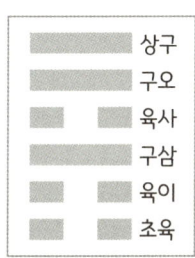

상구
구오
육사
구삼
육이
초육

직역 점은 여자가 시집감이 길하니, 바르게 함이 이로우니라.

- 歸 : 시집갈 귀

점례 전진한다. 여자가 시집간다. 기러기가 멀리 날아가 살 곳을 바꾸듯이 멀리 이사한다. 외유한다. 이민 간다.

강의 점漸은 여자가 시집가는 것으로 인륜의 중대한 일이니, 그 자체가 길합니다(漸女歸吉). 그러나 제멋대로 아무나 만나 시집가는 것은 아니지요(利貞). 바람괘(☴)는 음이 처음 생겨서 장녀長女이므로, 딸 중에 제일 먼저 시집을 가서 가정을 이룹니다. 시집가는 것은 육례六禮를 차례대로 밟아 점점 나아가는 것이기 때문에, 그것을 효사에서는 기러기로 설명하였네요.

　기러기가 나아갈 때는 물가에서 반석으로, 육지로, 나무로, 언덕으로 해서 하늘에 올라가는데 여섯 번의 절차(六進)를 거쳐서 나아갑니다. 기러기가 하늘로 날아오르는 데도 여섯 번의 절차를 거치듯이, 혼인이란 인륜의 중대사를 행하는 것도 여섯 번의 절차를(六禮) 갖추어야 하는 것이죠. 기러기를 예로 든 것은, 기러기는 무리의 질서를 잘 지키는 새(禮鳥)라고 하여 예절에 부합되기 때문입니다.

단전

象曰 漸之進也ㅣ 女歸의 吉也라.
단 왈 점 지 진 야 여 귀 길 야

進得位하니 往有功也오 進以正하니 可以正邦也니
진 득 위 왕 유 공 야 진 이 정 가 이 정 방 야

其位는 剛得中也라. 止而巽할새 動不窮也라.
기 위 강 득 중 야 지 이 손 동 불 궁 야

직역 「단전」에 이르기를, 점의 나아감이 여자가 시집감의 길함이라. 나아가 자리를 얻으니 가서 공이 있음이고, 나아감에 바름으로써 하니 나라를 바르게 할 수 있음이니, 그 자리는 강이 중을 얻음이라. 그치고 공손하니 움직임이 곤궁하지 않은 것이다.

- 邦 : 나라 방

강의 점은 나아간다는 뜻인데(漸之進也), 나아가는 것 중에서 여자가 시집가는 것이 가장 길한 것입니다(女歸吉也). 초육은 어리고 상구는

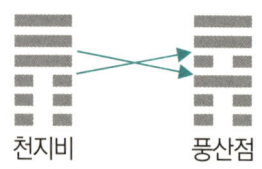

천지비   풍산점

늙었으므로 두 효를 빼고 보면, 육이·육사는 둘 다 음이 음의 자리를 얻었고 구삼·구오는 둘 다 양이 양의 자리를 얻었습니다. 득위得位했으니 득정得正입니다 (進得位). 천지비괘에서 삼효와 사효가 자리를 바꾸어서 점괘가 됨으로써 중심효들이 모두 득위가 된 것이지요.

중심효가 득위해서 뜻을 모으니 자연 공을 세우네요. 집으로 말하면(육사와 육이) 육사 장녀(☴)가 밖으로 나아가 시댁으로 들어가고(巽

入), 유순중정柔順中正한 여자(주부)의 자리(六二)를 얻어서 공을 세운 것이지요.(往有功也). 나라로 말하면(구오와 구삼) 나라의 인군(九五)과 구삼 제후가 바른 자리를 얻어(進以正) 정치를 잘하여 온 나라를 바르게 잘 다스리는 것이라 할 수 있습니다(可以正邦也).

구오로 말하면 강한 양이 외괘에서 중中을 얻었습니다(其位剛得中也). 외괘는 바람괘(☴)로 공손한 괘이고 내괘는 산괘(☶)로 그치는 괘인데, 안으로는 안정되게 그치고 밖으로는 모든 사람에게 공손하기 때문에(止而巽), 어디를 가든지 바른 자리를 얻고 공을 세우니 아무리 움직여도 곤궁하지 않습니다(動不窮也).

대상전

象曰 山上有木이 漸이니
상 왈 산 상 유 목　점

君子ㅣ 以하야 居賢德하야 善俗하나니라.
군 자　이　　거 현 덕　　선 속

직역 「대상전」에 이르기를, 산 위에 나무가 있음이 점이니, 군자가 본받아서 어진 덕에 거처해서 풍속을 착하게 한다.

- 居 : 거할 거 / 賢 : 어질 현 / 俗 : 풍속 속

강의 산 위에 나무가 점점 자라고 있는 것이 점괘(䷴)의 형상인데, 군자가 이 점괘의 상을 보고 본받아 어진 덕에 거처하고 풍속을 착하고 아름답게 교화하라는 말입니다. 내괘인 간(☶)은 후중하게 그쳐

있으니 그것을 본받아서 어진 덕에 자리하여 거처하라는 것이고, 외괘인 손(☴)은 풍류風流, 풍속風俗 등이 되니 풍속을 착하고 아름답게 하라는 것입니다. 혼인이란 것이 사회적으로 매우 중요한 풍속이기 때문에 선속(善俗 : 美風良俗)이라고 했습니다.

효사와 소상전

初六은 鴻漸于干이니 小子ㅣ 厲하야 有言이나 无咎니라.
초육 홍점우간 소자 려 유언 무구

象曰 小子之厲나 義无咎也니라.
상왈 소자지려 의무구야

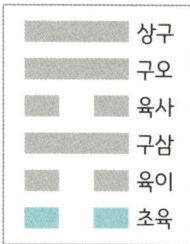

직역 초육은 기러기가 물가에 나아감이니, 어린 아이는 위태해서 말이 있으나 허물이 없느니라. ◆「상전」에 이르기를, 어린아이의 위태로움이나 의리에 허물이 없느니라.

- 鴻 : 큰 기러기 홍 / 干 : 물가 간(水涯)

점례 어린 아이는 물가를 조심한다. 매사 조심한다.

강의 음이 맨 처음에 있어 초육입니다. 초육을 가리면 내호괘가 물괘(☵)가 되니 물가입니다. 물가(氵)에 있는 큰(工) 새(鳥)이기 때문에 기러기(鴻)입니다. 기러기는 한번 짝을 정하면 이후 다른 짝을 구하지 않으며, 또 날아갈 때도 매우 질서를 잘 지키는 새입니다. 그래서 예절을 말할 때 기러기를 비유하는 것이고, 또 옛날에 혼인할 때도 기러기처럼 한번 맺은 짝과 변치 말고 살라는 뜻으로 기러기(鴻, 雁)를 가지고 초례청에 들어가 전안례奠雁禮를 올렸던 것입니다.

기러기가 물가에서 하늘로 날아 올라가는데 초육은 맨 처음이므로 물가에 나아갑니다(鴻漸于干). 물가에 있는 간艮(☶)이 소남小男의 어린 기러기(小子)가 되고, 또 맨 뒤에서 나는 기러기가 되어 위태롭습니다(小子厲). 초육이 변한 불괘(☲)로 발양하여 끼룩 끼룩 위태롭다고 호소하며 우는 것이죠(有言).

그러나 뒤처져 나는 기러기가 울면 앞에서 날던 기러기들이 기다려서 같이 날아갑니다. 또 어린 기러기가 물가에 있지만 물속에 빠져들지는 않으니 허물이 없습니다(无咎).

◆소상전 어린 기러기가 물가에 있어 위태롭고, 또 맨 뒤에 처져서 위태하지만(小子之厲), 앞에서 나는 기러기들이 같이 날아가고 또 물속에 빠져들지 않으니 의리에는 허물은 없습니다(義无咎).

六二는 鴻漸于磐이라. 飮食이 衎衎하니 吉하니라.
육이   홍점우반   음식   간간   길

象曰 飮食衎衎은 不素飽也라.
상왈 음식간간   불소포야

직역 육이는 기러기가 반석에 나아감이라. 마시고 먹는 것이 즐겁고 즐거우니 길하니라. ◆「상전」에 이르기를, 마시고 먹는 것이 즐겁고 즐거움은 하는 일 없이 배 부르려고 하지 아니함이라.

■ 磐 : 반석 반 / 衎 : 즐길 간(≒樂) / 素 : 본디 소(≒白) / 飽 : 배부를 포

점례 경사다. 잔치를 벌인다. 남녀가 보금자리를 마련한다.

강의 음이 두 번째에 있어 육이입니다. 음이 음의 자리에 바르게 있고 내괘에서 중中을 얻어 중정中正한 육이입니다. 괘사의 '여귀길女歸吉'은 바로 육이를 두고 하는 말이죠. 가인괘(䷤)의 두 번째 육이가 시집온 신부의 자리인 것과 마찬가지로, 점괘(䷴)의 육이는 여자가 혼인하는 자리입니다. 기러기가 물가에 있을 때에는 위태롭다고 호소를 했습니다. 그러나 이젠 간산艮山(䷳)의 반석 위에 올랐습니다. 기러기는 발(물갈퀴)이 나뭇가지를 움켜쥘 수 없어서 평평한 곳이라야 앉기에 편한데, 반석은 평평하여 내려앉기에 좋은 곳입니다(鴻漸于磐).

그런데 내호괘가 물괘(☵)라서 기러기의 먹이가 가득한 곳이니 즐거운 것입니다. 바로 혼인할 때 잔치를 베풀어 모든 친지들을 초대해 음식을 나눠 먹으며 즐기니 참으로 길한 자리입니다(飮食衎衎 吉).

◆**소상전** '마시고 먹는 것이 즐겁고 즐거움(飮食衎衎)'은 하는 일 없이 배부르게 먹는 것이 아닙니다. 즉 아무 때나 이유 없이 잔치를 벌여 술이나 마시고 배불리 먹는 것을 일삼을까 봐서 하신 말씀입니다. 『시경』에는 '불소찬不素餐'*이라고 했네요(不素飽).

---

* 『시경』, 「魏風, 伐檀」: 彼君子兮여 不素餐兮로다.

九三은 鴻漸于陸이니 夫征이면 不復하고
구삼   홍점우륙   부정   불복

婦孕이라도 不育하야 凶하니 利禦寇하니라.
부잉   불육   흉   이어구

象曰 夫征不復은 離群하야 醜也요
상왈 부정불복   이군   추야

婦孕不育은 失其道也요 利用禦寇는 順相保也라.
부잉불육   실기도야   이용어구   순상보야

상구
구오
육사
구삼
육이
초육

직역 구삼은 기러기가 뭍(陸)에 나아감이니, 지아비가 가면 돌아오지 못하고, 지어미가 아기를 배더라도 기르지 못하여 흉하니, 도적을 막는 것이 이로우니라. ◆「상전」에 이르기를, '지아비가 가면 돌아오지 못함'은 무리를 떠나서 추한 것이고, '지어미가 잉태하여도 기르지 못함'은 그 도를 잃음이며, '도적을 막는 것이 이로움'은 순리대로 서로를 보호함이라.

▪ 夫 : 지아비 부 / 征 : 갈 정 / 陸 : 뭍 륙 / 孕 : 아이 밸 잉 / 離 : 떠날 리, 걸릴 리 / 禦 : 막을 어 / 保 : 도울 보

점례 남자는 집을 나간 뒤 돌아오지 않고, 여자는 임신을 못하거나 임신을 해도 유산을 하거나 기르지 못한다. 과욕을 부리지 말고 현 상태를 잘 유지하라.

강의 양이 세 번째에 있는 구삼은 양이 양의 자리에 바르게는 있지만 중을 얻지 못하였고, 음양의 상응도 안 되었습니다. 점괘(䷴)에

서 여자가 시집을 가고 혼인하는 것은 내괘의 중정한 육이 여자와 외괘에서 중정한 구오 남자가 서로 응하는 것을 두고 하는 말입니다. 초육과 육사, 구삼과 상구는 음과 음, 양과 양으로 상응이 되지 않네요. 지금 구삼이 상구와는 같은 양이어서 음양 응이 되지 않는데, 괘는 혼인한다는 점괘(䷴)입니다.

그래서 구삼이 상비相比 관계에 있는 이웃 육사를 탐내고 부정한 짓을 하여 불륜의 관계가 맺어지는 것입니다. 기러기는 본래 물가나 반석처럼 마땅한 곳에 있어야 편안해서 좋지, 육지로 가는 것은 불편한 곳으로 나아가는 것입니다. 그것이 바로 구삼이 만나지 말아야 할 육사와 만나는 것입니다(鴻漸于陸).

구삼의 지아비(夫)가 가지 말아야 할 육사한테 가면 돌아오지 못할 길을 가는 것이 되어 다시는 낯을 들고 돌아오지 못하며(夫征不復), 육사 여자(婦)가 구삼 남자와 만나지 말아야 할 관계인데 불륜의 관계로 만났으니, 임신을 하더라도 아기를 제대로 기르지 못해서(婦孕不育) 모두 흉한 것입니다(凶).

주역에서는 나를 해롭게 하는 것을 도적이라고 하는데, 가만히 있는 나에게 와서 해롭게 하는 것도 도적이지만, 스스로 해로움을 자초하는 것도 자신을 해치는 도적입니다. 구삼이 만나지 말아야 할 육사와 만나서 불륜의 관계를 맺는다면, 그것은 자신을 해치는 도적을 불러들인 것이 됩니다. 스스로 자신을 해치는 일을 하지 말아야 하는 것이죠. 그래서 구삼은 육사를 만나지 말아야 하고 육사는 구삼과 관계하지 말아야 하니 '도적을 막는 것이 이롭다'고 한 것입니다(利禦寇).

◆소상전 지아비가 가서 돌아오지 못한다는 것(夫征不復)은 가만히

있어야 할 무리에서 떠나가 추한 사람이 되는 것이고(離群醜也), 여자가 만나지 말아야 할 남자와 만나서 임신하여도 기르지 못한다는 것은(婦孕不育) 정당한 배필을 만나 혼인해야 할 여자의 도를 잃은 것입니다(失其道也). 이런 상황에서는 도적을 막음이 이롭다는 것은(利用禦寇), 순리에 따라 인간관계로 서로를 도와야지, 음양 관계로 맺어지려고 해서는 안 된다는 것입니다(順相保也).

六四는 鴻漸于木이니 或得其桷이면 无咎리라.
육사 홍점우목   혹득기각   무구

象曰 或得其桷은 順以巽也일세라.
상왈 혹득기각   순이손야

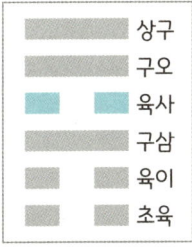

직역 육사는 기러기가 나무에 나아감이니, 혹 그 평평한 가지를 얻으면 허물이 없으리라. ◆「상전」에 이르기를, '혹 그 평평한 가지를 얻음'은 순하고 공손하기 때문이다.

■ 桷 : 평평한 가지 각(平柯), 네모진 서까래 각

점례 불편한 곳에 있다가 점차 편한 곳으로 나아간다. 공손하기에 좋은 일이 있는 것이다. 모든 것이 자신이 하는 것에 달려 있다.

강의 음이 네 번째에 있는 육사는 중을 얻지는 못했지만 음이 음의 자리에 바르게 있습니다. 기러기가 날아가는 것으로 말하고 있는데 손괘(☴)의 나무로 날아간 것입니다. 기러기는 발이 물갈퀴로 되어 있어서 움켜쥘 수 없으므로, 나뭇가지는 불편한 곳입니다(鴻漸于木). 그러나 평평한 가지를 얻으면 편하게 앉을 수 있습니다. 손괘(☴)는 나무인데 육사는 음으로 부드러워 기러기가 앉기 편한 평평한 가지가 됩니다. 평평한 가지를 얻으면 편하게 앉을 수 있으므로 불편했던 허물이 없는 것이죠(或得其桷 无咎).

◆**소상전** 육사는 음으로 순順이고 손괘(☴)로 공손함(巽)이지요. 기러기가 평평한 가지를 얻는 것을 사람으로 말하면, 사람이 순하고 공손하게 행동하면 늘 마음이 편하여 아무 탈이 없는 것이죠(順以巽).

九五는 鴻漸于陵이니 婦ㅣ 三歲를 不孕하나
구오 홍점우릉   부   삼세   불잉

終莫之勝이라 吉하리라.
종막지승   길

象曰 終莫之勝吉은 得所願也라.
상왈 종막지승길   득소원야

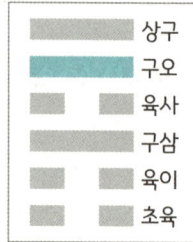

직역 구오는 기러기가 언덕에 나아감이니, 지어미가 삼 년을 잉태하지 못하나, 마침내 이기지 못하니라. 길하리라. ◆「상전」에 이르기를, '마침내 이기지 못하니 길함'은 원하는 바를 얻음이라.

■ 陵 : 언덕 릉

점례 신혼부부 점이다. 부득이 외국에 갈 일이 생겨 3년을 떨어져 산다고 했는데 그대로 됐다. 3년 후 다시 만나 임신도 하고 금실이 좋아졌다.

강의 양이 다섯 번째에 있어 구오입니다. 풍산점괘(☴☶)는 구오 남자와 육이 여자가 만나는 것을 주로 말하였습니다. 중정한 인군이 중정한 신하와 잘 응한 것이고, 외괘의 중정한 양이 내괘의 중정한 음과 잘 응해 있지요. 그래서 구오의 배필은 육이입니다.

구오가 천정배필天定配匹인 육이를 만나야 하는데 육사와 구삼이 방해를 하고 있습니다. 육사는 구오한테 자기와 혼인하자고 하며, 구삼은 육이가 구오를 만나지 못하도록 막고 있어서, 구오가 육이를 쉽게 만나지 못합니다. 그것이 기러기가 언덕에 나아간 것과 같습니다.

구오가 변하면 간(☶)이므로 언덕이 되는데다가 손(☴)으로 높다는(巽爲高) 뜻이 나오므로 곧 높은 언덕이 되는데 바로 기러기가 나아간 곳입니다. 기러기에게 언덕으로 나아갔다는 것은 편한 자리가 아닙니다. 하늘로 날아오르기 전의 마지막 단계이기 때문에 이 언덕에서 조금만 더 날아오르면 하늘로 올라가 제 마음껏 날아다닐 수 있습니다. 이제 언덕만 넘어가면 되는 것이죠(鴻漸于陵).

구오가 육이를 만나야 육이가 임신을 하는데 구오가 육사, 구삼의 방해로 육이를 만나지 못하여 외호괘인 불괘(☲)로 3년 동안 육이가 임신하지 못하고 있습니다(婦三歲不孕). 그러나 중정한 구오와 육이는 천정배필이기에 마침내 구오가 육사와 구삼을 물리치고 배필인 육이와 만나게 되어 길합니다(終莫之勝吉).

◆**소상전** 구삼과 육사가 구오를 이기지 못하니, 결국 구오가 육이를 만나는 소원을 얻게 되는 것입니다(得所願也).

上九는 **鴻漸于陸**이니 **其羽**ㅣ **可用爲儀**니 **吉**하니라.
상구   홍점우규   기우   가용위의   길

象曰 其羽可用爲儀吉은 **不可亂也**일세라.
상왈 기우가용위의길   불가란야

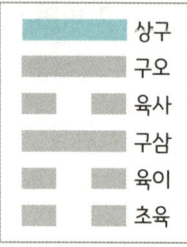

직역 상구는 기러기가 하늘에 나아감이니, 그 깃이 의범儀範이 될 만하니 길하니라. ◆「상전」에 이르기를, '그 깃이 의범이 될 만하니 길함'은 어지럽힐 수 없기 때문이다.

■ 陸 : 큰길 규(逵也) 하늘 규(본래 陸은 뭍을 뜻하지만 여기서는 逵로 봄) / 羽 : 깃 우 / 儀 : 모범 의, 거동 의 / 亂 : 어지러울 란

점례 끝까지 흩어짐이 없이 일을 추진하여 상을 받고 명예를 얻는다. 노력 끝에 즐거움이 있게 된 것이다.

강의 양이 맨 위에 있어 상구입니다. 여자가 육례六禮를 갖추어 시집을 가듯이 물가에서부터 날기 시작한 기러기가 육진六進을 거쳐 드디어 목적지인 하늘로 날아올랐습니다. '육지 육陸' 자는 사통팔달하는 하늘거리인 '큰 길 규逵' 자로 봐야 합니다(鴻漸于逵). 하늘로 올라가서 거칠 것이 없으니 날개를 쭉 펴고 위의威儀를 보이면서 보기 좋게 훨훨 나는 것이죠. 그 위의가 본받을 만하니 길한 것입니다(其羽可用爲儀吉).

◆**소상전** 하늘에서 깃을 쭉 펴고 대오를 지어 날아다니는 모습이 질서정연하여 문란하지 않습니다. 또 맨 위에 오르기까지 점진적으로 일을 해 나가니 그 일이 어지럽지 않고 크게 결실을 이룹니다. 혼

인으로 말하면 육례가 어지럽지 않고 잘 이루어진 것이지요(不可亂).

관련된 괘

① 도전괘·배합괘 : 뇌택귀매(䷵)
② 호   괘 : 화수미제(䷿)   ③ 착종괘 : 산풍고(䷑)

총설

점괘漸卦는 매사를 점진적으로 질서 있게 나아가라는 것을, 기러기로 예를 들어 출가하는 여자의 행례行禮를 말하였습니다.

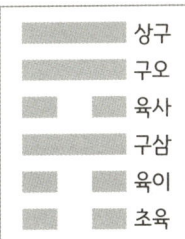

초효는 앞서거니 뒤서거니 하며 열을 지어 나는 기러기 중에, 맨 뒤에 따라가는 어린 기러기입니다. 열에서 뒤쳐질까봐 두려워 끼룩거리며 호소하지요. 그러면 앞에 가는 언니 기러기들이 초육 기러기를 보호하며 같이 데리고 갑니다. 형제간을 '기러기 안雁' 자에 '항렬 항行' 자를 써서 '안항雁行'이라고 하는 것도, 같은 항렬끼리 우애 있게 지내는 것이 기러기가 열을 지어 가는 것 같다는 뜻입니다. 형제간에 기러기 같이 우애가 좋고, 또 사회 역시 기러기처럼 낙오자가 없으면 얼마나 좋겠습니까(義无咎)?

이효는 인품 있고 바른 여자가 정응인 오효 남자에게 예를 갖춰서 정식으로 시집가는 것입니다. 『시경』에 "어여쁜 저 아가씨 시집을 감이여! 그 집안사람들을 화합시키리."*라고 했지요. 가인괘(䷤)에서 말한 대로 '여정위호내女正位乎內'입니다.

삼효는 남녀 할 것 없이 부정한 방법으로 일을 추진하거나 결탁하면 반드시 패가망신한다는 것을 깨우쳐주고 있습니다.

사효는 공손한 마음으로 천리에 순응하고 심리적 안정을 요하는 자리입니다. 매사에 불안정하면 진전이 없어요.

오효는 처음은 각종 어려움으로 말미암아 행보에 막힘이 있지만, 정당하고 합리적인 행동은 누구도 막지 못하는 것이 하늘의 뜻입니다(終莫之勝). 최후의 승리자가 되는 것이죠(得所願).

상효는 목적지에 이르러 승리의 깃발을 꽂는 의기양양意氣揚揚한 육진六進의 마지막 자리입니다(可用爲儀). 그동안 순리대로 질서를 지키는 오진五進의 꾸준한 노력이 없었다면 육진六進에 이렇게 올 수 있었겠습니까(不可亂也)?

▎ 편언

풍산점괘(䷴)는 삼음삼양괘로 그 체體는 천지비괘(䷋)에 있습니다. 위와 아래가 막혀 있는 비색한 상황에서 천지비괘의 구사 양陽과 육삼 음陰이 자리를 바꾸면, 차츰차츰 비색함을 풀어나가는 상태인 풍산점괘가 됩니다. 이것을 표현하고 있는 것이 「단전」의 "進得位하니 往有功也요 進以正하니 可以正邦也니"라는 문장입니다.

천지비괘에서 육삼의 음이 사효자리로 가면, 음 자리에 음으로 바른 자리를 얻게 되어 풍속을 착하게 하는 공이 있고, 또한 나아가 바르게 하니 나라를 바르게 할 수 있는 것이죠.

---

* 『시경』, 「주남, 桃夭」: 지자우귀之子于歸여 의기가인宜其家人이로다

 # 雷澤歸妹(54)
뇌택귀매

▌ 귀매괘의 전체 뜻

위는 진하련 우레괘(☳)이고 아래는 태상절 못괘(☱)로, '뇌택雷澤'의 상이고, 괘명은 누이를 시집보낸다는 뜻의 '귀매歸妹'입니다. 진괘(☳)는 장남이고 태괘(☱)는 소녀인데, 아직 시집을 가서는 안 되고(未), 여자의 규범을 더 배워야 할 소녀(女, 妹=未+女)가 시집가는(妹歸) 것이지요. 진괘 장남이 밖에서 움직이는 것을 보고 태괘 소녀가 기뻐서 따라가니, 예를 갖추고 만나는 것이 아니므로 첩妾으로 가는 것입니다.

점괘(䷴)는 사실상의 지위가 없는 초효와 상효를 제외한 이효, 삼효, 사효, 오효가 모두 음자리에 음, 양자리에 양으로 제 위치에 바르게 있으니 예를 갖추고 만나는 것입니다. 그렇지만 귀매괘(䷵)는 이효, 삼효, 사효, 오효 모두 음자리에 양, 양자리에 음으로 제자리가 아닌 곳에 있어 예를 갖추지 못한 채 만나고 있네요. 그러므로 점괘는 여자가 예를 갖추어 떳떳하게 시집을 가는 괘이고, 귀매괘는 집을 나와 예를 갖추지 않고 만나서 사는 것이기 때문에 첩이 되는 것으로 볼 수 있습니다.

「서괘전」에는 "점漸은 나아가는 것인데, 나아가기만 하다보면 반드시 다시 돌아가게 되니, 돌아간다는 뜻을 취하여 누이가 시집간다는 귀매괘를 점괘 다음에 두었다."*고 했지요.

| **괘사**

歸妹는 **征**하면 **凶**하니 **无攸利**하니라.
귀 매   정   흉   무 유 리

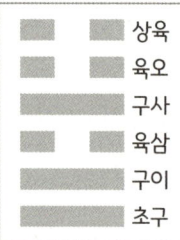

직역 귀매는 나아가면 흉하니, 이로울 바가 없느니라.

점례 여인이 남의 첩실이나 후취로 간다. 가출한 소녀의 점이다.

강의 예를 갖추어 시집을 가는 점漸은 길하다고 했지만 귀매歸妹는 예를 갖추지 않고 시집가는 것이기 때문에 흉하다는 것이죠(征凶). 좋을 것이 없습니다(无攸利).

---

* 漸者進也 進必有所歸 故 受之以歸妹

단전

彖曰 歸妹는 天地之大義也니
단왈 귀매 천지지대의야

天地不交而萬物이 不興하나니 歸妹는 人之終始也라.
천지불교이만물 불흥 귀매 인지종시야

說以動하야 所歸ㅣ 妹也니 征凶은 位不當也요
열이동 소귀 매야 정흉 위부당야

无攸利는 柔乘剛也일세라.
무유리 유승강야

직역 「단전」에 이르기를, 귀매는 천지의 큰 의리니, 천지가 사귀지 않으면 만물이 일어나지 않나니, 귀매는 사람의 마침이며 시작이라. 기뻐함으로써 움직여 시집가는 것이 첩(누이동생)이니, '가면 흉하다' 함은 자리가 마땅치 않음이고, '이로울 바가 없다' 함은 유가 강을 탔기 때문이다.

- 征 : 갈 정 / 攸 : 바 유

강의 문왕은 괘사에서 '가면 흉하다'고만 했으나, 공자께서는 귀매괘에 담긴 깊은 이치를 말씀하고 있습니다. 즉 귀매가 비록 예를 갖추지 않고 남녀가 만나는 것이지만, 그 이면에는 천지음양이 서로 만나는 큰 뜻이 들어 있다는 것이지요(歸妹 天地之大義也). 천지가 사귀어야 만물이 발흥해서 나옵니다. 만약 천지가 사귀지 못하면 만물이 나올 수 없다는 것입니다(天地不交而萬物不興).

천지가 사귀는 대의를 소우주인 인간으로 말한 것입니다. 여인이 친정에서의 생활을 마치면(終) 시집에서의 새로운 삶이 시작되는(始)

것이고, 남녀가 총각 처녀의 삶을 마치면(終) 부부로서의 새로운 삶을 시작하는(始) 것입니다. 즉 종즉유시終則有始인 것이죠. 종終이 시始를 배태하고 있다는 종즉유시는 음양이 순환반복하면서 변화하는 것이 끝이 없다는 것입니다(歸妹 人之終始也).

안으로는 태괘(☱)로 기뻐하면서 밖으로는 진괘(☳)로 움직여 시집가는 것이 귀매입니다(說以動 所歸妹也). 그런데 귀매괘의 초효와 상효를 제외한 이효, 삼효, 사효, 오효를 살펴보면, 양은 음의 자리에 있고 음은 양의 자리에 있어 자리가 바르지 않으니, 예를 갖추지 않고 시집가는 상이라서 흉하다는 것입니다. 이렇게 된 것은 지천태괘에서 삼효와 사효가 자리를 바꾸었기 때문이지요. 풍산점괘와는 상반된 결과가 되었습니다(征凶 位不當也).

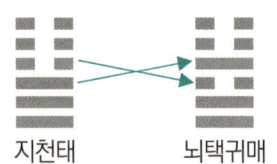
지천태   뇌택귀매

그리고 내괘에서는 육삼의 음이 위에 있어 초구와 구이의 양을 타고 있으며, 외괘에서도 오효와 상효의 음이 위에 있어 사효의 양을 타고 있으니, 이런 가정은 아내가 남편을 타고 있는 꼴이 되어 이로울 바가 없다는 것입니다(无攸利 柔乘剛也).

대상전

象曰 澤上有雷ㅣ 歸妹니
상왈 택상유뢰   귀매

君子ㅣ 以하야 永終하야 知敝하나니라.
군자   이   영종   지폐

직역 「대상전」에 이르기를, 못 위에 우레가 있는 것이 귀매이니, 군자가 본받아서 마침을 영구히 하여 낡아서 해짐을 아느니라.

- 敝 : 떨어질 폐.

강의 아래 태상절(☱) 못 위에 진하련(☳) 우레가 있는 것이 귀매괘입니다. 귀매에는 예를 갖추지 않고 시집가는 뜻뿐만이 아니라, 천지가 만나는 것처럼 남녀가 만나서 종시終始로 이어지는 큰 뜻이 있으니, 남녀가 만나서 한 가정을 이루고 사는 것입니다. 남녀가 한 가정을 이루고 사는 처음에 백년가약百年佳約을 합니다. 그것이 이 세상에서 생이 다하도록(終) 길이길이(永) 같이 살자는 영종永終의 약속입니다.

그렇다면 백 년을 약속하는데 무엇을 염두에 두어야 할까요? 떨어짐을 알아야 합니다. 지금 아무리 백 년을 약속한다 해도, 일시적으로 화를 참지 못하여 가정파탄(敝)이 될 수도 있지요. 그래서 '영종永終'의 약속도 좋지만 '지폐知敝'도 염두에 두어야지요. 언젠가 우리가 잘못하면 갈라서게 될 수도 있다는 점을 염두에 두고, 이것만은 면하도록 노력해야 하는 것입니다.

우레괘(☳)는 아침에 해당하여 하루의 시작이지요. 남녀가 가정을 이루려고 시작하는 때에, 영종의 마음이 우레괘로 발동해서 백년가약을 맺는 것이죠. 그런데 못괘(☱)는 저녁에 해당하여 하루를 마치는 때이고, 또 훼절의 뜻이 있으니 떨어지는 것(敝)입니다.

효사와 소상전

初九는 歸妹以娣니 跛能履라. 征이면 吉하리라.
초구　귀매이제　파능리　정　길

象曰 歸妹以娣나 以恒也요 跛能履吉은 相承也일세라.
상왈 귀매이제　이항야　파능리길　상승야

직역 초구는 누이동생을 시집보냄에 첩으로써 함이니, 절름발이가 밟을 수 있음이라. 가면 길하리라. 「상전」에 이르기를, '누이동생을 시집보내는 데 첩으로써 함'이나 떳떳함으로요, '절름발이가 밟을 수 있음이 길함'은 서로 받들어 있기 때문이다.

- 娣 : 외동서, 즉 첩(媵 : 잉첩 잉)의 뜻으로 쓰임 / 跛 : 절름발이 파

점례 인물 좋고 학력도 좋은 여인이 발을 절기 때문에 남의 소실로 간다.

강의 양이 맨 처음에 있어 초구이지만, 귀매괘는 여인이 남자를 따라 시집가는 것으로 말했기 때문에, 음양을 가리지 않고 모두 여인으로 봅니다. 초구는 양이 양자리에 있어 바르고, 양이라서 현명합니다. 그러나 이렇게 정직하고 현명한 초구라도 태상절(☱)에 첩妾의 뜻이 있고, 시집가는 귀매괘의 맨 아래에 있어서 외동서가 되어 시집가는 것입니다(歸妹以娣).

이런 때에 초구는 자기 앞에 있는 본처나 동서들이 현명하지 못하더라도, 자기의 현명함을 드러내지 말고, 첩으로서의 분수를 알아 절름발이 걸음처럼 늘 뒤를 따라가라는 말입니다(跛能履). 이렇게 앞서 가지 말고 뒤따라가면 편안해서 길하다는 뜻이죠(征吉).

◆**소상전** 이미 외동서가 되어 본처의 뒤를 따르는 첩이 되었으니, 불평하거나 조금 살다가 그만두지 말고 항구하게 해야 한다는 것이고(以恒), 절름발이 걸음을 걷듯이 가서 길한 것은 구사, 육삼, 구이를 통해 내려오는 육오의 명을 맨 아래에서 잘 받들고 이어야 한다는 것입니다(相承也).

九二는 眇能視니 利幽人之貞하니라.
구이   묘능시   이유인지정

象曰 利幽人之貞은 未變常也라.
상왈 이유인지정   미변상야

직역 구이는 애꾸눈이 볼 수 있는 것이니, 은거하여 사는 이의 바름이 이로우니라. ◆「상전」에 이르기를, '은거하여 사는 이의 바름이 이로움'은 떳떳한 도리를 변치 않음이라.

■ 眇 : 소경 묘 / 幽 : 그윽할 유

점례 영리하고 활달한 여성이, 눈을 보지 못해 남의 후처로 가거나 마음으로 늘 수도하는 생활을 한다.

강의 양이 두 번째에 있어 구이입니다. 구이는 양으로 현명하며 내괘에서 중中을 얻었고 육오와 잘 상응相應하고 있으니 초구보다는 좀 나은 자리입니다. 그러나 구이도 초구보다는 앞자리에 있지만, 육삼과 구사의 뒤에 있기 때문에 역시 정실은 못 되고 남의 첩으로 들어

가는 것입니다. 이런 구이에게는 밝은 것을 감추고 어둡게 하라고 했습니다. 중을 얻은 현명한 구이는 모든 것을 잘 보고 판단하는 능력을 갖추고 있습니다. 그러나 아는 체하고 밝은 체하면 모함을 당하고 시기를 당하죠. 그래서 구이는 소경이 잘 보지 못하는 것처럼 안 보이는 척 행동해야 편안하다는 것입니다. 즉 내호괘인 불괘(☲)의 눈으로 밝게(離明) 보이지만, 내괘인 못괘(☱ 서방, 저녁)로 서쪽에 해질녘처럼 어두운 듯이 하라는 것입니다(眇能視).

그러고도 어떤 구설수(☱)에도 동요하지 말고 왼뺨을 때리면 오른뺨을 내놓으며, 깊은 산중에서 도를 닦는 사람처럼 하는 바름이 이롭다고 했습니다(利幽人之貞). 또 현명한 여인(九二)이므로, 함부로 발동하지(陽) 말고 그 자리(陰位)에서 자신의 바름을 잘 지키는 일이 이로운 것이죠.

◆**소상전** 외동서로 시집간 초구에도 항상함(恒)을 지키라고 했고, 구이에도 역시 항상함(常)을 변치 말라고 했습니다(未變常). 초구에서 항恒하고 구이에서 상常하면 항상恒常이 됩니다. 항상은 언제나 변하지 않는 떳떳하고 바른 도리죠.

六三은 歸妹以須니 反歸以娣니라.
육삼   귀 매 이 수   반 귀 이 제

象曰 歸妹以須는 未當也일세라.
상 왈 귀 매 이 수   미 당 야

직역 육삼은 누이동생을 시집보냄에 못난 계집으로 함이니, 도리어 돌아

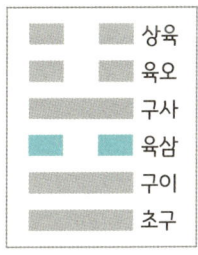

가서 첩으로 시집감이라. ◆「상전」에 이르기를, '누이동생을 시집보냄에 못난 계집으로 함'은 마땅치 않기 때문이다.

- 須 : 못난 계집 수, 천한 계집 수(天文에서 직녀성織女星은 공주로서 고귀한 여인이고, 수녀성須女星은 천첩賤妾을 뜻한다),

점례 얼굴이 못생긴 여인이다. 남의 씨받이로 간다.

강의 음이 세 번째에 있어 육삼입니다. 육삼은 음이 양자리에 있어 부당하고 중을 얻지도 못하였으니 덕이 없는 여인이 자꾸 잘난 체하고 나서기를 좋아하는 상입니다. 이렇게 부덕한 여인 육삼이 훌륭한 낭군의 부인으로 시집을 가려고 하는데(歸妹以須) 아무도 데려가지 않습니다.

초구와 구이는 양으로 현명하고 훌륭한 여인이면서도 어쩔 수 없이 외동서로 시집을 갔네요. 그런데 육삼은 초구와 구이보다 앞에 있으나, 소녀(☱) 중에서 가장 덕이 없고 천박한 여인이므로 어쩔 수 없이 외동서로서 시집가는 것입니다(反歸以娣). 육삼처럼 부덕한 여인을 아내로 맞이할 낭군이 없기 때문이죠.

◆소상전 부덕한 여인인 육삼이 시집을 가는데 남의 외동서로 간다는 것은, 「단전」에서 말한 '위부당位不當'과 '유승강柔乘剛'의 장본인이기 때문입니다(未當).

九四는 **歸妹愆期**니 **遲歸**ㅣ **有時**니라.
구사 귀매건기 지귀 유시

象曰 愆期之志는 **有待而行也**라.
상왈 건기지지 유대이행야

상육
육오
구사
육삼
구이
초구

직역 구사는 누이동생을 시집보냄에 기약을 어김이니, 시집감을 지체함이 때가 있는 것이다. ◆「상전」에 이르기를, '기약을 어기는 뜻'은 기다림을 두어서 가는 것이다.

- 愆 : 어길 건 / 遲 : 더딜 지

점례 여인 점을 쳐서 이 점괘가 나왔다. 늦게 시집간다 했는데, 나이 40이 되어 배우자를 만났다.

강의 양이 네 번째에 있는 구사는 양강陽剛으로 현명합니다. 또한 초구, 구이보다 앞에 있고 위에 있기 때문에 더욱 현숙한 여인입니다. 현숙하고 훌륭하다고 이름이 난 구사 여인이 내괘를 지나 외괘로 진입했으니 혼기를 놓친 것입니다(歸妹愆期).

그러나 조금 늦게 가긴 하지만 결국은 시집을 가게 되는 것이죠. 즉 시집갈 때가 따로 있으니 잠시 기다렸다가 그때가 되면 가라는 말입니다(遲歸有時).

◆**소상전** 구사 여인이 학식도 풍부하고 인물도 좋아 자기의 짝을 지나치게 고르다가 혼기를 놓친 것이니, 그것은 자기에게 맞는 배필을 기다렸다가 시집을 가려는 것입니다(有待而行).

六五는 帝乙歸妹니 其君之袂ㅣ 不如其娣之袂ㅣ 良하니
육오 제을귀매 기군지메 불여기제지메 양

月幾望이면 吉하리라.
월 기 망   길

象曰 帝乙歸妹不如其娣之袂良也는
상왈 제 을 귀 매 불 여 기 제 지 메 양 야

其位在中하야 以貴行也라.
기 위 재 중   이 귀 행 야

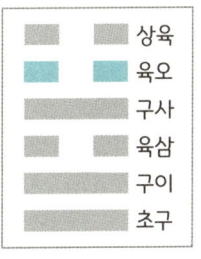

직역 육오는 제을이 누이동생을 시집보냄이니, 그 소군(小君)의 소매가 그 첩의 소매의 좋은 것만 같지 못하니, 달이 거의 보름이면 길하리라. ◆「상전」에 이르기를, '제을이 누이동생을 시집보냄이 그 첩의 소매의 좋음만 같지 못함'은 그 자리가 중에 있어서 귀함으로써 행함이라.

- 袂 : 소매 메 / 望 : 보름 망, 바랄 망

점례 귀한 신분의 여인이 격이 낮은 남자와 결혼한다. 그러나 조금도 자기 신분을 과시하지 않고, 내조를 잘해 남편은 뜻을 이루고, 가정은 행복하다.

강의 음이 다섯 번째에 있어 육오입니다. 중국 역사를 보면 은나라가 끝나갈 무렵에 제을帝乙이라는 인군이 있었습니다. 제을이 처음으로 자기의 여동생을 신하에게 시집보냈습니다. 그 이전에는 왕족은 자기들끼리만 혼인을 하였는데 제을 이후에야 타성과 혼인하는 풍습이 전해지게 되었죠.

육오 음과 구이 양이 음양 응이 되어 혼인을 하는데, 육오는 위의 인군자리에 있으니 신분이 귀족이고, 구이는 아래의 신하자리에 있어 육오에 비하면 귀족이 아닙니다. 제을이라는 인군이 신분이 낮은 구이 신하한테 누이동생을 시집보내는 것입니다(帝乙歸妹).

그런데 공주(君)가 시집을 가는데도 화려하게 가는 것이 아니라 수수하게 가는 것이죠. 공주는 신분이 높고 첩은 신분이 낮으므로 공주의 옷소매(其君之袂)가 화려한 것이 일반적이지만, 육오 공주는 자신보다 신분이 낮은 첩들의 옷소매만도 못한 차림으로 시집가는 것입니다(不如其娣之袂良).

또 달로 비유하면 꽉 찬 보름(望)이 아닌 덜 찬 열나흘 달(幾望)입니다. 즉 귀한 신분으로 자기보다 신분이 낮은 사람에게 시집을 가는데, 꽉 찬 달과 같이 교만하게 행동해서 자기보다 낮은 신분인 구이 낭군을 무시하면 안 되는 것이죠. 그러므로 가득 차지 않는 달과 같이 마음을 비우고 겸손한 자세로 구이에게 시집가야 한다는 말입니다(月幾望). 이렇게 겉은 화려하지 않고 수수하게 차리고, 속으론 마음을 비우고 겸손하면 저절로 길한 것입니다. 여인은 음이기 때문에 달에 비유한 것이죠(吉).

◆**소상전** 육오의 자리가 중을 얻었으니 중도를 잘 지키고(其位在中), 공주라는 귀한 신분으로서 자기보다 신분이 낮은 구이에게 소박하고 겸손한 마음으로 시집가는 것입니다(以貴行也).

上六은 **女**ㅣ **承筐无實**이라. **士**ㅣ **刲羊无血**이니
상육   녀   승광무실   사   규양무혈

无攸利하니라.
무유리

象曰 上六无實은 **承虛筐也**라.
상왈 상육무실   승허광야

상육
육오
구사
육삼
구이
초구

직역 상육은 여인이 광주리를 받드는 데 실물이 없음이라. 선비가 양을 찔러도 피가 없으니 이로운 바가 없느니라. ◆「상전」에 이르기를, '상육이 실물이 없음'은 빈 광주리를 이어 받듦이라.

● 筐 : 광주리 광 / 刲 : 찌를 규

점례 바람난 여인이다. 파혼을 당한다. 빈털터리가 된다. 진나라 헌공이 딸을 시집보내려고 점을 쳤다가 이 효를 얻고, 결국 골육상잔의 비극을 당했다.

강의 음이 맨 위에 있어 상육입니다. 우레괘(☳)로 발동하고 상육이 변한 불괘(☲)로 조급하니 현숙한 여인은 아닙니다. 또한 음양응도 되지를 않았지요. 광주리는 여인이 시집갈 때 시부모께 드리는 폐백을 담는 것으로 밤, 대추를 담아 가지고 갑니다. 대추는 꽃이 피면 틀림없이 열매를 맺으니 자식을 의미하고(生子女) 밤은 뿌리에 싹이 나면 썩지 않으니 조상을 의미합니다(奉祭祀).

여인이 시집을 가는 것은 조상에 제사 지내고 자식을 낳아 대를 잇기 위함인데, 상육의 여인이 가지고 가는 광주리에 밤도 없고 대추

도 없다는 것입니다. 즉 자식 낳아 대를 잇고 제사 지낼 자격이 없는 여인입니다(女承筐 无實).

옛날에 큰 제사를 지낼 때에는 소의 피를 뿌리고, 작은 제사는 양의 피를 뿌려서 신령이 강림을 하도록 했지요. 그런데 피가 없으니 제사를 못 지냅니다. 또 신랑이 신부를 얻어 합궁을 했는데 경도불순이 된 것입니다. 월경이 있어야 잉태를 하는데, 교합을 해도 피가 흐르지 않아 임신이 되지 않으므로 대를 잇지 못한다는 말입니다(士刲羊无血).

남자가 점을 해서 이런 효가 나왔으면 그 여인에게 장가들어 좋을 것이 없습니다. 여인 자신이 점을 해서 이런 자리가 나오면, 애도 못 낳고 쫓겨나는 신세입니다(无攸利).

◆**소상전** 상육에서는 밤, 대추가 들어 있어야 할 광주리가 텅 비어 있다는 말입니다(承虛筐).

▌관련된 괘

① **도전괘·배합괘** : 풍산점(䷴) ② **호 괘** : 수화기제(䷾)
③ **착종괘** : 택뢰수(䷐)

▌총설

혼인은 원래 여인이 시집가는 것입니다. 그래서 길년吉年을 볼 때도(大開年) 여인의 나이를 중심으로 보고(女命), 택일도 여인의 집에서 했지요. 귀매괘(䷵)는 여인이 시집가는 것을 주장하는데, 아직 시집갈 나이가 안 된 소녀가 남자를 잘못 사귀게 되면 유부남을 만나 첩이 될 수도 있습니다.

상육
육오
구사
육삼
구이
초구

초효는 자기보다 못한 사람의 아래에 있어도, 제 분수를 지키면서 잘난 체하거나 앞서지 말라는 뜻이니, 첩이 되었으면 본처를 앞서려 하지 말라는 것입니다(征吉).

이효는 초효보다 훨씬 잘나고 학덕이 있지만, 더욱 겸손하고 낮추어 항구성을 가지라는 것입니다(未變常).

삼효는 여인으로는 추물이요, 남자로는 자격 미달입니다. 출가를 하든지 직장을 구하든지 좋은 곳은 엄두도 못 냅니다.

사효는 육삼과 달리 모든 조건을 잘 갖추고 있으니, 맘에 드는 좋은 곳을 구하기 위해 조금 늦어지겠지만 결코 기대에 어긋나지 않는다는 것이죠(有待而行).

오효는 초구, 구이가 현명하면서도 파능리跛能履, 묘능시眇能視로 몸을 낮추듯이, 부귀하면서도 자만하지 않고 검소하니, 오히려 아랫사람에게 추앙을 받는 것입니다(以貴行).

상효는 여인의 구실을 못하니 시집을 갈 수도 없지만, 시집을 가더라도 쫓겨나고 매사에 부진하여 오히려 부덕한 여인인 육삼만도 못합니다(承虛筐).

▌편언

뇌택귀매괘(䷵)는 풍산점괘(䷴)와 마찬가지로 삼음삼양괘로, 그

체는 지천태괘(䷊)에 있습니다. 지천태괘 구삼효와 육사효가 서로 자리를 바꾸면 귀매괘가 되는데, 귀매괘에서 육삼효는 양 자리에 음이 있어 부당하고, 구사효 역시 음 자리에 양으로 있으니 부당하네요. 천지기운이 평안한 지천태괘에서 삼효와 사효가 자리를 바꾸면서 이효, 삼효, 사효, 오효의 자리 모두가 부당하게 되니, 모든 상황이 부적절하게 되는 것입니다.

雷火豐(55)
震
離
뇌 화 풍

▌풍괘의 전체 뜻

　위에는 진하련 우레괘(☳)이고 아래는 이허중 불괘(☲)로, '뇌화雷火'의 상이고, 괘명은 '풍豐'입니다. 풍괘(䷶)는 '풍성하다, 풍대하다'는 뜻으로 괘명인 풍豐을 '크다(大也)'라고 풀이합니다.

　움직이는 우레와 밝은 불이 같이 있으면, 밝은 것이 더욱 더 움직이므로 대낮처럼 환하고 밝습니다. 그래서 풍괘豐卦는 밝은 문명이 고도로 발달하고 발전하는 때를 의미하지요. 한편 문명이 발전하면 할수록 인간의 정신은 오히려 반대로 어두워지게 됩니다. 풍괘는 물질문명의 발전에 따른 인간정신의 퇴락을 경고하는 의미도 있습니다. 그래서 풍괘는 형벌에 관한 괘이기도 한 것입니다.

　「서괘전」에서는, 누이가 시집간다는 뇌택귀매괘에서 "돌아갈 바를 얻게 되면 반드시 커지게 마련이므로, 풍대豐大하다는 풍괘를 귀매괘 다음에 놓았다."*고 했지요.

＊ 得其所歸者必大 故受之以豐

괘사

豊은 亨하니 王이아 假之하나니 勿憂홀전 宜日中이니라.
풍   형   왕   격지   물우   의일중

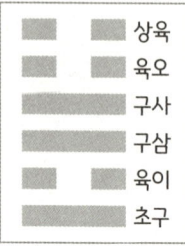

직역 풍은 형통하니, 왕이어야 (풍성함에) 이르나니, 근심이 없게 하려면 마땅히 해가 중천에 비추듯이 해야 하나라.

- 假 : 이를 격, 미칠 격 / 宜 : 마땅할 의, 옳을 의

점례 중천中天에서 온 세상을 비추던 태양도 마침내 서산에 지고, 둥근 달도 차면 기운다. 지금 모든 것이 풍부하지만, 점차 그 기세가 꺾이게 됨을 알아야 한다.

강의 점을 해서 풍괘豊卦가 나오면 형통한 괘가 되는데(豊亨), 풍豊은 커서(大) 그 성대盛大한 것을 아무나 이룰 수는 없고 왕이라야 그것에 이르게 됩니다(王假之). 그러나 그것을 감당해내지 못할까 걱정할 필요는 없습니다(勿憂). 해가 중천中天에서 온 천하를 비추듯이(宜日中) 임금이 밝은 정치를 하면 잘 다스려지기 때문입니다.

여기서 '일중日中'은 한낮을 뜻하는데, 아래의 불괘(☲)는 후천팔괘에서 정남방正南方에 있기 때문에 해가 남방에 이른 한낮의 뜻이 됩니다. 그리고 위의 우레괘(☳)는 움직이고 법을 시행하여 나라를 다스리는 의미이니, 대낮처럼 정사를 밝게 펴고 엄정하게 법을 시행한다면 걱정할 필요가 없는 것입니다.

주역에서는 천도天道를 선천과 후천으로 나누고 팔괘도 선천팔괘와 후천팔괘로 나누는데, 그 중간 한낮을 백일중천白日中天 또는 일

오중천$_{日午中天}$이라고 하여, 오전(선천)과 오후(후천)로 나누는 시점이 됩니다. 이러한 중천$_{中天}$시기에 선후천$_{先後天}$이 교역$_{交易}$을 하면 선천과 후천의 종시$_{終始}$가 이루어지는데, 풍괘 괘사의 일중$_{日中}$은 이러한 중천교역의 시기를 암시하고 있습니다.

중천교역의 구체적인 이치는, 공자께서 「건괘 문언전$_{乾卦文言傳}$」의 구오$_{九五}$에서 선천팔괘와 후천팔괘의 자리변화를 설명하신데서 알 수 있지요. 여기서 제일 먼저 '동성상응$_{同聲相應}$'을 말씀하셨는데, 번개가 치면 우렛소리가 따르듯이 리괘(☲) 자리에 진괘(☳)가 와서 자리합니다.

풍괘(䷶)는 내괘가 선천괘로 리괘(☲)이고 외괘가 후천괘로 진괘(☳)이니, 내외선후$_{內外先後}$로 '동성상응'하는 이치가 되며, 일중$_{日中}$ 즉 중천교역의 상$_{象}$입니다. 아래의 풍괘 「대상전」에도 '뇌전개지 풍$_{雷電皆至豊}$'이라고 하였네요. 풍괘의 호괘$_{互卦}$도 선천 마지막인 때로서 오회중천$_{午會中天}$ 교역시기에 해당하는 택풍대과괘(䷛)입니다.

단전

象曰 豊은 大也니 明以動이라 故로 豊이니
단왈 풍 대야 명이동 고 풍

王假之는 尙大也요 勿憂宜日中은 宜照天下也라
왕격지 상대야 물우의일중 의조천하야

日中則昃하며 月盈則食하나니
일중즉측 월영즉식

天地盈虛도 **與時消息**이온
천 지 영 허   여 시 소 식

而況於人乎며 **況於鬼神乎**여!
이 황 어 인 호   황 어 귀 신 호

직역 「단전」에 이르기를, 풍은 큰 것이다. 밝음으로써 움직이기 때문에 풍이니, '왕이어야 이름'은 숭상함이 큰 것이고, '근심이 없게 하려면 마땅히 해가 중천에 비추듯이 해야 함'은 마땅히 천하를 잘 비추어야 하는 것이다. 해가 중천에 이르면 기울고, 달도 차면 이지러지니, 천지가 차고 비는 것도 때와 더불어 소멸하고 생장하는데, 하물며 사람에서이며, 하물며 귀신에서이랴!

- 尙 : 숭상할 상, 주관할 상 / 昃 : 기울 측 / 盈 : 찰 영 / 消 : 사라질 소 / 息 : 불어날 식

강의 공자께서 「단전」에 아래가 불괘(☲)이고 위가 우레괘(☳)인 풍䷶은 큰 것(大也)이라고 정의하면서, 그 괘덕이 밝음(☲)으로써 움직이기(☳) 때문에 풍이 된다고 하셨습니다(明以動 故豊). 밝은 불이라도 타오르지 않으면 빛을 잃으니, 캄캄한 어둠 속에서는 풍䷶을 알 수 없습니다. 불괘(☲)로 밝고 우레괘(☳)로 움직여 '명이동明以動'이 되면, 온 천하가 커 보이고 실제로도 커지는 것입니다.

또 '왕이라야 이른다(王假之)' 함은 숭상함이 크다(尙大也)는 것입니다. 풍의 큰 것을 잘 다스리려면 숭상하고 주관하는 것이 클 수밖에 없습니다. '근심을 없애려면 마땅히 해가 중천에서 비추듯이 해야 함(勿憂 宜日中)'은 중천(한낮)의 해처럼 마땅히 천하를 두루 밝게 비추

는 것입니다(宜照天下也). 그러니 걱정할 필요가 없습니다.

그러나 풍대豊大함은 때가 지나면 다시 곤궁해집니다. 해가 중천에 이르면 기울게 되고(日中則昃) 달이 차면 이지러지는 것(月盈則食)이 자연의 이치인 것이죠.

이렇게 천지가 차고 비는 것도(天地盈虛) 때와 더불어 소멸하고 생장하는데(與時消息), 하물며 사람이나 귀신도 때와 더불어 소식消息을 안할 수 있겠습니까(而況於人乎 況於鬼神乎)? 천지가 영허소식盈虛消息을 하니, 생로병사와 부귀빈천의 운명을 살아야 하는 사람이나 조화를 부리는 귀신도 모두 때와 더불어 영허소식을 할 수밖에 없는 것입니다.

대상전

象曰 雷電皆至ㅣ 豊이니 君子ㅣ 以하야 折獄致刑하나니라.
상왈 뇌전개지 풍 군자 이 절옥치형

> **직역** 「대상전」에 이르기를, 우레와 번개가 모두 이름이 풍이니, 군자가 본받아서 옥사를 판결하고 형벌을 시행하느니라.
>
> ▪ 電 : 번개 전 / 折 : 끊을 절 / 獄 : 감옥 옥 / 致 : 시행할 치 / 刑 : 형벌 형

> **강의** 풍괘(䷶)는 위는 우레괘(☳)이고 아래는 불괘(☲)이니 번개가 치면 천둥이 우르릉거리는 '뇌전개지'의 상입니다. 이렇게 뇌전이 한꺼번에 이르는(雷電皆至) 풍괘의 상을 보고 군자가 본받아서 옥사를 판결하고 형벌을 집행합니다(折獄致刑). '절옥折獄'은 죄의 경중을

살펴 형량을 선고하는 것(☲)이고, '치형致刑'은 그 형벌을 엄중하게 집행하는 것(☳)입니다. 『논어』에도 '편언절옥片言折獄'을 말했지요.*

풍괘에 '절옥치형'이라고 한 까닭은 모든 것이 풍성해지면 더 많이 차지하려는 욕심 때문에 죄인이 많아지는데, 잘 다스려서 죄인 없는 사회를 이루어야 풍대함을 지속할 수 있기 때문이죠.

풍괘의 내괘와 외괘를 바꾸어 놓은 화뢰서합괘(䷔)의 「단전」에도 '뇌전 합이장雷電合而章'이라 하고, 그 「대상전」에도 '뇌전 서합雷電噬嗑'이라고 하였습니다. 비록 서합괘의 괘사에 일중日中을 말하진 않았지만, 「계사하전」 2장에 서합괘를 설명하면서 '일중위시日中爲市'와 '교역이퇴交易而退'를 말하였지요. 서합괘가 교역의 과정이라면, 풍괘는 그 교역을 다 이룬 것이 됩니다.

효사와 소상전

初九는 遇其配主호대 雖旬이나 无咎하니 往하면 有尙이리라.
초구   우기배주   수순   무구   왕   유상

象曰 雖旬无咎니 過旬이면 災也리라.
상왈 수순무구   과순   재야

직역 초구는 그 짝이 되는 주인을 만나되, 비록 동등하나 허물이 없으니,

---

* 『논어』, 「안연」 : 子曰 片言에 可以折獄者는 其由也與인져(공자께서 말씀하시기를, 한 마디 말로 옥사를 결단할 수 있는 자는 아마도 유(자로)일 것이다)!

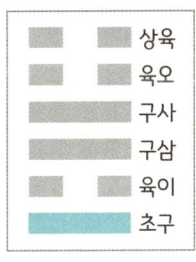

가면 가상嘉尙함이 있으리라. ◆「상전」에 이르기를, '비록 평등하게 하나 허물이 없음'이니, 평등을 지나치면 재앙이리라.

■ 配 : 짝 배 / 遇 : 만날 우 / 旬 : 고를 순 / 災 : 재앙 재

점례 약속을 지킨다. 10일 내에 만나야 한다. 동등한 입장으로 대한다.

강의 양이 맨 처음에 있어 초구입니다. 초구는 비록 중中은 얻지 못하였지만 양이 양자리에 바르게 있고, 음양 상응은 아니나 구사하고 동등하게 응하고 있습니다.

초구는 아래에 있고 구사는 위에 있어서 지위의 차이가 있지요. 구사가 초구보다 신분이 더 높으나, 초구는 양이 양자리에 바르게 있고, 구사는 양이 음자리에 있어 부당위이므로 결국은 동등한 상태입니다. 서로의 장단점을 보면, 초구와 구사가 동등한 관계이므로 초구에 구사를 '배주配主'라고 한 것입니다.

그래서 초구는 구사를 동등한 관계에서 만나야 합니다(遇其配主). 그래야 만남에 허물이 없는 것입니다(雖旬无咎). 순旬은 본래 열흘을 뜻하지만 여기에서는 '고르다, 동등하다(均)'의 뜻입니다. 또 구사는 초구를 극진하게 대우하니 가상嘉尙함이 있게 됩니다(往有尙). 동등한 관계로 찾아오니까 구사가 초구를 반기는 것이죠. 점으로는 순旬에 열흘의 뜻이 있어서 '도와줄 협력자를 만나는 데 비록 열흘 정도 걸리나, 가면 반갑게 맞아주고 도와준다'는 풀이가 됩니다.

◆소상전 초구가 비록 구사와 동등한 관계로 만나면 허물이 없지만(雖旬无咎), 만약 동등한 관계를 유지하지 못하면 오히려 재앙을 받게

됩니다(過旬災也). 풍대한 때일수록 자신을 낮추고 겸손해야지 도도하게 굴면 안 된다는 말입니다. 점으로도 열흘 안에 사람을 만나야 하고, 만약 열흘을 넘기게 되면(過旬) 일을 그르치게 됩니다.

六二는 豐其蔀라. 日中見斗니 往하면 得疑疾하리니
육 이 풍 기 부   일 중 견 두   왕   득 의 질

有孚發若하면 吉하리라.
유 부 발 약   길

象曰 有孚發若은 信以發志也라.
상 왈 유 부 발 약   신 이 발 지 야

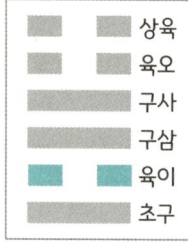

직역 육이는 그 덮개를 풍대하게 함이라. 한낮에 두수斗宿를 봄이니, 가면 의심하는 병을 얻으리니, 믿음을 두어 뜻을 펴면 길하리라. ◆「상전」에 이르기를, '믿음을 두어 뜻을 폄'은 미더움으로써 뜻을 펼침이라.

■ 蔀 : 덮개 부 / 斗 : 별 두 / 疾 : 병 질

점례 등잔 밑이 어둡고 윗사람이 나를 몰라본다. 그렇다고 스스로 찾아가거나 자신을 내세우면 의심만 받게 된다. 신의를 가지고 맡은 일에 충실하라.

강의 음이 두 번째에 있어 육이입니다. 육이는 음이 음자리에 바르게 있으면서 내괘에서 중中을 얻었는데, 육오와 음양 상응이 아닙니다. 육오는 인군 자리에 있지만, 음이기 때문에 어두운 인군이고, 육

이는 중정한 신하로 중을 얻은 인군과 자리로 응하는 관계입니다.

　육오가 비록 인군의 자리에 있고 중中을 얻고 고도로 문명이 발달한 때를 맞았지만, 외호괘가 못괘(☱)로 어두운 저녁때이고, 또 음으로 어두워서 밝은 불괘(☲)에 있는 중정한 육이 신하를 잘 몰라봅니다.

　그 이유는 덮개를 풍대하게 하여 캄캄해진 때문으로(豊其蔀) 밝은 낮이라도 그 안은 어둡습니다. 초구를 가린 내호괘가 바람괘(☴)니 안으로 푹 들어가는 것이 되고, 상육을 가린 외호괘가 못괘(☱)로서 서방에 해가 질 무렵으로 어두운 것이 나옵니다. 일중日中의 시대여서 문명이 발달한 밝은 때라고 하지만, 등하불명燈下不明이라고 현실적으로는 어두운 게 많습니다. 그래서 '일중日中'의 한낮이지만 덮개로 덮여서 저녁에나 볼 수 있는 두성을 볼 수 있으니(日中見斗) 그만큼 어두워졌다는 말입니다.

　육이는 자신의 밝은 것만 생각해서 육오에게 가면, 의심만 받게 됩니다(往得疑疾). 육오는 남이 자신을 해치지 않을까 하며 밝은 육이 신하를 의심하니, 육이는 믿음을 가지고 육오를 감동시키면서 뜻을 펼치다 보면 결국에는 참된 정성을 육오가 알아주어 길하게 됩니다(有孚發若吉).

　◆**소상전** 육이가 육오에게 먼저 '믿음을 두고 자기 뜻을 펴나간다(有孚發若)'는 것은 육이가 육오의 미더움을 바탕으로 자신의 뜻을 펼치는 것입니다(信以發志也). 부孚는 육이의 본질적인 믿음이고, 신信은 이 부孚를 바탕으로 얻어지는 믿음, 즉 남(육오)으로부터 받는 신뢰입니다. 문명이 발달한 밝은 때이지만 사회적으로 어두운 현실이 존재하는 이유는, 구성원들 간에 신뢰가 무너졌기 때문입니다.

九三은 豐其沛라. 日中見沫요 折其右肱이니 无咎니라.
구삼   풍기패   일중견매   절기우굉   무구

象曰 豐其沛라 不可大事也요
상왈 풍기패   불가대사야

折其右肱이라 終不可用也라.
절기우굉   종불가용야

상육
육오
구사
구삼
육이
초구

직역 구삼은 그 장막을 풍대하게 함이라. 한낮에 작은 별을 봄이요, 그 오른 팔뚝을 부러뜨림이니, 허물할 데 없느니라. ◆「상전」에 이르기를, '그 장막을 풍대하게 함'이라 큰일을 할 수 없고, '그 오른팔 부러뜨림'을 했기 때문에 끝내 쓰일 수가 없는 것이다.

■ 沛 : 깃발 패, 장막 패, 旆 / 沫 : 별이름 매 / 肱 : 팔뚝 굉

점례 교통사고로 오른쪽 팔을 다친다. 음주운전을 하지 마라. 경영자는 실력이 있는 부하를 잃는다. 일이 뜻대로 이루어지지 않는다.

강의 양이 세 번째에 있어 구삼입니다. 구삼은 양이 양자리에 바르게 있어서 강하며 현명합니다만, 육오하고 상응도 아니고 상비도 아닙니다. 육오가 혼군昏君으로 육이도 몰라보는데 구삼을 알아줄 리가 없으니, 참으로 불우하지요. 점을 해서 이런 자리가 나오면, 때도 좋고 능력도 갖춰졌으나 알아주는 이가 없어서 불우합니다.

덮개를 씌어놓은 것보다 더 큰 장막을 둘러쳤으니(豐其沛) 얼마나 어둡겠어요? 그래서 해가 중천인데도, 두성斗星보다 더 작은 매성沬

星을 본다고 하였으니(日中見沫), 구삼의 상황이 더욱더 어렵고 캄캄해진 것입니다.

더구나 자주 사용하는 오른 팔뚝을 부러뜨려(折其右肱) 자신의 뛰어난 능력을 발휘할 수도 없으니, 어디에다 하소연 하겠습니까? 허물할 데가 없는 것이죠(无咎).

◆**소상전** 그 장막을 크게 둘러쳤으니(豐其沛) 어둡고 캄캄하여 구삼이 현명한 능력을 발휘하여 큰일을 할 수 없는 상황입니다(不可大事也). 더구나 자주 사용하는 오른팔을 부러뜨려(折其右肱) 일을 못하니 끝내 쓰일 수가 없는 것입니다(終不可用也).

九四는 豐其蔀라 日中見斗니 遇其夷主하면 吉하리라.
구사   풍기부   일중견두   우기이주   길

象曰 豐其蔀는 位不當也일세요
상왈 풍기부   위부당야

日中見斗는 幽不明也일세요 遇其夷主는 吉行也라.
일중견두   유불명야   우기이주   길행야

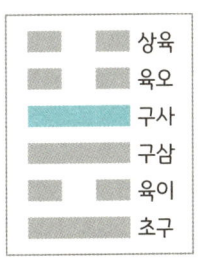

직역 구사는 그 덮개를 풍대하게 함이라 한 낮에 두수斗宿를 보니, 동등한 주인을 만나면 길하리라. ◆
'그 덮개를 풍대하게 함'은 자리가 마땅치 않기 때문이고, '한낮에 두수斗宿를 봄'은 어두워서 밝지 않기 때문이며, '그 동등한 주인을 만남'은 길하게 행동하는 것이다.

▪ 夷 : 동등할 이, 평평할 이 / 幽 : 어두울 유, 그윽할 유

점례 앞이 캄캄하다. 막연하다. 옛 친구를 만난다. 도움이 크다.

강의 양이 네 번째에 있어 구사입니다. 구사는 중을 얻지 못하고 양이 음자리에 있으며, 육오마저 혼군昏君으로 자신을 몰라보니, 덮개를 씌워놓은 것과 같습니다(豊其蔀). 그러니 육이와 마찬가지로 해가 중천에 떠 있어도 캄캄하게 어두워서 두성斗星을 보게 되는 것입니다(日中見斗). 그런데 구사는 자리로 짝이 되는 초구를 만나야 길하다고 하였습니다(遇其夷主吉).

초구에서는 '배주配主'라 하고, 여기서는 '이주夷主'라고 했는데, 구사와 초구는 똑같은 처지입니다. 초구가 아래에 있는 것이 구사만 못하지만 양이 자기 자리에 있어서 구사보다 낫고, 구사는 양이 음의 자리에 있어 초구보다는 못하지만, 양으로서 위에 있으니 초구보다 낫습니다. 동등한 사람을 만나러 아래에서 위로 가니 '배주配主'이고, 위에서 아래로 가니 '이주夷主'인 것이죠.

'이夷'는 '평평하게 고르다'는 뜻인데, 구사 신하와 초구 백성이 동등하게 관계를 맺어 하나로 뭉치면 육오 혼군昏君이 다스리더라도 그 풍대한 것을 오래 유지할 수 있는 것입니다.

◆**소상전** 그 덮개를 풍대하게 하여 가려진다는 것은(豊其蔀) 구사가 처한 자리가 중中과 정正을 다 잃었기 때문이고(位不當也), 한낮인데도 두성斗星을 본다는 것은(日中見斗) 지극히 어두워 밝지 못하기 때문이며, 그 '이주夷主'인 초구를 만나라고 한 것은 가면 길하기 때문입니다(吉行也). 또 비결로 말하면 명이괘明夷卦(䷣)의 주인공인 기자箕子를 만나라는 뜻도 됩니다.

六五는 來章이면 有慶譽하야 吉하리라.
육오 래장   유경예   길

象曰 六五之吉은 有慶也라.
상왈 육오지길   유경야

상육
육오
구사
구삼
육이
초구

직역 육오는 빛난 것을 오게 하면, 경사와 명예가 있어 길하리라. ◆「상전」에 이르기를, '육오의 길함'은 경사가 있는 것이다.

■ 慶 : 경사 경 / 譽 : 명예 예

점례 예능 문화 미술 등에 좋다. 화려하다. 문화유산이다.

강의 음이 다섯 번째에 있어 육오입니다. 육오는 비록 외괘의 중中을 얻은 인군의 자리이지만, 음으로 양자리에 있어 바르지 않고, 또 외호괘가 해가 지는 서방에 해당하는 못괘(☱)라 어둡습니다. 어두운 육오 인군을 잘 깨우쳐줘야 하므로 '장章'을 말하였습니다. '장章'은 아래 불괘(☲)의 주효인 육이를 가리키는 것으로 육오와 자리로 상응합니다.

밝은 자리에 있는 육이 신하를 오게 하면(來章) 인군 육오를 밝게 잘 보필할 것이니, 인군이 정치를 잘해서 나라 안에 경사와 명예가 있게 되므로 길한 것입니다(來章 有慶譽吉). 이것이 바로「단전」에서 말한 '의일중宜日中 의조천하야宜照天下也' 입니다.

◆**소상전** 육오가 길한 것(六五之吉)은 밝은 육이를 오게 함(來章)으로써 나라에 경사가 있기 때문입니다(有慶也). 즉 육이는 믿음으로써

육오를 대하고(有孚發若), 육오는 밝은 육이가 오도록 한(來章) 까닭에 경사가 있는 것이죠.

육오가 변하면 외괘가 못괘(☱)로 바뀌니 저녁·가을·후천 등의 뜻이 나오고, 또 풍괘(䷶)의 육오가 변한 괘도 천도가 바뀌고 세상을 고쳐 바꾸는 혁괘(䷰)가 됩니다. 육오가 겸손하게 자신을 낮추고 덕을 갖춘 육이를 오게 하여(來章) 정치를 잘하면 괘사에 말한 '일중日中'(중천)의 때에 오후(후천)를 잘 맞이할 수 있게 되는 것입니다.

上六은 豊其屋하고 蔀其家라. 闚其戶하니 闃其无人하야
상육   풍기옥   부기가   규기호   격기무인

三歲라도 不覿이로소니 凶하니라.
삼세   부적   흉

象曰 豊其屋은 天際翔也요
상왈 풍기옥   천제상야

闚其戶闃其无人은 自藏也라.
규기호격기무인   자장야

직역 상육은 그 집을 풍대하게 하고 그 집을 덮어 가림이라. 그 문을 엿보니 사람이 없어 고요해서 삼년이라도 만나 볼 수 없으니 흉하니라. ◆「상전」에 이르기를, '그 집을 풍대하게 함'은 하늘 끝까지 오름이고, '그 문을 엿보니 사람이 없어 고요함'은 스스로를 감춘 것이다.

■ 闚 : 엿볼 규 / 闃 : 고요할 격 / 其 : 어조사 기 (형용사 뒤에서 그 상태를 강조함) / 覿 : 볼 적 / 際 : 끝 제 / 翔 : 날 상 / 藏 : 감출 장

점례 집을 짓고 3년 나기 어렵다. 애수哀愁를 품은 태양이요, 지는 꽃이다.

강의 음이 맨 위에 있어 상육입니다. 상육은 구삼하고 음양 상응이 되는 자리이지만 아주 나쁜 관계입니다. 구삼은 중을 벗어난 데다 양이 양자리에서 너무 강하고, 불괘(☲)로 밝음을 추구합니다. 또 구삼이 변하면 우레괘(☳)로 너무 치우치게 발동하니, 오른 팔뚝을 부러뜨려(折其右肱) 끝내 쓰일 수가 없는 것이죠.

반면에 상육은 풍괘의 제일 위에 있는 효로, 문명이 고도로 발달한 풍대한 때를 만났습니다. 그런데 우레괘(☳)로 지나치게 움직이고, 상육이 변하면 밝은 불괘(☲)로 더욱 더 밝고 성해지고자 합니다. 너무 움직여서 밝은 괘가 되고 보니, 구삼과 밝음을 다투어 서로 상응하지 못하고 깨져버리니 망하는 것이죠.

'집 가家' 자는 가정과 집안 전체를 말하고, '집 옥屋' 자는 방이나 지붕 등의 건물을 의미합니다. 맨 위의 상육은 호화주택을 높고 크게 지어놓았는데(豐其屋), 그 집에 울타리를 높게 쳐서 덮어둔 것처럼 가려놓은 것입니다(蔀其家).

그 안에 뭐가 있나 해서 문틈으로 엿보니(闚其戶), 그렇게 큰 집이 고요하기만 하고 사람도 없습니다(闃其无人). 그것도 3년 동안이나 사람 흔적조차 볼 수 없으니(三歲不覿) 흉한 것이죠. 상육이 변한 불괘(☲)에서 3년이 나오고 3년은 아주 긴 시간인데, 그렇게 오랫동안 아무도 만나보지 못하니 흉할 수밖에요.

◆**소상전** 상육에 '그 집이 크다(豐其屋)'는 것은 집을 높고 크게 짓

55 뇌화풍

다가 마침내 하늘 끝까지 올라감을 말하는 것입니다(天際翔也).

'문을 엿보는데 고요해서 사람이 없다(闚其戶 閴其无人)'는 것은, 큰 집을 지으면 사람 소리가 나고 행복하게 살아야 하는데, 그 속에 스스로를 감추고 숨어 있으니(自藏也) 그 큰 집을 지은 의미가 없다는 거지요. 이처럼 풍괘의 상육에는, 풍대함이 극에 달하면 사람이 살 수 없는 시대를 자초한다는 경계의 말을 하고 있습니다.

읽을거리 - 이주夷主와 기자箕子

풍괘 구사효사에는 비결이 들어 있습니다. 명이明夷(䷣)와 풍豐(䷶)은 상대적인 것이지요. 땅(☷) 속에 밝은 것이(☲) 들어 있으면 밝은 것이 상했다는 명이明夷가 되는데, 풍괘 구사효사에 있는 '이주夷主'의 '이夷'는 '평등 이'라고 하지만, 괘명의 '이'는 '상할 이' 자로 봅니다. 밝은 것이 땅 속에 들어 있으니까 명이네요.

밝음이 어둠에 가린 명이의 시대가 있는가 하면, 밝은 것이 막 움직이는 풍의 시대가 있어요. 풍의 시대에서 구사효사의 '우기이주(遇其夷主)'는 명이의 주인공을 만나라는 말입니다. 풍괘에서 구사효가 변하면, 외괘가 곤삼절(☷)이 되어 지화명이괘(䷣)가 되네요. 풍괘 구사가 변하면 지화명이가 되는 것이죠.

명이괘 육오에 '기자지명이箕子之明夷'라고 하였으므로, 기자箕子가 명이明夷의 주인공입니다. 여기에 숨은 비결이 들어 있는 것이죠. 앞으로 후천시대가 오는 데, 문명이 고도로 발달한 이 풍豐의 시대의 어둠을 타파해야, 모두가 신의를 지키며 참으로 밝게 사는 후천시대가 된다는 것이지요. 그때 기자의 역할이 중요하다는 겁니다.

겉으로는 밝지만 실제로 어두운 시대는 소용이 없어요. 겉이나 속이 다 같이 바르고 밝고 신의가 있어야죠. 그런 신의 있는 시대가 되고, 세계가 하나 되고, 참으로 밝고 바르고 평화로운 그런 시대가 되려면 기자箕子와 같은 성인이 나와야 한다는 것입니다.

기자의 '기箕'는 28수宿 가운데 하나인 기수箕宿를 의미하기도 합니다. 동방칠수로는 각角·항亢·저氐·방房·심心·미尾·기箕, 북방칠수로는 두斗·우牛·여女·허虛·위危·실室·벽壁이 있는데, 동방과 북방 사이의 동북방에 두수와 기수가 같이 맞닿아 있습니다. 두수는 북방의 첫 별이고 기수는 동방의 끝 별이니, 두수와 기수가 동북쪽에 있는 것이지요. 동북은 간방艮方이요, 간방은 우리나라가 됩니다. 그래서 '이주夷主'는 기자箕子를 말하고, 그 기자는 곧 우리나라의 주인을 말하는데, 이러한 기자를 만나야 길하다는 말입니다(吉行也).

앞으로 후천시대는 기자같은 성인이 다시 나와 천하를 다스린다는, "수출서물首出庶物하야 만국萬國이 함녕咸寧한다"는 이러한 비결이 전해오는 게 아니겠어요?

▌ 관련된 괘

① 도전괘 : 화산려(䷐)   ② 배합괘 : 풍수환(䷐)
③ 호 괘 : 택풍대과(䷐)   ④ 착종괘 : 화뢰서합(䷐)

▌ 총설

풍괘와 같이 풍대한 시대를 슬기롭게 다스려서 삶을 잘 영위하려면, 삼효와 같이 흉포한 짓을 해서는 안 되며, 상효와 같이 제 분수도 모르고 호화주택에서 과소비를 해가며 남들이 손가락질 하는 줄도 모르고 고립된 삶을 사는 것은 더더욱 안 됩니다.

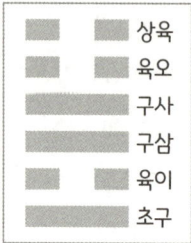

초효와 같이 겸손하면서 뜻이 맞는 착한 사람과 사귀고, 이효와 같이 남에게 신뢰 빚는 행동을 해야 하며, 사효와 같이 자기 몸을 낮추고 물욕에 빠지지 않도록 마음을 안정婑定하여 흔들리지 말아야 하고, 오효와 같이 겸손하게 학식과 덕이 있는 사람에게 묻고 배우며, 밝은 세상을 어둡게 살지 말고 진실로 밝게 살아야 합니다. 상효는 풍성함이 극에 달하면 사람이 살 수 없는 시대를 자초한다는 경계의 말을 하고 있습니다.

편언

풍요로움 속에 자신을 가두는 우를 범하지 말라는 풍괘의 가르침은, 조금이라도 남을 위해 기부하고 배려하는 삶의 아름다움을 생각하게 합니다. 호사스러우면서 철옹성 같은 집에서 자신만 호의호식하며 이기적인 삶을 사는 사람들보다, 자신의 가진 것을 내어주는 사람들이 큰 복을 받고 명예도 얻는 게 하늘의 이치라는 것이지요. 오효처럼 덕망 있는 육이를 천거해서 같이 세상을 경륜하며 경사가 넘치게 됨을 가르치는 것이지요.

火山旅(56)
화 산 려

▌ 려괘의 전체 뜻

　위는 이허중 불괘(☲)이고 아래는 간상련 산괘(☶)로, '화산火山'의 상이고, 괘명은 나그네의 뜻을 가진 '려旅'입니다. 인생은 나그네입니다. 그러나 나그네로서의 인생 여행은 정처定處 없는 배회徘徊가 아닙니다. 내괘인 산괘(☶)로 그쳐 있으면서 외괘인 불괘(☲)로 걸려 있으니, 마치 태양을 중심으로 태양계의 행성이 일정한 궤도를 따라 도는 것과도 같습니다. 그렇지만 크게 보면 행성뿐만 아니라 항성도 우주의 나그네가 되네요.

　려괘(䷷)는 나그네가 되어 다른 곳으로 유배를 보내는 형벌을 의미하기도 합니다. 또한 주나라 때의 군제軍制로 지수사괘(䷆)의 '사師'는 2,500명의 군사단위를 말하고, 여기 려괘의 '려旅'는 500명의 군사단위를 지칭하는 것이기도 하지요.

　「서괘전」에는 "풍은 큰 것이니, 극도로 커지면 반드시 거처하는 바를 잃기 때문에, 풍괘 다음에 려괘를 놓았다."*고 했지요. 또한 풍괘의 상육에 '집은 고대광실로 지었는데 안은 고요하여 사람도 없고, 3년 동안 보지 못한다'고 하니, 풍요로움을 누리다가 다 잃고 나그네

---

* 豐者 大也 窮大者 必失其居 故 受之以旅

신세가 되어 빈손으로 떠돌고 있습니다. 그래서 풍괘 다음에 려괘를 놓은 것입니다.

괘사

旅는 小亨코 旅貞하야 吉하니라.
려   소형   여정   길

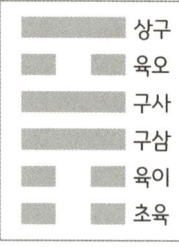

직역 려는 조금 형통하고, 나그네가 바르게 해서 길하니라.

점례 떠도는 나그네다. 늘 불안하고 쓸쓸하고 고생스럽다.

강의 나그네가 되어서 크게 형통할 수는 없는 것입니다. 잘하면 조금 형통하고(旅小亨), 그것 마저도 나그네가 바르게 행동해야만 길합니다(旅貞吉). 나그네 괘는 그 자체가 '소형小亨'인 괘입니다. 괘체를 보아도 내괘와 외괘의 중中을 얻은 효가 모두 음효(육이와 육오)이므로 양대음소陽大陰小의 이치에 따라 '소형'이 나옵니다.

단전

象曰 旅小亨은 柔ㅣ 得中乎外而順乎剛하고
단왈 여소형   유   득중호외이순호강

止而麗乎明이라.
지 이 이 호 명

是以小亨旅貞吉也니 旅之時義ㅣ 大矣哉라!
시 이 소 형 여 정 길 야　여 지 시 의　　대 의 재

직역「단전」에 이르기를, '려가 조금 형통함'은 유(음)가 밖에서 중을 얻어 강(상구, 구사)에 순하고, 그쳐서(☶) 밝음(☲)에 걸려 있음이라, 이 때문에 '조금 형통하고 나그네가 바르게 해서 길함'이니, 려의 때와 뜻이 크도다.

강의 괘사를 풀이한「단전」입니다. 나그네가 되면 오히려 큰 어려움이 있는데, 조금은 형통하다고(小亨) 한 까닭은 이 괘가 천지비괘(䷋)에서 왔기 때문입니다.

　려괘의 육오는 원래 양이고 육삼은 원래 음이라는 것이죠. 위가 하늘괘(☰)이고 아래가 땅괘(☷)인 비괘(䷋)는, 하늘은 하늘대로 땅은 땅대로 서로 통하지 못해서 만물이 나오지 못합니다. 위의 인군은 인군대로 아래의 백성은 백성대로 서로 통하지 못하고 정치가 바르지 못하여, 막힌 사회가 되고 어지러운 세상인 것이죠. 그러니 모두 다 풍비박산이 나서 나그네 신세가 될 수밖에 없습니다.

　비괘의 육삼 음이 오효 자리로 올라가 육오가 되고 구오 양은 삼효 자리로 내려와, 구삼이 된 것이 려괘입니다. 음이 올라가서 양만 셋 있던 하늘괘의 가운데로 들어가니까 불괘(☲)가 되고 양이 내려와 땅괘의 맨 위에 머무르니 산괘(☶)가 되어서 화산려괘(䷷)가 되었습니다.

56 화산려

괘사에 '소형小亨'이라고 한 것은, 비괘의 부드러운 육삼 음이 밖(외괘)으로 나가서 중中을 얻어(柔得中乎外), 상하에 있는 강한 양들에게 순종하고(順乎剛), 산과 같이 후중하게 그치고 하늘의 해처럼 밝음에 걸려 있기(止而麗乎明) 때문입니다. 이런 까닭으로 조금 형통하고 나그네가 바르게 해서 길하다(是以小亨旅貞吉)라고 하였습니다. 만일 나그네가 객지타향에서 바르지 않고 교만하거나 비굴하게 처신한다면 흉한 일을 당하게 마련입니다. 나그네가 되었지만 때가 중요하고, 또 정의롭게 행동하며 사는 일이 참으로 중요한 것입니다(旅之時義 大矣哉).

▌대상전

象曰 山上有火ㅣ 旅니
상 왈 산 상 유 화 　 려

君子ㅣ 以하야 明愼用刑하며 而不留獄하나니라.
군 자　 이　　 명 신 용 형　　　 이 불 류 옥

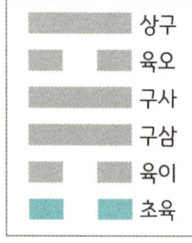

직역 「대상전」에 이르기를, 산 위에 불이 있는 것이 려이니, 군자가 본받아서 형벌 씀을 밝게 하고 삼가며, 옥에 오랫동안 머무르게 하지 않느니라.

■ 愼 : 삼갈 신 / 留 : 머물 류, 지체할 류

강의 산 위에 불이 있는 것이 려괘(☶☲)인데, 군자가 이러한 상을 보고 본받아서, '형벌 쓰는 것을 밝게 하고 삼가며(明愼用刑), 잘못 판결하여 애꿎은 사람을 옥에 가두거나 판결을 미루고 지체하는 일이 없어야 한다(而不留獄)'고 하였습니다. 뇌화풍괘(䷶)에서는 '절옥치형折獄致刑'이라 하고, 여기서는 '불류옥不留獄'이라고 했네요.

불괘(☲)는 시비선악을 명확히 가려 형벌 씀을 밝히고(明), 산괘(☶)로 형벌을 삼가는 것이지요(明愼用刑). 또 산괘(☶)는 그치는 것이므로 가두는 상인데, 외괘 불괘(☲)로 잘 판단해서 옥에 오랫동안 가두지 않는 것이지요(不留獄).

그런데 주자朱子는 '산괘는 그치는 것이므로 형벌 삼가기를 산과 같이 신중하게 하고(明愼用刑), 불괘는 밝은 것으로 재판을 지체하여 오랫동안 옥에 가두는 일이 없도록 불과 같이 빠르게 해야 한다'고 했습니다(不留獄). 즉 잠깐 머물다 가는 나그네 인생이니, 잘못된 고통을 주거나 죽이지 말라는 말이죠.

효사와 소상전

初六은 旅瑣瑣니 斯其所取災니라.
초육   여 쇄 쇄   사 기 소 취 재

象曰 旅瑣瑣는 志窮하야 災也라.
상 왈 여 쇄 쇄   지 궁   재 야

직역 초육은 나그네가 자질구레하고 비천하니, 그 재앙을 취함이라.

◆「상전」에 이르기를, '나그네가 자질구레하고 비천함'은 뜻이 궁해서 재앙이 됨이라.

- 瑣 : 琑의 이체자. 자질구레할 쇄, 비천할 쇄(인품이 비열하고 옹졸함)

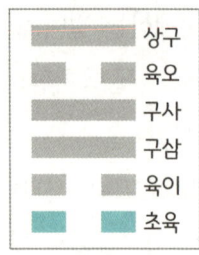

점례 나그네가 가진 것도 없고, 날은 어둡고 길은 막힌다. 재앙이 닥친다.

강의 음이 맨 처음에 있어 초육입니다. 초육은 맨 아랫자리에 있어서 어리고, 중中과 정正을 다 잃은 데다가 음으로 소인에 해당하네요. 그러니 자질구레하고 비천한 나그네에 비유됩니다(旅瑣瑣). 이렇게 나그네 생활을 하니 스스로 재앙을 초래할 수밖에요(斯其所取災).

『시경』에 "천하고 한미하게 떠도는 몸이라네."*라는 말처럼 자질구레하고 비천한 신세로 정처 없이 떠돌게 되었습니다. 이렇게 초라하고 옹졸한 나그네는 잘못하면 의심을 받거나 도둑으로 몰려 재앙을 취하기 십상입니다.

◆**소상전** 나그네가 자질구레하고 비천함(旅瑣瑣)은 그 뜻이 궁할대로 궁해서 재앙만 생기게 된다는 것이지요(志窮災也). 그런데 초육이 변한 중화리괘(☲)의 초육에 '밟아나가는 것이 섞여 있으니(履錯然) 공경하면 허물이 없다(敬之 无咎)'고 하였으니, 점을 해서 이 효가 나오면 여행길에 매사 조심하고 공경해야 별 탈이 없게 됩니다.

六二는 旅卽次하야 懷其資하고 得童僕貞이로다.
육이 여즉차 회기자 득동복정

---

* 『시경』,「모구旄丘」: 瑣兮尾兮 遊離之子

象曰 得童僕貞은 終无尤也라.
상 왈 득 동 복 정　　 종 무 우 야

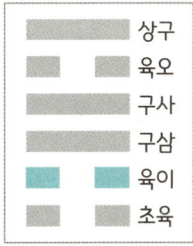

종 복

직역 육이는 나그네가 여관에 나아가서 그 노자를 품고 아이 종의 바름을 얻음이로다. ◆ 「상전」에 이르기를, '아이 종의 바름을 얻음'은 마침내 허물이 없으리라.

■ 卽 : 나아갈 즉 / 次 : 여관 차 / 懷 : 품을 회 / 僕 :

점례 편하고 화려한 여행이다. 노자도 풍부하고 고급호텔에 대우가 좋다. 수행원도 많다.

강의 음이 두 번째에 있어 육이입니다. 육이는 음이 음자리에 있고 내괘에 중中을 얻어서 나그네괘에서는 최고로 좋은 자리입니다. 내괘이니 집 안이 되고 음이 제자리에 있으니 부드럽고, 여관을 찾아 들어가 편안한 잠자리를 잘 정하였습니다(旅卽次). 육이가 변하면 바람괘(☴)가 되고, 초육을 가린 내호괘도 바람괘가 되어 들어가는 뜻이 나옵니다.

　또 상구를 가리면 외호괘가 못괘(☱)로 서방西方인 태금兌金에서 '황금, 자본, 돈, 노자'의 뜻이 나옵니다. 육이가 노자를 안으로 많이 품고(懷其資), 또 아래에 있는 '동복童僕'들이 정직하고 육이에게 순종해서 참으로 좋습니다(得童僕貞吉).

　◆**소상전** 동복의 바름을 얻은(得童僕貞) 육이는 모든 동복들이 바르게 잘 행동하니까 마침내 허물이 없게 됩니다(終无尤也). 아무리 혼자

잘해도 가족이나 부하들이 사고를 치면 문제가 생기는 것이지요. 그런데 육이는 중정中正한 덕德을 갖춘 훌륭한 사람이므로, 한평생을 허물없이 살 수 있습니다.

九三은 旅焚其次하고 喪其童僕貞이니 厲하니라.
구삼   여분기차   상기동복정   려

象曰 旅焚其次하니 亦以傷矣요
상왈 여분기차   역이상의

以旅與下하니 其義ㅣ 喪也라.
이려여하   기의   상야

직역 구삼은 나그네가 여관을 태우고, 아이 종의 바름을 잃으니 위태하니라.
◆「상전」에 이르기를, '나그네가 그 여관을 태웠으니' 또한 손상됨이요, 나그네로써 아래와 (사나움으로) 함께하니 그 의리가 상실됨이라.

■ 焚 : 불사를 분 / 喪 : 잃을 상 / 與 : 함께할 여, 다툴 여(≒爭).

점례 여행길 교통사고다. 점을 쳐 이 효가 동하면 여행하지 말라.

강의 양이 세 번째에 있어 구삼입니다. 구삼은 중中에서 벗어났고 강한 양이 양자리에 있으니 너무 지나치게 강하기만 해서 뇌화풍괘(䷶) 구삼과 비슷한 데가 있습니다.

구삼이 중도에서 벗어나 너무 거칠게 행동하는데다, 불괘(☲)에 가까이 있어서 여관집이 불타버렸네요(旅焚其次). 상효를 가린 외호괘가 못괘(☱)로 훼절되는 뜻이 나옵니다. 게다가 부리던 종들이 처음엔 정직했는데, 그 바름을 잃어서 모두 도망쳐 버렸어요(喪其童僕貞). 여관도 불타버렸고 부리던 종들도 다 떠나버렸으니 위태롭게 된 것입니다(厲). 나그네의 도리는 유순하고 겸손한 것이 으뜸입니다.

◆**소상전** 나그네인 구삼이 그 여관을 불태웠으니(旅焚其次) 화상을 입는 등 몸을 다칩니다(亦以傷矣). 구삼 양이 강한 것만 믿고 아래 초육과 육이 동복들을 너무 사납고 강하게 대하며 의심하고 다투니(以旅與下), 나그네로서의 유순한 의리가 손상되어(其義喪也) 동복을 잃어버린 것입니다. 구삼이 아래의 동복들도 자기와 같은 나그네라는 생각을 해야 하는데, 나그네로서의 본분을 망각해버린 것이죠.

九四는 旅于處하고 得其資斧하나 我心은 不快로다.
구사   여우처   득기자부   아심   불쾌

象曰 旅于處는 未得位也니 得其資斧하나 心未快也라.
상왈   여우처   미득위야   득기자부   심미쾌야

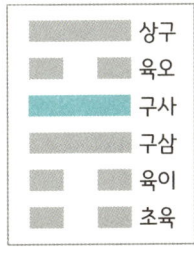

■직역 구사는 나그네가 거처하게 되고, 그 노자와 도끼(위엄)를 얻었으나, 내 마음은 유쾌하지 못하도다.
◆「상전」에 이르기를, '나그네가 거처를 구함'은 위位를 얻지 못한 것이니, 그 노자와 도끼를 얻었으나 마음은 유쾌하지 못함이라.

■ 于 : 갈 우(=往), 구할 우(=取) / 資 : 재물 자, 노자 자 / 斧 : 도끼 부 /

快 : 유쾌할 쾌

점례 불안한 여행길이다. 노자도 넉넉한데 왜 이리도 마음이 초조할까?

강의 양이 네 번째에 있어 구사입니다. '자資'는 노자이고, '부斧'는 호신용 도끼를 말합니다. 옛날에 사람들이 어디를 다닐 때, 노자는 물론 호신용으로 도끼를 가지고 다녔습니다. 또 '자資'는 재물을 말하고 '부斧'는 권력을 말합니다. 나그네가 부자로 살면서 권좌에 앉아 권력을 행사하게 되었다는 뜻이죠.

그런데 구사가 거처할 곳도 구하였고(旅于處) 부귀와 권력을 누리지만(得其資斧), 초육의 도움을 받지 못하니 '내 마음이 흔쾌하지 못하다(我心不快)'고 하였네요. 그것은 내괘는 산괘(☶)로 그쳐있고 외괘는 불괘(☲)로 떠도니, 구사와 초육이 음양으로 응해도 초육(동복)이 구사를 따르지 않기 때문입니다.

◆**소상전** 음의 자리에 있는 구사는 나그네가 거처를 얻었다고 하였지만(旅于處), 제자리가 아니기 때문에 위를 얻은 것이 아닙니다(未得位也). 그러니 그 노자와 도끼를 얻으나(得其資斧) 마음속으로는 만족할 수 없는 것이죠(心未快也).

六五는 射雉一矢亡이라 終以譽命이리라.
육오   석 치 일 시 망   종 이 예 명

象曰 終以譽命은 上逮也일세라.
상 왈 종 이 예 명   상 체 야

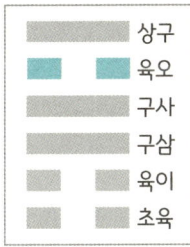

직역 육오는 꿩을 쏘아서 화살 하나를 없앰이라(한 화살로 꿩을 다잡느니라). 마침내 명예와 복록으로써 하리라. ◆「상전」에 이르기를, '마침내 명예와 복록으로써 함'은 위에까지 미치기 때문이다.

■ 射 : 쏠 석(사) / 雉 : 꿩 치 / 逮 : 미칠 체, 이를 체

점례 외국에 가서 이름을 날린다.

강의 음이 다섯 번째에 있어 육오입니다. 다른 괘들은 대체로 오효를 군왕자리로 보아 인군人君으로 얘기가 됩니다. 그런데 인군이 떠도는 신세라면 망국亡國의 군주이고, 다스릴 나라가 없는 것이나 마찬가지이지요. 그래서 이 자리가 인군의 자리이긴 하지만 나그네를 뜻하는 려괘旅卦이기 때문에 인군의 자리라고 하지 않았습니다.

외괘인 불괘(☲)는 문명文明한 괘로 무늬가 빛난다고 해서 꿩에 비유했습니다. 외호괘가 못괘(☱)는 금으로 화살촉이고, 불괘(☲)는 무기(戈兵)로 화살을 의미하기도 합니다. 그러니 육오가 꿩을 잡는데 외괘에서 중을 얻어 정확히 맞추니까 화살 하나로 꿩을 잡습니다. 즉 꿩을 잡는데 화살 하나로 충분하다는 것이죠(射雉一矢亡). 백발백중百發百中이라는 말입니다.

육오가 꿩을 쏘는 것은 문명을 쏘는 것입니다. 문명하고 유순한 덕이 있으며 중도中道를 지켜 나그네로써 처신을 잘하니, 육오의 능력은 인군에게까지 알려지게 됩니다. 그래서 마침내는 인군을 보필하는 신하로 등용되어 그 명예와 복록을 동시에 받게 되는 것이죠(終以譽命).

◆**소상전** 육오가 이렇게 명예를 얻고 인군의 명으로 높은 자리에

등용된 것은, 그 '석치일시망射雉一矢亡'의 능력이 위로 인군에까지 알려졌기 때문입니다(上逮也).

上九는 鳥焚其巢니 旅人이 先笑後號咷라.
상구 조분기소 여인 선소후호조

喪牛于易니 凶하니라.
상우우이 흉

象曰 以旅在上하니 其義焚也요
상왈 이려재상 기의분야

喪牛于易하니 終莫之聞也로다.
상우우이 종막지문야

직역 상구는 새가 그 둥지를 불사름이니, 나그네가 먼저는 웃고 뒤에는 울부짖음이라. 소를 소홀히 하여 잃음이니 흉하니라. ◆「상전」에 이르기를, 나그네로 위에 있으니 그 의리가 불사르는 것이요, '소를 소홀히 하여 잃음이니' 마침내 들음이 없는 것이다(끝끝내 알려질 수 없음이라).

- 巢 : 새집 소 / 號 : 부르짖을 호 / 咷 : 울 도(조) / 易 : 경솔할 이, 밭두둑 역(≒場) / 莫 : 없을 막(否定의 조사로 쓰임)

점례 점을 쳐 이 효가 나와서 여행가지 말라 했는데, 갔다가 비행기 추락사고로 재가 되어 돌아 왔다.

강의 양이 맨 위에 있어 상구입니다. 상구가 변하면 우레괘(☳)로 발동하여 극한 자리에 이르렀습니다. 외호괘 못괘(☱)로 훼절이 나오니, 사람이 살다 보면 결국은 늙어서 죽고 나그네의 삶도 또한 끝이 납니다.

상괘가 불괘(☲)이므로 남방南方 주작朱雀의 새가 나오고, 상구는 맨 위에 있어서 새로 말하면 둥지에 해당하는데, 불괘(☲)의 맨 위에 있으니 보금자리인 둥지를 불태우는 형상이 되었습니다(鳥焚其巢). 먼저는 부모에게 태어나 세상에 나왔으니 좋아서 웃고 살다가, 뒤에는 늙고 병들어 죽음을 맞이하니 울부짖게 되는 것입니다(先笑後號咷).

소를 소홀히 하여 잃어버렸습니다(喪牛于易). 천명天命의 본성本性은 소처럼 순順한 것인데, 극한 자리에서 날뛰다 보니까 착한 본성을 상실하게 되어 흉한 것이죠(凶). 나그네로 살려면 소처럼 순하고 착한 본성을 잘 지켜야 하고 겸손해야 하는 것입니다.

정자는 '상우우이喪牛于易'라고 하여 '易(이)'를 '쉽다, 소홀히 하였다'라고 풀이하였으나, 주자는 '易(역)'으로 보아 '강역疆場'의 '역場'으로 해석하는 것도 생각해 볼만 하다(易 或作疆場之場 亦通)고 하였습니다. 즉 '소를 밭두둑에서 잃어버리니'로 해석한다는 것이지요. 상구가 변하면 우레괘(☳)가 되니 '밭두둑, 큰길'이 나오고, 외호괘가 못괘(☱)로 잃어버리는 게 나옵니다.

◆**소상전** 상구의 나그네는 가장 윗자리에 있어 모든 것이 불타서 재만 남는 상태이고(以旅在上 其義焚也), 착하고 순한 본성을 잃었으니 아무도 그 사람의 이름을 들어서 알 수 없게 된 것입니다(喪牛于易 終莫之聞也). 소는 불괘(☲)에서 나오니, 중화리괘(䷝)에서도 '휵빈우畜牝牛'라고 하였죠. 그 소의 착하고 순한 본성을, 불같이 쉽게 흩날리

고 우레처럼 조급하게 발동하다 보니 상실하게 되었습니다. 비록 나그네지만 본성을 후중하게 잘 지켜야 하는데 제멋대로 살았기 때문에 이런 지경에 이른 것입니다.

읽을거리 - 여로쇄쇄(旅路瑣瑣)

계룡산 용학사에서 공부를 하던 때입니다. 무자년(서기 1948)도 저물어가는 어느 날 아침, 야산선생님의 명에 따라 안면도에 계시는 부모님을 찾아뵙고자 귀성길에 오르게 되었지요. 가기 전에 괘를 얻어보니, 화산려괘(䷷) 초육이 동하여 중화리괘(䷝)가 되었습니다.

효사에 "나그네가 너무나 좀스럽고 자질구레하니, 잘못 재앙을 부를 수도 있다. 그것은 바로 뜻이 곤궁하기 때문이다."라고 하였지요. "친한 사람이 적은 것이 나그네 려괘이다(親寡 旅也)."고 「잡괘전」에 말씀하셨죠. 특히 초육은 음유陰柔하고 비하卑下하여, 려괘 중에서도 제일 곤궁하지요. 다른 괘 같으면 구사와 합이 되어 구사의 구원을 받을 수 있지만, 려괘는 육오가 인군이 아니고 구사 또한 대신이 아니므로, 초육의 어려운 백성을 돕지 못합니다. 더욱이 구사는 양효가 리체離體에 있어 위로 올라가는 것만 생각하기 때문에, 아래로 내려와 초육을 구원하지 못합니다. 다간험정多艱險程이라! 내괘 간艮의 험한 산을 넘고 외호괘 태兌의 험한 물을 건너는 것이죠.

초육이 변하여 리離가 되니, 간艮의 동북방을 떠나 외호괘 태兌의 서방으로 가는 것이며, 계룡산(간)에서 나와 서해바다(태)로 가는 것이 나옵니다. 과연 내 처지가 그러했습니다. '수중에 무일푼이고 해륙海陸 초행길을 어디에서 자며 무엇을 먹고 간단 말인가?' 이런 두려움 속에 여비도 없이 '소리素履로 왕往'하니 무전여행이라고나 할까요?

안면도를 가자면 부여, 청양, 홍성을 지나 광천에서 배를 탄다는 말을 듣고 그 방향으로 길을 물어 갔습니다. 때로는 길을 잘 못 들어 헤매기도 하고, 몇 차례 건달들에게 봉변을 당하기도 했죠. 화산려괘 초육이 변한 중화리괘(䷝) 초구에 "리착연履錯然하니 경지敬之면 무구无咎리라. 상왈象曰 리착지경履錯之敬은 이피구야以辟咎也라"고 했으니, 길을 가면 착오가 많이 생기지만, 누구에게라도 공경하면 허물을 피할 수 있다 하여, 그 말만 믿고 무조건 공경해야겠다는 마음으로 가고 또 갔습니다.

점심을 굶어 허기진 몸에 발은 부르트니, 억지로 더 가는 것도 어려웠지요. 더구나 길가에 어둠이 깔리는 데는 겁이 나지 않을 수 없었습니다. 염치불고하고 큰 집 대문을 두드리니 주인인 듯 한 노인이 누구냐면서 문을 열어주었습니다. "저는 산에서 공부하는 사람인데, 안면도 가는 길에 날이 저물어 찾아왔으니, 폐가 되시겠지만 하룻밤 머무르게 해주십시오." 하고 힘들고 어려운 말을 꺼내자, 주인 노인이 조금 의아해하면서도 들어오라고 하였습니다.

집 안으로 들어가 "김석진입니다." 하고 인사를 드리니, 노인은 "젊은 사람인데 나이는 몇인고?" 하고 물었어요.

"스물하나입니다."

"김씨라고 했지. 관향이 어디인고?" "안동安東 입니다."

"뉘 자손인고?" "청음淸陰 자손입니다."

"시하侍下 인가?" "그렇습니다."

"구경하俱慶下 인가?" "예. 양친 다 구존俱存하십니다."

"성취成娶는?" "아직 미혼입니다."
"산에서 무슨 공부를 하고 있나?"
"주역을 배우고 있습니다. 스승은 이야산李也山 선생님이십니다."
"아! 그려? 저녁도 못 먹고 시장할 텐데." 하며 안에 들어가더니 밥상을 내왔습니다.

기갈이감식飢渴以甘食하고 앉아 있는데, 주인 노인 또래의 마실꾼이 하나둘씩 와서 대여섯 명이 모이자, 주인이 그분들에게 주역을 연구하는 사람이라고 소개를 해주었습니다. 그 중에 한 노인이 "초면에 젊은이에게 뭘 좀 물어봐도 실례가 안 되겠는가?"

"예, 말씀하십시오. 모르는 것은 할 수 없지만 제가 아는 만큼은 말씀드리겠습니다."

"그렇다면 한 가지 물어봐야겠군. 내 아들놈이 기사생己巳生인데, 임신생壬申生 규수와 혼사 말이 있어. 그런데 무진戊辰·기사己巳는 대림목大林木인데, 임신壬申·계유癸酉는 검봉금劍鋒金이니, 금극목金克木이 되어 안 좋다고 한단 말야."

"아닙니다. 대림목은 검봉금을 만나야 쓰이는 겁니다. 그리고 사巳와 신申이 합이 될 뿐 아니라, 사유축巳酉丑 금국金局과 신자진申子辰 수국水局은 상생相生이 되니 좋습니다."

이 외에도 역학적易學的인 여러 가지 이야기가 재미있었는지 그 노인들은 자리에서 일어날 줄을 몰랐고, 나 역시도 피로를 잊고 있었지요. 어느 덧 야심夜深하여 노인들이 일어나 집으로 돌아가는데, 궁합을 물어본 노인이 "내일 아침은 우리 집에 와 먹도록 하지." 하며 갔습니다. 아침밥을 벌어놓고 잠을 자게 된 것이지요. 효사가 안 좋더라도 공경하는 변통을 해서 길해진 것이라고나 할까요.

▌읽을거리 - 진묵대사의 인생나그네

진묵대사는 나그네 인생을 이렇게 글로 읊었어요.
天衾地席山爲枕   하늘과 땅은 이부자리요 산은 베개인데
月燭雲屛海作樽   달 촛불에 구름 병풍, 바닷물은 한동이 술
大醉居然仍起舞   대취해서 슬그머니 일어나 더덩실 춤추노라니
却嫌長袖掛崑崙   이 내 긴 장삼소매 곤륜산에 툭툭 걸리네
조금 허황된 듯해도 큰 뜻이 담긴 글입니다.

▌관련된 괘

① **도전괘** : 뇌화풍(䷶)   ② **배합괘** : 수택절(䷻)
③ **호　괘** : 택풍대과(䷛) ④ **착종괘** : 산화비(䷕)

▌총설

나그네괘(䷷)는 원래가 막히고 비색한 천지비괘(䷋)에서 삼효와 오효가 자리를 바꾸면서 이루어진 것입니다. 세상이 살기 어렵고 꽉 막히니, 가족이 뿔뿔이 흩어져 나그네 신세가 될 수밖에 없지요.

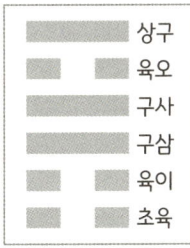

초효는 가만히 머무르고 있어야 할 약한 음이 변하면 불괘(☲)로, 불처럼 흩어져 떠도는 처량한 신세가 됩니다. 나그네가 자질구레하게 행동하면, 자신의 뜻대로 되는 일이 없고 해로운 일만 생겨 재앙을 취하게 되는 것입니다. 이효는 아

주 좋은 자리이고 유순한 덕을 갖춰서 한평생 잘사는 행운아입니다.

삼효는 스스로 강하게 날뛰며 잘못을 하다 보니, 부하를 다 잃어버리고 사면초가四面楚歌 신세가 되어도 어디 호소할 곳도 없습니다. 사효는 모든 것을 다 얻었지만 바르지 않은 자리라서 마음이 늘 편안하지 못합니다.

오효는 능력과 덕을 갖추고 있어서 모든 면이 훌륭하기 때문에 등용이 되고, 명예를 누리는 것입니다. 상효는 나그네로써 모든 것을 다 잃었으니 초로인생草露人生 공수거空手去의 한 단면을 보여주고 있습니다.

편언

힘들고 어려워도 만족할 줄 알면 늘 여유롭고 행복하나, 항상 남들과 비교하고 만족할 줄 모르면 삶이 고통스러울 뿐입니다. 안분지족安分知足이요 안빈낙도安貧樂道라고 했지요. 계영배戒盈杯에 담긴 가르침을 생각해 봅니다.

인생을 살다보면 나그네가 되어 곤궁한 길을 걸을 때가 있습니다. 그럴 때 처신을 잘못하면 더욱더 곤궁한 길로 빠져들게 되지요. 그럴수록 소처럼 순하고 착한 본성을 지키며 겸손하게 행동하면, 화살 하나로 꿩을 잡듯이 명예와 복록을 얻을 수 있게 될 겁니다.

重風巽(57) 중풍손

巽
巽

▌손괘의 전체 뜻

위에도 손하절(☴) 바람괘이고 아래도 손하절(☴) 바람괘로 바람괘가 거듭되니 '중풍重風'의 상이고, 괘명은 '손巽'입니다. 이렇게 상괘와 하괘가 똑같은 괘로 거듭 놓인 괘를 중괘重卦라고 하죠. 어떤 이들은 '손위풍巽爲風'이라 하는 사람도 하지만 '중풍손重風巽'이라 함이 마땅합니다.

인사적人事的으로 보면 겸손하고 겸손하게 일을 행하여 자기 뜻을 펴는 것입니다. 또한 자연의 이치로 보면 바람이 거듭 불어서 하늘의 만물을 살리려는 명이 행해지는 것이죠.

소성괘를 살펴보면 손괘(☴)는 아래가 끊어졌으니 '손하절巽下絶'이라고 합니다. 음이 와서 양 밑에 엎드리는 모습이니 공손한 것이지요. 그래서 손巽을 '공손할 손'이라고 합니다. 또 손하절 바람괘는 안으로 들어가는 성질이 있으므로 손을 '입入'이라고 하죠. 바람이 밖에서 안으로 파고드는 것입니다.

「서괘전」에서는, 려괘旅卦 다음에 손괘巽卦를 놓은 것에 대해 "나그네로 떠돌기만 하면 받아주는 사람이 없으므로 나그네란 의미의 려괘 다음에 들어간다는 의미의 손괘(☴)를 놓았다."*고 하였지요.

괘사

巽은 **小亨**하니 **利有攸往**하며 **利見大人**하니라.
손   소형   이유유왕   이견대인

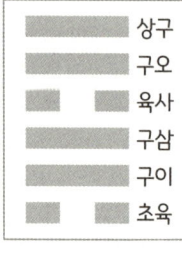

상구
구오
육사
구삼
구이
초육

직역 손은 조금 형통하니, 가는 바를 두는 것이 이로우며 대인을 봄이 이로우니라.

점례 바람이 분다. 갑자기 들뜬다. 그러나 공손해야 한다. 남에게 예속된 형편이다. 바람에 흔들려 왔다 갔다 한다. 장사를 하면 3배의 이익을 본다.

강의 손巽은 앞에서 말한 바와 같이 음이 밑에 와서 공손한 모습이고 아래 위로 겸손함이 거듭하여 중풍손重風巽입니다. 이렇게 아래 위로 음이 있으니 조금 형통합니다(巽 小亨). 양은 대大이고 음은 소小이죠. 양 아래에 음이 공손하게 있으니 조금은 형통한 것이죠.

　손巽은 겸손하고 또 겸손하게 하여 일을 하는 것입니다. 이렇게 겸손하게 하면 어디를 가도 이롭습니다(利有攸往). 또한 공손한 괘이므로 나보다 훌륭한 대인을 찾아보는 것이 또한 이롭습니다(利見大人). 여기에서 대인은 구오를 말하는 것입니다. 양이 양자리에 있으면서 바르고 외괘에서 중을 얻어 중정한 자리에 있는 구오 대인을 만나 봄이 이로운 것이죠.

＊ 旅而無所容 故 受之以巽

단전

象曰 重巽으로 **以申命**하나니
단 왈 중 손　　이 신 명

剛이 **巽乎中正而志行**하며 **柔**ㅣ **皆順乎剛**이라.
강　손호중정이지행　　유　개순호강

是以小亨하니 **利有攸往**하며 **利見大人**하니라.
시 이 소 형　　이 유 유 왕　　이 견 대 인

직역 「단전」에 이르기를, 거듭 공손함으로써 명령을 거듭 펴나니, 강은 중정한 도를 순히 따라서 뜻이 행하며, 유는 모두 강에게 순함이라. 이렇기 때문에 조금 형통하니, 가는 것이 이로우며 대인을 봄이 이로우니라.

- 重 : 거듭할 중 / 申 : 펼 신

강의 위에도 손하절(☴) 아래에도 손하절(☴)이므로 위 아래로 공손합니다(重巽). 공손하다는 것은 꼭 아랫사람이 윗사람에게 공손하다는 것만이 아닙니다. 사람은 천명에도 공손하고 하느님께도 공손해야 하는 것입니다. 그래서 "하늘에 순종하는 사람은 이 세상에 끝까지 존재한다(順天者存)."고 했습니다. 이렇게 거듭 공손한 것이 '신명申命'입니다.

'신명'은 '명을 펼친다'는 뜻으로도 풀이됩니다. '신申'에는 '펼 신伸'의 의미가 있기 때문이죠. 하느님께 받은 나의 운명, 내가 해야 할 사명, 인군이 내리는 명 등의 모든 것을 명命이라 할 수 있습니다. 그래서 사람은 이 세상에 그 명을 시행하고 또 시행해서 펼쳐야 하는 것입니다(以申命).

중천건괘의 구삼에 '종일건건終日乾乾(종일토록 굳세고 굳세게 함)'이라고 한 말이나, 대상에 '자강불식自彊不息(스스로 힘쓰면서 쉬지 않음)'이라고 한 것도 역시 손괘의 공손함으로 계속 공손하면서 내가 해야 할 명을 거듭함을 말합니다.

손괘는 꼭 음이 양 밑에서만 공손한 것이 아니고 양도 공손해야 합니다. 구오의 자리는 군왕의 자리인데 양이 다섯 번째 홀수 양자리에 바르게 있으면서 외괘에 중을 얻었으니 중정합니다. 이 중정한 자리에서 구오 인군이 공손하게 하고 있는 것이죠(剛巽乎中正).

중을 지키고 바르게 하는 자리에서 공손해야만 구오 인군의 뜻이 행해지는 것입니다(志行). 만약에 높은 인군의 자리에 있으면서 공손하지 않고, 천명을 어기면서 폭정을 일삼는다면 그 뜻이 이미 세상에 행해지지 못하는 것이죠. 중정하며 공손해야 그 뜻이 행해지는 것입니다. 구오 양은 이렇게 중정하며 공손하면서 뜻이 행해지고, 또 유약한 음인 육사는 구오에게 공손하고 초육은 구이에게 공손합니다. 음은 양에게 공손해야 하는 것이죠. 그래서 구오 아래에 있는 유柔나 구이 밑에 있는 유柔나 모두 강에게 공손하고 있어서 공손하지 않은 게 없습니다(柔皆順乎剛).

괘사에 말한 '조금 형통하니 가는 바를 둠이 이롭고 또 대인을 봄이 이롭다(小亨 利有攸往 利見大人)'고 한 것은 강이 중정에 공손하는 조건, 유가 강에게 순하는 조건하에서 이루어지는 것입니다. 조금 형통한 괘가 중풍손괘이니 자기가 공손하면서 해야 할 일이나 갈 길을 계속 가는 바를 둠이 이롭고, 또 자기가 모르는 것은 대인을 뵙고 대인으로부터 배우고 깨달으면서 나아가야 이로운 것이죠. 점을 해서 중풍손괘가 나오면 하는 일이 열려서 잘되어 나갑니다. 그리고 늘 나보다 훌륭한 분을 찾아봐야 합니다.

대상전

象曰 隨風이 巽이니 君子ㅣ 以하야 申命行事하나니라.
상왈 수풍　손　　군자　이　　신명행사

직역 「대상전」에 이르기를, 따르는 바람이 손(巽)이니, 군자가 본받아서 명을 거듭해서 일을 행하느니라.

- 隨 : 따를 수 / 申 : 펼 신, 거듭할 신

강의 손괘巽卦(☴)는 아래도 손하절(☴) 바람괘이고 위도 손하절(☴) 바람괘로, 아래 위로 바람이 거듭 부니 계속 바람이 따르는 상입니다(隨風 巽). 이러한 상을 보고 군자는 바람이 거듭하듯이 명을 거듭해서 일을 행합니다(申命行事).

'신명행사'란 명을 거듭하는 것이죠. 명을 내리는 주체는 하늘인데, 하늘은 바람을 통해서 명령을 행합니다. 주역 64괘 대상 중에서 바람괘가 들어 있지 않고는 명命을 말하지 않았죠. 명을 엉겨 합한다는 화풍정괘(☲)의 '응명凝命', 또 명을 사방에 베푼다는 천풍구괘(☰)의 '시명고사방施命誥四方'이 그것이죠. 그래서 임금이 명을 내리는 것은 바람 따라 백성들에게 행해진다고 하였습니다.

바람이라는 것은 '바람이 들었다' '바람을 넣는다' '신바람 난다'에서 볼 수 있듯이 움직이는 것입니다. 바람은 계속 불기 때문에 명은 바람 따라 계속 행해지는 것이고 그 명이 사람에게 주입되어 사람의 마음을 움직입니다. 바람이 사람의 마음을 움직이는 것과 같다는 뜻에서 바람괘에서 명이 나오는 것이죠.

『논어』에 공자께서 "군자의 덕은 바람이요 소인의 덕은 풀이다. 풀에 바람이 가해지면 반드시 쓰러진다."고 하셨지요.* 군자가 바람이라면 소인은 풀이죠. 바람 부는 대로 풀이 한쪽으로 쏠리듯이, 군자가 정치하는 바에 따라 민심이 움직이니까, 이를 '초상지풍草上之風'이라고 합니다. 요즘은 '민심이 천심이라'고 해서 국민을 바람으로 보기도 하지요. 풍風은 바로 명命인데 바람괘가 상하로 둘 있으니까 명을 거듭한다는 신명申命이 되고, 행사行事란 사람이 행해야 할 일을 행하는 것이죠.

바람이 한 번만 부는 것이 아니고 계속 불듯이, 자기의 모든 일을 '자강불식自彊不息'하면서 끝까지 하는 것이 신명행사입니다. 중풍손괘는 후천괘라고 해서 신申을 그냥 '귀신 신神' 자로 보고 '신神의 명을 받아 이를 행하느니라'로 풀이하기도 합니다.

▌효사와 소상전

初六은 進退니 利武人之貞이니라.
초육 진퇴 이무인지정

象曰 進退는 志疑也요 利武人之貞은 志治也라.
상왈 진퇴 지의야 이무인지정 지치야

---

* 『논어』, 「안연」: 君子之德風 小人之德草 草上之風 必偃

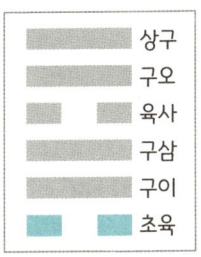

직역 초육은 나아가고 물러감이니 무인의 바름이 이로우니라. ◆「상전」에 이르기를, '나아가고 물러감'은 뜻이 의심스러운 것이고, '무인의 정고함이 이롭다'는 것은 뜻이 다스려짐이라.

- 疑 : 의심할 의

점례 심지가 약하다. 과단성이 없다. 전쟁터에 나간 무사와 같이 죽음을 무릅쓰는 용기를 내야 한다.

강의 음이 맨 처음에 있어 초육입니다. 손괘는 공손하는 괘입니다. 그러나 '과공비례過恭非禮'란 말처럼 지나치게 공손한 것은 오히려 예가 아니죠.

초육은 중풍손괘의 맨 밑에 있고, 처음 나오는 약한 음입니다. 원래 음이 양 밑에서 공손한 것인데 손괘의 초육은 공손하면서도 더욱 더 아래에서 공손하고 음으로 약하므로 과감성이 없어요. 늘 유柔로 미결未決하고 나아가려 하다가도 자꾸 구이한테 막혀서 못나가고 있는 모습이죠. 그래서 초구에 '진퇴進退'라는 말을 하게 됐습니다. 「계사전」에서는 손괘를 '진퇴'라고 풀이하고 또 과감성이 없는 괘(不果)라고 하였죠. 진進은 자리가 양이란 말이고 퇴退는 자기 자신이 음이란 말이죠(進退).

초육이 변해서 양이 되면 건삼련(☰) 하늘괘가 되어서 강한 괘가 됩니다. 그래서 무인武人이란 말이 나옵니다. 천택리괘(☱) 육삼효가 변하면 하늘괘가 되는데 이 리괘履卦의 육삼에도 '무인위우대군武人爲于大君'이라고 하여 무인을 말하였네요. 이렇듯 무인이란 말은 하늘괘가 되는 데에서 나옵니다. 양으로서 조금도 약한 데가 없고 괘가 모두 강하기 때문이죠.

무인은 바르게 나아가야 합니다. 총칼만 믿고 함부로 행동하면 안 되죠. 그래서 나아가려다 못 나가는 초육을 보고 "그렇게 유약한 마음을 갖지 말고 무인으로써 강하고 바르게 나아가라. 그러면 이롭다."고 한 것입니다(利武人之貞). 점을 해서 이런 자리가 나오면 용감하고 과감성 있게 행동해야 합니다.

◆소상전 초육이 '진퇴'하는 것은 나아가려고 하는 그 뜻에 의심을 품었기 때문이고(志疑也), "무인의 바름이 이롭다(利武人之貞)"고 한 것은 의심을 품은 그 뜻에 의심을 없애고 자기의 뜻을 다스려서 애초에 먹은 마음대로 나아가라(志治也)는 말이죠.

九二는 **巽在牀下**니 **用史巫紛若**하면 **吉**코 **无咎**리라.
구이   손재상하   용사무분약   길   무구

象曰 紛若之吉은 **得中也**일세라.
상왈 분약지길   득중야

직역 구이는 겸손해서 평상 아래 있음이니, 사와 무를 씀이 어지러우면(여러가지로 성심을 다하면) 길하고 허물이 없으리라. ◆「상전」에 이르기를, '많게 해서 길함'은 중을 얻었기 때문이다.

- 牀 : 평상 상 / 史 : 점칠 사 / 巫 : 무당 무 / 紛 : 어지러울 분

점례 무당이다. 점치는 직업이다. 기록하는 직업이다. 바람을 일으키고 굿

을 한다. 신에게 빈다.

강의 양이 두 번째에 있어 구이입니다. 초육은 음으로 부드러워서 사람이 앉고 눕고 하는 침대, 즉 평상에 해당합니다. 양은 딱딱해서 평상이 못 됩니다. 그런데 구이가 초육의 평상 밑에 가서 납작하게 엎드려 공손하게 행동하고 있습니다(巽在牀下). 구이의 공손함이 상 아래에 있으니, 이 공손함은 사람이 사람에게 공손한 것보다 귀신한테 공손한 게 좋습니다.

점을 해서 이런 자리가 나오면 굿을 하는 것이죠. 그래서 한쪽에서는 점치고 한쪽에서는 굿하는 것을, 조용히 하는 게 아니라 어지럽게 하면 길해서 허물이 없다고 하였네요(用史巫紛若 吉无咎). 여기서 '사史'는 점치는 이를 말하고, '무巫'는 굿을 하는 무당을 말하죠. 굿을 하고 춤을 추고 요란스럽게 하는 것이 이 손괘 구이에서 나온 겁니다. 손괘를 잘 살펴보면 우리나라의 옛날 풍습이 다 나옵니다. 이것도 하나의 작은 신바람(申命 : 神命)이라고 할 수 있죠.

◆**소상전** 구이가 요란스럽고 어지럽게 할 까닭이 없는데 어지럽게 해서 길한 것은(紛若之吉) 구이가 내괘에서 중을 얻어 중도에서 벗어나지 않기 때문입니다(得中也). 사史와 무巫를 어지럽게 해야 신명이 오르므로 비는 것도 지극히 빌면 신명이 감동하는데, 그것이 너무 지나치거나 부족한 것이 아니고 꼭 중도를 얻기 때문에 허물을 면하는 것이고 좋다는 뜻입니다.

九三은 頻巽이니 吝하니라.
구삼   빈손   인

象曰 頻巽之吝은 志窮也라.
상왈 빈손지린   지궁야

직역 구삼은 자주 겸손함이니 인색하니라. ◆「상전」에 이르기를, '자주 겸손해서 인색함'은 뜻이 궁한 것이다.

- 頻 : 자주 빈

점례 이랬다저랬다 한다. 중심이 흔들린다. 갈피를 못 잡는다.

강의 양이 세 번째에 있어 구삼입니다. 구삼은 양이 양자리에 있지만 중을 못 얻고 강하기만 합니다. 손괘는 부드러워야 하는 괘입니다. 모두가 굽힐 때 굽히고 공손해야 하는데 구삼은 공손하기가 어렵습니다. 강한 양이 양자리에 있어서 강이 거듭 강한 까닭이죠. 괘가 겸손한 괘이니 나름 힘써 겸손하고자 하나 교만하여 그 뜻을 자주 잃으니 인색해지는 것입니다(頻巽吝).

◆**소상전** 구삼이 자주 공손하고자 하나 잘 안 돼서 인색한 것은(頻巽之吝) 공손코자 하는 구삼의 뜻이 궁해진다는 말입니다(志窮也). 활달하게 공손함이 행해져야 하는데 자꾸 궁해져서 잘 안 되기 때문이죠.

六四는 悔ㅣ 亡하니 田獲三品이로다.
육사   회 망   전 획 삼 품

象曰 田獲三品은 有功也라.
상 왈 전 획 삼 품   유 공 야

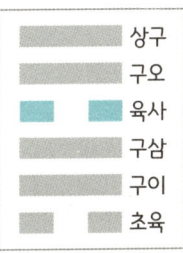

직역 육사는 후회가 없어지니 사냥해서 삼품을 얻도다. ◆「상전」에 이르기를, '사냥해서 삼품을 얻는다'는 것은 공이 있는 것이다.

■ 田 : 사냥할 전(佃) / 品 : 물건 품

점례 사냥에 좋은 효다. 귀한 물건 3가지를 얻는다. 운이 좋다. 노력한 공이 있다.

강의 음이 네 번째에 있어 육사입니다. 육사는 음이 강한 구삼 양을 승강乘剛하고 있어 후회(悔)가 있는 상입니다. 그러나 음이 음자리에 바르게 있고 비록 중은 못 얻었지만 구오 인군 밑에 있는 신하로서 대신이 됩니다. 대신이 구오 인군 밑에서 공손하면서 구오의 명을 시행합니다. 그것이 곧 사냥하는 것이죠. 전田은 '사냥할 전佃'의 뜻입니다.

상구를 가리면 외호괘가 이허중(☲) 불괘이므로 활이 나오고 초육을 가리면 내호괘가 태상절(☱) 못괘로 화살이 나와 무기가 나옵니다. 육사가 활과 화살을 가지고 사냥을 나가서 삼품을 얻었네요(田獲三品). 삼품의 일등품은 짐승의 머리를 쏴서 잡은 것으로 제사 지내는 데 쓰이고, 이등품은 배를 쏴서 잡은 것으로 임금의 수라상에 놓고, 삼등품은 다리를 쏴서 잡은 것으로 외국에서 오는 귀빈들을 접대

하는데 씁니다.

◆**소상전** 육사가 사냥해서 삼품을 얻는 것은(田獲三品) 그만큼 공을 세운 것이죠(有功也). 또 사냥한다는 것은 구오 인군을 도와 나라를 다스릴 인재를 구하는 것이기도 합니다. 사냥에서 짐승을 잡는 것도 '전획삼품田獲三品'이고, 인재를 잘 발굴해서 정치를 잘하도록 하는 것도 '전획삼품'입니다.

九五는 貞이면 吉하야 悔ㅣ 亡하야 无不利니 无初有終이라.
구 오　정　　길　　회　망　　무불리　　무초유종

先庚三日하며 後庚三日이면 吉하리라.
선 경 삼 일　　후 경 삼 일　　길

象曰 九五之吉은 位正中也일세라.
상 왈 구 오 지 길　위 정 중 야

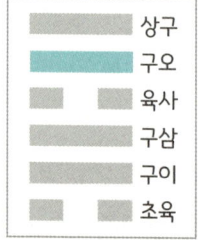

직역 구오는 바르게 하면 길해서 후회가 없어져 이롭지 않음이 없으니, 처음은 없고 마침은 있다. 경으로 부터 먼저 삼 일하고, 경으로 부터 뒤로 삼 일하면 길하리라.

◆「상전」에 이르기를, 구오의 길함은 자리가 정히 중을 얻었기 때문이다.

점례 경庚일을 중심으로 한 7일 동안에 모든 일이 새로운 모습으로 바뀐다. 처음에는 모든 일이 안되다가 나중에는 풀려서 유종의 미를 거둔다.

강의 양이 다섯 번째에 있어 구오입니다. 구오는 양이 양자리에 바르고 외괘에서 중을 얻어 중정한 자리네요. 구오의 자리가 바른 자리인데 더 강조해서 '바르면 길하다(貞吉)'고 했습니다. 왜냐하면 유순하고 바른 육사를 친비親比하므로 바름을 잃게 될 염려가 있기 때문입니다. 그러나 중정한 덕으로 회복하니 후회가 없어져 이롭지 않음이 없게 됩니다(貞吉悔亡 无不利). 그리고 하는 일마다 이로우니 처음은 없고 마침이 있게 됩니다(无初有終). 즉 바르지 못한 것(有悔)이 무초无初이고, 바르게 된 것(悔亡)이 유종有終입니다.

중정한 구오가 아래로 명을 내리기 전 3일을 생각하고, 명을 내린 후 3일을 다시 생각하는 마음으로 하면 길한 것이죠(先庚三日 後庚三日 吉).

그런데 중풍손괘에는 후천시대와 관련한 비결이 들어 있습니다. 옛날 성인들은 후천시대를 내다보고 이 중풍손괘에다 그 비결을 모두 담았어요. 선천의 시대는 '무초无初'가 되고 후천의 시대는 '유종有終'의 시대입니다. 경庚에서부터 따져 먼저 사흘, 경에서부터 따져 뒤에 사흘을 하면 모두 7일이 됩니다. 또 일곱 번째 천간이 곧 경이죠(갑을병정무기경). 경庚은 칠일래복(七日來復:7일 만에 회복한다)의 이치에 따라 일곱 번째에 놓여 있고 글자의 뜻도 '고친다'는 뜻을 가지고 있습니다.

경에서 먼저 사흘이면 '정→무→기→경'으로 나아가므로 정丁이 곧 선경삼일이 되고, 경에서 뒤로 사흘이면 '경→신→임→계'로 나아가니 계癸가 곧 후경삼일이 됩니다. 천간의 처음은 갑甲인데, 선경삼일은 갑이 아니라 네 번째 천간인 정이므로 '무초无初'가 되고, 후경삼일은 천간을 마치는 계癸이므로 '유종有終'이 되는 것이죠. 그러므로 무초였던 정이 계에 이르러 유종이 되는 것입니다. 이 정丁으로부터 계癸에 이르는 과정이 '정→무→기→경→신→임→계' 해서 7일이죠. 이것이 바로 복괘復卦에서 말한 칠일래복七日來復의 도道입니다.

◆소상전 구오가 길함은(九五之吉) 자리가 정중하기 때문입니다(位正中也). 정중하게 나아가니까 천리에 합당하며, 이치에 맞게 선후천이 바뀔 수 있는 것이죠.

上九는 巽在牀下하야 喪其資斧니 貞에(이라도) 凶하니라.
상구   손재상하   상기자부   정   흉

象曰 巽在牀下는 上窮也요 喪其資斧는 正乎아? 凶也라.
상왈 손재상하   상궁야   상기자부   정호   흉야

직역 상구는 겸손해서 평상 아래에 있어서 그 재물(資)과 권력(斧)을 잃음이니 고집해서(바르게 하더라도) 흉하니라. ◆「상전」에 이르기를, '겸손해서 평상 아래에 있음'은 위에 있으면서 궁한 것이고, '그 재물과 권력을 잃음'은 바르겠는가? 흉하다.

■ 貞 : 고집할 정, 바를 정 / 資 : 재물 자(자본) / 斧 : 도끼 부(권세)

점례 비겁하고 추잡하다. 여기에 붙고 저기에 붙는다. 결국 모든 것을 잃는다.

강의 양이 맨 위에 있어 상구입니다. 구이의 '손재상하'는 초육 음 밑에 엎드리는 것이고, 상구의 '손재상하'는 육사 음한테 엎드리는 것

입니다. 비굴한 모습이죠. 양강陽剛한 것이 음의 자리에 있으니 재질은 강하나 뜻이 약한 것입니다. 공손이 지나쳐 비굴해져서 망신을 당하는 모습입니다. 돈과 권력을 위해 수단과 방법을 가리지 않고 모은 돈(資)과 권력(斧)을 하루아침에 다 잃는다는 말입니다. 이제 와서는 바르게 해도 흉한 것이죠(貞凶).

◆**소상전** 상구의 공손함이 상 밑에 있다는 것은(巽在牀下) 지나친 공손을 말합니다. 아부와 아첨으로 얻은 부와 권력을 하루 아침에 잃게 되니 궁해진 것입니다(上窮也). 바르지 않게 쌓은 것을 모두 잃은 뒤엔 바르게 해도 흉하다는 것입니다.

▌읽을거리 - 사작경신(四作庚申)과 신명행사(申命行事)

하루로 보면 오전에서 오후로 넘어가는 때가 바로 경庚입니다. 오전은 양이 주장하는 선천시대이고, 오후는 음이 주장하는 후천시대죠. 따뜻하고 더운 봄과 여름은 양의 시대고, 서늘하고 추운 가을과 겨울은 음의 시대입니다. 후천의 시대가 오려면 봄·여름을 지나야 합니다. 그런데 화왕절火旺節인 여름은 삼복더위로 굉장히 덥습니다. 그때 이 경금庚金이 숨어 있다가 가을을 짊어지고 나오는 것입니다. 이것이 삼복입니다. 초복에 경, 중복에 경, 말복에 경, 이렇게 해서 삼복三伏이죠.

다른 것은 불 속에서 모두 타 없어져도 경금만은 타지 않고 더 좋은 금이 되어 나와요. 이 경금이 나오는 것이 바로 음의 시대요, 후천의 시대인 것입니다. 그 기간이 선경삼일이며 후경삼일이라는 얘기지요. 손괘(☴) 구오가 변하면 산풍고괘(☶)가 됩니다. 산풍고 괘사에 '선갑삼일先甲三日하며 후갑삼일後甲三日하니라'고 했어요. '고蠱(좀먹을 고)'라는 것은 세상이 모두 썩어서 부패한 세상이 되었다는 것입니다. 그런 세상을 경庚으로 뜯어고쳐야 한다, 갑甲이라는 목木을 경庚이라는 금金으로 '금극목金克木'해서 고쳐야 한다는 것이죠.

고괘蠱卦의 '선갑삼일 후갑삼일'이 손괘巽卦의 '선경삼일 후경삼일'로 뒤바뀌는 겁니다. 이것이 팔자八字를 고치는 것이요, 세상이 뒤바뀌는 것이요, 후천시대를 맞이하는 것이지요. 여기에 아주 큰 비결이 들어 있어서, 사람들이 모두 여기에서 따다가 비결을 냅니다.

손괘巽卦 「대상전」에서 말한 '신명행사申命行事'라는 신申자를 이 경庚자에 붙이면 '경신庚申'이 됩니다. 경신은 바로 무당이 굿을 하는 것과 같습니다. 개인적인 굿풀이의 차원이 아니라 천지음양의 이치를 교통하는 성인聖人의 차원에서 이루어지지요. 그래서 정신개벽이라고 합니다. 후천이 오는 시대는 과학을 능가하는 신의 조화의 시대로, 과학으로 풀지 못하는 일은 형이상적인 신의 조화가 아니고는 안 됩니다.

또 이 손괘가 64괘 중에 57번째 있는데, 57번째 간지가 바로 경신庚申입니다. 갑자 을축 해서 따지면 경신이 또 57번째 있는 것이죠. 손괘가 57번째에 있는 것이나, 경신이 57번째 간지로 있는 것이 정확히 맞아 떨어집니다.

'경신년 경신월 경신일 경신시에 강태공이 말에서 내린다'는 글이 예로부터 절구공이에 새겨져 전해옵니다. 말(馬)은 오시午時를 상징합니다. 오시에 내려 온다는 것은, 점심때에 말에서 내려 저녁때로 향해 간다는 뜻이죠. 즉 선천이 오시에 끝나면 강태공이 말에서 내려 후천시대를 연다는 것입니다. 그래서 강태공이 무왕을 도와 은나라를 물리치고 주나라를 세운 뒤에, 그 365신들을 다시 봉신封神했다고 하는 것이 아니겠어요?

그런데 경신년에는 갑신월이 올 뿐이지 경신월이 될 수 없고, 경신일 또한 갑신시가 올 뿐이지 경신시가 될 수 없으므로, '경신년 경신월 경신일 경신시'라는 것은 이 세상에 없습니다. 하지만 야산선생님은 중풍손괘의 '선경삼일 후경삼일'과 산풍고괘의 '선갑삼일 후갑삼일'에 의한 경갑변도庚甲變度의 원리로써 기존 달력의 세수법歲首法과 시두법時頭法을 새로 세우셨습니다.

해방 전의 갑신년(1944)을 경신년으로 고치면, 음력 7월이 갑신월입니다. 갑신월을 또 경으로 고치면 경신월이 되지요. 그런데 그 달에 속한 경신일은 그대로 변동없이 씁니다. 왜냐하면 날짜는 역수의 기본이기 때문이죠. 그 경신일에는 또한 갑신시가 오는데 이것을 경으로 고치면 곧 경신시가 되네요.

이렇게 해서 '경신년 경신월 경신일 경신시(1944년 음 7월 6일 신시)'가 나오는 것입니다. 세상 바꾸는 것은 바로 이 경으로 고치는 것이고, 이렇게 해서 후천시대가 오게 됩니다. 그 시대를 이루려고 경금이 손巽으로 엎드려 있다가 나오는 것이죠. 그것이 '선경삼일 후경삼일'이 되는 것입니다.

▌ 관련된 괘

① 도전괘 : 중택태(☱) ② 배합괘 : 중뢰진(☳)
③ 호 괘 : 화택규(☲) ④ 착종괘 : 중풍손(☴)

▍총설

손괘는 바람이 거듭 불어 하늘의 명이 만물에 스며들고, 겸손함으로 거듭하여 일을 해 나가는 것입니다. 겸손함을 거듭하고 명을 거듭해서 일을 행하고 새로운 사회를 만드는 것이죠(申命行事).

상구
구오
육사
구삼
구이
초육

손괘는 공손하게 행동하는 괘입니다.

초효는 너무 밑에 있는 음이어서 약하며 과감성이 없는 것이고, 이효는 중을 얻은 데다 부지런하게 행동하니 그런대로 길해서 허물이 없고, 삼효는 양이 양자리에 강해서, 공손하려 하지만 잘 안 되는 것이지요.

사효는 음이 음자리에 있으면서 구오 밑에서 공손하게 처신하며 자기 할 일을 잘해서 공을 세우는 것이고, 오효는 정중한 자리에서 세상을 한번 개혁하여 새로운 사회를 건설하는 것이고, 상효는 자기 욕심만 가지고서 여기저기 쫓아다니다가 다 빼앗겨버리고 결국 소용없게 됩니다.

▍편언

중천건괘(☰) 구오九五가 후천개벽의 체體라면, 중풍손괘(☴) 구오는 그 용用으로서 실제적인 개벽을 이루는 과정이요, 시기이며, 진행이지요. 하늘의 명을 공손한 마음으로 받아들이고, 그 받아들인 마음을 주변에 다시 편다면 새로운 사회가 앞당겨 질 것입니다.

重澤兌(58)
중 택 태

▌ 태괘의 전체 뜻

위에는 태상절(☱) 못괘이고 아래도 태상절(☱) 못괘로, '중택重澤'의 상이고, 괘명은 기쁘다는 뜻의 '태兌'입니다.

태(☱)는 연못의 상입니다. 후천팔괘 방위로는 해 지는 서쪽이고, 계절로는 만물이 성숙하는 가을로 후천을 상징합니다. 물이 흐르다 결국은 못(바다)에 모이듯이, 해가 지는 저녁때가 되면 집으로 모여들지요.

또 가을이 되면 곡식을 수확해서 한 볏단에 묶고, 한 가마니 한 곳간 속으로 다 모아 저장을 하네요. 오행으로는 태兌가 음금陰金에 속하는데, 차갑고 단단한 금은 입자가 엉겨 모여 합한 것이죠.

불가에서도 아미타여래가 관장하는 극락세계를 서방정토라 하고, 주역에서는 서방을 뜻하는 '태'가 이를 상징합니다.

「서괘전」에서는, "손괘로 들어가니까 기뻐하게 되므로, 손괘 다음에 기쁘다는 태괘를 놓았다."*고 했습니다.

---

* 入而後說之 故 受之以兌

괘사

兌는 **亨**하니 **利貞**하니라.
태　　형　　　이정

직역 태는 형통하니 바르게 함이 이로우니라.
점례 말한다. 기쁘게 해준다. 입으로 벌어먹는 직업, 신문기자, 방송인, 보험모집인, 외교관 등이다. 문서 관계로 인한 사건, 구설수에도 해당한다.

강의 태괘는 기쁜 괘이므로 점을 해서 이 괘가 나온다면 형통한 괘입니다(亨). 그러나 바르게 하지 않으면 이롭지 못합니다(利貞). 음이 양 밑에 와서 공손함으로써 손괘가 되듯 태괘도 이 음이 위에 있어서 양을 기쁘게 하는 것입니다. 즉 세 번째에 있는 육삼의 음은 아래 내괘에 있는 초구와 구이의 양을 기쁘게 해주고 맨 위에 있는 상육의 음은 또 외괘 구오와 구사의 양을 기쁘게 해주는 것이죠. 음이 와서 양을 기쁘게 해준다는 태兌와 음이 와서 양 밑에 엎드리고 공손하다는 손巽은 세력이 있는 양에게 음이 와서 괘를 이루었기 때문에 음을 놓고 얘기하는 것입니다.

　공손히 행동하는 손괘는 음이 밑에서 엎드린 것이고 태괘는 위에서 '웃는다', '말한다', '기뻐한다'는 것이죠. 그래서 기뻐한다는 태괘는 입으로 기뻐하고 위에서 기뻐하기 때문에 음이 위에 있습니다. 그것이 바로 형통한 것이요, 바름이 이로운 것입니다.

단전

象曰 兌는 說也니 剛中而柔外하야 說以利貞이라.
단 왈 태 열야 강중이유외 열이이정

是以順乎天而應乎人하야 說以先民하면 民忘其勞하고
시이순호천이응호인 열이선민 민망기로

說以犯難하면 民忘其死하나니 說之大ㅣ 民勸矣哉라.
열이범난 민망기사 열지대 민권의재

직역 「단전」에 이르기를, 태는 기뻐함이니, 강이 중을 얻고 유가 바깥해서, 기뻐하는 마음으로써 바르게 함이 이로우니라. 이로써 하늘에 순하고 사람에게 응해서, 기뻐하는 일로써 백성에게 먼저 하면 백성이 그 수고로움을 잊고, 기뻐하는 일로써 어려움을 범하게 하면 백성이 그 죽음마저 잊나니, 기뻐함의 큰 것이 백성을 권장하는 것이다.

- 忘 : 잊을 망 / 勞 : 수고로을 로 / 勸 : 권장할 권, 힘쓸 권

강의 괘사를 풀이한 「단전」입니다. 태는 기뻐하는 것이죠(兌 說也). 그런데 괘체가 강한 것이 중을 얻고 유한 것이 바깥에 자리잡고 있습니다(剛中而柔外). 위에 있는 것은 바깥이고 아래에 있는 것은 안에 속하는 것이죠.

'강중'은 구이와 구오를 말하는 것입니다. 구이가 강한 것은 내괘에서 중을 얻고 있고, 구오가 강한 것은 외괘에서 중을 얻고 있기 때문입니다. '유외柔外'는 육삼의 음이 내괘의 위에 있어서 바깥에 자리하고, 상육의 음이 외괘의 위에 있어서 바깥에 자리한 것을 말합니다. 기뻐하는 괘가 되려면 강중剛中이라야 합니다. 비록 기쁘더라도

중심이 서서 아무리 옆에서 기쁘게 해도 마음이 흔들리지 않아야죠(說以利貞).

이렇게 기쁨으로써 백성에게 먼저 하면 백성이 그 수고로움을 잊고(說以先民 民忘其勞) 기쁨으로써 어려운 일을 앞서 수행해내면 백성이 그 죽음마저 잊는 것입니다(說以犯難 民忘其死). 그래서 백성이 크게 기뻐할 일이, 백성이 권장할 만한 일이라고 하였네요(說之大 民勸矣哉).

맹자가 양혜왕을 찾아가니 양혜왕이 놀이동산에서 노는 기러기와 사슴을 가리키면서 "선생같이 어진 이도 나같이 이렇게 놀이동산을 만들어놓고 즐거워할 줄 압니까?" 하니까, 맹자께서 "어진 사람이어야 이런 것을 즐거워할 수 있는 것입니다. 왜냐하면 옛날에 문왕이 영대靈臺를 짓고 싶어 발표를 하니, 백성들이 모두 자청해 와 며칠 만에 놀이동산을 만들었습니다. 그러고 나서 백성들이 '모두 신령스러운 곳이다'라고 하여 영대라는 이름을 짓고 기뻐한 것은, 문왕이 '여민동락與民同樂', 즉 백성과 더불어 함께 즐거워하였기 때문입니다. 진짜 즐거운 것은 이런 것입니다."*라고 하였죠.

기뻐하면서 늘 백성을 먼저 기뻐하도록 해주면 그 백성이 자기의 수고로움을 다 잊어버리고 인군과 나라를 위해서 죽자살자 일할 것이고, 또 나라에 어려움이 있을 때 인군이 솔선수범해서 기꺼이 그 일에 뛰어들면 백성들은 죽음을 불사하고 앞서 뛰어들게 됩니다. 그렇다면 기뻐한다는 것이 한낱 웃고, 즐기고, 춤추고, 놀고 하는 것들만이 아니라, 나라를 다스림에 있어서 백성들이 모두 권장할 만한 일

* 『맹자』, 「양혜왕」 상

이 되는 것이죠.

대상전

象曰 麗澤이 兌니 君子ㅣ 以하야 朋友講習하나니라.
상 왈 이택 태 군자 이 붕우강습

직역 「대상전」에 이르기를, 걸린 못이 태(兌)이니, 군자가 본받아서 붕우와 강습하느니라.

- 麗 : 걸릴 리(原音 려) / 講習 : 학문을 토론하여 학습하는 일

강의 태괘(☱)의 상은 아래의 못(☱)과 위의 못(☱)이 서로 붙어 있습니다(麗澤). 입에 윗입술과 아랫입술이 서로 붙어 있는 것이죠. 태는 '입(口)'입니다. 이 입과 저 입이 붙어 있는 것은 못물이 출렁거리는 것이고, 못이 서로 붙어 있는 건 사람의 입이 붙어 있는 것인데, 그것이 강습하는 형상입니다. 같은 학우끼리의 강습은 서당 방에서 하죠. 그래서 서당 방을 이택麗澤이라고 합니다.

못이 걸려 있는 것이 바로 서당 방인데, 서당에서 기뻐하는 것이 '태'라는 말이 됩니다. 누가 기뻐하느냐? 같이 공부하는 붕우가 기뻐하면서 학문을 강습합니다(朋友講習). 그래서 입이 입끼리 모여 서로 글 읽고 토론을 하네요. 못이 못끼리 걸려서 출렁거리고, 그것이 바로 붕우강습하는 모습입니다.

효사와 소상전

初九는 和兌니 吉하니라.
초구　화 태　길

象曰 和兌之吉은 行未疑也일세라.
상왈 화태지길　행 미 의 야

직역 초구는 화합해서 기뻐함이니 길하니라. ◆「상전」에 이르기를, '화합해서 기뻐함이니 길함'은 행하는데 의심하지 않기 때문이다.

점례 편견과 사심이 없이 조화롭게 화합한다. 의심하지 말고 윗사람을 잘 따르라.

강의 양이 맨 처음에 있어 초구입니다. 초구는 양이 양자리에 바르게 있습니다. 중은 못 얻었지요. 그러나 음이 가까이 있거나 음과 응하지는 않았습니다. 초구는 양으로써 모두 중화를 이루고 지금 기뻐하는 괘입니다(和兌). 초구가 누구하고만 기뻐하고 누구는 미워하고 하는 게 아니라 중화를 잘 이루어서 화하게 기뻐합니다. 그래서 길하네요(吉).

◆**소상전** 초구가 '화하고 기뻐해서 길하다(和兌之吉)'는 것은 초구의 행동이 하나도 의심할 것이 없기 때문입니다(行未疑也). 의심할 일이 하나도 없으니까 중화를 잘 이루고 기뻐하는 '화태'가 되고 길한 것이죠.

九二는 孚兌니 吉코 悔ㅣ 亡하니라.
구이 부태 길 회 망

象曰 孚兌之吉은 信志也일세라.
상 왈 부태지길   신지야

상육
구오
구사
육삼
구이
초구

직역 구이는 미더워서 기뻐함이니 길하고 후회가 없어지니라. ◆「상전」에 이르기를, '미더워 기뻐해서 길함'은 뜻을 미덥게 하기 때문이다.

점례 모든 이에게 신뢰를 받는다. 말 한마디에 모두 움직인다.

강의 양이 두 번째에 있어 구이입니다. 구이는 내괘에서 중中을 얻었네요. 중을 얻었으면 다른 괘의 경우 초구자리보다 이 구이자리가 좋은 자리입니다. 그런데 여기서는 초구보다 구이가 좀 못하지요. 초구에는 무조건 길吉이고, 여기에는 '후회(悔)'라는 말이 있어요. 구이에 왜 후회란 말을 두었을까요? 초구는 기뻐하게 해주는 육삼 음과 관계가 없어서 그 행동을 전혀 의심할 것이 없지만, 구이는 비록 중을 얻었어도 육삼 바로 아래에 있어서 의심스러운 데가 있습니다. 기뻐하는데 옆에 예쁜 여자가 있으니까, 혹 이 여자에게 이끌릴까 봐서이죠.

그래서 구이는 자기 행동을 그르칠 수가 있습니다. 하지만 중을 얻은 양효이므로 미덥게 해서 기뻐합니다(孚兌). 그래서 '믿을 부孚' 자를 붙인 겁니다. 구이 너는 믿음을 갖고서 육삼이란 여자가 무슨 짓을 하든지 흔들리지 말고 신의와 믿음을 가지고 기뻐해라. 그러면 길하고 그동안의 후회가 다 없어진다는 것이죠(吉 悔亡).

◆소상전 구이가 '미덥게 기뻐해서 길하다(孚兌之吉)'는 것은 강중한 덕으로 화이불류和而不流하여 본분을 잃지 않고 그 뜻과 믿음을 가지고 나아가야 길하다는 것입니다(信志也).

六三은 來兌니 凶하니라.
육삼　래태　흉

象曰 來兌之凶은 位不當也일세라.
상 왈　래 태 지 흉　위 부 당 야

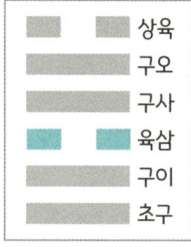

직역 육삼은 와서 기뻐함이니 흉하니라. ◆「상전」에 이르기를, '와서 기뻐해 흉하다' 함은 자리가 마땅치 못하기 때문이다.

점례 이리 붙고 저리 붙으며 알랑거린다. 입이 화를 부르는 문인 줄 모르는구나.

강의 음이 세 번째에 있어 육삼입니다. 육삼은 음이 양자리에 있으니 부당하네요. 기뻐하는 도의 바름을 잃은 자입니다. 외괘에 있는 것은 가는 것이고 내괘에 있는 것은 오는 것인데, 육삼이 와서(내괘로) 양들을 기뻐하게 합니다(來兌). 지금 음이 양을 기뻐하게 하는데 육삼은 이 남자, 저 남자를 쫓아다니면서 기쁘게 해주는 것입니다. 조금은 추한 일이 아니겠어요? 그래서 흉한 것입니다(凶).

◆소상전 육삼이 와서 기쁘게 해서(來兌) 추잡한 일을 하는 것은 제

자리에 있지 않기 때문에 부당한 짓을 하는 것이죠(位不當也). 그래서 육삼이 이 남자, 저 남자에게 기쁘게 해주는 부당한 짓을 하는 것은 음으로 소인인데다 중을 얻지 못하고, 제자리도 아니며, 상육과도 음양응이 되지 못하기 때문이라는 말입니다.

九四는 **商兌未寧**이니 **介疾**이면 **有喜**리라.
구사   상태미녕   개질   유희

象曰 九四之喜는 **有慶也**라.
상왈 구사지희   유경야

58 중택태

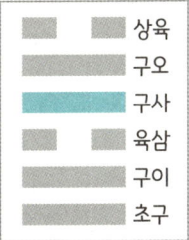

직역 구사는 기쁨을 헤아려서 편안치 아니하니, 분별해서 미워하면 기쁨이 있으리라.
◆「상전」에 이르기를, '구사의 기쁨'은 경사가 있는 것이다.
■ 商 : 헤아릴 상 / 寧 : 편안할 녕 / 介 : 분별할 개 / 疾
: 미워할 질

점례 이해득실을 잘 분별해서 처신한다. 좀 때가 늦어지고 마음고통이 있어도 판단만 잘하면 좋은 일이 있다. 소강절선생이 난리가 날 것 같아서 이 효를 얻고, 가족을 서쪽에 있는 촉땅으로 피난 보내서 안전하게 지냈다.

강의 양이 네 번째에 있어 구사입니다. 기뻐하는 태괘는 또한 남을 기쁘게 해주는 괘입니다. 인군은 백성을 기쁘게 해줘야 합니다. 그런데 구오 밑에 있는 대신인 구사는 '구오를 기쁘게 해줘야 하느냐, 아니면 너에게 알랑거리는 육삼 여자를 기쁘게 해줘야 하느냐' 하는 중간에서 이러지도 저러지도 못하고 있습니다. 양이 음자리에 있어서 제자리에 있지 못해 마음이 편치 못한 것이죠(商兌不寧).

그렇지만 분별을 잘 해서 구사한테 알랑거리는 육삼 여자를 미워하면 구사가 구오 인군을 따라서 섬기고 공을 세우므로 기쁨이 있을 것 아니겠습니까(介疾 有喜)?

◆**소상전** 구사는 대신 자리에 있으니, 구사의 기쁨(九四之喜)은 자기 가정만 기쁜 것이 아니라 온 나라에 경사가 있는 것입니다(有慶也). 상육을 가리면 외호괘로 손괘(☴)가 들어 있습니다. 공자가 「계사전」에 이 손괘를 '장사해서 세 배가 남는다(近利市三倍)'고 했어요.

九五는 孚于剝이면 有厲리라.
구 오   부 우 박   유 려

象曰 孚于剝은 位正當也일세라.
상 왈 부 우 박   위 정 당 야

직역 구오는 깎는데도 믿으면 위태함이 있으리라.
◆ 「상전」에 이르기를, '깎는데도 믿음'은 자리가 바로 그런 자리를 당했기 때문이다.
▪ 剝 : 깎을 박, 벗길 박

점례 믿음을 가지고 정당하게 나아가면 좀 위태로운 일이 있어도 좋게 진행된다.

강의 양이 다섯 번째에 있어 구오입니다. 구오야말로 중정하네요. 중을 얻은 데다 양이 양자리에 있어서 정당한 자리에 있습니다. 그런데 아무리 정당한 자리에 있어도 잘못하면 위에 있는 상육한테 놀아납니다.

이 상육의 음은 아래의 육삼 음과는 다른 데가 있어요. 육삼은 남이 알아주지 않으니까 자꾸 쫓아다니며 알랑거리는 것이라면, 상육은 아주 노련한 여자이기 때문에 아무리 정당한 자리의 구오도 넘어갈 수 있지 않겠어요? 그것이 음이 양을 깎아먹는 것입니다. 그래서 그 효사에 네가 믿음을 가지고 정당하게 나아가더라도 상육한테 깎일 염려가 있으니(孚于剝). 위태로움이 있을 것이라는(有厲) 경계사를 두었네요.

◆**소상전** '부우박孚于剝'이란 말은, 상육이 구오를 깎으려 하지만 구오가 중심을 잃지 않고 믿음을 가지고 나가는 것입니다. '박剝'이라는 것은 음이 양을 깎아먹는 것이죠.

모두가 양인 중천건괘(☰)를 음이 차츰 깎아 올라가서 결국 산지박괘(☷)가 되는 것이 아니겠어요? 여자가 남자를 그냥 놔두지 않고 주머니 돈을 다 빼앗고, 그 집까지 다 망치겠다는 작정을 하는 겁니다. 그러나 지위가 너무나 정당하니까, 믿음을 지킬 것이고 아무 탈이 없을 것이라고 했네요.

> 上六은 引兌라.
> 상육   인 태
>
> 象曰 上六引兌ㅣ 未光也라.
> 상 왈 상 육 인 태   미 광 야

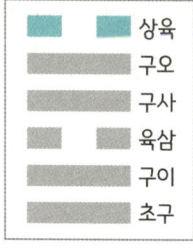

직역 상육은 이끌어서 기뻐함이라. ◆「상전」에 이르기를, '상육이 이끌어 기뻐함'은 빛나지 못한 것이다.

- 引 : 이끌 인, 당길 인

점례 사람들을 불러 술대접한다. 사전선거운동으로 당선됐다가 무효가 된 점이다.

강의 음이 맨 위에 있어 상육입니다. 육삼은 미숙한 여자니까 남자를 기쁘게 해주려고 쫓아다니고, 상육은 아주 노련한 여자가 되어 가만히 앉은 채 뭇 남자들이 오도록 만듭니다. 그래서 '인태引兌'라고 했습니다. 사내들이 모두 나한테 자청해서 오도록 이끌어 그 사내들을 기쁘게 해준다는 것이죠.

이 태괘는 음이 앞장서는 상입니다. 전체적으로 앞서 인솔하는 음이 상육이네요. 그런데 음은 선미후득先迷後得이라고 중지곤괘(䷁)에도 말하였죠. 어둡고 힘이 약한 음이 앞장서는 것이 바른 것은 아니지만 태괘의 때가 그러합니다.

◆**소상전** 상육은 음으로써 맨 윗자리에 있어서 음인 여자가 이끌고 기쁘게 해주는 것인데(上六引兌) 그것이 결코 빛나는 일은 못되죠(未光也). 외괘의 괘체가 태상절(☱)로서 어두운 저녁이며, 상육은 더

어두운 음이기 때문에 밝지 못합니다.

▍읽을거리 - 서당선비 풍월

태괘兌卦는 서당이고 또 기쁜 괘이니, 옛날 서당에서 웃고 기뻐하던 이야기 한마디 할까요? 사실 옛날 한문공부만 하던 서당에서는 문자를 잘 써야 유식하다고 했습니다. 어떤 사람이 문자를 즐겨 썼는데, 하루는 호랑이가 자기 장인을 물고 가는 것을 보고 황급한 나머지 "원산대호遠山大虎가 근산래近山來하야 오지장인吾之丈人을 착거捉去하니 유총자有銃者는 집총래執銃來하고 유봉자有棒者는 집봉래集棒來하라(먼 산에 있는 큰 범이 가까운 산에 와서 내 장인을 물고 가니, 총 있는 사람은 총을 가지고 나오고 몽둥이가 있는 사람은 몽둥이를 가지고 나오라)."며 소리쳤습니다.

동네 사람은 그게 무슨 소리인지 몰랐고 장인은 호랑이에 물려 가 버렸습니다. 문자 쓰다 장인을 죽게 했다고 관가에 고발을 당했지요. 관가에 붙들려가 볼기를 맞는데도 "아야둔야我也臀也 아야둔야我也臀也(아이고 내 볼기야! 아이고 내 볼기야!)." 하고 문자를 썼습니다. 옥관이 "너 이놈 다시 또 문자를 쓸 터이냐?" 하니 "차후此後론 갱불용문자更不用文字올시다(이후에 다시는 문자를 쓰지 않겠습니다)."라고 하면서, 문자를 쓰지 않겠다는 말도 또 문자로 쓰네요. 관에서 도저히 안 되겠다고 판단하고 감옥에 가두었습니다.

그러자 그의 아내가 면회를 왔어요. 철장 사이로 손 좀 잡아보려고 하다 잡히지 않으니까, "여수汝手가 단短커든 아수我手가 장長커나, 아수我手가 단短커든 여수汝手가 장長커나(네 손이 짧거든 내 손이 길거나,

내 손이 짧거든 네 손이 길거나)." 하며, 그 마당에서도 또 문자를 쓰는 것을 보고 관가에서 "이놈은 이미 문자광文字狂이 되어 어쩔 도리가 없구나!" 하고 내놓았답니다.

그래서 "왈천 왈지曰天曰地에 청춘거青春去하고, 왈부 왈시曰賦曰詩에 백발생白髮生이라('하늘천 따지'를 공부하다 청춘은 다 가고, 시 짓고 흥얼대다 백발되는 줄 모른다)."고 하는 말이 전해지나 봅니다.

읽을거리 - 태괘와 후천

태兌는 양羊으로 봅니다. 머리 위에 양쪽으로 난 뿔이 태상절(☱)의 상과 같고, 흰색이 서방의 백색과 같지요. 여기 「단전」에 '열이선민說以先民 열이범난說以犯難'이라고 말한 것처럼, 양의 속성은 사람이 앞에서 끌면 따라가지 않고 자기가 앞장서려 합니다. 그러므로 양을 몰 때는 항시 양을 앞세우고 뒤나 옆에서 모는 것이지요.

야산 선생님은 당시의 미국과 소련에 의해 남북분단이 된 것을, '농부가 물고기(魚)를 볏짚(+++禾)에 싸서 뒷짐 진 채 양을 몰고 가는 형국'이라 하셨어요. '볏짚에 싼 물고기'는 소련(蘇=+++禾+魚)이고, 앞세운 양은 미국(美=羊+大)을 가리키는데, 우리 조선의 '선鮮'에 또한 이 양과 물고기가 들어있습니다(鮮=魚+羊). 조선은 자본주의로 대표되는 미국과 공산주의로 대표되는 소련을 합한 글자네요. 그래서 우리나라에 자본주의와 공산주의가 머리를 맞대고 다투는 것 아니겠어요?

또 음적인 평등(- -)을 근본이념으로 한 사회주의는 소련으로 대표되고, 양적인 자유(—)를 기본이념으로 한 자본주의는 미국으로 대표

되는데, 간방艮方조선인 우리나라가 그 음양(물고기와 양)을 짊어지고 몰고 가는 태극이라는 뜻도 됩니다.

비록 당시 상황이 미국과 소련에 의해 분단된 참담한 현실이지만, 이를 다시 보면 세계 양대 사조인 자본주의와 공산주의가 투쟁과 융합을 거쳐 새로운 사조로 탄생하는 도학적 철학적 모체母體가 우리 대한민국이라는 거지요. 공자께서 「설괘전」에 '성언호간成言乎艮(간방에서 이룬다)이라' 하시고 '종만물시만물자終萬物始萬物者 막성호간莫盛乎艮(만물을 마치고 만물을 시작하는 곳이 간방보다 성한 곳이 없다)'을 말씀하셨으니, 간방 조선을 근본으로 해서 선후천의 종시終始가 이루어짐을 설명한 것이지요.

관련된 괘

① 도전괘 : 중풍손(☴)   ② 배합괘 : 중산간(☶)
③ 호　괘 : 풍화가인(☲)   ④ 착종괘 : 중택태(☱)

총설

앞의 「단전」에서도 '태괘는 기뻐하는 괘인데, 기왕 기쁘게 해주려면 백성을 먼저 기쁘게 해줘라. 그러면 백성이 자기네들을 위해서 기쁘게 해주는 인군의 일을 그냥 본 체 만 체 하겠느냐? 죽기 살기로 일할 것이다. 또 나라의 어려움이 있으면 기꺼이 인군부터 앞장서라. 인군이 앞서는데 백성들이 뒤에서 가만히 보고만 있겠느냐? 죽음도 잊고 뛰어들 것이다'라고 하였죠. 「대상전」에도 '서당을 꾸며놓고 학생들이 서로 강습하고 토론하는 것 역시도 기쁜 일이다'라고 하였습니다.

초효의 기쁨은 음하고 아무 관계가 없어 한쪽에 치우침이 없이 둥글둥글하게 화하게 기뻐하는 것이지요.

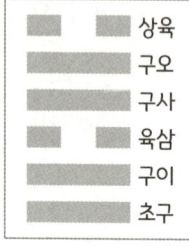

이효는 중을 지키고 있기 때문에 믿음으로써 기뻐하는 것인데 육삼이 무슨 짓을 한다 해도 넘어가지 않고 자기 믿음을 가지고 기뻐합니다. 그래서 육삼 여자 때문에 후회하는 일이 없게 되는 것이죠.

반면에 삼효는 쫓아다니며 남자를 기쁘게 하려다 보니 흉하게 되는 것이지요. 사효는 구오와 육삼을 놓고 저울질하여 육삼을 버리고 구오를 따른다면 기쁨이 있을 뿐만 아니라 경사가 있다는 것이지요.

오효는 상육이 자기를 깎으려고 무슨 짓을 해도 깎이지 않으며, 믿음을 가지고 정당하게 나아가면 아무 탈이 없기는 하지만 길하다고는 안했어요. 위가 정당하더라도 조심하라고 했죠. 상효는 모두 와서 기쁘게 만드는 자리이지만 빛나지는 못하다고 말했네요.

▎편언

「대상전」에 군자가 본받아서 "벗과 함께 강습한다(朋友講習)."고 했고, 『논어』「학이」편에서는 "배우고 때로 익히면 또한 즐겁지 아니한가(學而時習之 不亦說乎)?"라고 하셨습니다. 세상에는 헤아릴 수 없이 많은 일들이 있습니다만, 좋은 벗들과 모여 토론하며 배우고 익히는 것이 가장 즐거운 일이 아니겠습니까?

환괘의 전체 뜻

　위에는 손하절(☴) 바람괘이고 아래는 감중련(☵) 물괘로, '풍수風水'의 상이고, 괘명은 흩어진다는 뜻의 '환渙'입니다. 바람이 수면 위로 부니 물결이 일면서 만물이 흩어지네요. 이렇게 만물이 흩어지듯이 백성의 마음이 흩어지지 않게 하려면 어떻게 해야 할까요? 나라의 백성이 마음을 잡지 못하고 저마다 흩어질 때, 나라를 다스리는 인군으로서는 백성을 하나로 모으는 방법을 강구해야 할 것입니다.

　「계사하전」 2장에서는, "상고上古시대에 나무를 쪼개고 깎아서 배와 노를 만들어 물에 띄워 멀리까지 교통함으로써 천하의 백성을 이롭게 하였다."고 하였습니다. 위의 손(☴)은 바람, 아래의 감(☵)은 조류潮流를 상징하기도 하니, 배를 띄움에 조류와 바람을 이용하는 이치도 있지요.

　「서괘전」에서는 "기쁨을 누린 뒤에는 자연히 밖으로 흩어지니 태괘 다음에 환괘를 놓았다."*고 하였습니다.

---

* 說而後散之 故 受之以渙

괘사

渙은 亨하니 王假有廟며 利涉大川하니 利貞하니라.
환   형   왕 격 유 묘   이 섭 대 천   이 정

직역 환은 형통하니, 왕이 종묘를 둠에 지극하며 큰 내를 건넘이 이로우니, 바르게 함이 이로우니라.

- 假 : 지극할 격, 이를 격 / 廟 : 사당 묘

점례 항구를 떠난다. 이리저리 흩어진다. 어려운 일은 있어도 희망을 찾아 또 떠난다.

강의 비록 환이 흩어지는 괘이지만 형통하다고 했습니다. 흩뜨릴 건 흩뜨려야 합니다. 한 군데로 모여만 있어도 안 됩니다. 그래서 흩어지는 것을 놓고 통한다고 해서 환을 형통하다고 한 것이죠(渙亨). 내괘인 감중련(☵) 물괘로 어려운 가운데 내호괘인 진하련(☳) 우레괘로 통해 가니까 비록 흩어졌지만 형통한 것이 됩니다.

그런데 이 환괘에 형통한 것은 바로 왕이 사당을 지어놓고 조상의 혼령을 지극히 받들기 때문입니다. 사당에는 조상의 혼령이 모여 있어서 그 나라를 지켜줍니다. 역대 왕들의 혼을 모신 곳을 종묘宗廟라 하고 국토를 수호하는 신을 사직社稷이라 하여 '종묘사직宗廟社稷'이라고 하는데, 이 종묘사직이 흩어지면 그 나라는 망하게 되는 것입니다. 그래서 먼저 역대 왕의 혼령을 받드는 사당을 지어서 흩어진 민심이 조상을 받드는 마음으로 집약되도록 해놓으면, 종묘사직을 지키고 민심이 취합되어 나라가 영화롭게 되는 것이죠(王假有廟).

외괘의 손하절(☴) 동방목에서 나무를 베어다가 깎아 기둥을 세워

서 사당을 짓습니다. 이 사당에 혼魂이 드나드네요. 혼이 손하절(☴) 바람괘로는 들어가고 진하련(☳) 우레괘로는 움직여 나가면서 출입을 합니다. 그리고 내괘의 감중련(☵) 물괘로 제물, 제사음식을 만들어서 외괘의 손하절 바람괘로 공손히 제사를 올리는 것이죠.

이렇게 흩어진 정신을 취합함으로써 백성 모두가 사당을 받드는 그런 마음으로 하나가 된다면 나라의 어떠한 어려움도 모두 극복해 낼 수 있을 것입니다. 지극한 정성이 있어야 큰일을 할 수 있으므로 큰내를 건넘이 이롭다고 한 것이죠(利涉大川). 아래로 감중련(☵) 물괘가 있으니까 대천大川이 나옵니다. 초육을 가리면 내호괘로 진하련(☳) 우레괘가 되므로 대천을 건넌다는 말이 나옵니다. 그리고 끝까지 하고 바르게 해서 이로운 것이죠(利貞).

단전

象曰 渙亨은 剛이 來而不窮하고
단왈 환형   강   래이불궁

柔ㅣ 得位乎外而上同할새라.
유   득위호외이상동

王假有廟는 王乃在中也요
왕격유묘   왕내재중야

利涉大川은 乘木하야 有功也라.
이섭대천   승목   유공야

직역 「단전」에 이르기를, '환이 형통함'은 강(양)이 내려와서 궁하지 않고, 유(음)가 밖에서 위位를 얻어 위(上)와 같이하기 때문이다. '왕이 종묘를 둠에 지극함'은 왕이 이에 중中에 있음이요, '큰 내를 건넘이 이롭다'는 것은 나무를 타서(배를 탐) 공이 있는 것이다.

- 渙 : 흩어질 환 / 乘 : 탈 승

강의 우선 환의 형통함(渙亨)에 대해 어떠한 괘로부터 환괘기 왔는지를 설명하고 있습니다. 환괘는 본래 천지비괘(☰☷)에서 네 번째 강(양)이 아래의 두 번째 자리로 내려와 중을 얻은 것입니다. 비否괘는 비색한 세상, 혼란한 사회이기 때문에 이산가족이 생기고 풍비박산이 되어 흩어지는 것입니다. 비괘에서 네 번째 강이 아래로 내려오면 내괘가 감중련(☵) 물괘가 되어 풍수환괘(☴☵)가 됩니다(剛來).

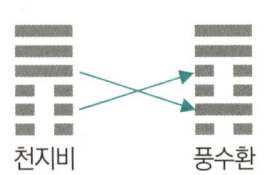

천지비   풍수환

강이 아래로 내려왔지만 중을 얻어 조금도 궁한 데가 없어서 형통한 것이죠. 비록 감중련(☵) 험한 괘에 와 있지만, 내호괘가 진하련(☳) 우레괘로 앞이 탁 트여서, 움직여 앞으로 진전하는 상입니다. 또한 외호괘 간상련(☶) 산괘에다 내호괘 진하련(☳) 우레괘를 합하면 산뢰이괘(☶☳)가 되어서 잘 길러지는 것이 나옵니다(而不窮).

이렇게 강이 아래로 내려와서 내괘에서 중에 있게 되는 반면, 비괘(☰☷)에서 두 번째 있던 유는 외괘로 올라가 네 번째 자리에 있게 됩니다. 네 번째 강과 두 번째 유가 서로 자리바꿈을 하는 것이죠. 유로써 말한다면 올라가서 네 번째 제자리를 얻어 손하절(☴) 바람괘를 이룹니다(柔得位乎外). 바람괘는 겸손한 괘이니 구오는 외괘에서 중을 얻어 왕이 되고 육사는 바로 왕 밑에서 자기 위를 얻은 대신이 되어 구오의 왕과 육사의 신하가 서로 뜻을 같이 합니다(而上同).

왕이 사당을 지어놓고 그 사당에 이르러서 제사를 잘 받든다는 것은(王假有廟) 구오 왕을 두고 하는 말인데 외괘에서 중을 얻었다는 말입니다(王乃在中也). 또 대천을 건넘이 이롭다는 것은(利涉大川) 초육을 가린 내호괘 진하련(☳)의 동방 진목震木을 타고 외괘의 손하절(☴) 바람을 따라 움직여 가서 공을 세우는 것입니다(乘木有功也). 진하련(☳) 나무로 만든 뗏목을 타고 손하절(☴) 바람을 따라 내괘의 감중련(☵) 물을 건너가, 그만큼 큰일을 하여 공을 세운다는 얘기입니다.

대상전

象曰 風行水上이 **渙**이니
상왈 풍행수상 환

先王이 **以**하야 **享于帝**하며 **立廟**하니라.
선왕 이 향우제 입묘

직역 「대상전」에 이르기를, 바람이 물 위에 부는 것이 환이니, 선왕이 본받아서 상제께 제사 지내고 종묘를 세우느니라.

- 享 : 제사 올릴 향

강의 환괘는 바람이 물 위에 행하여 물결에 파문이 생겨 흩어지는 상입니다(風行水上). 바람이 물 위에서 불고 있으니까 물이 흩어져 환渙이 되는 것이죠. 이러한 '풍행수상風行水上'은 사회적으로는 모든 민심이 흩어진 모습입니다. 그래서 옛날 선왕은 환괘渙卦의 상을 보고 본받아 천제를 지내고(享于帝) 조상을 받드는 사당을 세웠습니다(효묘立廟). 흩어진 민심을 취합聚合하려면 하느님(천제)께 제사를 지내야 하고, 그러고 나서 조상의 사당을 세우고 또 조상께 제사를 지내야 한다는 것이죠.

'향우제享于帝'는 우리 조상을 나오도록 한 상제, 즉 천제께 제사 지내는 것이고, '입묘立廟'는 나라를 존재하게 해준 조상의 혼령께 제사 지내기 위해 사당을 세우는 것입니다. 흩어진다는 의미도 나쁜 것만이 아니죠. 그릇된 욕심이나 잘못된 정신은 오히려 흩뜨려야만 바르고 참된 마음으로 취합되기 때문입니다.

효사와 소상전

初六은 用拯호대 馬ㅣ 壯하니 吉하니라.
초육 용증   마 장   길

象曰 初六之吉은 順也일세라.
상왈 초육지길   순야

직역 초육은 구원하되 말이 씩씩하니 길하니라. ◆「상전」에 이르기를, 초육의 길함은 순하게 하기 때문이다.

- 拯 : 구원할 증 / 壯 : 씩씩한 장

점례 지금까지 불운하였다가 만회할 수 있는 절호의 찬스가 왔다. 실력자를 만나라. 도움이 크다.

강의 음이 맨 처음에 있어 초육입니다. 풍수환괘는 흩어지는 괘로서 모두가 흩어지고 있습니다. 흩어진 것은 모아야 합니다. 또 누가 모으려고 안 해도 흩어진 상태에서 한껏 붙들어야 하고, 만나야 하고, 서로 뜻을 같이해야 하고, 힘을 같이해야 하는 것이죠.

그런데 초육은 육사와 음양 응이 되지 않았습니다. 누구와 같이 해야 하느냐 하면 이웃의 양 구이와 같이해야 하는 것이죠. 구이는 양으로써 강하고 초육은 음으로써 약합니다. 약한 초육의 음이 지금 흩어져 있는 상태에서 저 혼자 살 능력이 없습니다. 그렇기 때문에 초육은 구이에게 매달려야 하는 것이고, 구이가 초육을 구원해주는 것이죠.

구이의 강한 양이 초육의 약한 음을 구원해주는데, 이 양은 음이 볼 때 말(馬)입니다. 그래서 초육을 구원해 주되, 구원해줄 말(九二)의 힘이 장하면 초육은 길합니다(用拯馬壯 吉). 외롭게 혼자 흩어져 있는 초육은 의지할 곳이 없습니다. 구이가 같이 약하면 서로 구원을 받아야 하기 때문에 길할 것이 없지만 구이가 강하므로(馬壯) 초육이 구원을 받게 되니 길한 것이죠.

◆**소상전** 초육의 길함은 음으로써 구이 양에게 순하기 때문입니다(順也). 점을 해서 이 자리가 나오면 누구의 구원을 받아야 하는 처지이므로 순하게 상대를 대해야 하는 것이죠.

九二는 渙에 奔其机면 悔ㅣ 亡하리라.
구이 환 분기궤 회 망

象曰 渙奔其机는 得願也라.
상왈 환분기궤 득원야

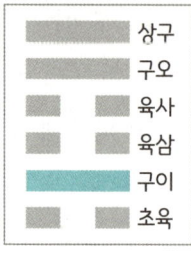

직역 구이는 흩어지는 때에 그 평상으로 달려가면 후회가 없어지리라. ◆「상전」에 이르기를, '흩어지는 때에 그 평상으로 달려감'은 원하는 것을 얻음이라.

- 奔 : 달아날 분 / 机 : 책상 궤, 평상 궤

점례 남자는 집에서 몸을 눕힐 새도 없이 일에 정력을 쏟는다. 이곳저곳 바쁘다.

강의 양이 두 번째에 있어 구이입니다. 구이는 흩어져 있는데 그 책상으로 달려가면 후회가 없다고 하였네요. 여기서 책상은 공부하는 것만이 아니고 사람이 편하게 있는 자리인 평상을 말합니다. 요즘 말로는 침대와 같은 것이죠.

초육과 마찬가지로 구이도 역시 구오와 음양 응이 되지 않습니다. 남을 구원해줄 힘이 있는 사람도 혼자는 무슨 일을 못하는 것입니다. 누군가와 함께 힘을 합해야 하는 것이죠. 구오와 음양 응이 안 되기 때문에 구이는 이웃에 있는 초육과 같이해야 하는데, 초육이 음으로서 자리가 부드럽기 때문에 침대, 평상으로 말하였네요. 양은 딱딱해서 평상이 못 됩니다. 음이라야 평상이 되는 것이죠. 그래서 음자리를 놓고 평상이란 말을 많이 했습니다. 이 '궤机' 자를 쓰기도 하고 '평상 상牀' 자를 쓰기도 했죠.*

구이가 양으로 강하고 또 중을 얻어 궁하지는 않습니다만 그러나 양이 음자리에 있고, 음양 응이 안 되고, 때도 마침 흩어지는 환괘渙卦이니 구이 자신도 외롭습니다. 그런데 그러한 후회가 초육한테 달려감으로써 없어지는 것이죠(渙奔其机). 그렇게 해서 그동안 흩어졌던 지난날의 후회가 초육을 만남으로써 모두 없어지네요(悔亡).

　◆**소상전** 구이가 초육을 만나고자 그 책상으로 달려가면(渙奔其机) 같이 협력해서 살고자 하는 구이의 소원을 얻게 됩니다(得願也).

六三은 渙에 其躬이 无悔니라.
육삼　환　기궁　무회

象曰 渙其躬은 志在外也일세라.
상왈 환기궁　지재외야

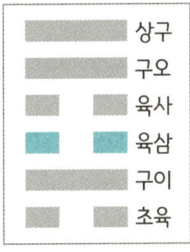

직역 육삼은 흩어지는 때에 제 몸만은 후회가 없느니라.
◆「상전」에 이르기를, '흩어지는 때에 제 몸만은 후회가 없음'은 뜻이 밖에 있기 때문이다(상구가 응원한다).

점례 내부의 고민과 울혈을 외부로 발산시킨다. 집안에만 있지 말고 밖으로 나간다. 우울병 환자 점이다.

＊ 산지박괘 초육의 '박상이족剝牀以足', 육이의 '박상이변剝牀以辨', 육사의 '박상이부剝牀以膚' 등에서 '상牀'으로 말하였다.

513

강의 음이 세 번째에 있어 육삼입니다. 다른 괘의 경우 음이 양자리에 있고 중을 못 얻은 육삼이 좋지를 않습니다. 그러나 환괘에는 육삼이 상구와 음양 응이 잘되어 있습니다. 초육도 음양 응이 안 되고 구이도 음양 응이 안 되고 해서 동병상련입니다. 이웃끼리 서로 슬픔을 알고 서로가 의지하는 것이죠.

그런데 유독 육삼은 상구 양과 음양 응이 잘되어 있습니다. 그래서 비록 흩어진 괘이고 흩어진 때를 당해서 한때 후회되기도 했지만, 함께할 사람이 있어서 육삼은 그 몸에 별 탈이 없는 것입니다. 흩어져 있는데(渙) 그 몸이 상구와 응함으로써 그동안 있었던 후회가 다 없어지네요(其躬无悔).

◆**소상전** 육삼에다 이렇게 '환기궁무회'라고 한 것은 음양 응이 되는 상구에다 육삼이 뜻을 두었기 때문입니다(志在外也). 육삼이 상구에 뜻을 두면, 상구가 육삼을 끌어올릴 것이고 그러면 육삼은 자연히 상구에 의지해서 좋아집니다. 그러니까 후회가 없어지는 것이죠.

六四는 渙에 其群이라 元吉이니 渙에 有丘ㅣ 匪夷所思리라.
육사 환 기군   원길   환   유구   비이소사

象曰 渙其群元吉은 光大也라.
상왈 환기군원길   광대야

직역 육사는 흩어지는 때에 무리되게 함이라. 크게 착하고 길하니, 흩어지는 때에 언덕과 같은 모임이 있음이 보통 사람의 생각할 바 아니니라.

◆「상전」에 이르기를, '흩어지는 때에 무리되게 함이라. 크게 착하고 길함'

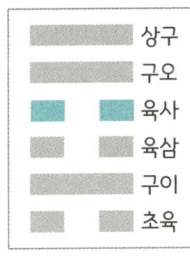

은 빛나고 큰 것이다.

- 群 : 무리 군 / 元 : 클 원 / 夷 : 평등 이

점례 흩어진 민심이 월드컵 경기 때 붉은 악마가 되어 하나로 뭉친다. 참으로 빛나는구나. 누구도 생각하지 못한 일이다.

강의 음이 네 번째에 있어 육사입니다. 육사가 비록 중은 못 얻었지만 음이 음자리에 있기 때문에,「단전」에서도 '유득위호외柔得位乎外'라 했습니다. 비괘否卦(☷)의 두 번째 음이 네 번째 자리로 가서 음이 음자리에 있게 되는데, 외괘가 되기 때문에 밖에서 득위를 했다고 한 육사는 구오 밑의 대신이죠.

천지비괘(☷)에서 풍수환괘가 왔으니 참으로 어지럽고 살기 어렵게 된 환의 세상을 육사 대신이 구제해야 하는데, 첫 번째로는 흩뜨리고 나중에는 모아야 합니다. 그 무리를 모두 흩어지게 하지 않고는 개혁을 못해요. 천지비를 해결하고 모두가 살려는 마음을 하나로 모으고 민심을 하나로 모으려면 그 전에 미리 흩뜨려야 한다는 것이죠. 그래서 육사가 그 무리를 다 흐트러뜨렸는데 오히려 무리가 모인다고 하였네요(渙其群).

좀더 생각해보면, 육삼에 '흩어지는 데 그 몸이 허물이 없다(渙其躬无悔)'라고 한 것은 육삼이 상구한테 많이 배우게 되면, 그동안에 마음을 잘못 먹었던 허영이나 욕심 등이 다 흩어져서 후회가 없어지기 때문이죠. 이것은 육삼이 밖의 상구에게 뜻을 두지 않고서는 안 되는 일입니다.

그런데 육사는 자기 몸뿐이 아니죠. 온 나라 백성들을 모두 흩뜨려야 합니다. 백성들의 사치풍조라든지, 과소비라든지, 허영심이라든지 하는 분수 밖의 일을 하는 모든 것을 깨끗이 흩뜨려야 하는 것이죠. 그래서 솔선수범하여 먼저 깨끗한 사람이 되고, 모두를 깨끗한 사람이 되도록 해야 합니다. 그렇게 되니까 크게 길하죠(元吉). 그 다음에는 흐트러진 것을 모두 하나로 모읍니다. 모으니 언덕같이 쌓이네요(渙有丘). 즉 위의 '환기군渙其群'은 그동안 잘못 먹었던 모든 사람들의 마음을 흩트려야 한다는 말이고 다음의 '환유구渙有丘'는 그 흐트러진 백성들을 다 모아서 언덕같이 쌓는다는 말이죠.

이러한 일들은 아무나 하는 것이 아니라 육사 대신이라야 합니다. 그래서 처음의 '환기군'의 일이나, 그 다음의 '환유구'의 일이나 이 두 가지를 같은 음들인 '너희들은 아예 생각조차 못한다(匪夷所思)'고 하였네요. 이夷는 '평등 이'인데 육사의 평등한 관계가 되는 아래의 육삼을 두고 한 말입니다. 육삼의 경우는 결국 뜻을 밖에 두고 음양옹이 되는 상구의 가르침을 받게 되지만, 육사는 아래의 초육과 음양응도 되지 않고 다만 구오 밑의 대신으로서 자기 할 일을 하는 것입니다.

그런데 육사가 다행히도 '환기군渙其群'을 했고 또 '환유구渙有丘'를 했네요. 먼저 모든 백성들이 나쁜 맘을 먹지 않도록 그동안에 잘못한 것을 모두 다 흩뜨리고, 새로 깨끗한 정신상태에서 모두가 하나로 집약이 된 것이죠. 이걸 능히 해낸 것은 음이 음자리 득위를 한 육사라야 가능하지, 같은 음이라고 해서 육삼이 육사의 하는 일을 감히 생각할 수 없다는 것이죠.

◆소상전 육사가 '환기군渙其群'을 한다면 '원길元吉'할 것이고(渙其群元吉), 원길한 것은 그 만큼 광대한 것이죠(光大也). 육사가 변한 상

태에서 초육을 가리면 이허중(☲) 불괘가 되어서 '광대光大'가 되고, 호괘가 산뢰이괘(䷚)로 속이 다 비어서 이허중 불괘의 상이 나옵니다. 또 구사가 변하여 밝은 양이 되면 건삼련(☰) 하늘괘니까 '광대光大'가 되네요.

九五는 渙에 汗其大號면 渙에 王居니 无咎리라.
구오   환   한기대호   환   왕거   무구

象曰 王居无咎는 正位也라.
상왈 왕거무구   정위야

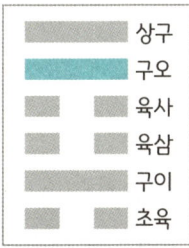

직역 구오는 흩어지는 때에 그 큰 호령을 땀나듯 하면, 흩어지는 때에 왕이 해야 할 도리니 허물이 없으리라. ◆「상전」에 이르기를, '왕이 해야 할 도리니 허물이 없음'은 지위가 바른 것이다.

■ 汗 : 땀 한 / 號 : 부르짖을 호

점례 어느 정치가의 운세다. 국회의원에 입후보하여 몇 번 낙선했다. 그러나 다음 선거에 대비하여 기반을 더욱 공고히 하고 조직을 강화해서 결국 당선되었고, 지금은 유명정치인이 됐다.

강의 양이 다섯 번째에 있어 구오입니다. 구오는 양이 양자리에 바르고 외괘에 중을 얻어 중정한 인군입니다. 비록 환괘이지만 중정한 자리에 있어서 흩어지는 민심을 능히 잘 다스리네요. 그러나 어렵게 해야 하는 것이죠. 민심이 흩어지고 모두가 흩어졌습니다. 구오가 여

간해서는 되지를 않죠. 혼신의 힘을 다 기울여야 하는 것입니다. 혼신의 힘을 기울이니 온몸에서 땀이 나죠. 그래서 땀나듯이 모두가 하나로 모이라고, '흩어지면 죽으니 뭉쳐보자'며 크게 호소를 합니다(渙汗其大號).

여기의 환渙은 완전히 모두 흩어져 있는 것이고, '한기대호'로써 모든 이를 모이게 하는 것이죠. 모두가 흩어진 세상에 하나로 모두 모이라고 구오 인군이 땀나듯이 온몸의 힘을 기울여서 크게 호소를 하니까(汗其大號), 모두가 산재해 있는 가운데에서 왕으로 추대를 받을 수밖에요(渙 王居). 이렇게 왕으로 추대를 받아 왕자리에 거居하므로 이제 허물이 없습니다(无咎).

그래서 「단전」에는 육사를 가리켜 '상동上同할새니'라고 했습니다. '위와 같다'는 '상동上同'은 육사가 음으로서 음자리에 있는 것이 구오가 양으로서 양자리에 있는 것과 같다는 얘기죠. 다만 구오는 인군이고 육사는 신하인데, 인군과 신하의 지위와 신분이 다릅니다. 육사도 환渙을 두 번 말하고 구오도 환渙을 두 번씩 놓아서 같지만(上同), 같으면서도 다른, 즉 동이이同而異가 아니겠어요? 같으면서도 다르지만 신하자리인 육사에는 모두 앞으로 큰일을 해야 하니까, 일단은 과거를 청산하기 위해 흩뜨려놓고 봐야 하는 겁니다(渙其群). 그 다음에 다시 추스려서 하나로 모아야 하는 것이죠(渙有丘). 구오는 인군이니까 모이라고 크게 호소하며 정치를 옳고 새롭게 해나가는 것이 아니겠어요?

◆소상전 왕으로서 왕이 해야 할 도리니 허물이 없다(王居无咎)라고 한 것은 구오가 바른 자리에 있기 때문이죠(正位也).

上九는 渙에 其血이 去하며 逖에 出하면 无咎리라.
상구   환   기혈 거   척   출   무구

象曰 渙其血은 遠害也라.
상왈 환기혈   원해야

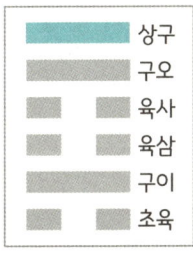

직역 상구는 흩어지는 때에 그 피가 가게 하고, 두려움에서 나가면 허물이 없으리라. ◆「상전」에 이르기를, '흩어지는 때에 그 피가 가게 함'은 해를 멀리함이라.

- 逖 : 두려울 척(적), 오랑캐 척, 惕과 통용

점례 적자를 보는 일은 미리 손을 써서 흩어버린다. 위태한 곳에서는 빨리 벗어나야 한다. 그래야 적자도 줄이고 몸도 덜 상한다. 정신착란증 환자 점이다.

강의 양이 마지막 맨 위에 있어 상육입니다. 흩어졌다는 것은 매우 어려운 일이죠. 흩어지면 이별하게 되고, 외침이나 침략이 있을 수도 있으며 가정이나 나라가 모두 망합니다. 사람도 어딘가에 외로이 가 있으면 병나기 쉽고 구해줄 사람도 없으니 곤란하게 됩니다.

상구는 환괘에서 가장 극한 자리네요. 환괘의 극한 자리면 환이 극해지는 게 아니라 환이 다스려짐으로써 끝나는 것이죠. 그래서 흩어지는데 피를 보았던 어려움이 떠나간다고 하였습니다(渙其血去). 상육이 변하면 음이 되어 감중련(☵) 물괘로서 피가 나옵니다. 공연히 하는 말은 아니죠.

대개 장사하는 사람들이 적자를 본다, 사람이 크게 다친다, 생명도 위험하다고 하는 것을 '피를 본다'고 합니다. 그런데 환으로 해서 위험한 지경이 되어버렸는데 그 피가 가버리니까 여기 와서 끝이 나는 것이죠. 이렇게 환이 이미 끝나는 상태이므로 두려운 곳으로부터 벗어나게 되어(逖出) 허물이 없게 됩니다(无咎).

상구가 변하면 음으로 벌어져 밖으로 나가는 것이 됩니다. 또한 상구를 가리면 외호괘가 간상련(☶) 산괘로 내괘 감중련(☵) 물을 토극수土克水해서, 물에 해당하는 피가 가버리는 것이 되네요. 그리고 외호괘인 산괘는 양이 밖으로 출出하는 상이고 내호괘인 우레괘는 안으로 양이 입入한 상입니다.

◆**소상전** 상구가 그 위험한 피를 다 흩뜨린다는 것은(渙其血) 나를 해롭게 하는 이 피가 흩어지니까 해를 멀리한다는 뜻입니다(遠害也).

관련된 괘

① 도전괘 : 수택절(䷻)　② 배합괘 : 뇌화풍(䷶)

③ 호　괘 : 산뢰이(䷚)　④ 착종괘 : 수풍정(䷯)

총설

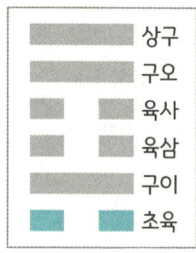

몸과 마음이 흩어지는 때에는 우선 정신부터 모아야 하지요. 그래서 환괘에서는 사당을 지어 조상의 혼령을 받들고, 또 조상이 있게 해준 상제께 제사를 지낸다고 하였습니다.

초효와 이효의 관계는 '용증마장用拯馬壯 환분기

궤渙奔其机', 즉 초육은 구이한테 의지해야 하고 구이는 초육과 또 서로 만나야 합니다.

삼효는 상구와 응하기 때문에, 상구의 도움을 받아 자기 몸의 나쁜 것을 다 흩뜨릴 줄도 알아서 허물이 없는 것이죠(渙其躬).

사효는 대신으로서 위에 있는 구오 인군과 같이 환渙의 난세亂世를 다스리는데, '환기군渙其群', 즉 대중들의 나쁜 생각과 과거를 청산하기 위해 모두 다 흩뜨려 놓고서, '환유구渙有丘'로 군중을 하나로 다시 모읍니다.

오효는 '환渙에 한기대호汗其大號', 즉 백성들에게 혼신의 힘을 다해 호소하지요. 그 결과 구오에게로 백성이 모여들고 추대를 해서 왕자리에 앉게 되니(渙王居), 정치를 잘하고 안정된 사회가 되어 허물이 없습니다.

상효는 '환換에 혈거血去', 즉 극한 자리에서 위험한 피도 가버리고 위험한 자리에서 벗어남으로써 다시 평화로운 사회가 되는 것입니다.

편언

흩어진 백성의 마음을 어떻게 모아야 하는가에 대하여 맹자는 다음과 같이 말씀하셨습니다. "걸왕과 주왕이 천하를 잃은 것은 백성을 잃었기 때문이니, 백성을 잃었다는 것은 그 마음을 잃은 것이다. 천하를 얻음에 길이 있으니, 백성을 얻으면 천하를 얻을 것이다. 백성을 얻음에 길이 있으니, 그 마음을 얻으면 백성을 얻을 것이다. 마음을 얻음에 길이 있으니, 원하는 바를 주어서 모이게 하고, 싫어하는 바를 베풀지 말아야 한다."*

---

* 『맹자』, 「이루장구」 상 : 桀紂之失天下也는 失其民也니 失其民者는 失其心也라. 得天 有道하니 得其民이면 斯得天下矣리라. 得其民이 有道하니 得其心이면 斯得民矣리라. 得其心이 有道하니 所欲을 與之聚之요 所惡를 勿施爾也니라.

坎兌 **水澤節(60)**
수 택 절

▮ 절괘의 전체 뜻

위에는 육감수(☵) 물괘이고 아래는 태상절(☱) 못괘로, '수택水澤'의 상이고, 괘명은 마디를 짓고 절도있게 한다는 뜻의 '절節'입니다. 못 속에 물이 차는데 넘치지도 않고 모자라지도 않게 알맞게 찼기 때문입니다. 절節은 대나무(竹)가 뻗어나가는 (卽) 것인데, 대나무는 마디를 중심으로 절도 있게 종즉유시終則有始하고 시지시행時止時行(그칠 때는 그치고 나아갈 때는 나아감)하네요. 그래서 절도 있게 맞추는 것을 중절中節이라고 합니다.

이 수택절괘가 주역 64괘 중에 60번째에 있습니다. 60은 육갑六甲으로서 일절一節을 이룹니다. 사람이 60을 살면 인생 일절을 사는 것이죠. 그 60의 마디를 넓혀서 우주의 시간에까지 쓰게 됩니다. 72회會(堯紀72甲)를 60으로 곱하면 4320년이 됩니다. 그것이 모두 절이 되지요.

하늘에는 24절기, 땅에는 24방위가 있으며, 초목도 모두 마디가 있습니다. 사람에게는 72마디가 있습니다. 기후도 다 절기로 말합니다. 5일이 일후一候라면 3×5=15해서 15일이 일기一氣가 되고, 15일이 일기라면 3×15=45해서 45일이 일절一節이 됩니다. 이렇게 해서 일년은 4시時(季), 8절節, 24기氣, 72후候, 360일日이 되는 것이죠.

「서괘전」에 "환은 떠나는 것이니 물건이 떠날 수만은 없으므로 절괘로 받았다."*고 했습니다. 「잡괘전」에서도 "환渙은 흩어지는 것이고, 절節은 그치는 것"이라고 했지요.

괘사

節은 亨하니 苦節은 不可貞이니라.
절   형   고절   불가정

직역 절은 형통하니 쓴 절제는 바르지 못하니라.

- 節 : 마디 절, 규칙, 제도 / 苦 : 쓸 고, 괴로울 고

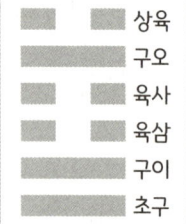
상육
구오
육사
육삼
구이
초구

점례 모든 것이 정도에 맞아야 한다. 정도를 지나치면 쓰고 괴롭게 된다. 어떠한 유혹이나 달콤한 말에도 넘어가지 말고 자기 줏대를 지킨다.

강의 절괘를 환괘와 같이 형통하다고 했습니다 (節亨). 흩어지는 것도 통해서 형통하고 다시 또 환渙을 다스리면 역시 또 형통해지는 것이죠. 절節은 환괘처럼 흩어져서 형통한 것이 아니고 마디가 이루어짐으로써 형통한 것입니다. 적절해졌으므로 그것이 형통한 것이죠. 그러나 물건이 타버리면 그 맛이 쓰듯이, 상육은 구오에서 적절하게 되어 있는데 이를 지나쳐서 고절苦節이 됩니다. 괘사의 '절형節亨'은 구오를 두고 하는 말이고 '고절苦節'은 상육을 두

---

* 渙者離也 物不可以終離 故 受之以節

고 하는 말입니다.

이렇게 절괘 구오는 형통하지만 쓴 절은 바르지 못합니다(不可貞). 구오는 양이 양자리에 바르게 있어서 길한 반면, 상육은 비록 음이 음자리에 바르게 있지만 너무 지나쳐서 바름을 잃은 것입니다.

단전

彖曰 節亨은 剛柔ㅣ 分而剛得中할새요
단 왈 절 형   강 유   분 이 강 득 중

苦節不可貞은 其道ㅣ 窮也일세라.
고 절 불 가 정   기 도   궁 야

說以行險하고 當位以節하고 中正以通하니라.
열 이 행 험   당 위 이 절   중 정 이 통

天地節而四時成하나니 節以制度하야
천 지 절 이 사 시 성   절 이 제 도

不傷財하며 不害民하나니라.
불 상 재   불 해 민

직역 「단전」에 이르기를, '절이 형통함'은 강(양)과 유(음)가 나뉘고 강이 중을 얻었기 때문이며, '쓴 절제는 바르지 못하다' 함은 그 도가 궁하기 때문이다. 기뻐하면서 험한 데를 행하고, 위位가 마땅하여 절도가 있고, 중정해서 통하니라. 천지가 절제함에 사시가 이루어지니, 절제함으로써 제도를 만들어서 재물을 상하지 않으며 백성을 해하지 않는 것이다.

- 度 : 법도 도, 자 도, 건널 도, 헤아릴 탁 / 傷 : 상할 상

강의 환괘(䷺)는 모든 것이 막히고 비색한 천지비괘(䷋)에서 왔습니다. 반면에 이 절괘(䷻)는 지천태괘(䷊)에서 왔습니다. 지천태괘에서 강과 유가 나뉘어서 구삼의 강剛이 외괘로 가서 중을 얻었기 때문에 절節이 형통한 것입니다(節亨 剛柔分而剛得中).

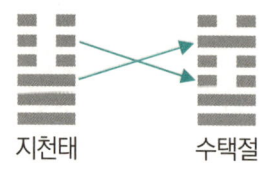

지천태   수택절

환괘에서는 '강래剛來'와 '유득위柔得位'를 말했는데, 절괘는 다르게 말합니다. 왜냐하면 환渙은 오고가고 해서 모두 환이지만, 절節은 똑같이 나누어야 하기 때문이죠. 그래서 강유를 똑같이 나눠 놓았네요(剛柔分). 모두 똑같이 살도록 평등한 사회를 이루는 것입니다. 그래서 강剛도 셋, 유柔도 셋이지요.

이 삼음삼양괘에서 삼효와 오효를 바꿈으로써 절괘를 만들었네요. 절괘가 되니, 구오와 구이의 강이 똑같이 중을 얻었습니다(剛得中). 또 두 효가 자리를 바꿔서 강은 구오에다 놓고 유는 육삼에다 놓았는데, 구오의 강이 외괘에서 중을 얻었기 때문에 '절형節亨'이라는 것입니다. 그렇다면 절괘는 강득중한 구오를 주효, 즉 으뜸효로 놓고서 '절형'이라고 말한 것이죠.

반면 상육은 지나쳤으니까 '고절불가정苦節不可貞'이 됩니다. 다 타버려 맛이 써졌기 때문에 이제 새로 그 맛을 못 만드는 것이죠. 그래서 그 도가 궁할대로 궁해져서 이제는 바르고 싶어도 바르지 못하게 된 것입니다(其道窮也).

아래의 태상절(☱) 못괘는 기뻐하는 괘(兌 說也)이고, 위의 감중련(☵) 물괘는 험한 괘(坎 險也)입니다. 그러니 내괘 태택(☱)으로 기뻐하면서, 외괘 감수(☵)의 험한 데를 내호괘 진뢰(☳)로 움직여 가는 것이죠(說以行險). 외호괘가 간산(☶)으로 절제하므로, '열이행험'이 절節이 되는 좋은 조건입니다.

그리고 구오 양이 양자리에 있어서 위가 마땅하고 분명한 절도가 있습니다. 또 육사도 음이 음자리에 마땅해서 절을 이루었습니다. 환괘에도 구오와 육사가 있어 환渙이 해결되었고, 절괘에서도 구오와 육사가 '당위이절' 했기 때문에 모든 것이 잘 조절되고 중절이 되는 것입니다(當位以節).

'중정이통中正以通'도 구오를 두고 한 말입니다. 양이 양자리에 바르니 '바를 정正', 또 외괘에서 중심을 얻으니 '가운데 중中'이므로 중정中正합니다. 그리고 구오가 처한 외괘의 감중련(☵) 물은 사방으로 다 흘러내려가서 통하는 것이죠(中正以通).

'열이행험', '당위이절', '중정이통', '열이행험說以行險'은 내외괘를 모두 말한 것이고, '당위이절當位以節'과 '중정이통中正以通'은 구오를 두고 말한 것입니다. 그리고 '당위이절'은 구오와 육사를 같이 말한 것도 되지만, '중정이통'은 순전히 구오를 두고 한 말이네요.

절괘가 중요하니까 공자께서 가외로 더 말씀하셨네요. 즉 하늘에는 24절이 있고 땅에는 24방위가 있으니, 천지가 모두 절節이 있어 춘하추동 사시가 잘 이루어집니다(天地節而四時成). 그러므로 절節로써 이 세상에 필요한 법도를 짓는 것이죠(節以制度). 세상에 필요한 모든 제도와 법 그리고 예절 등은 모두 절節이 있는 것이죠. 그 가운데 가장 대표적인 것이 바로 책력册曆입니다.

일년은 365와 1/4일이지요. 360을 상수常數로 하면 5도 1/4, 즉 5일 하고도 6시간이 남아돌아갑니다. 이것을 기영氣盈이라고 하죠. 또 달의 도수로 일년 열두달을 따지면 354일과 348/940이 되므로, 360

일에 비하면 5일과 592/940이 모자랍니다. 이걸 삭허朔虛라고 하는데, 이렇게 발생한 기영과 삭허, 즉 태양력과 태음력의 차이가 일년에 대략 10여 일(10.87일=10일과 827/940)이 됩니다. 3년이면 30여 일이 되기 때문에 대략 3년에 한 번 윤달을 넣어야 하는 것이죠. 그래도 남는 것을 모아서 5년에 또 윤달을 넣으면, 19년에 7번 윤달을 두게 됩니다. 이렇게 하는 것이 천도운행에 절節을 맺는 것이지요.

이렇게 책력을 만들어 백성들에게 나눠 주고 농사일을 하라고 했기 때문에 농사에 실패할 까닭이 없습니다. 그래서 제때에 농사를 잘 지으니 재물을 상하지 않고(不傷財), 백성을 해롭게 하지 않게 되는 것이죠(不害民). 절도 모르고 때도 모르고 아무때나 부역을 시키고 전쟁을 벌이면 먹고 살 수 없게 돼서 모두가 큰 해를 당하게 됩니다. 그래서 농한기에 나라일을 시키고, 책력대로 때맞춰 농사를 짓게 하니, 백성이 상하지 않는 것이고, 백성을 해롭게 하지 않는 것입니다.

▌대상전

象曰 澤上有水ㅣ 節이니 君子ㅣ 以하야
상왈 택상유수   절   군자   이

制數度하며 議德行하나니라.
제 수 도   의 덕 행

직역 「대상전」에 이르기를, 못 위에 물이 있음이 절이니, 군자가 본받아서 수와 법도를 제정하며, 덕행을 의논하느니라.

- 制 : 지을 제 / 議 : 의논할 의

> 강의 못(☱) 위에 물(☵)이 가득 찬 절괘의 상을 보고 군자가 본받아서 도수를 짓고(制數度) 덕행을 의논하라고 하였습니다(議德行). 중용지도로 정치를 하는 데는, 첫째 도수부터 잘 마름해야 하는 것이고, 그러고 나서 덕행을 의논해야 하는 것입니다.

'제수도制數度'는 감중련(☵) 물괘를 두고 하는 말입니다. 물은 흐르게만 놔두면 한없이 흐르게 됩니다. 그것을 적당하게 막는 게 절節이죠. 그것이 도수를 잘 마름해서, 즉 도수(온도, 제도, 역수 등)를 잘 계산해서 법도를 세우고, 조항도 만들고, 또 조절도 하는 것입니다. 또 태상절(☱) 못괘로는 '기뻐한다', '즐거워한다', '말한다', '의논한다'는 뜻이 나오므로 덕행을 의논하는 것입니다(議德行).

'제수도制數度'를 기본으로 해서 '불상재不傷財'와 '불해민不害民'을 하면 백성들이 잘살게 되는 것이고, 덕행을 잘 의논하면 도덕적인 사회가 이루어지는 것이죠.

효사와 소상전

初九는 **不出戶庭**이면 **无咎**리라.
초구   불출호정   무구

象曰 不出戶庭이나 **知通塞也**니라.
상왈 불출호정   지통색야

> 직역 초구는 호정에 나가지 않으면 허물이 없을 것이다. ◆「상전」에 이르기를, '호정에 나가지 않음'이나 통하고 막힘을 아는 것이다.

- 호정戶庭 : 방문 밖의 뜰 / 通 : 통할 통 / 塞 : 막힐 색

점례 사람은 밖에 나갈 때가 있고, 집안에 가만히 있어야 할 때가 있다. 지금은 문 닫고 집안에 가만히 있어야 할 때다.

강의 양이 맨 처음에 있어 초구입니다. '호戶'는 외짝 문으로 방문을 말하고 '정庭'은 집안의 뜰을 말하니, '호정戶庭'은 집안의 뜰을 말합니다. 초구는 깊숙한 방 안입니다. 내괘의 제일 밑에 있기 때문이죠. 방 안의 문을 열고 뜰로 내려가면 마당이 나오고 이를 지나면 현관문이 있는데, 초구는 문 바로 앞의 뜰 조차도 나가지 말라는 것입니다. 문 닫고 가만히 안에 있으라는 것은 초구가 구이에게 막혀 있기 때문이죠(不出戶庭).

초구가 변하면 감중련(☵) 물괘가 되어 더 험해지므로 자칫하면 괘 전체가 위험해집니다. 그래서 가만히 문 닫고 있어야 하는 것이죠. 그런데 잘못 나갔다가 허물을 범할 것을, 나가지 않으면 허물을 짓지 않게 되는 것입니다(无咎).

◆**소상전** 초구가 호정에 나가지 않고 있지만(不出戶庭) 양이 양자리에 바르게 있고 밝아서 지혜가 있습니다. 왜냐하면 나가야 할지 말아야 할지 그 통하고 막힘을 알아서 나가지 않기 때문이죠(知通塞). 초구가 당장은 구이한테 막혀 있는데(塞), 한 시기가 지나면 막혔던 것이 다시 앞으로 통하게 됩니다(通).

이 말씀이 중요하니까 공자께서 「계사전」에 이를 인용하여 다시 말씀하셨습니다.*

---

* 「계사상전」 8장 (3권 126쪽) 참조.

九二는 不出門庭이라 凶하니라.
구이   불출문정   흉

象曰 不出門庭凶은 失時ㅣ 極也일세라.
상왈 불출문정흉   실시   극야

상육
구오
육사
육삼
구이
초구

직역 구이는 문정(대문 안의 뜰)에 나가지 않는지라 흉하니라. ◆「상전」에 이르기를, '문정을 나가지 않아 흉함'은 심하게 때를 잃었기 때문이다.

점례 나가야 할 때인지도 모르고 집에만 있으니 답답하구나. 기회는 한번 있는데 이 때를 놓치는구나.

강의 양이 두 번째 있어 구이입니다. 구이는 나가야 합니다. 초구를 가리면 내호괘가 진하련(☳) 우레괘가 되어서 자연 움직이는 괘가 됨과 동시에 탁 트인 상이므로 구오 인군한테 나가는 자리가 되었죠. 구이가 비록 구오와 음양 응은 안 되지만 구이가 구오에게 나가면 등용을 해줘서 좋은 자리에 있게 되고 영화를 누리게 됩니다. 그런데 구이가 이제는 나가야 함에도 불구하고 문 밖으로 나가지를 않기 때문에 흉함을 자초하는 것입니다(不出門庭 凶).

구이는 '문정門庭'입니다. '호정戶庭'은 방문에서 뜰까지를 말하고, '문정'은 마당에서 사립문까지를 말하는데, 마당에서 사립문까지를 나가지 않는 것이므로 초구와 마찬가지로 역시 집 안에 있는 것이죠.

그렇지만 방 안에 있어야 좋다고 한 초구와는 달리 구이는 문을 열고 저 사립문 밖까지 나가라고 했는데 안 나갔기 때문에 문제가 되네요. 이것도 절節을 지키지 못한 것입니다. 나가서 일을 해야 하는

데도 집 안에만 처박혀 있는 철부지가 되었으니 흉할 수밖에요.

◆**소상전** 구이가 문정에도 나가지 않아 흉하게 된 것은 그만큼 구이가 때를 놓친 것이 극에 달했기 때문입니다(失時極也). 초구는 안 나가는 게 좋고, 구이는 나가야 함에도 나가지 않아서 흉하게 되네요.

六三은 不節若이면 則嗟若하리니 无咎니라.
육삼   부절약   즉차약   무구

象曰 不節之嗟를 又誰咎也리오?
상왈 부절지차   우수구야

직역 육삼은 절제하지 않으면 곧 슬퍼하리니 허물할 데 없느니라. ◆「상전」에 이르기를, '절제하지 못해 슬퍼함'을 또 누구를 허물하리오?

■ 嗟 : 슬퍼할 차 / 誰 : 누구 수

점례 정도를 이미 지나쳐 버렸으니 슬퍼하면 뭐하랴? 또 누구를 탓하랴?

강의 음이 세 번째에 있어 육삼입니다. 육삼은 음이 양자리에 있어 자리가 바르지 않고 중을 못 얻은데다 상육과도 음양 응이 되지를 않습니다. 그래서 육삼은 절節을 지키지 못했네요. 이렇게 중절中節을 이루지 못하였으므로 그 효사에 '절제하지 못하면 탄식하게 될 뿐이므로 누구를 허물하거나 탓할 곳이 없다(不節若 則嗟若 无咎)'고 경계사를 두었습니다.

　내괘인 태상절(☱) 못괘는 훼절毀折의 의미가 있으니 슬퍼하는 것이 나옵니다. 그리고 '무구无咎'는 허물이 없는 게 아니라 허물할 데가 없다는 뜻입니다. 스스로가 절제하지 못해서 하는 일마다 안 되니까 슬퍼하는 것인데, 그러니 누구를 탓하겠느냐는 것이죠.

　◆소상전 육삼이 스스로 절제하거나 절약하지 못해서 슬퍼하는 것인데(不節之嗟) 또 누구를 탓하겠느냐(又誰咎也), 즉 허물할 데가 없다는 것입니다.

六四는 安節이니 亨하니라.
육사　안 절　　형

象曰 安節之亨은 承上道也라.
상 왈 안 절 지 형　　승 상 도 야

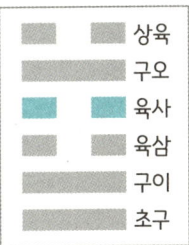

　[직역] 육사는 편안한 절이니 형통하니라. ◆「상전」에 이르기를, '편안한 절이라서 형통함'은 윗사람의 도를 이어 받든 것이다.

　■ 安 : 편안할 안 / 承 : 이을 승

　[점례] 윗사람이 시키는 일을 정도에 맞도록 잘 처리하니, 서로가 어긋나는 일이 없다. 길한 점이다.

　[강의] 음이 네 번째에 있어 육사입니다. 육사는 음이 음자리에 바르게 있고 구오와 서로 같이 잘 있는데다가 또 육사가 초구하고도 음양

응이 잘됐습니다. 어디로 보나 육사는 절에 편안한 안절安節이므로 형통하네요(安節 亨).

◆소상전 육사가 안절安節이 되어서 형통하다는 것은(安節之亨) 구오의 도를, 즉 왕의 도를 잘 이어받아 시행하기 때문입니다(承上道也). 구오는 중정한 자리의 왕이고, 육사는 제 위치를 잘 지키는 신하입니다. 이 신하가 구오와 같이 나랏일을 하는데 편안하고 자연스럽게 안정된 상태에서 조절을 잘합니다. 정치를 잘해나가는 것이지요. 명을 잘 받아 정치를 잘 하는 게 바로 '안절安節'인 것이고 '승상도承上道'입니다.

九五는 **甘節**이라 **吉**하니 **往**하면 **有尙**하리라.
구오 감절 길 왕 유상

象曰 甘節之吉은 **居位中也**일세라.
상왈 감절지길 거위중야

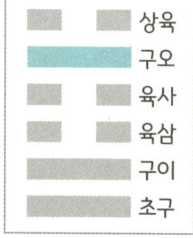

직역 구오는 달콤한 절제라 길하니, 가면 숭상됨이 있으리라. ◆「상전」에 이르기를, '달콤하게 절제함의 길함'은 거처하는 자리가 중을 얻었기 때문이다.

점례 때도 적기이고 일도 적당하게 진행된다. 하는 일마다 칭찬을 듣는다.

강의 양이 다섯 번째에 있어 구오입니다. 구오는 외괘에서 중을 얻고 또한 바르게 처하여 있습니다. 구오가 변하면 음으로 변해 곤삼절

(☱☵) 땅괘가 되니까 중앙토中央土가 나옵니다. 토의 흙맛은 이른바 오미五味(시고, 짜고, 맵고, 달고, 쓴 다섯 가지 맛) 중에서 단맛에 해당하는데, 익은 과실이나 곡식 등의 맛은 모두 땅에서 나오기 때문에 달다고 하는 것이죠(甘節). 맛이 알맞고 달게 중절을 잘 이룬 구오는 길할 수밖에요(吉), 그래서 이러한 감절甘節로써 정치를 해나간다면 백성들이 모두 숭앙하게 됩니다(往有尚).

◆**소상전** 구오가 감절이 되고 길한 까닭은(甘節之吉) 구오의 양이 양자리에 제대로 거해 있으면서도 외괘에서 또 중을 얻었기 때문입니다(居位中也). 여기서의 위位는 특히 인군의 자리를 말합니다. 구이는 중中에는 거하되 인군의 위位에는 거하지 못하네요. 구오가 위에 거하면서 중을 얻었으므로 중앙 토, 즉 토에서 나오는 맛이 달다고 해서 감절甘節이 되는 것이죠.

上六은 苦節이니 貞이면 凶코 悔면 亡하리라.
상육   고절   정   흉   회   망

象曰 苦節貞凶은 其道ㅣ 窮也일세라.
상왈 고절정흉   기도   궁야

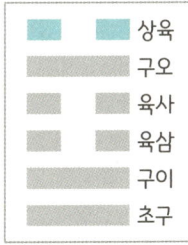

직역 상육은 쓴 절제니, 고집하면 흉하고 뉘우치면 (흉함이) 없어지리라. ◆「상전」에 이르기를, '쓴 절제니, 고집하면 흉함'은 그 도가 궁하기 때문이다.

점례 모든 것이 정도에 지나쳤다. 후회해도 소용없다. 때는 이미 늦었다.

강의 음이 맨 위에 있어 상육입니다. 구오가 감절甘節이라면, 상육은 고절苦節입니다. 상육은 절괘의 마지막 윗자리에 있으므로 맛이 쓴 고절苦節이라고 하였지요. 이렇게 지나쳤는데도 상육이 계속 고집을 부린다면 흉할 수밖에요(貞凶). 여기서 말한 정貞은 바르다는 의미가 아니고, 그 길이 바른 줄만 알고 고집부리는 것입니다. 상육이 그대로 바르다고만 고집해 나가면 흉하지만, 다시 한 번 뉘우치면 흉한 괴로움이 자연 또 없어지게 됩니다(悔亡).

이렇게 옛날 성인은 절망이라는 것을 말하지 않았어요. 잘하면 그런 흉함을 면할 수 있다고 희망을 주었지요. 고진감래苦盡甘來, 즉 쓴 것이 다하면 단것이 온다는 말도 여기에서 나온 것입니다.*

◆**소상전** 상육은 고절이기 때문에 너무 지나치게 고집을 부려서 흉한 것입니다(苦節貞凶). 그것은 절節의 도가 궁박한 것이죠(其道窮也).

▎**읽을거리 – 乙矢口 節矢口 知也者 節矢口**

'을시구 절시구 지야자 절시구(乙矢口節矢口知也者節矢口)'라고 하는 노래가 있습니다. 갑甲이 선천이라면 을乙은 후천을 말합니다. 갑은 양의 시대로서 오전이고, 을은 음의 시대로서 오후를 말하죠. 세월이 흐르는 것을 화살(矢)과 같다고 하는데, '시구矢口'라는 건 '화살 시矢' 변에다 '입 구口'를 한 '알 지知'로써, '을시구乙矢口'는 곧 후천인 을乙의 이치를 알아야 한다는 뜻입니다.

---

* 쓴맛은 불에 타서 생기므로 남방 화에 해당하고, 단맛은 중앙 토에 해당하므로 고진감래苦盡甘來는 곧 화생토火生土의 이치이다.

시속에 철부지(節不知)라고 하는데, 철도 절도 모른다(不知)는 뜻입니다. 따라서 '절시구節矢口'는 바로 후천이 오는 절기를 알아야 한다(節知)는 얘기이죠. 그래서 오는 세월(후천)을 아는 것이 '을시구', 그 시절을 아는 것이 '절시구'입니다.

또 '지야자 절시구'라고 하는 건, 공자께서 주역의 소상(효상)에다 모두 '야也' 자로 마무리했으니, 야也를 아는 자(知也者)가 공자님의 역易을 아는 것이고, 공자님의 역을 알아야 후천시대가 오는 때를 알 수 있다(節矢口)는 비결입니다.

그런데 공자님의 뒤를 이어 주역의 일을 하셔야겠다고 하여, 우리 선생님께서는 이 야也자를 따서 호를 야산也山이라고 하셨습니다. 공자께서 주역을 마무리하신 그 야也를 알아야겠다는 것이지요.

관련된 괘

① 도전괘 : 풍수환(䷺)　② 배합괘 : 화산려(䷷)

③ 호　괘 : 산뢰이(䷚)　④ 착종괘 : 택수곤(䷮)

총설

초구는 '불출호정不出戶庭'이고, 구이는 '불출문정不出門庭'으로 조금 다르죠. 초구는 방 안이므로 '호정'이고 구이는 방 밖이므로 '문정'입니다.

초구는 막혔으니 가만있으라 하였고, 구이는 동하면 진하련(☳) 우레괘가 되어서 대문 밖으로 나갈 수 있는데 방 안에서 나가지 않아 흉한 것이죠.

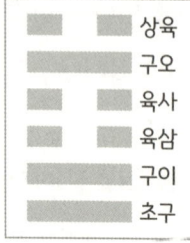

육삼은 음이 양자리에 있고 중을 못 얻었으니까 절제하지 못해서 슬퍼하는 자리네요. 호소할 곳도 없는 것이죠. 그래서 육삼과 상육은 각기 '부절不節', '고절苦節'이라고 해서 좋지 않습니다.

반면 육사는 음으로서 제자리에 안정하므로 구오 인군의 명을 잘 따라서 '안절安節'이고, 구오는 '중정이통中正以通'해서 '감절甘節'이 됩니다. 괘사에 말한 '절節이 형통하다(節亨)'는 말은 구오를 두고 한 말입니다. 이 절괘에서 철이 났느냐(知節), 철이 나지 않았느냐(不知節) 하는 것을 알 수 있지요.

| 편언

어떠한 재앙이 닥쳐도 적절한 대비를 하고 준비를 하면 큰 탈이 없습니다. 국가적인 차원에서도 평소에 각종 사회제도나 재난구호제도를 적절히 마련하고 민생을 위한 덕행을 의논하여야 하는 것이 바로 정치인의 소명이 아니겠습니까?

대산주역강의

● 경전해설 61~64

風澤中孚(61) 풍택중부
巽
兌

▌중부괘의 전체 뜻

위에는 손하절(☴) 바람괘이고 아래는 태상절(☱) 못괘로, '풍택風澤'의 상이고, 괘명은 '가운데 중', '믿을 부'로 중심에서 믿는다는 '중부中孚'입니다. '풍택'이 중부가 되는 까닭은 무엇일까요? 믿음이라는 것은, 겉으로만 믿는 체를 해서는 안 되고 실질적으로 중심에서 믿어야지요. 못 위에 바람이 부니까 못물이 출렁거려서 바람과 물이 서로가 느끼는 것이고, 이것이 중심에서 솟아나는 믿음인 것입니다. 그리고 이 괘는 내괘의 중中(九二)과 외괘의 중(九五)이 모두 양陽으로 실하네요. 중심이 실해야 합니다. 중심이 허하면 흔들려서 믿지를 못하지만 중심이 실하니 믿음직한 것입니다.

괘 전체로는 속이 비어 있어 대리大離(☲→☲)의 상象입니다. 속에 욕심을 가지고 대하면 그것은 믿는 체하는 것이지 실제로 믿는 게 아닙니다. 속을 깨끗이 비우고 서로가 믿어야 하는 것이지요. 그래서 중부괘는 믿음의 질적인 면과 근본적인 면을 다 갖추고 있는 것입니다.

'믿을 부孚' 자는 본래 어미새가 발톱(爪: 손톱 조)으로 이리저리 알을 굴리면서 새끼(子)를 부화한다는 뜻이지만, '마음 심心'에 '아들 자子'로 보기도 합니다. 이는 부모와 자식 간의 극진한 믿음으로, 중심이 실한 것을 의미합니다. 또한 '인亻' 변에 '말씀 언言'을 한, 즉 사람이 말과 같이 행동한다는 '믿을 신信' 자의 체가 되는 것이죠. 그래서 체體적인 '부孚' 자는 잘 쓰지 않고 용用적인 '신信' 자를 잘 쓰죠. 그래서 부孚는 신信의 체體가 되는 것이고, 신信은 부孚의 용用이 되는 것입니다. 내괘, 외괘의 중이 모두 실한 것은 믿음의 질적인 것이고(信之質), 속을 깨끗이 비운 것은 믿음의 근본이 됩니다(信之本). 그래서 중부는 신信의 본질적인 것을 나타내고 있습니다.

「서괘전」에도 "절도 있게 하면 믿게 되는 까닭으로 절괘 다음에 중부괘를 놓았다."*고 했습니다.

괘사

中孚는 **豚魚**면 **吉**하니 **利涉大川**하고 **利貞**하니라.
중부 돈어 길   이섭대천   이정

직역 중부는 돼지와 물고기까지 믿게 하면 길하니, 큰 내를 건넘이 이롭고 바르게 함이 이로우니라.
- 豚 : 작은 돼지 돈 / 涉 : 건널 섭

점례 알을 품은 어미 닭이다. 알이 잘 부화되기까지 온도조절을 하여 줄탁동시啐啄同時하니, 만사 서로 간에 신의가 있어야 한다. 진실하게 해서 몽매한 미물까지 믿게 한다.

---

* 節而信之 故 受之以中孚

강의 한 나라를 다스리는데 그 나라 백성을 믿게 함은 물론이거니와 무지한 돼지와 물고기까지도 믿게 하면 그것이 실제로 중부가 되는 것이고, 중부의 정치를 하는 것이며, 길한 것이죠. 여기에서 돈어豚魚라는 말은 무엇을 근거로 나온 말일까요? 손하절(☴) 바람괘는 동방음목東方陰木도 되고 그 성질로 보면 들어가는 것이니(巽入也), 손하절 음목으로 울타리를 지어 돼지를 들어가게 해놓고 가두는 것이죠. 또 역易에서 음陰은 돼지도 되고 물고기도 되는데, 태상절(☱) 못괘의 음은 물고기이고 손하절(☴) 바람괘의 음은 돼지로 돈어豚魚가 나옵니다. 돼지나 물고기 같이 무지한 미물까지도 믿게 할 정도라면 길하다는 것이죠(中孚豚魚吉).

내괘인 태상절 못괘에서 대천大川이 나오고, 내호괘인 진하련(☳) 우레괘는 움직이는 것이니, 진하련 우레괘로 움직여서 대천을 건넙니다. 즉 큰일을 하는 것이 이롭다는 말이니 중부가 큰일을 못하면 누가 하겠어요? 중심에서 우러나오는 그 믿음은 확고해서 무슨 일이든 다 해낼 수 있는 것이죠. 그러나 계속 바르게 해야 한다고 했습니다(利涉大川 利貞).

단전

彖曰 中孚는 柔在內而剛得中할새니
단왈 중부　유재내이강득중

說而巽할새 孚ㅣ 乃化邦也니라.
열이손　부　내화방야

豚魚吉은 信及豚魚也요 利涉大川은 乘木고 舟虛也요
돈어길　신급돈어야　　이섭대천　승목　주허야

中孚코 以利貞이면 乃應乎天也리라.
중부　이이정　　내응호천야

직역 「단전」에 이르기를, 중부는 유(음)가 안에 있고, 강(양)이 중을 얻기 때문이니, 기뻐하고 겸손하기 때문에 믿음이 나라를 교화하니라. '돼지와 물고기까지 하면 길하다' 함은 믿음이 돼지와 물고기에까지 미침이고, '큰 내를 건넘이 이로움'은 나무를 타고 배가 비었기 때문이며, 중심이 미덥고 바르게 해서 이로우면, 곧 하늘에 응하리라.

- 邦 : 나라 방 / 虛 : 빌 허

강의 괘사를 풀이한 「단전」입니다. 음陰이라는 유柔가 안에 있고 양陽이라는 강剛이 중中을 얻었기 때문에 중부中孚가 된다는 것입니다. 중부괘(䷼)를 전체적으로 보면 유柔가 안에 있습니다(六三, 六四). 안이 음으로 허虛하니 속을 깨끗이 비워서 믿음의 근본이 되는 것이죠 (柔在內). 또한 외괘와 내괘 모두 강剛이 중을 얻어 중이 실하니 이것은 믿음의 질質이 되는 것입니다(剛得中). 이 두 가지 조건 때문에 중부가 된다는 것이죠.

중부는 내괘가 태상절(☱) 못괘인데, 못은 출렁거리고 기뻐하는 괘입니다. 외괘는 손하절(☴) 바람괘인데, 바람은 공손하다는 괘입니다. 그래서 내괘로는 '기쁠 열' 자가 나오고 외괘로는 '공손할 손' 자가 나오니, 이 괘를 보고서 사람이 어떻게 행동해야 하느냐는 것이죠. 군자가 안으로는 늘 기쁜 마음을 가지고, 밖으로는 모든 사람에게 공손하게 대하면 그것이 중부의 행동이라는 것입니다(說而巽).

중부는 이처럼 '유재내이강득중柔在內而剛得中'으로 괘가 이루어져 중부이고, 그렇게 되니까 중부가 가지고 있는 덕이 열說과 손巽이니 군자가 이 기뻐함(說)과 겸손함(巽)을 가지고 행동하면 온 나라까지도 그 믿음으로써 다 화하게 되는 것입니다(孚乃化邦也). 그리고 돼지와 물고기도 길하다는 것은(豚魚吉), 한 나라를 다스리는 인군이 중부의 정치를 하는데 그 믿음이 백성은 물론 돼지와 물고기와 같은 미물에까지도 당도한다는 것이죠(信及豚魚也).

다음으로 문왕이 괘사에 언급한 '이섭대천'을 공자가 설명하는 것입니다(利涉大川). 옛날에는 나무로 배를 짰죠. 손하절(☴)괘는 동방목東方木인데 비교적 부드러운 음목陰木입니다. 그래서 음목으로 배를 짜는 것이죠. 내호괘 진하련(☳)도 동방목이지만 단단한 양목陽木에 속합니다. 양목으로는 단단하게 노를 깎아 만드는 것이죠. 그래서 태상절(☱) 못괘의 물 위에 손하절 나무로 만든 배를 띄우고 손하절 괘로 배 안에 들어가(巽入也) 진하련 양목으로 노를 저어 움직이면서 외호괘인 간상련(☶) 산괘로 딱 그쳐 있으면 손하절 바람괘의 바람을 따라 둥둥 떠가는 것입니다. 이것이 배타고 물 건너는 승목인 것입니다(乘木).

그런데 만약 배 안에 짐을 가득 실었으면 이 배가 무거워져 가라앉거나 위험하게 될 터인데, 그 배가 비어서 잘 가네요. 중부라 하는 것은 나의 욕심을 없애고 마음을 깨끗이 비우는 것입니다. 욕심이 가득하면 마음이 무겁죠. 배가 무거우면 가라앉기 때문에 물을 잘 건너지 못하고 물 속에 빠져버리죠. 사람이 욕심을 가득 가지고 세상을 살면서 인생을 망치는 것이 배가 침수되는 것이나 한가지입니다. 그러나 욕심 없이 깨끗이 비운 마음으로 사는 것은 그 배가 비어서 대천을 가볍게 잘 건너가는 것이나 한가지죠. 이것이 바로 중부의 배가 비었다는 것입니다(舟虛也).

또한 중심으로 믿게 하고 바르게 해서 그것이 이롭다면 이것은 바로 하늘이 응한다는 것입니다. 믿음이라는 것은 하늘이 응해야 합니다. 말로만 하느님을 믿는다고 해서는 안 되죠. 마음 속에서 진심된 중부로 하늘을 믿어야 하고 그랬을 때 하느님은 나에게 응해주고 또 나를 도와주어 서로 믿는 뜻이 통하게 됩니다. 그래서 중부를 하면서도 늘 바르게 하고 그것이 이롭다고 할 때 이에 그 믿음이 하늘까지도 응하게 된다는 것입니다(中孚以利貞 乃應乎天也).

대상전

象曰 澤上有風이 中孚니
상왈 택상유풍 중부

君子ㅣ 以하야 議獄하며 緩死하나니라.
군자 이 의옥 완사

직역 「대상전」에 이르기를, 못 위에 바람이 있음이 중부이니, 군자가 본받아서 옥사를 의논하며 죽음을 늦춰주느니라.

- 議 : 의논할 의 / 緩 : 누그러질 완, 느릴 완

강의 중부괘(䷼)를 보면 못(☱) 위에 바람(☴)이 움직여 행하고 있습니다. 택상유풍澤上有風이 바로 중부괘를 이루고 있으니 군자가 이 괘를 보고 본받아 어떻게 해야 하겠습니까? 군자가 한 나라를 다스리는 데 중부의 정치를 하려면 먼저 죄인을 잡아 옥에 가둠에 있어 함부로 죄 없는 사람까지 잡다 가두지 말아야 하고, 또 중죄라고 하더라도 사람의 생명은 소중한 것이니 가급적이면 사형은 피하라는 말입니다. 그러기 위해서는 그 전에 충분히 의논해야 합니다. 사람에게 고통을 주고 피해를 입히며 잘못 죽이는 것은 중부의 정치에서 멀어지는 것입니다. 그러므로 옥에 사람을 가둘 때에는 충분히 의논한 후에, 죄를 지은 사실이 틀림없다고 밝혀졌을 때 가둬야 하고(議獄) 사람을 죽이는 사형은 되도록 형량이나 집행기간을 느슨하게 해야 한다는 것이죠(緩死).

『맹자』에도 있는 말입니다.* 인군이 좌우 신하에게 어떤 사람을 죽여야 하는가를 물었을 때 좌 우에서 모두 죽여야 한다고 해도 죽여서는 안 되며, 대부들한테 물어봐서 그들이 죽여야 한다고 해도 죽이면 안 되고, 이웃에 사는 백성에게 물어봐서 국인國人이 다 죽여야 한다고 해도 이웃에서 역시 편견이 있을 수 있기에, 내가 다시 살펴서 가하다고 생각될 때 죽여야 한다고 했어요. 그래야만 백성의 부모

---

* 『맹자』, 「양혜왕」 下 : 左右皆曰 可殺 勿聽 諸大夫 皆曰 可殺 勿聽 國人 皆曰 可殺 然後 察之 見可殺焉然後 殺之 故曰 國人殺之也 如此然後 可以爲民父母

라 불릴 만한 중부의 정치를 한다고 하겠습니다.

효사와 소상전

初九는 虞하면 吉하니 有他면 不燕하리라.
초구　우　길　　유타　불연

象曰 初九虞吉은 志未變也일세라.
상왈 초구우길　　지미변야

직역 초구는 헤아려서 하면 길하니, 다른 마음이 있으면 편치 못할 것이다. ◆「상전」에 이르기를, '초구가 헤아려서 하면 길함'은 뜻이 변치 않기 때문이다.
- 虞 : 헤아릴 우(초효지만 陽이므로 밝게 헤아릴 능력이 있다) / 燕 : 편안할 연, 잔치 연

점례 누가 연인에 대하여 점을 쳤다. 먼저 사귄 여자를 취하고, 나중에 눈짓을 주는 여자를 멀리하라 했는데, 나중에 만난 여자는 곧 배신하고 먼저 만난 여자는 끝까지 변치 않았다. 심사숙고해서 잘 판단하라.

강의 양이 맨 처음에 있는 초구는 백성의 자리입니다. 괘가 믿음에 관한 중부괘이기 때문에 백성의 자리에 있는 초구도 누군가를 믿어야 합니다. 초구는 백성이므로 구오 인군을 믿어야 하는 것이죠.
　그런데 초구는 구오의 명을 수행하는 육사와 음양 응이 잘 되어 있네요. 인군과 백성은 직접 응하지를 못하지만 대신과 백성은 자리가 서로 응합니다. 그래서 초구는 사사로이 음양 응이 잘되는 육사를

따르느냐, 중정한 구오 인군을 따르느냐를 놓고 헤아려봅니다. 믿어야 따르는 것이므로 초구가 육사를 믿어야 하느냐, 구오를 믿어야 하느냐 하는 걸 놓고 잘 헤아려서 구오를 믿으면 길하다는 것입니다(虞吉). 그러나 만약 구오를 믿는 초구의 마음이 육사에게로 가서 딴 짓을 하게 되면 잘하는 일은 아니라는 것입니다(有他不燕).

◆소상전 '초구가 잘 헤아려서 길하다(初九虞吉)'는 것은, 백성이 인군을 믿는 마음이 일편단심으로 변하지 않기 때문이라는 것이죠. 즉 초구가 구오를 믿어야 한다는 마음으로 인군을 믿었다가 딴 생각을 품고 육사한테로 믿음이 옮겨가는 다른 짓을 안 하기 때문이라는 것입니다(志未變).

九二는 鳴鶴이 在陰이어늘 其子ㅣ 和之로다.
구이 명학 재음   기자 화지

我有好爵하야 吾與爾靡之하노라.
아유호작   오여이미지

象曰 其子和之는 中心願也라.
상왈 기자화지 중심원야

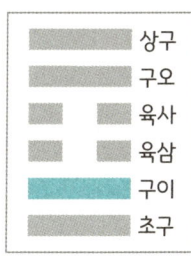

직역 구이는 우는 학이 그늘에 있거늘 그 자식이 화답하도다. 내게 좋은 벼슬이 있어서 나와 네가 더불어 얽히노라. ◆「상전」에 이르기를, '그 자식이 화답함'은 속마음에서 원하기 때문이다.

■ 鳴 : 울 명 / 爵 : 벼슬 작 / 爾 : 너 이 / 靡 : 얽을 미

점례 어떤 남자가 여자 둘을 놓고 점을 쳤다. 하나는 이 효가 나오고 하나는 뇌천대장괘 구이효가 나왔다. 둘 다 좋은데 중부괘 여자는 진실한 편이고 대장괘 여자는 좀 덜렁대는 편이며, 중부는 내적이고 대장은 외적이어서 중부괘로 나온 여자를 취하라 했더니 그대로 하여 잘 살고 있다.

강의 양이 두 번째에 있는 구이는 학鶴으로 말했습니다. 왜 학이 나올까요? 손하절(☴) 바람괘는 닭(巽爲鷄)이라 했고, 태상절(☱) 못괘는 물입니다. 그래서 닭은 닭인데 물가에 있는 닭으로 학이 되는 것이지요.

또한 태상절괘가 못물이 출렁거려서 못이 되듯이(兌爲澤) 사람이 말하고 웃고 하는 것은 입으로 하기 때문에 태를 입이라고 했습니다(兌爲口). 입은 입인데 초구를 가리면 내호괘가 진하련(☳ : 震動) 우레괘이니 움직이며 소리를 내고 있습니다. 즉 학이 입으로 소리를 내서 울고 있는 것이죠. 그런데 구이는 두 번째 음자리에 있기 때문에 우는 학이 그늘에 있다고 한 것이죠(鳴鶴在陰).

원래 여섯 효로 이루어진 괘의 각 효 중에 두 번째 자리(九二)는 지어미(婦)의 자리이고, 다섯 번째(九五)는 지아비(夫)의 자리입니다. 그런데 구이효를 어머니자리로 해놓고 그 자식(其子)이라고 했으니까 구이와 상대되는 다섯 번째 구오는 자식으로 봐야 하는 것이죠. 즉 부부관계가 아니라 모자母子관계로 놓고 말한 것입니다. 구이의 어미 학이 끼룩끼룩 우니까 구오의 새끼 학이 또 그대로 끼룩끼룩 화답을 하고 있는 것이 바로 중부입니다. 누가 가르치고 시켜서 하는 것이 아니라 자연스러운 마음에서 우러나와 우는 것이니 이것은 절대 조작을 하거나 인위적으로 해서는 될 수 없는 자연의 중부입니다. 순수

자연, 우러나는 믿음, 어미 학과 새끼 학의 관계라는 것은 참으로 진실성이 있습니다.

아래 태상절(☱) 못괘의 입으로 어미 학이 울고 있죠. 그런데 위의 손괘(☴)를 반대편에서 보면 태상절(☱) 못괘가 되니, 역시 반대편에서도 입을 벌려 울고 있네요. 이렇게 어미 학의 입과 새끼 학의 입이 서로 화답을 하고 있다는 것입니다(其子和之).

또 한편으로 정치를 들어 말하면 구오는 인군의 자리이고 구이는 신하의 자리입니다. '내게 좋은 벼슬이 있어서'라는 것은 구오 인군에게 좋은 벼슬이 있다는 것인데 이 벼슬을 구이 신하에게 내려주고 구이 신하는 구오 인군에게서 벼슬을 받습니다. '벼슬 작爵' 자는 '술잔 작'이라고도 합니다. 인군이 신하에게 벼슬을 주고 등용하는데 술상을 받아놓고 술을 따라주는 것은 '수작할 수酬'이고, 신하가 받아 마시고 잔을 올리는 것은 '수작할 작酌'이죠. 또 일반적으로도 주인이 따라주는 것은 수酬가 되고, 손이 그것을 마신 후 주인에게 다시 따라주는 것은 작酌이니 그것을 수작이라고 합니다(我有好爵).

이렇게 술상을 차려놓고 인군이 수작하고 신하가 수작함으로써 벼슬을 주고받으니 좋은 벼슬이 함께 얽히네요. 이것이 바로 진실한 것이 아니겠습니까?

친인척이나 데려다 놓고 도둑질이나 하게 하는 것은 중부에서 떠난 아주 나쁜 정치입니다. 그래서 실질적으로 중부의 정치를 하려면 어미 학과 새끼 학이 서로 마음에서 우러나 합하듯이 인군과 신하도 그 수작이 맞아 가식이 없고 진실성이 있어야 중부의 정치를 하게 되는 것입니다. 이렇게 술을 주고받으며 수작하듯이 벼슬로 수작하고 서로 얽혀서 중부의 정치가 이루어지는 것입니다(吾與爾靡之).

◆**소상전** 새끼 학이 어미학의 울음소리에 화답하는 것은(其子和之) 중심에서 원하는 것이죠. 중심으로 원한다는 것은 가식적으로 원하거나, 좋게 보이려는 것이 아니라 마음에서 우러나는 소원이므로 어미 학이 우니까 새끼 학이 따라 우는 것이죠. 구이가 내괘에서 중을 얻었기 때문에 이런 말이 나오는 것입니다(中心願). 이 말이 중요해서 공자께서 「계사전」에 다시 한 번 말씀하셨죠.＊

六三은 *得敵*하야 *或鼓或罷或泣或歌*로다.
육삼 득적 혹고 혹파 혹읍 혹가

*象曰 或鼓或罷*는 *位不當也*일세라.
상왈 혹고혹파 위부당야

직역 육삼은 적을 얻어서 혹 두드리고, 혹 파하며, 혹 울고, 혹 노래하도다. ◆「상전」에 이르기를, '혹 두드리고 혹 파함'은 자리가 마땅하지 못하기 때문이다.

▪ 鼓 : 두드릴 고 / 罷 : 파할 파 / 泣 : 울 읍

점례 믿음을 상실했다. 서로가 믿지 못한다. 그래서 싸우고 울고 미워한다.

강의 음이 세 번째에 있어 육삼입니다. 육삼은 음이 양자리에 있으니까 부당한 자리에 있는데다 중도 못 얻었습니다. 구이는 중을 얻었

＊ 「계사상전」 8장 (3권 106쪽) 참조.

기 때문에 진실성이 있지만 육삼은 진실성이 없고 공연히 남을 의심합니다. 육삼이 바로 앞에 자기와 같은 음인 육사와 서로 만나서 상대하고 있습니다(得敵).

옛날에는 싸움을 하려면 북을 쳤는데 지금 육삼이 육사와 상대해서 싸우려고 내호괘인 진하련(☳) 우레로 소리를 내서 북을 칩니다(或鼓). 육삼이 싸우기 위해 북을 치려고 보니까 육사가 자기와 싸우려고 하는 상대가 아니거든요. 그래서 싸움을 하지 않으려고 치려던 북을 집어던졌습니다(或罷). 태상절괘(☱)는 사람의 입이 되는데(兌爲口) 그래서 태괘에서 웃고, 울고, 말하고, 기뻐하는 것이 모두 나옵니다. 육삼은 먼저 웁니다. 왜냐하면 육사를 만나서 처음에는 북을 치고 싸움을 걸듯이, 기분이 안 좋고 속이 상해서 우는 것이죠(或泣). 그런데 나중에 보니 육사가 자기가 싸우려는 적이 아니라는 것을 알고는 또 흥얼대고 노래를 부르는 것입니다(或歌).

◆**소상전** 내가 남을 믿고 남이 나를 믿도록 행동하면 아무 상관이 없는데 불신풍조가 만연하게 되면 공연히 만나는 사람마다 '저 사람이 날 해치지' 하면서 '혹고 혹파 혹읍 혹가'를 합니다. 이것이 바로 육삼이 부당한 자리에서 믿음을 잃고 부당한 짓을 하고 있기 때문인 것이죠(位不當).

六四는 月幾望이니 馬匹이 亡하면 无咎리라.
육사 월기망   마필   망   무구

象曰 馬匹亡은 絶類하야 上也라.
상왈 마필망   절류   상야

직역 육사는 달이 거의 보름이니 말의 짝이 없어지면 허물이 없으리라.
◆「상전」에 이르기를, '말의 짝이 없어짐'은 동류를 끊고 위로 가는 것이다.

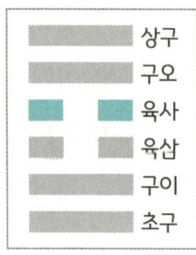

■ 幾 : 거의 기 / 匹 : 짝 필

점례 여자가 남자 둘을 놓고 점을 쳤는데 하나는 연상이요 하나는 연하였다. 연하를 떼고 연상을 취하라 하니, 그대로 하여 시집 가서 잘 살고 있다.

강의 음이 네 번째에 있는 육사는 구오 인군의 신하입니다. 중을 얻지는 못했지만 음이 음자리에 바르게 있는 대신이죠. 그런데 육사가 대신으로서 구오를 보필하는데 중부의 때에 어떻게 해야 할까요?

주역에서 양陽은 해(日)가 되고 음陰은 달이 되는데 육사는 음이기 때문에 달입니다. '거의 보름(幾望)'이라는 것은 아직 덜 찬 열나흘 달을 말합니다. 보름달은 '이미 이已' 자의 '이망已望'이고 '기망幾望'은 열나흘 달입니다. 보름달로 다 차면 이지러지는 것만 남기 때문에 육사가 덜 찬 달의 노릇을 해야 한다는 의미이죠. 자기가 조금 똑똑하고 지혜가 있다 해도 일단 접어놓고 인군을 모시라는 것입니다. 다 찬 달의 노릇을 하면 이지러지기가 쉬우니까 덜 찬 달의 노릇을 해야 하니, 육사가 일인지하一人之下 만인지상萬人之上의 위치에 있으면서 교만하지 말라는 것입니다(月幾望).

또 주역에서 음은 소(牛)가 되고(坤爲牛) 양은 말(馬)이 되는데(乾爲馬), 특히 음이 양을 상대할 때에 말(馬)이라고 하죠. 그런데 여기에서의 말은 육사와 응해 있는 초구를 가리킵니다. 말인데 육사와 음양 응이 되니 육사의 짝이 되는 말(馬匹)이 됩니다. 초구에게 구오를 민으려면 뜻을 변치 말고 끝까지 믿어야 한다고 했듯이, 육사도 구오를 깍듯이 섬기고 구오의 명에 순종해야지 초구한테 사사로운 욕심으로 손이나 벌리고 하면 안 된다는 것입니다. 그러므로 구오 인군한테는 덜 찬 달의 노릇을 하고 육사 음의 짝인 말 초구 양을 아예 절교해서 끊어버려야 허물이 없어진다는 것이죠(馬匹亡无咎).

◆**소상전** 육사의 마필인 초구가 없어진다는 것(馬匹亡)은 육사가 자기의 동류인 배필 초구를 끊어버리고 구오한테 올라가는 것입니다(絶類上). 육사가 초구와의 인연을 끊지 않으면 결국 육사는 부정해지고 부패해져서 나중에는 죄를 범하게 됩니다. 그래서 삿된 인연을 끊고 구오한테 올라가 구오를 잘 섬겨야 하는 것이니 이것이 육사의 중부입니다.

九五는 有孚ㅣ 攣如면 无咎리라.
구오 유부   연여   무구

象曰 有孚攣如는 位正當也일세라.
상왈 유부연여   위정당야

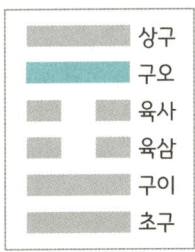

직역 구오는 믿음이 있기를 당기는 듯 하면 허물이 없으리라. ◆「상전」에 이르기를, '믿음이 있기를 당기는 듯함'은 자리가 바르고 마땅하기 때문이다.

■ 攣 : 당길 연, 끌 연

점례 대통령 입후보한 사람의 점이다. 믿음 있고 사람이 모여드는 효이다.

강의 양이 다섯 번째에 있어 구오입니다. 구오는 양이 양자리에 있고 외괘에서 중을 얻어 중정한 인군이네요. 중정한 자리에 있는 인군인 구오는 참으로 중부의 정치를 잘하는 인군입니다. 괘사에서 말한 돼지나 물고기까지도 믿게 하는 중부의 정치를 해야 하는 구오에게 말하는 것이죠. "네가 믿음을 먼저 두고(有孚) 신하를 비롯한 모든 백성이 너에게로만 믿음으로써 따라, 주위가 온통 너에 대한 믿음으로 둘러싸이듯이 하면(攣如) 허물이 없다(无咎)"는 말입니다.

◆**소상전** 구오가 억지로 가두고 힘을 행사하기 때문에, 백성들이 구오를 따르고 믿는 것이 아닙니다. 구오가 진심으로 우러나는 믿음의 정치를 하여 모두가 구오에게 연여하도록 하는 것은(有孚攣如) 구오의 위가 정당해서 정당한 정치를 잘하기 때문입니다(位正當).

上九는 翰音이 登于天이니 貞하야 凶토다.
상구　한음　등우천　　정　흉

象曰 翰音登于天이니 何可長也리오?
상왈 한음등우천　　하 가 장 야

직역 상구는 나는 소리가 하늘에 오름이니 고집해서 흉하니라. ◆「상전」에 이르기를, '나는 소리가 하늘에 오름'이니 어찌 오래갈 수 있겠는가?

■ 翰 : 높이 날 한 / 音 : 소리 음*

＊『예기』, 「곡례」: 희생으로 쓰는 닭을 한음이라고 부른다(雞曰翰音). 복자하卜子夏

점례 소리만 요란한 빈 양철통이다. 얼마 가지 못한다. 국내외적으로 시끄럽기만 하고, 실속이 없다. 어찌 믿겠는가?

강의 양이 맨 위에 있는 상구는 믿음에서 너무 지나친 것입니다. 너무 지나치다 보니 나는 소리가 하늘까지 오르고 있습니다. 손괘巽卦는 닭이라고 했는데(巽爲鷄), 닭이 날려고 하나 겨우 담이나 넘을 정도지 하늘 높이 올라가지는 못합니다. 그런데 그 날아오르는 소리는 하늘까지 오르고 있네요. 실제로 날지도 못하면서 나는 소리가 하늘에 오르니 믿음이 너무 지나쳤다는 말입니다. 너무 지나쳤다는 것은 참된 믿음이 전혀 없는 것을 말하지요. 상구가 너무 지나친 짓을 하는 것은 전혀 믿음이 없는 짓을 하다 보니 소리만 요란하다는 것입니다(翰音登于天). 만약 그것을 바르다고 믿고 계속해서 고집을 부린다면 흉하게 되는 것이죠(貞凶).

공자께서도 "믿는 것만 좋아하고 배우지 아니하면 그 폐단이 온 세상의 적이 되는 것이다."*라고 말씀했어요. 이것은 곧 하느님을 믿든, 부처님을 믿든 올바른 신앙이라는 것은 배워서 사리분별을 하며 믿어야 그 믿음이 바로 서는 것이지, 배우지는 않고 믿음만 가지고 맹종하고 맹신을 하게 되면 옆에 있는 이웃이나 사회를 혼란에 빠뜨려 큰 폐단이 된다는 말씀입니다.

◆ **소상전** 날려고 하는 소리만 하늘에 오르고(翰音登于天) 정작 날 수 있는 능력은 없으니, 상구의 난다는 믿음은 맹신이므로 길게 가지

도 한음翰音을 닭으로 보았다(한음은 닭이다. 손의 상이다(翰音爲鷄 巽之象也).
* 『논어』, 「양화」: 好信而不好學 其蔽也賊

못할 일입니다. 어찌 오래가겠습니까(何可長)? 공자님의 큰 제자 자하(卜子夏)는 '한음'을 닭으로 보았습니다. 닭이 하늘까지 오르려고 고집을 부리니 흉하다는 것이지요.

관련된 괘

① 도전괘 : 부도전　　② 배합괘 : 뇌산소과(䷽)

③ 호　괘 : 산뢰이(䷚)　④ 착종괘 : 택풍대과(䷛)

총설

'믿음(信)'은 인생의 기본이고, '중부中孚'는 믿음(信)의 체體가 됩니다. 오행으로 말하자면 인仁은 목木, 예禮는 화火, 의義는 금金, 지智는 수水, 신信은 토土입니다. 좀 어려운 말이지만 중부괘 자체도 간토艮土에 속합니다.*

토는 수화목금의 기본이요, 신信은 인의예지仁義禮智의 바탕입니다. 그래서 『논어, 위정』에서는 '사람이 신信이 없으면 수레에 바퀴가 없어 구르지 못하는 것과 같다'고 했습니다.

초효는 이 말 했다가 저 말 하거나, 동으로 간다고 했다가 서로 가지 말라는 뜻이고, 이효는 '이인동심二人同心에

---

* 艮(䷳)은 토土에 속하고, 이 간토에서 중산간괘를 비롯한 賁·大畜·損·睽·履·中孚·漸의 일곱 괘가 나와 중산간괘와 더불어 간토에 속하는 8괘가 된다.

기리단금其利斷金'으로 서로의 진실이 통하면 안 되는 일이 없다는 것이고, 삼효는 공연히 남을 의심하지 말라는 말입니다.

사효는 신信을 지키기 위해서는 사사로운 인연을 끊으란 말이고, 오효는 한 가정의 가장이나 나라의 통치자는 모두가 자신을 믿고 따르도록 신信을 실천하라는 것이고, 상효는 공연히 믿지 못할 헛소리만 요란하게 내지 말라는 것입니다.

편언

중부괘는 돈독한 믿음을 말합니다. 정치적으로는 돼지와 물고기 같은 미물까지도 믿음이 미칠 수 있도록 정치를 해야 한다는 것이죠. 그러나 종교적으로는 사리분별 없이 믿음만 가지고 맹신하고 맹종하지 말 것을 요구하고 있습니다. 구오의 '유부 연여'는 정치적인 믿음의 중요성을, 상구의 '한음 등우천'은 종교적인 맹신을 경계한 말씀이지요.

雷山小過(62)
震 艮
뇌산소과

▎소과괘의 전체 뜻

위에는 진하련(☳) 우레괘이고 아래는 간상련(☶) 산괘로, '뇌산雷山'의 괘상이고, 괘명은 조금 지나쳤다, 음이 지나쳤다는 뜻의 '소과小過'입니다. '뇌산'은 왜 소과일까요? 산 위에 우레가 울리니 조금 지나치다는 뜻이고, 음陰이 넷이고 양陽이 둘이라서 음이 많은데다가 음이 양을 둘러싸고 있으니, 작은 것 즉 음陰이 지나치다는 뜻으로 소과小過인 것입니다.

양陽은 대大이고 음陰은 소小인데, 택풍대과(䷛)는 양의 대大가 다섯 번째 자리에 와서 대과大過이지만, 뇌산소과(䷽)는 음의 소小가 다섯 번째 자리에 와서 작은 것이 지나쳤다는 소과小過입니다. 그리고 대과는 크게 지나친 것이고 소과는 작게 지나친 것이죠.

「서괘전」에서는 중부괘 다음에 소과괘를 놓은 것을, "중부에서 믿게 행동하는 사람은 남들이 믿어주기 때문에 어디를 가도 환영을 받고, 존경을 받다 보니 조금 지나치게 되었다고 해서 소과괘를 중부괘 다음에 놓았다."*고 했습니다.

---

* 有其信者必行之 故 受之而小過

괘사

小過는 亨하니 利貞하니 可小事요 不可大事니
소과   형   이정   가소사   불가대사

飛鳥遺之音에 不宜上이요 宜下면 大吉하리라.
비조유지음   불의상   의하   대길

|상육|
|육오|
|구사|
|구삼|
|육이|
|초육|

직역 소과는 형통하니 바르게 함이 이로우니, 작은 일은 할 수 있고 큰일은 할 수 없으니, 나는 새가 소리를 남김에 위로 가는 것은 마땅치 않고, 아래로 가게 하면 크게 길하리라.

- 遺 : 남길 유, 끼칠 유

점례 도를 지나쳤다. 눈앞에 재앙이 닥친다. 피해야 한다. 방법은 한도를 넘지 않는 데 있다. 그동안의 과실을 뉘우치고 조심성 있게 행동한다. 부부 간에 등지고 산다. 세력이 둘로 나뉘어 마찰을 일으킨다.

강의 소과괘는 형통하니 점을 해서 소과괘가 나오면 조금 지나치나 형통합니다. 그러나 잘못하면 형통하지 못하니 바르게 함이 이롭습니다(小過亨利貞). 그런데 형통하다고 해서 큰일도 형통하냐 하면 그렇지는 않습니다. 소과이기 때문에 작은 일은 가하고 큰일은 불가합니다. 점을 해서 이런 괘가 나오면 작은 규모로 사업을 해야지 크게 벌리면 안됩니다(可小事不可大事).

뇌산소과괘(☳)는 새의 모양을 가지고 있는데 두 효씩 묶어보면 대감大坎(☵)의 형상이지요. 아래위의 음효는 양쪽의 날갯죽지이고 가운데 양효는 몸뚱이가 됩니다. 앞서 중부괘는 닭이 품속(中)에 발

톱(爪)으로 알(子)을 품는 것(孚)입니다. 그래서 부화한다는 '부孵' 자를 보면 '믿을 부孚'에 '알 란卵'을 했습니다. 중부는 단지 중심으로 믿는다거나 서로 믿음을 가지고 산다는 의미뿐이 아닙니다. 중부의 믿음이라는 것은 병아리가 나오는 것까지도 중부인 것입니다. 닭이 알을 품고 있는데 중부로서 믿음직하게 해야지 믿지 못하면 알이 나올 수 없는 것이죠. 온도가 적당히 조절되게끔 알을 품었을 때 그 병아리가 알에서 잘 나오는 것입니다. 이렇게 중부로서 닭이 알을 품고 있다가 알을 깨고 나온 새가 소과괘小過卦입니다.

조금 지나쳐 알이 부화돼 병아리가 되어 나옵니다. 방금 부화되어 나온 어린 새가 짹짹거리며 나는데(飛鳥遺之音) 그 소리가 저 꼭대기에서 나면 안 되죠. 중부괘의 상구효에서 나는 소리가 하늘 위에 오르니 흉하다고 한 말과 결부되는 것입니다. 중부의 상구에서 너무 지나친 소리는 중부를 상실한 소리라고 했듯이, 소과에서도 역시 중부에서 갓 나온 병아리가 너무 짹짹거리며 위로 올라가도 안 된다는 것이죠. 만약 위로 올라가려고 한다면 대과가 되는 것이고, 이제 막 깨어난 병아리가 마냥 위로만 올라가려고 하면 그냥 땅에 떨어지고 말 것이니 안 되는 것입니다(不宜上). 그래서 나는 새가 날며 소리를 지르는데 그 소리가 너무 위로 올라가는 것은 마땅치 아니하고 아래로 내려가는 것이 마땅하니, 마땅히 내려가면서 아래로 처지는 것이 소과에는 크게 길하다는 것입니다(宜下大吉).

단전

象曰 小過는 小者ㅣ 過而亨也니
단 왈 소과　소자　과이형야

過以利貞은 與時行也니라.
과이이정　여시행야

柔得中이라 是以小事ㅣ 吉也요
유득중　　시이소사　길야

剛失位而不中이라 是以不可大事也니라.
강실위이부중　　시이이효는야

有飛鳥之象焉하니라.
유비조지상언

飛鳥遺之音不宜上宜下大吉은 上逆而下順也일세라.
비조유지음불의상의하대길　상역이하순야

직역 「단전」에 이르기를, '소과'는 작은 것이 지나쳐서 형통함이니, 지나치게 해서 바르게 함에 이로운 것은 때와 더불어 행함이라. 유가 중을 얻은 까닭에 작은 일이 길한 것이고, 강이 자리를 잃고 득중得中하지 못한 까닭에 큰일에는 옳지 않은 것이다. 나는 새의 상이 있다. '나는 새가 소리를 남김에 위로 가는 것은 마땅치 않고, 아래로 가게 하면 크게 길하리라'는 것은 위로 감은 거스르는 것이고 아래로 옴은 순한 까닭이다.

- 逆 : 거스를 역

강의 소과는 음陰인 소小가 오효五爻까지 지나쳐서 소과인데 육오는 인군의 자리이고 외괘에서 중에 있어 형통하다는 것이죠(小過 小者過

62 뇌산소과

563

而亨也). 이렇게 지나치는 데에서 바름이 이롭다는 것은 때도 모르고 자꾸 지나치기만 하는 것이 아니라, 갈 때가 되면 가고 설 때가 되면 서서 때와 더불어 행하는 것이 바르게 지나치는 것이라는 말입니다 (過以利貞 與時行也).

이어서 소과 괘사에 '소사는 가可하고 대사는 불가不可하다'고 한 이유를 설명하는 것이죠. 작은 일이 길하다고 한 것은 유柔가 중中을 얻었기 때문이라는 것입니다. 양陽은 강강剛으로 대大이고 음陰은 유柔로 소小인데 육오의 유柔가 위에서 득중得中을 했기 때문에 음소陰小의 '소사길小事吉'이라는 것이죠(柔得中 是以小事吉也).

또 강강剛으로 말할 것 같으면 다섯 번째 자리가 홀수로 강강剛의 자리인데, 구사의 강이 원래의 제자리를 빼앗기고 네 번째 음자리에 있으므로 있을 자리에도 못 있고 중도 못 얻었습니다. 다시 말해 구사라 하는 양(강)이 다섯 번째에 있어야 하는데 네 번째에 있다 보니까 인군의 자리도 상실했고, 또 양이 짝수자리에 있으니 실위失位를 한데다가 중도 못 얻었기 때문에 대사가 불가하다고 한 것이죠(剛失位而不中 是以不可大事也).

소과괘를 잘 보면, 앞에서 말한 것처럼 나는 새의 형상이 있기 때문에 '나는 새'라고 했다는 것입니다. 소과괘(䷽)를 옆으로 놓고 보면 가운데 이양二陽은 새의 몸뚱이, 양쪽의 사음四陰은 새의 날개가 되지요(有飛鳥之象焉). 여기에서 말한 '나는 새가 소리를 남기면서 올라감이 마땅치 않고 마땅히 아래로 내려가야 크게 길하다(飛鳥遺之陰 不宜上宜下 大吉)'는 것은 올라가면 역逆하는 것이고 내려가면 순順하는 것이기 때문이죠. '순천자順天者는 존하고 역천자逆天者는 망한다'고 했듯이 역逆하면 망亡이고 순順하면 흥興이죠. 새가 죽지도 시원

찮은데 제 분수도 모르고 자꾸 올라가려고만 한다면 소과小過로 조금 지나친 판에 자꾸 대과大過로 욕심을 부리는 꼴이 돼서 이치를 거스르는 것입니다. 그래서 아래로 내려가 순하게 살라는 말입니다. 소과일수록 순해야지 만약 소과에서 순리대로 하지 못하면 영영 대과가 되고 마는 것입니다(上逆而下順也).

대상전

象曰 山上有雷ㅣ 小過니 君子ㅣ 以하야
상왈 산상유뢰 소과 군자 이

行過乎恭하며 喪過乎哀하며 用過乎儉하나니라.
행 과 호 공   상 과 호 애   용 과 호 검

직역 「대상전」에 이르기를, 산 위에 우레가 있는 것이 소과이니, 군자가 본받아서 행동은 공손함에 지나치게 하고, 상사喪事는 슬픔에 지나치게 하며, 쓰는 것은 검소함에 지나치게 하느니라.

강의 산(☶) 위에 우레(☳)가 있는 '산상유뢰山上有雷'가 소과(䷽)의 상입니다. 작은 산 위에서 우레가 움직이니 소과요, 또 오효에 음이 와서 음소陰小로 소과인데 군자가 소과괘를 보고 본받아서 할 행동이 있습니다.

과불급過不及이라는 것은 중용中庸에서 이탈하는 것이니 무엇이든 지나치면 좋지 않죠. 지나치면 대개 좋지 않지만 이 세상에서 사는 데 조금 지나쳐도 좋다고 하는 세 가지가 있습니다. 첫 번째로 행동

을 함에 약간 공손한데 지나친 듯이 하는 것입니다. '과공過恭이 비례
非禮라'고 너무 지나치는 건 예가 아니지만 조금 지나친다는 소과괘
이기 때문에 조금 지나친 공손한 행동은 좋다는 것입니다(行過乎恭).
두 번째로 상을 당해서 슬퍼하는데 지나친 것입니다. 부모상을 당했
는데 슬픈 마음이 생기지 않을 수 없지요. 그래서 상을 당해서는 슬
픈 데 지나쳐도 괜찮다는 것입니다(喪過乎哀). 세 번째로 쓰임새에 있
어 지나친 듯이 검소한 것도 괜찮다(用過乎儉)고 했습니다.

효사와 소상전

初六은 飛鳥라 以凶이니라.
초육　비조　이흉

象曰 飛鳥以凶은 不可如何也라.
상왈　비조이흉　불가여하야

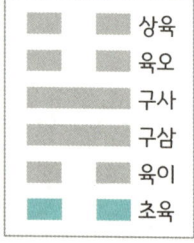

직역 초육은 나는 새라. 그래서 흉하니라. ◆「상전」
에 이르기를, '나는 새라서 흉하다' 함은 어찌할 수
없는 것이다.

점례 날갯죽지도 나지 않았는데 날려고 한다. 화를
면하지 못한다.

강의 음이 맨 처음에 있어 초육이죠. 음은 약한 것이고 정靜적으로
고요히 아래에 있는 것인데, 초육의 음이 소과의 때를 당해 이제 막
나왔습니다. 새가 이제 겨우 죽지가 조금 나왔을 뿐인데 날려고 하면

안 되죠. 괘가 소과괘라고 해서 무조건 지나치려고만 하면 안 됩니다. 그런데 초육이 변하면 양이 돼서 이허중(☲) 불괘가 되는데 불은 위로 날아오르는 것이죠. 그리고 소과괘 자체가 새의 상이 있으니 나는 새입니다(飛鳥). 이허중 불괘는 또 재앙이기 때문에 흉하다는 말이 나오기도 하지만 초육은 이제 막 생겨나는 죽지로 날다 보니까 흉하게 된 것이죠(以凶).

◆**소상전** 나는 새가 흉하다는 것은, 나는 걸 놓고서 어떻게 구원해줄 방법이 없어 구제를 못 받는다는 것입니다. 일은 잘못되었는데 구제가 안 되는 것이죠(不可如何). 점을 해서 이 자리가 나왔으면 되지도 않는 일을 공연히 벌여놓고서 흉하게 되기만 합니다.

六二는 過其祖하야 遇其妣니 不及其君이요
육이   과기조   우기비   불급기군

遇其臣이면 无咎리라.
우기신   무구

象曰 不及其君은 臣不可過也라.
상왈 불급기군   신불가과야

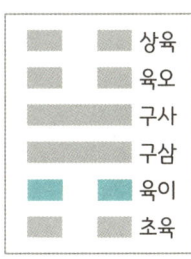

직역 육이는 그 할아버지를 지나서 그 할머니를 만남이니, 그 임금에 미치지 않고 그 신하를 만나면 허물이 없을 것이다. ◆「상전」에 이르기를, '그 임금에 미치지 못한다' 함은 신하의 분수를 지날 수 없는 것이다.

■ 妣 : 할머니 비, 죽은 어미 비

점례 지나친 행동은 일을 그르친다. 그러니 아래에서부터 차례로 만나라. 비서를 먼저 만나고 사장을 만나야 한다. 여사장을 만난다.

강의 음이 두 번째에 있어 육이입니다. 육이로서는 구삼이 아버지가 되고 그 위의 구사가 할아버지가 되고, 상대하여 자리가 응하고 있는 같은 음인 육오는 할머니가 됩니다. 또 구사 할아버지의 위에 있기 때문에 증조할머니가 될 수도 있습니다. 육이에게 '그 할아버지를 지나서'라고 한 것은 구사 할아버지를 지난다는 말이고(過其祖), '그 할머니를 만난다'는 말은 구사 할아버지를 지난 뒤에 구사 위의 육오 할머니를 뵈어야 한다는 의미입니다(過其妣).

또한 육이의 아버지, 할아버지, 할머니의 관계를 정치적인 군신간으로 말하면, 육오는 인군이고 구사는 내직신하이고 구삼은 외방에 있는 외직신하입니다. 육이의 선비가 육오 인군을 만나기 위한 절차를 말하는 것입니다. 즉 육이가 육오를 대번에 직접 만나려고 구사를 그냥 지나치는 것은 대과大過한 일로서 불가하다는 것입니다(不及其君). 지금은 소과의 때이니까 육이가 육오 인군을 만나기 위해 육오의 바로 밑에서 명을 받아 정치를 주관하는 대신인 구사 신하를 먼저 만나라는 것입니다. 이것이 육이가 해야 할 소과가 되어 허물이 없는 것이죠(遇其臣无咎). 즉 육이가 육오 할머니를 뵙기 위해 먼저 구사 할아버지를 지나야 하는 것이 마치 육오 인군을 직접 만나지 않고 구사의 신하를 먼저 만나는 것과 같은 의미이죠.

◆소상전 그 인군에게 미치지 못한다는 것은 육이가 신하로서 대번에 육오 인군을 만나려고 하면 안 된다는 것이죠. 그래서 신하가 인

군을 만날 때는 인군을 모시고 있는 신하를 거쳐서 만나야 하는 것이니, 육이가 신하로서 지나친 짓을 하여 육오 밑의 구사 신하를 지나치면 안 된다는 것입니다(臣不可過).

九三은 弗過防之면 從或戕之라 凶하리라.
구삼   불과방지   종혹장지   흉

象曰 從或戕之ㅣ 凶如何也오!
상왈   종혹장지   흉여하야

직역 구삼은 지나치게 막지 않으면, 혹 따라와 해치므로 흉할 것이다. ◆「상전」에 이르기를, '따라와 혹 해침'이니 흉함이 어떠하리오!

- 防 : 막을 방, 둑 방 / 過 : 지날 과, 지나갈 과, 허물 과 / 戕 : 상할 장, 죽일 장

점례 검은 그림자가 뒤를 따른다. 흉악범이다. 잘못하면 뒤통수를 맞는다.

강의 양이 세 번째에 있어 구삼입니다. 구삼은 중을 얻지 못했고 양이 양자리에 있어서 강하기만 하네요. 괘가 지나치다는 소과괘인데 너무 강하기만 하니까 적이 많습니다. 그래서 구삼의 아래에 있는 두 음陰인 육이와 초육이 구삼의 뒤를 밟으며 해치려고 하는 검은 그림자가 되는 것입니다.

점을 해서 이런 자리가 나왔으면 "네 뒤를 누가 미행하고 있으니 주의해라. 잘못하면 네 뒤를 미행하는 사람한테 칼을 맞을지도 모른

다"라는 말이 나오는 것이죠. 그러므로 구삼은 너무 지나친 듯이 자기의 뒤를 따르는 육이, 초육의 음을 방어하지 아니하면(弗過防之) 악한 육이, 초육의 음이(陰爲惡, 陽爲善) 구삼의 뒤를 따라와 해쳐서 흉할 것이라는 말입니다(從或戕之凶).

◆소상전 만약 초육과 육이의 음이 구삼의 뒤를 따라서 구삼을 해치게 된다면(從或戕之) 그 육이, 초육한테 당하는 흉이야말로 어찌 해볼 수 없을 정도로 큰 흉이라는 말인데 "그 흉한 정도가 어떠한고?" 하고 자문자답식으로 물었네요. 이만저만한 흉이 아니라 대흉을 맞을 것이라는 말입니다(凶如何).

九四는 无咎하니 弗過하야 遇之니
구사 무구 불과 우지

往이면 厲라 必戒며 勿用永貞이니라.
왕 려 필계 물용영정

象曰 弗過遇之는 位不當也요
상왈 불과우지 위부당 야

往厲必戒는 終不可長也일세라.
왕려필계 종불가장 야

직역 구사는 허물이 없으니 지나치지 않아서 만남이니, 가면 위태하므로 반드시 경계하며, 계속 고집하지 말 것이니라. ◆「상전」에 이르기를, '지나치지 않아서 만남'은 자리가 마땅치 않음이고. '가면 위태해서 반드시 경계함'은 마침내 자라지는 못할 것이기 때문이다.

점례 분수를 알고 지나친 행동을 자제한다. 그러면 좀 아니꼽고 어려운 일이 있더라도 잘 지낼 수 있다.

강의 양이 네 번째에 있는 구사는 양이 음자리에 있어 위가 부당하고 중을 얻지 못했습니다. 그러나 구사는 육오 인군 밑에 있는 대신으로서, 육오가 음으로 어두운 반면 구사는 양으로 어진 신하입니다. 그런데 이 현명한 신하 구사가 지나친 짓을 않으니 허물이 없습니다(无咎). 다시 말해 구사가 허물이 없는 것은 현재 구사가 육오를 지나치지 않고 밑에서 육오를 받드니 허물이 없는 것입니다(弗過遇之).

그런데 만약에 구사가 지나친 행동을 해서 육오를 우습게 보고 경솔한 짓을 하여 지나치게 간다면 사람들한테 역적으로 몰리기 쉽고 지탄을 받으며 또 육오 인군이 구사를 가만 놔두지 않게 되어 위태합니다(往厲). 즉 구사에 대해서 모두들 경계하게 된다는 말이죠(必戒).

그러나 또한 한 나라의 대신이라면, 그저 인군한테 아부만 해서는 안되는 것입니다. 나라와 백성을 위해 할 말은 해야 하고 조금 지나친 행동도 해야 할 때는 해야 합니다. 그렇기 때문에 너무 '지나치지 않는 것'만 정고하게 오래 쥐고 있지 말라는 것입니다(勿用永貞).

◆**소상전** 구사가 육오를 지나치지 않고 만나야 하는 것은 구사가 육오 인군의 밑에 있는 대신의 자리에 있기 때문이지요. 구양九陽이 사음四陰자리에 있으니 위가 부당한 것이죠(位不當). 그런데 만약 구사가 육오 인군을 우습게 여겨 경솔한 짓을 해서 지나치게 가면 위태롭고 또 모두들 구사를 경계합니다. 그러나 구사는 인군을 충직하게 보필해야 할 대신이므로 그 '지나치지 않은 것'만을 끝까지 길이길이

가지고 있으면 안 된다는 것이지요(終不可長).

> 六五는 密雲不雨는 自我西郊니 公이 弋取彼在穴이로다.
> 육오　밀운불우　자아서교　공　익취피재혈
>
> 象曰 密雲不雨는 已上也일세라.
> 상왈 밀운불우　이상야

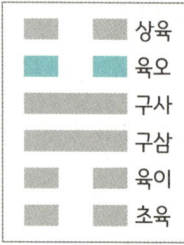

직역 육오는 빽빽한 구름에 비가 오지 않는 것은 내가 서교로부터 함이니, 공이 구멍에 있는 것을 쏘아 취하도다. ◆「상전」에 이르기를, '빽빽한 구름에 비 오지 않음'은 이미 올라갔기 때문이다.

- 密 : 빽빽할 밀 / 弋 : 주살 익, 쏠 익, 잡을 익

점례 몸을 낮추고 아랫사람의 의사를 존중한다. 하는 일을 성사시키려면 실력자를 발굴해서 써야 한다.

강의 음이 다섯 번째에 있어 육오입니다. 육오는 음이 다섯 번째 자리까지 차올라온 것으로 볼 수 있으므로 구름이 꽉 차 있다고 한 것입니다. 구름은 빽빽하게 차 있는데 비가 오지를 않네요. 점을 해서 이 자리가 나오면 일이 잘 될 듯 말 듯 하면서 결국은 안 되는 것이지요.

풍천소축괘(☴)의 괘사에도 나오는 말이네요. 은나라 말의 폭군 주紂는 동쪽에 있고 문왕은 서쪽에 있었습니다. 주가 동쪽에서 폭정을 하고 있으니까 나라가 혼란할 수밖에요. 지금 모든 백성이 가뭄

하늘에 비를 바라듯이 사회안정을 기대하고 있는 것입니다. 비가 오게 되어 있는데 기다리는 비는 오지를 않듯이 사회가 안정되어야 하는데도 안정되지 않고 있습니다(密雲不雨). 그것은 문왕이 유리옥羑里獄에서 나와 서쪽을 떠나 동쪽으로 가서 폭정을 막고 선정을 베풀어야 하는데 그것을 못하고 있다는 말입니다. 현재 서쪽에 있기 때문에 아무 일도 되지 않는 것이죠. 성인의 말은 본인의 일을 말해도 이치에 맞기 때문에 만고의 귀감이 되는 것입니다.

그런데 또한 서풍이 불면 비가 오지를 않습니다. 외호괘가 태상절(⚌) 못괘가 되는데 못괘는 '서방 태'입니다. 또 내호괘가 손하절(☴) 바람괘가 되니 서풍西風이 붑니다. 서쪽은 서늘한 기운이 있는 곳이니 바람이 불면 비가 오지를 않습니다. 서풍이 불면 서풍의 음기운이 동쪽의 양기운을 모두 쫓아버리기만 하고 음양화합이 되지 않아 비가 안 오는 것이죠. 그래서 서풍 불면 비가 오지 않는다는 것이고, 이것은 곧 내가 서쪽에 있으니까 동쪽에 있는 주紂와 타협이 안 돼서 나라의 안정을 도모하지 못한다는 것입니다. 육오가 인군인데 음이기 때문에 어두운 인군이고, 세상은 소과의 세상인 것이죠. 육오가 나라를 잘 다스려야 하는데 뜻대로 되지를 않네요. 그것이 구름 끼고 비 오지 않는 것과 마찬가지이며 그 까닭은 서풍이 불기 때문이고, 이것은 곧 내(六五)가 서쪽에 있어 비가 오지 않는 것입니다(自我西郊).

그러면 어떻게 해야 할까요? 기압이 너무 상승하면 비가 오지를 않고, 저기압이 되어야 비가 오니 아래로 내려가라는 얘기입니다. 즉 아래로 몸을 낮추어 어진 신하를 발굴해서 등용시켜야만 비가 올 듯 말 듯 하면서도 오지 않는 이 어려운 난국을 해결하게 되어 결국 비가 오게 된다는 것이죠. 즉 소과에 처한 육오가 정치를 해도 안 되니, 여러 방법을 써 봐도 잘 안 될 때에는 사람을 잘 써야 한다는 것입니다. 즉 이런 때에는 나라의 어려움을 해결해줄 능력이 있는 어진 신하를 찾아봐야 하는 것이죠. 그래서 육오는 아래로 내려가 음이 음자리에 바르게 있고 내괘에서 중을 얻은 육이六二라는 중정中正한 신하를 취해서 자기를 보필하게 하고 나라를 다스려야 하는 것입니다.

그런데 육이는 지금 구멍 속에 깊숙이 들어가 있네요. 내호괘가 손하절(☴)인데 '손은 들어가는 것이다(巽入也)'라고 했으니, 산중 깊숙이 들어가 사는 제갈공명이 남양 초당에서 꿈을 꾸고 있는 때에 유비가 삼고초려三顧草廬라도 해야 하는 상황입니다. 이와 같이 육오의 공公이 구멍 속에 깊숙이 들어가 있는 어진 신하(彼)를 발굴해내서 (弋取) 자기를 보필하게 하여 선정을 베풀라는 말입니다(公弋取彼在穴).

◆**소상전** 구름은 빽빽한데 비가 안 오는 것은(密雲不雨) 음인 육오가 너무 위로 올라가 있어 기압이 상승했기 때문이니(已上) 조금만 아래로 낮춰 내려오면 기압이 내려가서 비가 오게 되는 것입니다. 마찬가지로 육오가 소과의 정치를 함에 뜻대로 되지 않는 상황을 해결하고 정치를 잘 해나가기 위해서는 중정한 육이六二 신하를 발굴해내야 한다는 것입니다.

上六는 弗遇하야 過之니 飛鳥ㅣ 離之라 凶하니
상육 불우 과지 비조 이지 흉

是謂災眚이라.
시 위 재 생

象曰 弗遇過之는 已亢也라.
상 왈 불우과지 이 항 야

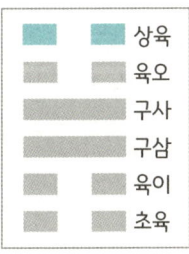

상육
육오
구사
구삼
육이
초육

■직역 상육은 만나지 않아서 지나가니 나는 새가 떠남이라. 흉하니 이것을 재생이라고 이른다. ◆「상전」에 이르기를, '만나지 않아서 지나감'은 이미 지나치게 높고 극한 것이다.

■ 離 : 떠날 리 / 災 : 재앙 재 / 亢 : 높을 항, 오를 항, 목 항

■점례 새가 날다 그물에 걸린다. 너무 지나쳤다. 만사가 이제 끝이다. 아! 닥치는 재앙을 어찌하랴?

■강의 음이 맨 위에 있는 상육은 참으로 만나지 않고 지나친 것입니다. 구사는 육오 인군을 지나치지 않고 밑에서 만났으므로 '지나치지 않고 만난다'라고 했지만 상육으로 말하면 양陽도 아니고 아래에 있어야 할 음이 맨 꼭대기에 있다 보니까 육오를 만나지 않고도 육오 위로 지나쳐버렸네요(弗遇過之).

상육은 소과小過가 너무 지나쳐 대과大過가 돼서 자기 몸을 망치는 것이고, 육오를 만나지도 않고서 육오 위로 지나쳐서 간 것을 새가 떠난 것으로 말하고 있지요. 상육이 변해서 양陽이 되면 이허중(☲)

불괘가 되는데 이허중은 남방 주작으로 새가 됩니다. 또한 리괘는 '떠난다'는 뜻이니 새가 훌쩍 날아서 이허중 불괘로 떠나버렸어요. 이렇게 높이 올라간 새가 떨어져 다치는 것이죠. 초육이 변하면 이허중 불괘가 되듯이 상육도 변하면 불괘가 되는 것은 같지만, 아래의 불은 조금 올라가다 마는 것에 비해 위에 있는 불은 완전히 올라가버리죠. 자연히 '떠날 리' 자 리괘離卦가 되어 완전히 떠나버린 것입니다(飛鳥離之). 이렇게 너무 지나친 짓을 하다 보니까 내외적으로 화禍가 생기게 되는 것입니다. 천재지변으로 생긴 재앙은 '재災'라 하고 자기가 잘못해서 생긴 재앙은 '생眚'이라고 하는데, 재생이 끊이지를 않습니다(是謂災眚).

◆**소상전** 육오를 만나지 않고 지나쳐버린 상육으로 말할 것 같으면 주역 건괘乾卦(☰) 상구의 항룡亢龍과 같이 너무 지나쳐 항극한 자리입니다. 육오에서 '이미 올라갔다'는 것은 아래로 내려올 가능성이 있는 것이지만, 상육의 올라간 것은 항극亢極해져서 이제 내려가지도 못하고 흉하게만 되는 것입니다. 큰 재앙을 만나네요. 점을 해서 이 자리가 나오면 욕심을 지나치게 부려 부도내고 파산하는 상황을 맞이하게 되는 것이죠(己亢).

▎관련된 괘

① **도전괘** : 부도전괘 ② **배합괘** : 풍택중부(☴)

③ **호　괘** : 택풍대과(☱) ④ **착종괘** : 산뢰이(☶)

총설

하경 끝에서 세 번째 괘인 소과小過는 상경 끝에서 세 번째 괘인 대과大過와 연관이 있네요. 상경의 대과나 하경의 소과는 똑같이 도전이 되지 않는 부도전괘입니다. 그런데 대과괘에는 대과로 끝나니까 소과괘가 들어 있지 않지만, 소과괘는 장차 대과하기 때문에 소과괘의 호괘를 살펴보면 그 안에 대과괘가 들어 있습니다. 즉 외호괘 태상절(☱) 택澤과 내호괘 손하절(☴) 풍風을 합하면 택풍대과괘가 되네요. 대과는 기제와 같은 종終이고, 소과는 미제와 같은 시始가 된다고 볼 수 있습니다. 주역은 종즉유시終則有始의 학문이니까요.

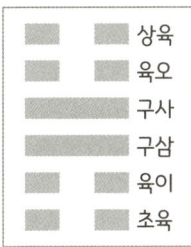

소과에서 지나친 짓을 하는데, 초효는 새가 날갯죽지도 안 난 상태에서 날려고 하듯이, 능력도 없으면서 되지도 않을 일을 하는 것이지요.

이효는 지나친 행동을 하지 않으려고 노력하는 것이고, 삼효는 잘못하여 지나친 폭행을 당하는 것입니다.

사효는 지나친 행동을 자제하지 않으면 곤경에 빠지는 것이고, 오효는 잘난 체하지 말고 겸손하면서 실력발휘를 하라는 것이고, 상효는 새가 공중에 쳐놓은 그물에 걸리듯이 너무 지나친 짓을 하다 법망에 걸리는 것입니다. 즉 상육 음이 우레괘(☳)로 너무 발동해서, 상육이 변한 리화(☲)로 날다가 그물(☲)에 걸리는 것이지요(離麗也).

▎편언

 음陰이 지나치다는 소과괘가 하경을 마무리하는 화수미제(☲)괘에 앞서 62번째에 있고, 상경을 마무리함에는 양陽이 지나치다는 택풍대과괘가 중수감괘에 앞서 28번째에 있습니다. 상경은 선천 양陽의 시대를 의미하니 양이 지나치다는 택풍대과괘를 두었고, 하경은 후천 음陰의 시대를 상징하니 음이 지나치다는 뇌산소과괘로 마무리를 하고 있는 것이죠. 또 이괘頤卦나 중부괘가 리괘(☲)의 형국이듯이, 대과괘나 소과괘가 감괘(☵)의 형국을 이루는 것도 닮았습니다.

水火旣濟(63)
수 화 기 제

坎
離

▌기제괘의 전체 뜻

　위에는 감중련(☵) 물괘이고 아래는 이허중(☲) 불괘로, '수화水火'의 상이고, 괘명은 이미 건넜다, 이미 다스려졌다는 뜻의 '기제旣濟'입니다. '수화'가 어떻게 해서 기제가 될까요? 기제괘는 물이 위에 있고 불이 아래에 있지요. 물은 아래로 흐르는 성질을 가지고 있고 불은 위로 타오르는 성질을 가지고 있습니다. 그러므로 밑에서는 올라오고 위에서는 내려가 서로 사귀게 되는 것입니다.

　솥에다 쌀과 물을 넣고 밑에서 불을 때면 밥이 되듯이, 위의 물 속에 있는 것을 아래 불로 때서 물건이 익는 것이죠. 이것을 '수승화강水昇火降'이라고 하는 것입니다. 사람도 물이 올라가고 불이 잠복되어 내려가면 건강한 생활을 하게 되는 것이죠. 물이 앞을 가로막고 있으면 건너지 못하지만 기제괘에서는 물이 밖에 있으므로 잘 건너왔습니다. 수화기제는 64괘 중에 양은 모두 양자리에 있고 음은 모두 음자리에 있는 유일한 괘이고, 외괘에서는 양이 중을 얻고 내괘에서는 음이 중을 얻은 데다, 모든 효가 음양응이 잘되어 있어 하나도 나무랄 데가 없습니다. 그래서 「잡괘전」에서는 "기제는 완전히 정해진 것(旣濟 定也)."이라고 했습니다.

　또 「서괘전」에서는 "소과괘 다음에 기제괘를 놓은 것은 조금씩 지나다 보니까 목적지에 이르고, 다 건너서 기제가 되는 것이기 때문에 수화기제괘를 소과괘 다음에 놓았다."*고 했습니다.

괘사

旣濟는 **亨**이 **小**니 **利貞**하니 **初吉**코 **終亂**하니라.
기제   형   소   이정   초길   종란

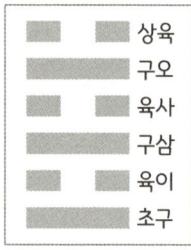

상육
구오
육사
구삼
육이
초구

직역 기제는 형통할 것이 적으니 바르게 함이 이롭다. 처음은 길하고 나중은 어지러우니라.

- 旣 : 이미 기 / 濟 : 건널 제 / 亂 : 어려울 란

점례 일이 끝났다. 공을 이루고 이름을 날린다. 일이 끝나 이제는 정돈하는 때이다. 앞으로 후환이 없도록 미리 단속한다.

강의 기제이므로 모든 일이 완전히 성사되어 좋을 것 같지만 실상은 할 일이 없게 됩니다. 달도 차면 기운다는 말과 같이 사실 기운 것이어서 할 일이 다 끝나버리죠. 이미 다 건넜으면 그 다음은 별 볼일이 없는 것입니다. 그래서 기제가 참으로 좋을 것 같아도 형통할 것이 그리 크고 많지는 못합니다.

기제의 '형통함이 적다'는 것은 두 번째 음효(육이)를 두고 말하는 것이죠. 즉 기제는 이미 다 건너서 형통한 괘인데 형통함이 적다는

* 有過物者 必濟 故 受之以旣濟

것은 음으로서 주효가 되는 육이를 놓고 한 말입니다(旣濟亨小). 그러나 기제괘는 양은 양자리에, 음은 음자리에 모두 바르게 있기 때문에 비록 형통함이 적은 괘이지만 바르게 함이 이롭다고 했습니다(利貞).

기제가 되었으니까 처음은 당연히 좋죠. 그러나 그 기제는 허물어지게 마련이니 끝에 가서는 어지러워집니다. 내괘는 기제이고 외괘는 물괘로 물을 건너야 하니 미제로 가는 것입니다. 그래서 내괘는 '초길初吉'이고 외괘는 '종란終亂'이며, 내괘 중에 있는 육이는 '초길'이고 외괘 중에 있는 구오는 '종란'이 되는 것입니다(初吉終亂).

단전

象曰 旣濟亨은 小者ㅣ 亨也니
단왈 기제형   소자 형야

利貞은 剛柔ㅣ 正而位當也일세라.
이정   강유   정이위당야

初吉은 柔得中也요 終止則亂은 其道ㅣ 窮也라.
초길   유득중야   종지즉란   기도 궁야

직역 「단전」에 이르기를, '기제가 형통함'은 작은 것이 형통함이니, '바르게 함이 이로움'은 강(양)과 유(음)가 바르고 자리가 마땅하기 때문이다. '처음은 길하다' 함은 유가 득중한 것이고, 마지막에 그치면 어지러워짐은 그 도가 궁한 것이다.

강의 괘사의 '형소亨小'를 「단전」에서 '소자형야小者亨也'로 풀이하고 있습니다. 음은 소小이고 기제는 이미 건너서 형통하기 때문에 내괘에 있는 소자小者인 육이를 두고 하는 말입니다. 그러므로 '기제가 형통하다는 것은 작은 것이 형통함이니'라고 풀이한 것이죠. 기제괘가 비록 모두 성립이 되고 목적지에 이르게 되어 좋지만, 그릇으로 보면 다 만들어지고 일로 보면 종결을 지은 것입니다. 즉 기제는 종終인 것이죠. 종결을 지었으니 좋을 것 같아도 육이가 음이기 때문에 '형소亨小'라고 했습니다. 기제이지만 크게 형통하지 못하고 음인 소자小者가 형통하다는 것이죠. 다 이루어놓고 더 이상 할 일이 없어 앞이 막히면 막혔지 형통할 게 없는 것입니다. 그래서 형통한 것이 작다고 했습니다(旣濟亨 小者 亨也).

다음은 괘사의 '이정利貞'을 풀이하고 있는데 기제괘는 초효에서 상효에 이르기까지 강(양효), 유(음효) 할 것 없이 모든 효가 제자리에 있기 때문에 '위당位當'입니다(利貞剛柔 正而位當也).

또 괘사의 '초길'은 육이의 음이 내괘에서 중을 얻은 것을 두고 하는 말입니다(初吉柔得中也). 그리고 괘사에 '나중에 가서 어지러워진다는 것(終亂)'은 구오를 두고 한 말인데, 험한 물괘(☵)에 빠져 있는 구오는 기제가 기울어지고 다시 또 미제로 갑니다. 그렇다 해도 감(☵)의 도는 험한 가운데 통하는 것이지요. 험하다고 제자리에 그치면 감의 도를 어지럽혀서 궁하게 된다는 것이지요(終止則亂 其道窮也).

대상전

象曰 水在火上이 旣濟니
상왈 수재화상 기제

君子ㅣ 以하야 思患而豫防之하나니라.
군자 이 사환이예방지

직역 「대상전」에 이르기를, 물이 불 위에 있는 것이 기제이니, 군자가 본받아서 환란을 생각해서 미리 막는다.

- 豫 : 미리 예 / 防 : 막을 방

강의 물괘(☵)가 불괘(☲) 위에 있어서 수재화상水在火上입니다. 그래서 '수승화강水昇火降'으로 완전히 다 이룬 상태가 기제니, 군자가 이 기제괘의 상을 보고 본받아서 행해야 할 것이 있습니다. 다 이루기 전에는 이루어야겠다는 희망을 가지고 나아가지만 다 이루어지면 다시 어지러워지게 마련이죠.

그릇을 만들어서 쓰다보면 부서지게 마련입니다. 물이 불 위에 있다는 것은 이미 건널 것은 다 건너고, 이룰 것은 다 이루고, 만들 것은 다 만든 것입니다. 다 된 상을 보고 군자가 본받아서 앞으로 기제가 다시 미제로 갈 것을, 즉 앞으로 환란이 닥칠 것을 미리 생각해서 예방을 튼튼히 해야 한다는 것입니다(思患而豫防之).

효사와 소상전

初九는 曳其輪하며 濡其尾면 无咎리라.
초구　예기륜　　유기미　　무구

象曰 曳其輪은 義无咎也니라.
상왈 예기륜　　의무구야

직역 초구는 그 수레바퀴를 당기며 그 꼬리를 적시면 허물이 없으리라. ◆「상전」에 이르기를, '그 수레바퀴를 당김'은 의리가 허물이 없는 것이다.

- 曳 : 당길 예 / 輪 : 수레바퀴 륜 / 濡 : 적실 유 / 尾 : 꼬리 미

점례 일이 끝나고 쉴 때다. 더 욕심을 부리면 안 된다.

강의 양이 맨 처음에 있어 초구입니다. 기제괘에서 맨 처음에 나온 양효 초구가 먼저 기제를 맛보고 있습니다. 기제를 맛보는 이때에 욕심을 부리고 더 가려고 하면 안 됩니다. 초구가 속한 괘체가 이허중(☲) 불괘지요. 불은 양성이기 때문에 위로 타오르려는 성질이 있어 조급하게 가기가 쉽습니다. 그러나 더 욕심을 부리지 말고 가만히 그 자리에 있으면서 기제를 계속 유지하고 기제의 즐거움을 누려야죠. 그래서 더 이상 가지 않으려고 수레를 뒤로 끄는 것입니다. 이허중(☲)괘는 속이 텅 비어서 수레라고 하는데 초구가 변하면 간상련(☶)괘가 되어 그치니(艮止) 타고 갈 수레를 가지 못하게 뒤에서 잡아당기는 것입니다(曳其輪).

이것을 여우로 말하면 꼬리를 적시는 것과 같습니다. 여우가 물을

건너려고 뛰어들었다가 꼬리를 쳐들면 자신만만하게 건너는 것이고, 꼬리를 물에 적시면 건널 자신이 없어 안 건너는 것입니다. 내호괘 감중련(☵)에서 여우가 나오는데 초효는 맨 뒤의 꼬리이므로 여우가 물 속에 꼬리를 적시는 것이죠(濡其尾).

초구에게 가만히 있으라고 하는 말을 이렇게 비유한 것입니다. 다시 말하면 수레가 굴러가야 하는데 굴러가지 못하도록 뒤에서 잡아 당깁니다. 그러면 이허중 불괘가 간상련 산괘가 되니까 자연 가만히 그쳐 있어 가지 못하고 또 가지 않는 것이죠. 또 여우가 건너려고 갔다가는 감중련 물괘의 험한 속으로 다시 빠져들게 됩니다. 그래서 꼬리를 적시고는 역시 가지 못하고, 가지 않는 것이니 이렇게 애써 이루어놓은 기제를 가만히 있으면서 누리면 허물이 없다는 것입니다(无咎).

◆**소상전** 이렇게 수레를 당겨서 가지 않고 가만히 있는 것은 애써 이루어놓은 기제를 유지하려고 하는 것이니, 그 뜻이 허물이 없습니다(義无咎).

六二는 婦喪其茀이니 勿逐하면 七日애 得하리라.
육이 부상기불   물축   칠일 득

象曰 七日得은 以中道也라.
상왈 칠일득 이중도야

직역 육이는 지어미가 그 포장을 잃음이니, 쫓지 말면 칠 일에 얻으리라.
◆「상전」에 이르기를, '칠일에 얻음'은 중도로써 함이라.

- 茀 : 덮을 불, 포장 불(얼굴 가리개)

  점례 낮에 일했으면 밤에는 잠을 자고 쉬어야지 밤새도록 계속 일할 수는 없는 것이다. 그렇다고 낮이 또 안 오는 것은 아니다. 이번엔 할 일 다 마쳤으니, 느긋하게 쉬면서 때 오기를 기다린다. 7개월이나 7년이면 다시 때가 온다. 잃었던 물건을 7일만에 찾는다.

강의 음이 두 번째에 있어 육이입니다. 육이를 부인으로 얘기하고 있습니다. 지금으로부터 3천 년 전에는, 여자가 어디를 가려고 할 때 가리개 같은 포장으로 앞을 가리고 갔습니다. 육이는 구오와 음양 응이 잘되고 있어 구오에게 가려고 합니다. 그런데 부인이 그 포장을 잃어버렸네요. 포장을 잃어버렸으니까 육이 지어미가 구오한테 못 가게 됐습니다. 말하자면 초구의 백성도 기제가 됐으니까 가만히 있으란 말이고, 육이의 선비도 구오와 잘 응해 있지만 벼슬하러 갈 필요가 없다는 것입니다. 기제로 할 일이 다 끝났는데 또 무엇을 욕심내서 하려고 하냐는 것이죠. 그것이 여자가 포장을 잃어버려 못 가는 것과 같다는 것입니다(婦喪其茀).

그러나 육이가 포장을 찾으려고 쫓지 않으면 그 잃어버린 포장이 7일 만에 찾아져 얻어지리라는 얘기입니다. 7일은 반복 순환하는 자연의 정률定律입니다. 한 주기週期가 바뀌면 포장은 자연스럽게 돌아온다는 것이지요. 다시 말해 육이가 지금은 안 갈 때이기 때문에 안 가고 있지만 영영 가지 못하는 것은 아니고 시기가 오면 또 구오를 만나러 가는 것이죠. 이것이 다시 그 포장을 얻는 것이고 가게 되는 것입니다(勿逐 七日得).

◆**소상전** 육이가 내괘에서 중을 얻어 중도를 행하여 가지 않아야 할 때 가지 않으니 부인이 포장을 잃어버린 격이 된 것이고, 또 그 중도를 지켜 굳이 쫓아가서 찾지도 않으니(以中道) 7일 만에 얻어지지 못할 리가 만무한 것이죠(七日得).

九三은 高宗이 伐鬼方하야 三年克之니 小人勿用이니라.
구삼　고종　벌귀방　　삼년극지　　소인물용

象曰 三年克之는 憊也라.
상왈 삼년극지　　비야

상육
구오
육사
구삼
육이
초구

직역 구삼은 고종이 귀방을 쳐서 삼 년 만에 이기니 소인은 쓰지 말아야 한다. ◆「상전」에 이르기를, '삼년 만에 이김'은 곤한 것이다.

▪ 伐 : 칠 벌 / 憊 : 곤할 비

점례 전쟁터에 나가 3년 동안 고생하는 점이다. 주로 장성급이다. 사업은 경쟁자를 만나 3년간 애를 먹는다. 능력이 없거나 속 좁은 사람, 나이 어린 사람에게 일을 맡기지 마라.

강의 양이 세 번째에 있어 구삼입니다. 구삼이 변하면 음이 되기 때문에 진하련(☳)이 됩니다. 진하련 우레괘는 장남괘가 되고, 또 제帝라고도 했는데 고종高宗 임금으로 말했어요. 고종은 은殷나라의 23대 왕 무정武丁입니다. 무정이 은나라를 지키기 위해 귀방鬼方의 오랑캐를 정벌하는데 오랜 기간에 걸쳐 힘들게 이겼다는 고사古事를 인용한 거지요.

구삼은 내괘가 다 가고 외괘로 넘어가는 자리이며, 또 기제를 다 누리고 미제로 넘어가는 때이기 때문에 다시 또 세상이 어지러워집니다. 또 '귀鬼'는 상괘인 감중련(☵) 물괘에서 나오는 말로 구삼과 응하고 있는 상육을 가리킵니다. 이제까지 꼼짝 못하고 있던 북방 오랑캐가 귀방鬼方에서 반란을 일으켜 침빔을 하니, 하는 수 없이 고종이 직접 군사를 이끌고 귀방을 치러 간 것입니다.*

외호괘가 이허중(☲) 불괘인데 리괘離卦는 무기가 되고, 구삼이 변해서 된 진하련(☳) 우레괘는 위엄을 보이며 움직이는 것이니 고종이 군대를 이끌고 전쟁터에 위엄을 가지고 진동震動해서 나가는 것이죠(高宗 伐鬼方). 그런데 그 일이 그렇게 간단하지를 않아 3년씩이나 걸려 이겼습니다. 3년만에 이겼다는 것은 그만큼 힘들고 고달팠다는 뜻이죠(三年克之).

그럼 이제부터 무엇을 경계해야 합니까? 소인을 쓰면 그 소인이 세력을 규합해서 반란을 일으킵니다. 그래서 고종 같은 임금이 정벌을 하러 나가야 하는 혼란한 때를 맞는 것이죠. 그동안 소인을 잘못 써서 북방 귀방에서 난이 일어나고 고종이 그걸 치러 가서 3년이나 걸렸으니 앞으로 다시는 소인을 쓰지 말아야 한다는 경계입니다(小人勿用).

◆소상전 고종 임금 같은 분도 3년이 걸렸다고 할 때에 참으로 귀방을 치기가 힘들고 곤하다는 것(憊)입니다.

---

* 『단군세기』의 21대 소태단군에도 은나라의 무정이 귀방을 정벌하여 이겼다는 내용이 나온다.

六四는 繻에 有衣袽코 終日戒니라.
육사　유　유의여　종일계

象曰 終日戒는 有所疑也라.
상왈 종일계　유소의야

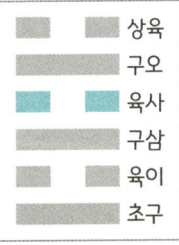

직역 육사는 젖는 데 걸레를 두고, 종일토록 경계함이니라. ◆「상전」에 이르기를, '종일토록 경계함'은 의심스러운 바가 있는 것이다.

■ 繻 : 샐 유(濡) / 袽 : 걸레 여

점례 유비무환이다. 소 잃고 외양간 고치는 일이 없도록 해야 한다. 한번 실수는 평생을 후회하게 된다. 잠시도 경계를 늦추지 말라.

강의 음이 네 번째에 있어 육사입니다. 육사는 내괘가 끝남과 동시에 기제가 다 끝나고 미제로 가는 첫 단계입니다. 험한 감중련(☵) 물괘에 들어 있는 육사는 지금 배를 타고 물을 건너는데 배에 구멍이 나서 물이 축축히 스며들기 시작합니다. 이걸 놔두면 배는 자연히 가라앉게 마련이죠(繻).

　감중련 물괘 위에 떠가는 배에 난 물구멍을 막기 위해서 걸레를 준비해 놓고 잠깐만 경계하는 것이 아니라, 이 물을 다 건널 때까지 종일토록 경계를 하라고 했습니다. 육사가 변하면 태상절(☱)괘가 되어 서방태로 해질녘이 되니 종일終日이 나옵니다. 내괘에서도 완전히 기제가 되어 마음을 놓지만 그래도 예방하고 기제를 누리라고 했는데, 더욱이 내괘가 끝나고 외괘로 넘어간 육사야말로 감중련 물괘에 있고 배가 가라앉을 염려가 있는 것입니다. 그래서 물이 새어 젖게 될까봐 걸레를 준비해놓고 늘 살펴서 막고 종일토록 경계하는 것이죠. 세상은 한 개인이나, 가정이나, 국가나 늘 마음을 놓을 수(放心) 없는 것이 아니겠습니까(有衣袽 終日戒)?

◆**소상전** 육사가 외괘인 감중련 물괘에 속해 있고 기제가 끝나며 미제로 가는 길목이므로 의심이 나는 곳입니다(有所疑). 그렇기 때문에 종일토록 경계하라고 한 것입니다(終日戒).

九五는 **東鄰殺牛**ㅣ **不如西鄰之禴祭**ㅣ **實受其福**이니라.
구 오   동 린 살 우   불 여 서 린 지 약 제   실 수 기 복

象曰 東鄰殺牛ㅣ **不如西鄰之時也**니
상 왈 동 린 살 우   불 여 서 린 지 시 야

實受其福은 **吉大來也**라.
실 수 기 복   길 대 래 야

직역 구오는 동쪽 이웃의 소를 잡음이, 서쪽 이웃의 간략한 제사가 실제로 복을 받음만 못하니라. ◆「상전」에 이르기를, 동쪽 이웃의 소를 잡음이 서쪽 이웃의 때를 얻음만 못하니, '실제로 그 복을 받는다' 함은 길함이 크게 오는 것이다.

■ 隣 : 이웃 린 / 禴 : 간략히 제사지낼 약

점례 운이 쇠퇴하는 단계에 있다. 아무리 소를 잡아 놓고 제사를 지내며 복을 빌어도, 포 한 마리 놓고 간략하게 제사 지내서 큰 복 받는 이만 못하

다. 때가 가면 되는 일이 없고 때가 오면 만사형통이다. 좋은 직책에서 물러나는 자리다.

강의 양이 다섯 번째에 있어 구오입니다. 구오는 양이 양자리에 바르게 있고 외괘에서 중을 얻어 중정하기 때문에 주역에서 대부분 좋게 얘기가 됩니다. 그러나 기제괘의 구오는 감중련(☵)의 험한 물결 속에 빠져 있고, 내괘가 외괘로 넘어가서 기제의 시기가 이미 지나갔고, 미제의 때를 당하여 있으므로 좋지 않은 것으로 말하게 된 것입니다.

동東은 해뜨는 양방陽方이므로 '동린'은 양인 구오를 말하는 것이고, 서西는 해지는 음방陰方이므로 '서린'은 구오와 상대되는 육이를 말하는데 은말주초의 주왕(東隣)과 문왕(西隣)의 일과 관련된 내용입니다. 구오의 동쪽 이웃은 내괘를 지나 때가 이미 기울어졌고, 육이의 서쪽 이웃은 때가 오고 있는 것입니다. 또 구오는 동쪽에서 폭정을 하는 은나라의 주紂가 되고, 육이는 서쪽 이웃 서백의 문왕이 되는 것이죠. 서쪽 이웃인 문왕은 지금 주나라를 세우는 흥한 운에 있고, 동쪽 이웃인 주는 망하는 처지에 있는 것입니다. 그래서 때를 다 놓치고 망할 단계에 있는 구오 동쪽 이웃은 아무리 소를 잡고 큰 제사를 지내도 소용이 없는 것이고, 때가 오고 있는 육이는 간략히 지내는 여름 제사이지만 소를 잡아 성대히 지내는 제사보다 더 낫고, 또 실질적인 복을 받고 있다는 말입니다.

백제가 망할 때에 "신라는 반달과 같고 백제는 보름달과 같다(新羅如半月百濟如望月)."는 말이 떠돌았죠. 보름달은 기울어지는 것이고 반달은 차는 것이죠. 지금 육이의 문왕은 반달처럼 둥글어가는 것이고 구오는 주紂가 보름달과 같이 기울어지는 것이죠. 문왕은 실제로 그 복을 받게 되는 것입니다(東隣殺牛 不如西隣之禴祭 實受其福).

◆소상전 '동린살우'가 '서린지약제'만 못하다고 한 것은, '서린'의 육이가 흥성할 때를 맞았는데 그 운세를 막을 수 없다는 말입니다. 시운을 잘 탔다는 것이죠. '서린'의 문왕은 주나라를 세우고 또 한동안 크게 흥할 시운이 오고 있는 것이지요. 그러니 망할 무렵에 있는 '동린'이 살우를 하며 크게 제사를 지내는 것이 무슨 소용이 있냐는 것입니다(不如西隣之時).

'서린'에게 때가 와서 천명이 바뀌어 실제로 문왕이 복을 받는다는 것은 크게 길하게 되는 것입니다(吉大來). 구오가 변하면 곤삼절(☷) 땅괘가 되어 지화명이괘(䷣)가 되는데, 명이괘에 이 당시의 이야기가 소상하게 씌어 있습니다.

上六은 濡其首라 厲하나라.
상육 유기수 려

象曰 濡其首厲ㅣ 何可久也리오?
상왈 유기수려 하가구야

직역 상육은 그 머리를 적심이라. 위태하나라.

◆「상전」에 이르기를, '그 머리를 적셔 위태함'이 어찌 오래 갈 수 있겠는가?

점례 물을 건너가다 물에 빠진다. 목표를 상실하고 좌절한다. 건너지 못할 물을 건너려다 그 꼴이 됐으니, 누구를 탓하랴.

강의 음이 맨 위에 있어 상육입니다. 상육은 기제괘에서 맨 마지막에 있는 음효입니다. 기제를 다 누리고 구삼에서부터 삐걱거리는 소리가 났는데 육사로 넘어가서는 이제 경계를 해야 하고, 구오에 가서는 아무리 소를 잡아 제사를 지내도 소용이 없을 정도가 됐고, 상육은 이제 감중련(☵)의 물이 머리를 적셨습니다. 이제 못 건너게 된 것이죠. 머리를 적셨는데 무슨 수로 건너겠습니까? 맨 위에 있으니 머리가 되고 상육이 변하면 양이 돼서 손하절(☴ 巽入也)괘가 되니까 물 속으로 빠져 들어가 머리를 적시는 것입니다. 그래서 위태하다고 했습니다(濡其首厲).

◆**소상전** 상육의 머리가 물에 젖으며 물속으로 들어가고 있는데 어떻게 오래 갈 수 있겠습니까? 기제가 이 정도 되었으면 얼마 못 가서 완전히 파멸하는 것입니다(何可久).

▍관련된 괘

① **도전괘·배합괘·호괘·착종괘 : 화수미제(☲☵)**

▍총설

조그만 부주의로 큰 병이 되듯이, 기제일수록 유비무환의 마음으로 받아들여야지 방심하면 공든 탑이 무너지고 맙니다.

초효는 어느 정도 목적을 이루었으면 과욕을 부리지 말아야 하는

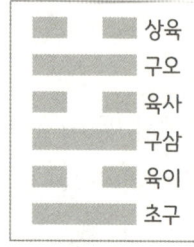

것이지요.

이효는 성공을 하고도 더욱 근신하고 겸손하면 다음에 또 성공할 기회가 오는 것입니다.

삼효는 애써 일을 마무리 했는데 다시 또 일이 터져 그 일을 처리하느라 3년간 괴로운 것입니다.

사효는 작은 사건을 예방하지 않으면 이소성대以小成大로 큰 사건이 발생하니 주의를 요하는 것이지요,

오효는 좋은 때(운)가 오면 포 한 마리를 놓고 복을 빌어도 효력을 보지만 때가 물러나면 소를 잡아놓고 복을 빌어도 소용이 없다는 말이고, 상효는 좋았던 시대, 즐거웠던 일들이 모두 허무하게 끝난다는 말입니다.

편언

일이 잘 되어 가더라도 경솔하게 하면, 소를 잡아 풍성하게 제사를 지내도 소용이 없다고 했습니다. 노자『도덕경』에 "백성이 일을 좇는 것은 항상 거의 완성되었을 때 패하게 되니, 마침을 시작할 때처럼 신중하게 하면 패하는 일이 없을 것이다."*라고 하였습니다. '초길종란'을 넘어서 종즉유시終則有始를 잘 하려면 신종여시愼終如始를 해야 함은 물론, 언제나 환란을 미리 예방하겠다는 가르침을 새겨야 하겠습니다.

* 『도덕경』 64장 : 民之從事 常於幾成而敗之 愼終如始 則無敗事

火水未濟(64)
화수미제

▎미제괘의 전체 뜻

 위에는 이허중(☲) 불괘이고 아래는 감중련(☵) 물괘로, '화수火水'의 상이고, 괘명은 아직 건너지 못했다, 아직 다스리지 못했다는 뜻의 '미제未濟'입니다. 왜 '화수火水'가 건너지 못하는 미제가 되었을까요?

 물이 위에 있으면 아래로 내려가고 불이 아래에 있으면 위로 올라가기 마련입니다. 또 하늘이 위에 있지만 그 기운이 내려오고, 땅이 아래에 있지만 그 기운이 올라가 천지의 기운이 통하고 사귀는 것이죠. 천지가 사귀는 가운데 만물이 나오고, 남녀가 사귀어서 아들딸을 낳게 되니 이것이 사귀고 통하는 것입니다.

 그런데 하늘은 하늘대로 위에 있고 땅은 땅대로 아래에 있으면 천지가 사귀지 못해서 비否괘(☷)가 됩니다. 마찬가지로 불은 위로 올라가는 성질인데 위에 있고, 물은 내려가는 성질인데 아래에 있으니, 불은 불대로 놀고 물은 물대로 놀아서 조화를 이루지 못하지요. 그러므로 미제未濟가 되는 것이고, 또 감중련(☵) 물괘가 앞을 가로막고 있으니 이것을 건너지 못해서 미제가 되는 것입니다.

 기제괘 다음에 미제괘를 놓은 것에 대해 「서괘전」에서는 "물건이라는 것은 기제로써 완전히 끝나는 것이 아니기 때문에 끝나지 않는다는 미제괘를 주역 맨 끝에 놓아서 마무리 지은 것이다."*라고 하였죠. 이렇게 해서 주역 맨 끝의 괘가 화수미제입니다.

기제괘는 이미 다 건넌 것이고 미제괘는 아직 건너지 못한 것이죠. 완전히 건너간 것으로 끝을 맺어야 하는데, 건너지 못한 것을 끝에 놓아서 주역을 마무리 지은 것은 세상만사가 끝이 없다는 이치를 나타낸 것입니다. 무슨 물건이든지 완성된 것은 없어요. 어느 사람도 어떤 사회도 완전하지 못한 것입니다. 아무리 그 사람이 백년, 천년을 살아도 또 그 사회가 계속 발전을 한다 해도, 사람도 미완성이고 사회도 세상도 미완성인 것입니다. 완성이라는 것은 있을 수 없는 것이죠. 만약 완성이 있다면 세상은 그야말로 종말이 오지 않겠어요? 그래서 계속 진화하고, 계속 발전해도 늘 미완성인 것입니다. 그래서 이치를 설명한 주역은 미완성이라는 미제괘로써 끝을 맺은 것입니다.

기제괘는 다 되었다고 해서 '마칠 종'의 종終이고, 미제괘는 다시 시작한다고 해서 '비로소 시'의 시始이니 종즉유시終則有始입니다. 주역에서는 '시종始終'이라고 하지 않고 '종시終始'라고 했습니다. '시종始終'이라고 하면 일년이 봄에서 시작해 겨울로 끝나버리죠. 그래서 봄으로 '시'하고 겨울로 '종'한다 해서 '시종'이라고 하는 것이 아니라, 겨울을 '종'하고 봄을 '시'한다고 해서 '종시'라고 하는 것입니다. 겨울의 '종' 속에 봄의 '시'가 배태胚胎되어 있다가 나오는 것이지요.

어머니 뱃속에서 아기가 나오듯이, 땅 속에서 생물이 나오듯이, 겨울 속에서 봄이 나오는 것입니다. 이렇게 겨울이 '종'이고 봄이 '시'이

---

* 物不可窮也 故 受之以未濟 終焉

면 그 '종시'는 계속 순환반복해서 끝이 없는 것이죠.

　세상사는 기제가 아니면 미제이고 미제가 아니면 기제입니다. 건너느냐 못 건너느냐, 음이냐 양이냐, 밤이냐 낮이냐의 문제로 늘 상대적인 것입니다. 기제괘(䷾)를 배합하면 괘 중의 모든 양陽은 음陰이 되고 모든 음은 양이 되므로, 물괘(☵)는 불괘(☲)가 되고 불괘는 물괘가 돼서 미제괘(䷿)가 됩니다. 미제괘를 배합해도 역시 기제괘가 됩니다. 또 미제괘와 기제괘를 호괘로 살펴보거나, 상괘 하괘의 자리를 바꾸어 보아도, 기제는 미제가 되고 미제는 기제가 됩니다.

　이렇게 기제는 늘 미제를 품고 있고, 미제는 기제를 늘 품고 있는 것입니다. 기제가 미제이고, 미제가 곧 기제이니 기제가 되었다고 좋아하지 말고 다시 미제가 닥친다는 것을 알아야 하고, 미제라고 해서 서러워하지 말고 다시 기제가 온다는 것을 알아야 하는 것입니다. 그러므로 미제에는 희망이 있는 것이고, 기제에서는 예방을 해야 하는 것이죠.

　상경이 감坎(䷜)·리離(䷝)로써 마쳤고, 하경은 감·리의 교호·불교不爻 상태인 기제(䷾)·미제(䷿)로써 마치니, 감·리는 음양을 대표하는 선천적 기운이요, 기제·미제는 음양 두 기운의 교합관계로서 후천적 작용입니다.

　주역을 미제로써 마친 것은 천도가 마침내 종말하는 것이 아니라, 끝없이 순환반복하는 이치임을 보이는 것입니다.

괘사

未濟는 亨하니 小狐ㅣ 汔濟하야 濡其尾니 无攸利하니라.
미제 형 소호 흘제 유기미 무유리

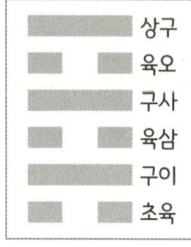

직역 미제는 형통하니, 어린 여우가 용감하게 건너다가(거의 건널 뻔 하다가) 그 꼬리를 적심이니, 이로울 바가 없느니라.

- 汔 : 거의 흘, 용감할 흘(≒仡) / 濡 : 젖을 유

점례 건너지 못한다. 앞길이 멀다. 그러나 하루를 시작하는 아침에 뜨는 해이다. 멀리 바다를 향해 흐르는 산 속의 물이다. 꾸준히 노력하면 목적을 달성한다. 희망을 가지고 전진하라.

강의 괘사에서는 일단 건너지 못했다는 '미제未濟'의 뜻으로 말했습니다. 즉 미제는 앞으로 할 일이 많아서 형통하다고는 했습니다. 고치고 바꿔야 될 일이 많다는 것이지요(未濟亨). 그래서 무모한 짓을 하지 말아야 한다는 조건이 있는 것입니다. 즉 무모하게 일을 벌이면 좋지 않게 된다는 것입니다.

감중련(☵) 물괘는 북방 오랑캐인데 북방 오랑캐를 여우로 봅니다. 여우 중에서도 작은 여우가 물을 건널 작정을 하고서 겁 없이 뛰어들었어요. 물속에 뛰어들었으면 건너야 하는데, 작은 여우가 자신만만하게 물속에 뛰어들어 건너다가 결국은 꼬리를 적셨지요. 여우가 꼬리를 쳐들면 자신 있게 건넌다는 징표인데 꼬리를 적셨으니 결국 못 건너는 것입니다(小狐汔濟 濡其尾). 그렇기 때문에 미제라는 것이죠. '흘汔' 자에는 '용감하다'와 '거의'라는 두 뜻이 다 들어 있습니

다.

　이렇게 무모한 짓을 하게 되면 미제가 될 줄을 알고서 형통하게 잘 나가야 하는데 그렇게 못하고 겁 없이 뛰어들었다가 꼬리를 적셨으니 무슨 좋은 일이 있겠느냐는 말입니다(无攸利).

단전

象曰 未濟亨은 柔得中也요 小狐汔濟는 未出中也요
단왈 미제형　유득중야　소호흘제　미출중야

濡其尾无攸利는 不續終也라.
유기미무유리　불속종야

雖不當位나 剛柔ㅣ 應也니라.
수부당위　강유　응야

직역 「단전」에 이르기를, '미제는 형통하다' 함은 유(음)가 중을 얻었기 때문이고, '어린 여우가 용감하게 건넘(거의 건널 뻔 함)'은 가운데서 나오지 못한 것이며, '그 꼬리를 적심이니 이로울 바가 없다'는 것은 이어서 마치지 못함이라. 비록 자리는 마땅치 못하나 강과 유가 응하니라.

강의 괘사에서 미제가 형통하다고 말했는데 그것은 육오가 외괘에서 중을 얻은 것을 놓고 하는 말입니다(未濟亨 柔得中也).

　또 괘사의 "작은 여우가 거의 건넌다."는 것은 구이가 험한 감중련(☵) 물괘 속에 빠져들고 있어 그곳을 벗어나지 못한다는 것이고(小狐汔濟 未出中也), "그 꼬리를 적셔 이로울 바가 없다."는 것은 끝까지 꼬리를 쳐들고 가야 언덕에 오를 것을 결국 꼬리를 적셔버렸으니 종결짓지 못한다는 것입니다(濡其尾 无攸利 不續終也).

기제旣濟는 앞에서 살펴본 바와 같이 모든 양이 양자리에 있고 모든 음이 음자리에 있어서 다 제자리에 있습니다. 그러므로 괘만 살펴보면 외괘에서도 구오가 중정이고 내괘에서도 육이가 중정하여 모두가 바른 자리를 찾은 것이죠. 또한 음양 응도 다 잘되어 있습니다. 그런데 미제괘未濟卦는 건너지를 못했으니까 제자리를 못 찾고 있지요. 모든 음이 양자리에 있고 모든 양이 음자리에 있어 제자리를 못 만나고 있으니 방황하고 있는 미제未濟가 되는 것이죠. 이렇게 미제의 초효부터 상효까지 모두 제자리를 얻지 못했습니다(雖不當位).

그러나 미제괘가 비록 위는 당치 못하지만 강剛과 유柔가 잘 응하고 있습니다. 초육의 유는 구사의 강과 응하고, 구이의 강은 육오의 유와 응하고, 육삼의 유는 상구의 강과 응합니다. 강과 유가 응하고 위位도 마땅한 것은 기제旣濟이지만 이 세상에 기제만 있겠어요? 미제에서 모든 것이 다 이루어지는 것입니다. 총각이 아직 장가를 안 갔으니 앞으로 가정을 이루어야 하고, 처녀도 시집을 안 갔으니 마찬가지죠. 제자리를 얻은 기제와 달리 미제는 아직 제자리를 못 얻은 것이지만 이 '강과 유가 응하고 있는 것'이 미제에서 하나의 희망을 갖게 하는 것입니다. 미제에서 강과 유가 응하지 않았더라면 영영 서로 못 얻고 마는데 강과 유가 응했기 때문에 서로 혼인이 성립되고 가정을 이루게 되고, 그 가정이 모여서 국가 사회가 이루어지는 것입니다. 서로 응하는 것이 있기 때문에 이웃끼리 상부상조하는 게 아니겠어요? 이렇게 미제가 비록 위는 당치 못하지만 음양이 서로 잘 응하고 있기 때문에 희망이 있는 것이죠(剛柔應也).

대상전

象曰 火在水上이 未濟니
상왈 화재수상 미제

君子ㅣ 以하야 愼辨物하야 居方하나니라.
군자 이 신변물 거방

직역 「대상전」에 이르기를, 불이 물 위에 있는 것이 미제이니, 군자가 본받아서 신중하게 물건을 분별해서 각기 방소에 거처하게 하는 것이다.

- 愼 : 삼가할 신 / 辨 : 분별할 변

강의 기제는 '수재화상水在火上'이니 미제는 반대로 '화재수상火在水上'이지요. 기제는 수승화강水昇火降이 된 것이고, 미제는 불(☲)이 위에서 위로 상승하고 물(☵)은 아래에서 아래로 내려간 것이죠. 그러면 수화기제가 안 되니까 사람의 몸에 비유하자면 건강상태가 안 좋은 것이죠. 불은 불대로 물은 물대로 서로 각각 놀고, 서로 떨어져 있는 것이 미제라고 할 때 군자가 이 미제괘를 보고 본받아서 어떻게 해야 할까요?

미제는 현재 제자리를 모두 잃고 있는 상태입니다. 그런 때에는 먼저 신중하게 각 물건의 속성이나 태생을 비롯한 모든 것을 잘 분별해야 합니다(愼辨物). 물건을 모두 분별하여 이 물건은 이곳에 저 물건은 저곳에 놓아, 음과 양이 제자리에 있지 못한 것을 모두 다 제자리를 찾아놓아야 합니다(居方).

효사와 소상전

初六은 濡其尾니 吝하니라.
초육　유기미　린

象曰 濡其尾│ 亦不知│ 極也라.
상왈 유기미　역부지　극야

직역 초육은 그 꼬리를 적심이니 인색하니라. ◆「상전」에 이르기를, '그 꼬리를 적심'은 또한 알지 못함의 극치인 것이다.

점례 미비한 상태다. 설자리가 없다. 건너지 못할 물 쳐다보지도 마라.

강의 음이 맨 아래에 있어 초육입니다. 초육은 감중련(☵ 水,狐)의 험한 물 속에 들어있는 약한 음인데, 여우로 말하면 건너지 못해서 꼬리를 적시는 것입니다. 맨 뒤에 있으니 꼬리가 되죠. 괘사에서 '그 꼬리를 완전히 물에 적셨으니 이로울 바가 없느니라'고 했는데 지금 초육이 그런 상황입니다. 초육이 정응인 구사만 믿고 건너려고 하는 것이죠.

　기제괘의 초효는 양으로 리괘(☲ 離明)에 있어 밝게 분별하여 건너지 않는 것이지만, 미제未濟의 초육은 유약하고 어두운 음이므로 자신의 능력을 제대로 헤아리지 못하는 것입니다. 건너려고 생각조차 안했으면 아무 일도 없는 것을 욕심만 가지고 겁 없이 험한 물 속에 뛰어들어 건너지 못하고 그 꼬리를 적시니 잘못된 것입니다(濡其尾吝). 점을 해서 이 미제괘의 초육이 나왔으면 "해서는 안 될 짓을 왜 하는가? 참 답답한 사람이다"라는 말밖에 더 있겠어요?

◆**소상전** 꼬리를 적시는 당치도 않은 짓(濡其尾)을 하지 말라고 얘기를 해줘도 듣지 않아 답답하니, 그것은 이만저만 무지한 것이 아니라 무지한 것이 너무나 지극했기 때문입니다(亦不知極).

九二는 曳其輪이면 貞하야 吉하리라.
구이   예기륜   정   길

象曰 九二貞吉은 中以行正也일세라.
상 왈 구이정길   중이행정야

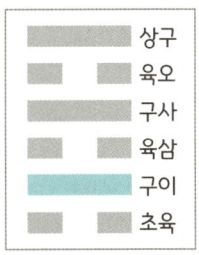

직역 구이는 그 수레를 당기면 바르게 해서 길하리라. ◆「상전」에 이르기를, '구이가 바르게 해서 길함'은 중도로 바름을 행하기 때문이다.

■ 曳 : 당길 예(앞으로 못 나아가도록 뒤에서 끌어당김) /
輪 : 수레 륜

점례 초조하게 생각하지 말고 푹 잠을 잔다. 태연히 때를 기다리며 힘을 기른다.

강의 양이 두 번째에 있어 구이입니다. 괘사에서는 감중련(☵) 물괘의 한가운데에 빠져 있으니까 거기서 벗어나지를 못해 좋지 않다고 했지요. 그러나 주역에서 괘를 놓고 전체적으로 말할 때와 그 괘 속에서 각각의 효를 놓고 말할 때는 설명이 다르니 그것이 또한 역易의 한 특징입니다.

지금 구이는 내괘에서 중을 얻었고 초육의 음에 비하면 현명한 양입니다. 그러나 지금 괘는 미제괘로 못 건너는 상태입니다. 그래서 구이는 타고 갈 수레를 굴러가지 못하게 잡아당깁니다. 초육을 가리면 내호괘가 이허중(☲) 불괘가 되는데 리괘는 속이 텅 비어 수레가 됩니다. 초육은 무지해서 험한 물 속을 겁 없이 뛰어들었다가 크게 해를 보지만 구이는 현명한 양이고 내괘에서 중을 얻었기 때문에 중을 잘 지킵니다. 그래서 가면 안 되겠다고 생각하여 뒤에서 수레를 잡아당겨 못 굴러가게 했습니다(曳其輪). 그것이 바르게 행동하는 것이고 그래서 길한 것입니다(貞吉).

◆**소상전** 구이가 비록 미제괘이지만 바름을 행하여 해가 되지 않는 것은(九二貞吉) 내괘에서 중을 얻어 중도로써 바름을 행하기 때문이죠. 그렇기 때문에 주역은 중中이 중요한 것입니다(中以行正).

六三은 未濟에 征이면 凶하나 利涉大川하니라.
육삼 미제 정 흉 이섭대천

象曰 未濟征凶은 位不當也일세라.
상왈 미제정흉 위부당야

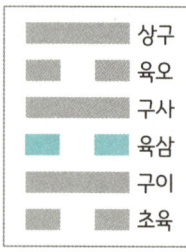

직역 육삼은 미제에 나아가면 흉하나, 큰 내를 건넘이 이로우니라. ◆「상전」에 이르기를, '미제에 나아가면 흉함'은 자리가 마땅치 못하기 때문이다.

점례 안 된다고 좌절하지 말고 몸을 일으켜 박차고 나가 보아라. 힘은 들지만 한번 해볼 만하다.

강의 음이 세 번째에 있어 육삼입니다. 기제괘에서는 기제가 삼효(九三)에서 끝나가니 여기서부터 외괘(六四)로 넘어가면서 미제가 되듯이, 미제괘에서는 험한 물괘(☵)가 삼효(六三)에서 다 끝나면 외괘의 밝은 불괘(☲)로 가서 기제가 됩니다. 그래서 '건넌다, 못 건넌다' 하는 것은 '물 수 氵' 변에 '가지런할 제齊'를 합한 '건널 제濟' 자죠. 물을 건너느냐 못 건너느냐로 얘기가 되었기 때문에 기제는 물을 건너서 밝은 데로 이미 왔다는 뜻이고, 미제는 물을 아직 못 건너고 있으면서 밝은 것이 요연히 앞에 있어서, 앞으로 건널 수 있다는 의미입니다.

기제에서는 삼효(九三)에서 기제를 거의 누리고 미제로 가는 단계이기 때문에 다시 또 전쟁이나 정벌을 해야 했고 앞으로 소인을 쓰지 말라는 경계도 했습니다. 미제의 육삼은 지금 괘가 못 건넌다는 '미제'이고 또 물이 험해 건너지 못하고 있는 때이기에 육삼이 가면 흉하긴 흉합니다(未濟征凶).

흉하긴 흉하지만 여기서는 건너라고 했네요. 초효는 꽉 막혀서 못 건너는 처지인데 건너려 한 것이 잘못이고, 이효는 중을 잘 지키면 된다고 했는데, 여기 육삼에서는 애써 건너라고 했습니다. 여기에서도 못 건너면 영영 좌절하고 마니 그저 힘을 써서 건너라는 뜻이죠. 같은 내괘의 음이라도 초육은 아무리 힘써도 미제의 처음이요 아직 어린 음이 구이에게 막혔지만 육삼쯤 되면 내괘가 다 끝나고 외괘로 넘어가는 때이므로 건너면 됩니다. 그래서 가면 흉하지만 감중련(☵) 물괘의 대천을 구삼이 변한 손하절(☴:木, 風)의 목도木道로 바람을 따라 배를 타고 건넘이 이롭다고 한 것입니다(利涉大川).

◆**소상전** 육삼은 음이 양자리에 있고 중도 얻지를 못해서 자리가

부당하죠. 자리가 부당하기 때문에(位不當) 미제 때에 가면 흉하다고 한 것입니다(未濟征凶). 그러나 위는 부당하고 가면 흉하지만 자리가 자리이고 때가 때이기 때문에, 즉 이 육삼만 건너면 곧 미제가 끝나고 기제의 때가 오니까 험한 대천을 이제는 한 번 건너볼 생각을 가져보라는 말이죠.

九四는 貞이면 吉하야 悔ㅣ 亡하리니
구사 정   길   회 망

震用伐鬼方하야 三年에야 有賞于大國이로다.
진 용 벌 귀 방   삼 년   유 상 우 대 국

象曰 貞吉悔亡은 志行也라.
상 왈 정 길 회 망   지 행 야

직역 구사는 바르게 하면 길해서 후회가 없어지리니, 움직여 귀방을 쳐서 삼 년에야 큰 나라의 상이 있도다. ◆「상전」에 이르기를, '바르게 하면 길해서 후회가 없음'은 뜻이 행해지는 것이다.

점례 3년 동안 큰 고통을 겪는다. 천신만고 끝에 승리한다. 큰 상을 받는다.

강의 양이 네 번째에 있는 구사는 양이 음자리에 있어 바르지 못하고 있습니다. 바르지 못하고 있으니까 앞으로 바르게 행동하라는 말입니다. 그동안 바르지 못해서 미제에 있었던 것이죠. 그러니 지금부터라도 네가 바르게 하면 앞으로 길해서 미제가 해결되어 그동안의 미제의 후회가 다 없어질 것이라는 말입니다. 자리로 보면 기제괘에서는 사효(六四)에 물괘가 왔기 때문에 배가 구멍이 나서 새게 되었으니 그것을 막아야 하니까 경계를 하라고 했지요. 미제의 사효(九四)는 험한 것이 다 지나고 밝은 기제로 왔습니다(貞吉悔亡).

기제괘에서는 구삼이 기제를 더 누리기 위해서 귀방을 쳤고 3년 동안 이기기 위해 곤했습니다. 그리고 기제괘에서 구삼의 귀방은 자기와 응하는 감중련(☵) 물괘에 속한 상육上六이었지요. 그런데 미제괘에서 구사에게 움직여서 귀방을 치라고 한 것은 초육을 두고 한 말입니다. 초육이 구사와 상대하고 있고 아래에 있는 감중련 물괘에 속해 있기 때문에 초육이 귀방인 것이죠.

이렇게 보면 기제괘 구삼의 귀방은 감중련 물괘의 상육이고, 미제괘 구사의 귀방은 감중련 물괘의 초육이니 내내 감중련 물괘가 귀방(북방)이라는 건 확실합니다. 단 기제괘의 구삼은 상육이 귀방이고 미제괘의 구사는 초육이 귀방이므로 괘마다 자리가 좀 다르네요. 그동안 이 귀방 때문에 사회가 어지럽고 혼란했죠. 그러므로 구사가 이제 미제를 해결하고 기제의 세상을 만들어 사회를 안정시키기 위해서는 세상을 미제로 만드는 초육의 귀방을 쳐야 합니다. 그래서 움직여 무기를 갖추고 군대를 이끌고 전쟁터로 나가는 것입니다.

구사가 움직여 귀방을 쳐 3년 동안 전쟁을 하여 이기고 돌아와 중원 대국에서 큰 상을 받게 되었습니다. 삼리화三離火에서 '삼三'이 나오고, 이허중(☲)은 해(日)가 되어 '년年'이 나오므로 삼년 만에 이기고 돌아오는 것이죠. 3년이라는 것은 햇수로 3년을 말하는 것이기도 하지만 오랜 세월이라는 의미이기도 합니다. 미제괘를 도전해서 보면 기제괘가 되는데, 도전하면 미제의 구사는 곧 기제의 구삼에 해당하므로 기제 구삼효의 '벌귀방高宗伐鬼方 삼년극지三年克之'와 연관하여 생각해볼 수 있습니다(三年 有賞于大國).

◆**소상전** 구사가 바르게 해서 길하고 후회가 없다는 것은(貞吉悔亡) 구사의 미제를 해결하고 기제로 가려는 뜻이 행해진다는 것입니다(志行).

六五는 貞이라 吉하야 无悔니 君子之光이 有孚라 吉하니라.
육오 정 길 무회 군자지광 유부 길

象曰 君子之光은 其暉ㅣ 吉也라.
상왈 군자지광 기휘 길야

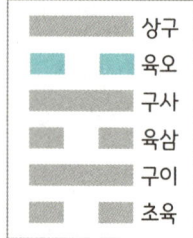

직역 육오는 바르기 때문에 길하여 후회가 없으니, 군자의 빛이 미더움이 있기 때문에 길하니라. ◆「상전」에 이르기를, '군자의 빛'은 그 빛남이 길하다.
■ 暉 : 빛날 휘

점례 보물을 실은 배가 수평선 저쪽에서 모습을 나타낸다. 아침바다의 따뜻한 햇빛이다. 희망적이다. 남자보다 여자가 더 좋은 편이다.

강의 음이 다섯 번째에 있는 육오는 역시 음이 양자리에 있기 때문에 바른 자리에 있지 않습니다. 그런데 외괘에서 중을 얻었네요. 구사에서는 바르지 못한 것을 바르게 하면 좋다고 했지요. 그런데 육오는 '바르게 하면'이 아니라 중을 얻었기 때문에 자연 바르게 됩니다. 그래서 육오는 앞으로 바르게 합니다. 그동안에는 육오도 때가 미제이고 음이 양자리에 있으니까 후회가 있었습니다. 그러나 중中에 있기 때문에 자연히 바르게 행동하므로 길해서 그동안의 후회가 다 없어진다는 것이죠(貞吉无悔).

육오는 비록 음陰이지만 임금의 자리이기 때문에 '군자君子'라고 했습니다. 육오는 한 나라를 다스리는 임금인데 이허중(☲ 光) 불괘의 가운데 처해 있으므로 빛이 납니다. 미제를 해결하려고 노력하는 임금의 빛이 이웃의 백성들에게 믿음을 주니 길한 것입니다(君子之光 有孚吉).

◆소상전 '빛 광光' 자는 빛을 말하는 빛의 통칭이고, '빛날 휘暉' 자는 '해 일日'과 '군사 군軍'을 합한 것으로 군사를 지휘하는 것이죠. 그래서 발휘한다는 휘暉자인데, 해 일日 대신에 빛 광光을 해서 '빛날 휘輝'로 하기도 합니다. 즉 빛이 발휘되는 모습이지요. 육오가 한 나라를 다스리기 위해 정치하는 빛이(君子之光) 빛나는 것이 길하다는 뜻입니다(其暉吉).

上九는 **有孚于飮酒**면 **无咎**어니와
상구   유부우음주   무구

濡其首면 **有孚**에 **失是**하리라.
유기수   유부   실시

象曰 飮酒濡首ㅣ **亦不知節也**라.
상왈 음주유수   역부지절야

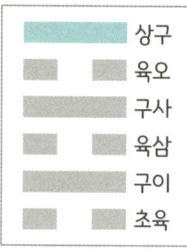

직역 상구는 술을 마시는 데 믿음을 두면 허물이 없거니와, 그 머리를 적시면 믿음을 두는 데 옳음을 잃을 것이다. ◆「상전」에 이르기를, '술을 마시는 데 머리까지 적심'은 또한 절제를 모르는 것이다.

점례 술을 과음하고 실수를 한다. 차를 몰다 음주운전에 걸린다. 매사에 절도 있게 하면 아무 탈이 없다. 신중하게 일어선다. 끝나고 다시 시작하는 종즉유시終則有始이다.

강의 양이 맨 위에 있어 상구입니다. 미제괘는 주역 64괘의 맨 마지막 괘이니, 상구는 미제괘에서 맨 끝인 동시에 384효에서 맨 끝인 자리입니다. 그러므로 여기는 모두 다 끝내는 효가 되네요. 믿음을 두고 술을 마신다는 것은 무슨 의미일까요? 내가 술을 딱 세 잔만 마셔야겠다고 했으면 그 믿음을 지켜야 하는 것이고 그래야 탈이 없다는 것입니다(有孚于飮酒 无咎).

그런데 나중에는 세 잔만 마신다고 믿음을 두었던 술이 믿음을 상실해서 계속 마시다 보니 그만 머리가 술독에 빠졌습니다. 믿음을 두었으나 그 '유부有孚'에 신의를 잃었다는 말입니다. 옳은 것은 신의이고 옳지 않은 것은 불신이니, 그 옳은 신의를 완전히 상실했습니다. 머리가 술독에 빠지도록 마셨으니 '유부'는 이미 물건너 간 것이죠 (濡其首 有孚 失是).

주역의 마지막 괘의 마지막 효인 미제괘 상구효에는 비결이 들어 있습니다. '술 酒'의 왼쪽에 있는 'ㅣ'는 유불선儒佛仙을, 오른쪽의 '酉'는 서양의 종교를 나타내고 있습니다. 동양은 좌양左陽으로, 서양은 우음右陰으로 동양과 서양의 모든 종교를 술에 비유해서 얘기한 것입니다.

그렇게도 미제였던 정치적인 문제가 모두 해결이 되면 마지막에는 종교적인 문제가 해결되어야 완전한 사회가 된다는 것입니다. 미제가 다 끝나는 자리는 이제 미제가 끝나 기제가 되었으니 세상에 평화가 오는 것이 아니겠어요? 그래서 후천의 세상은 지구가 한마을이 되어 세계가 모두 하나되는 시대인데, 모든 사람이 가장 잘사는 시대를 이루기 위해서는 반목, 질시, 갈등, 편당과 같은 것들이 다 없어져야 하는 법이죠. 정치적으로 모든 문제가 다 끝나서 평화를 기대할 수 있을 때 종교적으로 해결되면 이제 완전한 사회, 완전한 시대를 이루는 것이죠.

정치도 첫째 믿음의 정치를 해야 하지만 종교적인 면에는 더욱더 신의가 중요합니다. 그래서 믿음을 두고 술을 마셨습니다. 술을 마신다는 것은 유불선 삼도나 기타의 종교를 갖는다는 뜻이지요. 그렇게 되면 정정당당하게 자기의 신앙을 가지고 바르게 나아가기 때문에 허물이 없습니다 (有孚于飮酒 无咎).

그러나 술을 잘못 마시거나 너무 과하게 마시는 것처럼 종교를 믿는데 너무 맹신하여 자기 존재까지 상실하게 되는 탈이 있게 되면 그것은 아주 큰 문제가 되는 법입니다. 정치적인 문제의 해결보다 종교적인 문제의 해결이 더욱 어렵고 크지요. 그래서 중부中孚괘 상구上九에서도 '한음등우천翰音登于天'이라고 하여 속이 빈 양철통을 두드리듯 소리만 너무 내면 사회가 어지럽다고 했지요. 시끄럽다는 뜻입니다. 『논어』에도 "신앙만 너무 좋아하고 배워야 할 바를 배우지 못하면 그 폐단은 바로 사회의 적이 된다."*고 했습니다. 사람이 많이 배우고 이치를 깨달아 믿을 것과 믿지 못할 것을 분별 선택해서 자기도 믿고 남들에게도 강조해야 하는 것이지요. 그래야만 아무 탈이 없는 것인데, 배우지도 못하고 이치도 모르면서 맹종하거나 맹신만 하게 되면 그것이 사회를 혼란에 빠지게 하는 사회악이 된다는 의미입니다. 그래서 이것은 참으로 중요한 말입니다.

술을 마신다는 것은 종교를 잘 선택해서 가진다는 것이니, 적당히 하면 허물이 없으나 머리가 거기에 푹 빠져 적셔지게 되면 믿음에 있어 옳음을 잃은 것입니다. 신앙은 일단 가지게 되면 옳게 믿어야지, '실시失是'하고 신앙을 가지기만 하면 뭐하겠어요(濡其首有孚失是)?

◆소상전 문장적으로 보면 술을 머리가 빠지도록 마시는 것은(飮酒濡首) 절도를 모른다는 것이죠(亦不知節也).

공자께서는 주공의 효사 다음에 소상을 맺을 때 꼭 '잇기 야也' 자로 끝을 맺어놓았습니다. '야也'는 결정사決定詞로서 이것으로 주역은 결정이 났다는 뜻입니다. 공자께서 처음에는 주역을 고쳐볼 생각이 있었으나 건乾의 '원형이정元亨利貞'이란 네 글자를 보고 탄복하여 더 이상 손댈 필요가 없다고 판단하고, 찬주역贊周易하여 십익十翼으로

---

* 『논어』「양화」: 好信不好學 其蔽也賊

써 부연설명을 했을 뿐이죠. 그래서 술이부작述而不作(찬술만 했지 창작한 것은 아니다)이란 말이 나왔으며 384효의 「소상전」에 두 곳만 제외하고는(수지비괘 육삼과 택화혁괘 구삼의 효상전) 모두 '잇기 야也' 자로 끝을 맺었습니다.

상구가 변하면 진하련(☳) 우레괘가 됩니다. 우레괘가 되면 뇌수해雷水解(䷧)가 되는데 공자께서 해괘解卦의 상육을 설명한 것을 보면 "군자가 주역을 공부해서 새매를 잡을 수 있는 능력을 길러, 그 잡는 도구를 몸에다 간직하고 있다가 때를 기다려 움직이면 어찌 이롭지 않음이 있겠는가? 나가는 곳마다 막힘이 없으니 나가면 저 높은 곳에 있는 새매를 쏴서 잡을 수 있다. 그러므로 능력을 길러서 한 번에 행동을 개시해야 한다는 것을 말함이라"*고 하였습니다. 후천시대는 해결의 시대, 해원의 시대로 해괘에서 후천의 시대가 오는 마지막 자리와 미제괘의 마지막 자리가 서로 뜻이 통하기 때문에 여기에 큰 비결이 들어 있는 것입니다.

▎ 관련된 괘

① 도전괘·배합괘·호괘·착종괘 : 수화기제(䷾)

---

* 「계사하전」 5장 (3권 277쪽) : 君子藏器於身 待時而動 何不利之有 動而不括 是以出而有獲 語成器而動者也

총설

상경이 체體가 되고 하경이 그 용用이 되므로, 체가 되는 상경의 마지막에 수水(☵坎)와 화火(☲離)를 놓고, 용이 되는 하경의 마지막에 수화水火가 서로 작용하는 기제(䷾)·미제(䷿)를 놓았습니다. 물이 위에 있으면 기제이고 아래에 있으면 미제가 되며, 불이 위에 있으면 미제이고 아래에 있으면 기제입니다. 즉 상경의 중수감괘의 물과 중화리괘의 불이 작용하여 하경의 기제·미제가 되는 것이죠. 그러니까 이 세상이 기제 아니면 미제이고 미제 아니면 기제이고, 이 기제와 미제는 수화水火의 상하작용에 의해서 이루어지니, 수화란 참으로 없어서는 안 될 중요한 것입니다.

괘의 오효가 군왕의 자리요 정치하는 곳이라면, 상효는 정치에서 손을 뗀 자리(乾卦:亢龍), 세상만사를 모두 잊은 자리(蠱卦:不事王侯), 인적이 드문 곳에서 혼자 있는 자리(同人卦:同人于郊)가 됩니다. 정치하는 자리인 오효를 지나쳤기 때문이죠.

그리고 오효가 얼굴자리이니 얼굴을 맞대고 정치하는 곳(南面而聽天下)이라면, 맨 위의 상효는 머리에 해당하고, 정치하는 오효의 위에 있어 정치를 초월한 정신적인 종교에 해당합니다. 더구나 주역의 괘효가 끝나는 미제괘 상효는 더욱더 종교에 해당하지요. 여기에 종교적 의미를 부여한 것은, 종말이 있을지, 휴거가 있을지, 용화세계가 올지, 또는 후천세계가 올지를 확실히 알고(知節) 종교로서의 사명이자 의무인 구제창생에 유부有孚하여 실시失是하지 말라고 한 것입니다.

그래서 오효는 군자로서의 바르고 유부한 정치가 그 빛을 온 천하에 발휘한다고 했습니다. 이런 큰 정치가 그냥 이루어지는 것이 아니고, 사효에서부터 부단한 노력에 의해 이룩되는 것입니다. 즉 위정자(九四)나, 통치자(六五)나, 종교인(上九)이 총력을 다하여 미제를 끝내고, 평화롭고 살기 좋은 지상천국을 건설하는 것입니다.

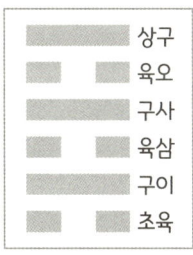

외괘는 총력을 다해 새로운 세상을 건설하려고 하는 반면에, 내괘는 능력 없고 어리석어서 힘드네요.

초효는 험하고 어두운 시대를 헤쳐 나가기에는 어리석고, 이효는 무지한 행동을 하지 않고 허욕을 부리지 않아 다행이지만 미제를 해결할 능력이 없고, 삼효는 미제의 어려운 때에 있으면서 발버둥치고 있네요.

그러니까 진심으로 새시대를 기대하고 열심히 노력하더라도 시운이 따라주어야 하는 것입니다. 그래서 미제괘는 '부지극不知極, 삼년三年, 부지절不知節' 등 시간적으로 말한 것이지요.

▌편언

그렇습니다. 주역 64괘 384효가 미제괘에서 마무리되니 다시 천도와 지도·인도가 새로운 여정의 서막을 열게 됩니다. 이것이 '종즉유시終則有始'하며 '원형이정元亨利貞'의 순환을 '자강불식自彊不息'하는 것이며, 겨울에 새봄을 맞을 준비를 하는 것이지요.

대산주역강의

● 색인

주역경문 색인

ㄱ

가견의	18,34,70,264	강유지제	175	계돈유질려	55
가도	122	강이동고장	70	계돈지려	55
가돈정길	58	강장내종야	228	계불우	267
가소사	561	강중이유외	491	계우금니	250
가용급	324	강중이응	264,82	고공용규	215
가용위의길	416	강후용석마번서	87	고공종	218
가이정방야	406	개갑탁	172	고유지야	215
가인학학	128	개명길	345	고자읍	226
간기배	391	개명지길	345	고절불가정	524,525
간기보	399	개읍불개정	315,318	고절정흉	535
간기비	396	개질유희	497	고종벌귀방	587
간기신	398	거덕치기	230	고지야	53
간기지무구	395	거우질려	298	고취야	264
간기한	397	거위중야	534	곤강엄야	296
간즉길	80	거정길	348	곤우갈류	308
간지야	391	거현덕	407	곤우금거	304
갈지용	190	건기지지	428	곤우석	298
감인심이천하	18	건난야	157	곤우적불	306
감절	534	건이서남	157	곤우주식	300
강결유야	228	건이열	228	곤이불실기소형	296
강당위이응	50	건지시용	157	곤형정대인	295
강득중야	406	격기무인	448	공구수성	377
강래이불궁	507	견선즉천	212	공용석준	182
강상이유하	33	견시부도	150	공용황우	341
강실위이부중	563	견악인무구	141	공용황우지혁	341
강우중정	246	견양회망	236	공익취피재혈	572
강유개응항	33	견여예	144	공치복야	376,378
강유분이강득중	525	견험이능지	157	과기조	567
강유응야	599	견흉	250	과순재야	440
강유절야	366	결이화	228	과이이정	563
강유정이위당야	581	겸산간	394	과이형야	563
		경원이구이야	376	관기소감	18

619

관기소취	264	귀매이제	424	기자지명이	114
관기소항	34	귀매인지종시야	421	기자지정	114
광대야	514	귀매정흉	420	기자화지	549
교부려무구	147	귀매천지지대의야	421	기제지예양야	429
교부무구	147	귀불극위	202,214	기제형	581
교상애야	131	규고	150	기지란야	268
구기각	257	규고우원부	147	기지부동행	137
구부장야	80	규기호격기무인	448	기지불상득	338
구비기위	42	규소사길	136	기행색	361
구사지희	497	규양무혈	431	기행자저	236,253
구야	231	규이기사	137	기형악흉	363
구어기도야	33	규지시용	137	기회내망	338
구여장	245	기군지몌	429	기휘길야	608
구오지길	482	기도광명	391	기흉	254
구오함장	255	기도궁야	157,525,535	길대래야	590
구왕명	324		581	길무구	97,288,295,474
구우야	246	기도대광	209	길왕	534
구이이정	197	기도상행	192	길행야	308,445
구이정길	74,176,603	기래복길	170,172		
구이지부	286	기문병야	346	**ㄴ**	
구이회망	40	기문위야	348	남녀규이기지	137
구정무금	321	기부궁야	73	남녀정	122
구지시의	246	기사재중	383	남수지지	111
군의망야	150	기심불쾌	396	남정길	281,282
군자길	57	기우	416	남정위호외	122
군자망야	74	가용위의길	416	남하녀	18
군자용망	74	기우체	144	내난이능정기지	102
군자우행	108	기위	406	내대득야	111
군자유해	181	기위내광야	228	내득중야	172
군자지광	608	기위재중	429	내란내취	268
군자쾌쾌	234	기유군자호	296	내문명이외유순	102
군자표변	348	기의분야	464	내서유열	306
군자호돈	57	기의상야	460	내응호천야	544
궐종서부	148	기익무방	209	내이강중야	318
귀매건기	428	기인천차의	144	내희지야	162
귀매이수	426	기자이지	102	노민권상	320

뇌우작이백과초목	172	동동왕래	25	막지승설	53
뇌우작해	174	동린살우	590	만물규이기사류야	137
뇌재천상대장	72	동불궁야	406	망부유	90
뇌전개지풍	439	동이면호험해	172	명불가식야	114
뇌풍상여	33	동이손	209	명승	291
뇌풍항	37	동이이	139	명승재상	291
능구중야	40	동정불실기시	391	명신용형	456
		동회유회	308	명이	102,106

ㄷ

		둔곤우주목	299	명이동고풍	437
당위실야	163	둔무부	236,253	명이우남수	111
당위이절	525	득기대수	111	명이우비	108
당위정길	157	득기자부	461	명입지중	102,106
대건붕래	164	득동복정	458	명출지상	87
대길무구	273	득소원야	414	명학재음	549
대길무불리	366	득신무가	204	목도내행	209
대득지야	204,220,291	득원야	512	목상유수정	320
대무공야	45	득적	552	목상유화정	357
대무상야	383	득중도야	176,232	묘능시	425
대성야	329	득중야	474	무구	90,143,175,215
대의재	50,137,157,172	득중이응호강	137,354	234,275,276,286,342
246,455		득첩	358	358,385,386,395,398
대인호변	346	득황시	176	413,444,529,532,553
대자장야	70	등구설야	28	555,567,570,584,610
대장이정	69,70			무구야	391
대형	282	## ㄹ		무구정길	204
대형이정	338	래서서	304	무불리	59,95,182,482
도미광야	97	래장	447	무상무득	315
독행우우	234	래태지흉	496	무생	381
독행정야	90	래태흉	496	무소왕	170
돈간길	400	려무대구	253	무소용야	41
돈간지길	400	려소형	454	무소의야	59,286
돈미지려	52	려훈심	397	무어지흉	254
돈어길	542,544			무여야	323
돈이형야	50	## ㅁ		무유리	39,80,272,420,
돈지시의	50	마필망	553	421,431,598,589
돈형소리정	49	막익지	222	무유수	127

무초유종	144,482	민망기사	491	분기궤	512
무호종유휴	240	민열무강	209	분약지길	474
무호지휴	240	밀운불우	572	불가대사	55,444,561
무회	27,78,513,608			불가란야	416
문명이열	338	ㅂ		불가여장야	246
문언불신	236	반귀이제	426	불가여하야	566
문왕이지	102	반신수덕	159	불가이유위야	341
물문원길	220	반신지위야	132	불가질정	111
물무지의	219	방우	361	불견기인	386
물용영정	570	백과초목	172	불견기저	298
물용유유왕	52	번결불리	76	불견기처휴	298
물용취녀	245,246	범익지도	209	불과방지	569
물우의일중	436,437	병수기복	324	불과우지	570
물축	379,585	복공속	363	불급기군	567
물휼길	131	부가대길	129	불능퇴불능수	80
물휼왕무구	268	부내이용약	270	불리동북	156,157
미감해야	25	부내화방야	544	불리빈	251
미광대야	25	부모지위야	122	불리즉융	226
미광야	382,426,500	부부자자형형제제	122	불명회	115
미당위야	180	부삼세불잉	414	불상시창	374
미득위야	461	부상기불	585	불상야	80,298
미변상야	425	부우박	498	불상여야	391
미수명야	90	부인길	43	불상재	525
미실도야	143	부인정길	43	불소포야	409
미실야	128	부잉불육	411	불속종야	599
미실정야	395	부자제의	43	불손익지	197,204
미안상야	276	부자흉	43	불승이왕	231
미유공야	318	부자희희	128	불아능즉길	359
미점유부	346	부절약	532	불악이엄	51
미제정휴	604	부절지차	532	불여	429,590
미제형	599	부정불복	411	불여기제지예양	429
미출중야	599	부증기수	396	불여서린지시야	590
미퇴청야	396	부차승	178	불여서린지약제	590
미패야	358	부태길	495	불왕하재야	52
민권의재	491	부태지길	495	불우과지	575
민망기로	491	부호유려	226,228	불의상	561

불출문정	531	산상유화려	456	선경삼일	482		
불출호정	529	산하유택손	194	선소후호조	464		
불항기덕	41	삼년	606	선속	407		
불해민	525	삼년극지	587	선왕	509		
불획기신	391	삼세부적	299	선장지호	150		
불흥	421	삼세부적흉	448	성인	18,34		
붕우강습	493	삼인행	198	성인팽	354		
붕종이사	25	삼일불식	108	소과	561		
붕지사부	180	삼즉의야	199	소귀매야	421		
비구	150	상과호애	565	소리정	50		
비궁지고	161	상구내궁야	296	소린	272		
비돈	59	상궁야	484	소불부야	291		
비돈무불리	59	상궁인야	257	소사길야	563		
비례불리	72	상기동복정려	460	소상내궁야	228		
비부	275	상기자부	484	소언액액	374,376,378		
비야	587	상기자부정흉	484	소언액액길	378		
비이소사	514	상대야	437	소인물용	587		
비조유지음	561	상마물축	141	소인부	57		
비조이지흉	575	상손야	272	소인비야	57		
비조이흉	566	상승야	424	소인용장	74		
빈손인	476	상양우이	78	소인퇴야	181		
빈손지린	476	상역이하순야	563	소인혁면	348		
		상왕야	76	소자	408,563		
ㅅ		상우우이	464	소자려	408		
사과유죄	174	상우우이흉	464	소자형야	581		
사규양무혈	431	상육무실	431	소집하야	24		
사기소취재	457	상육인태	500	소형	454,473		
사불출기위	394	상의하대길	563	소형여정길야	455		
사시변화이능구성	34	상체야	462	소호흘제	598,599		
사시성	338	상태미녕	497	손강익유유시	192		
사천유희무구	201	상하적응	391	손기질	201		
사환이예방지	583	상합지야	195,285	손상익하	209		
산상유뢰소과	565	상행야	93	손소형	472		
산상유목점	407	상화하택규	139	손이동	33		
산상유수건	159	석서정려	94	손이순	282		
산상유택함	21	석치일시망	462	손이유부	192		

손익영허	192	승상도야	533	아구유질	359
손재상하	474,484	승허광야	431	아심불쾌	461
손하익상	192	승허읍	287	아유호작	549
손호수이상수정	318	시구심야	39	안득금야	42
손호중정이지행	473	시록급하	230	안절지형	533
수기익	108	시명고사방	248	안절형	533
수복야	306,324	시사야	321	약유유온	234
수부당위	304,599	시위재생	575	약제	590
수순무구	440	시이대형	282	약호	268
수자개복	91	시이불가대사야	563	양우왕정	226,228
수자개복우기왕모	91	시이소사길	137	양이불궁야	318
수재화상기제	583	시이원형	354	억무상유사	383
수정야	326	시이형이정취녀길야	18	억상패	379
수풍손	475	시이흉야	318	언유물이행유항	124
수화상식	338	시지즉지	391	언서	399
수흉거길	23	시행즉행	391	여귀길	405,406
수흉무구	385	시확확	385	여분기차	460
숙길	170	신급돈어야	544	여소형	454
순덕	284	신명행사	475	여쇄쇄	457
순불해야	23	신변물거방	601	여시소식	438
순사야	288	신불가과야	567	여시해행	192,209
순상보야	411	신소지야	359	여시행야	50,563
순야	510	신여하야	363	여우처	461
순이손야	127,413	신이발지야	442	여정길	454
순이열	264	신지야	345,495	여정위호내	122
순이이호대명	87	실가절야	128	여즉차	458
순이종군야	348	실기도야	411	여지시의	455
순이칙야	109	실기의야	361	역가추야	178
순재위야	129	실득물휼	95	역가희야	201
순천명야	264	실수기복	590	역부지극야	602
순호천이응호인	338,491	실시극야	531	역부지절야	610
승강야	298,379	실칙야	115	역불처야	24
승광무실	431	심미쾌야	461	역이상의	460
승계	290	십붕지	202,214	열기인	397
승목유공야	507			열이동	421
승목주허야	544			열이범난	491

열이선민	491	왕용향우기산	288	원영정	275
열이손	544	왕용향우제길	214	원해야	519
열이이정	491	왕우우	150	원형	281,337,353
열이이호명	137	왕유경야	95,148	원형이정	337
열이행험	525	왕유공야	157,172,406	월기망	553
열지대	491	왕유상	440	월기망길	429
영정길	214	왕인	24	월영즉식	437
영종지폐	422	왕하구	148	위부당야	78,94,144,236
예기륜	584,603	외린계야	385		273,381,421,445,496
정길	603	용견대인물휼	281,282		552,570,604
오여이미지	549	용과호검	565	위아심측	324
옥현재상	366	용대생길	262	위여지길	132
옹폐루	323	이유유왕	264	위정당야	498,555
완사	546	용사무분약	474	위정중야	482
왈동회	308	용석마번서	86	위행야	383
왈혁	338	용증마장길	109,510	위훈심야	397
왕거무구	517	용회이명	106	유개순호강	473
왕건래반	162	우강야	144	유경야	282,447,497
왕건래석	165	우기린	385	유경예길	447
왕건래석길	165	우기배주	440	유공야	477
왕건래연	163	우기비	567	유과즉개	212
왕건래예	160	우기신	567	유기미	584,598,602
왕격유가	131,262,264	우기이주	445	유기미린	602
	507	우길	548	유기수	610
왕격지	437	우수구야	178,532	유기수려	592
왕길	95	우얼올	308	유대이행야	428
왕내재중야	507	우우지길	150	유도견야	250
왕득의질	442	우주우항	143	유득위호외이상동	507
왕득중야	157,172	우하지의	344	유득중	581,599
왕래려	383	원길	190,202,213,219	유득중호외이순호강	454
왕래정정	315		329,514	유려	498
왕려필계	570	원길무구	190,192,213	유무구	90
왕명	324	가정	190,192	유부	190,192,219,344
왕무구	272	원길재상	329		345
왕불승위구	231	원민야	254	유부길	608
왕신건건	161	원소인	51	유부발약	442

625

유부부종	268	유희야	286	이목총명	354
유부실시	610	육오원길	202	이몽대난	102
유부연여	555	육오지길	447	이무인지정	476
유부우소인	181	육이지길	109,127	이불류옥	456
유부우음주	610	윤승대길	285	이사	195
유부원길	329	음식간간	409	이사천왕	195
유부위여	132	음주유수	610	이상야	572
유부중행	215	의대야	160	이서남	156
유부혜심	220	의덕행	528	이섭대천	208,209,506
유불명야	299,445	의무구야	175,408,584		507,542,544,604
유비조지상언	563	의불급빈야	251	이시부척촉	250
유상	534	의불식야	108	이양성현	354
유상우대국	606	의옥	546	이여정	121
유상이강하	18	의월	306	이영정	395
유소의야	589	의조천하야	437	이용어구	411
유승강야	421	의하대길	561	이용위대작	213
유승오강야	228	이간정	102	이용위의	218
유언무구	408	이강중야	296	이용제사	306
유언불신	295,296	이견대인	156,157,165	이용향사	300
유엄군언	122		262,472,473	이우불식지정	291
유여야	304	이견대인형	264	이우좌고	109
유용벌읍	97	이군추야	411	이위제주야	376
유우강야	246	이궤가용향	190,192	이유유왕	32,34,190,192
유운자천	255	이궤응유시	192		204,208,209,226,228
유유왕	108,170,250	이귀행야	429		262,472,473
유유왕숙길	172	이기각	74	이유인지정	425
유유해길	181	이기감응이상여	18	이이정	544
유용물휼	232	이기병	315,318	이익지야	218
유의여	589	이기병흉	315	이일내부	337,338
유이시승	282	이기자무구	358	이일내혁지	342
유재내이강득중	544	이기포과	255	이일혁지	342
유진이상행	87,137,354	이녀동거	137,338	이정	32,33,69,70,114
유질비야	55	이대팽	354		197,338,405,506,542
유타불연	548	이려여하	460		580,581
유회	308	이려재상	464	이정방야	157
유흉	234	이목손화	354	이정지야	58

이종귀야	165,358	자상우야	202	정상야	354
이중	106	자상하하	209	정설불식	324
이중도야	585	자소명덕	89	정수물막	329
이중야	74	자아서교	572	정옥현	366
이중절야	164	자아치육	178	정위야	517
이중정야	91,399	자외래야	214,222	정위응명	357
이중직야	306	자자체이	276	정유실	359
이출비	358	자장야	448	정이혁	361
이택태	493	작손지	195	정인	41,97,178
이피구야	141	장우구	234	정전지	358
이항야	424,575	장우대여지복	76	정절족	363
이해패야	182	장우전지	231	정추무구	326
이향상제	354	장우지	73	정호흉야	484
이황어인호	438	재귀일거	150	정황이금현	365
이후종야	400	재중궤정길	127	정황이중이위실야	365
익용흉사	215	저양촉번	74,80	정흉	39,73,197,300,348
익지용흉사	215	적소이고대	284		385,421,556,604
인길무구	270	전무금	42	정흉무구	300
인무구	257	전획삼품	477	정흉유부	73
인유종	304	전획삼호	176	정흉정려	344
인태	500	절기우굉	444	제수도	528
일악위소	268	절류상야	553	제우구릉	379
일월득천이능구조	34	절옥치형	439	제융기	267
일인행	198,199	절이제도	525	제을귀매	429
일중견두	445	절형	524	조분기소	464
일중견매	444	점지진야	406	조사국야	115
일중즉측	437	정가이천하정의	122	종린	128,132
일진무강	209	정곡석부	323	종막지문야	464
입불역방	37	정길	43,74,90,91,156	종막지승길	414
입심물항흉	222		176,290,308,342,608	종무구야	234
입우기궁	298	정길회망	25,76,482,606	종무우야	161,359,458
입우유곡	299	정니불식	321	종부흉야	43
입우좌복	113	정대이천지지정	70	종불가용야	444
		정대인길	296	종불가장야	240,570
ㅈ		정려	74,94	종이예명	462
자복	141	정렬한천식	327	종일계	589

627

종일이종야	43	지의야	476	집용황우	53
종즉유시야	34	지의재	157	집용황우지혁	53
종지즉란	581	지이손	406	징분질욕	194
종혹장지	569	지이열	18		
주불방래	300	지이이호명	455	**ㅊ**	
주인유언	108	지재내야	165	척출무구	519
주일삼접	86	지재수인	24	척호모야	232
준항지흉	39	지재외야	22,513	천국	218
중미광야	238	지재하야	304	천뢰진	377
중미득야	385	지저궁야	398	천시지생	209
중미변야	270	지중생목승	284	천왕무구	195
중손이신명	473	지치야	476	천제상야	448
중심원야	549	지통색야	529	천지감이만물화생	18
중유경야	300	지행야	147,282,606	천지만물지정	18,34,264
중윤지지	93	진강후	86	천지상우	246
중윤회망	93	진경백리	374,376	천지영허	438
중이위지야	197	진기각	97	천지절이사시성	525
중이행정야	603	진득위	406	천지지대의야	122
중정야	255,327	진래려	379	천지지도	33
중정유경	209	진래혁혁	374,378	천지혁	338
중정이통	525	진불우기궁	385	천하	34
중행	218	진삭삭	385	천하대행야	246
중행무구	238	진소소	381	천하유산돈	51
즉길	150	진수니	382	천하유풍구	248
즉득기우	198	진여석서	94	초구우길	548
즉손일인	198	진여수여	91	초길종란	580
즉차약무구	532	진여최여	90	초등우천	115
지궁야	476	진왕래려	383	초육지길	510
지궁재야	457	진용벌귀방	606	총불명야	236
지귀유시	428	진이정	406	출가이수종묘사직	376
지기소야	391	진진야	87	출문정	113
지말야	27	진퇴	476	취녀길	17,18
지미광야	275	진항재상	45	취여차여	272
지미득야	306	진항흉	45	취유위	275
지미변야	125,348	진행	381	취이정야	264
지불사명야	255	집기수	24	취취야	264

치고불식	361	하재야	52	현륙쾌쾌	238
치구지	178	한기대호	517	형소	580
치력명시	340	한유가	125	형이정	262,561
치명수지	298	한음등우천	556	혜아덕	219
치효향야	264	한천지식	327	호돈	57
칠일득	379,585	함감야	18	혹격지	222
침이장야	50	함기고	24	혹고혹파	552
		함기매	27	혹득기각	413
ㅋ ㅌ ㅍ		함기무	22	혹승지수	41
쾌결야	228	함기보협설	28	혹읍혹가	552
쾌양우왕정	226	함기비	23	혹익지	202,214
탕무혁명	338	함장	255	혼구	150
태열야	491	함형이정	17	혼구유언	385
태형이정	490	항구야	33	홍점우간	408
택동이하	137	항구이불이야	33	홍점우규	416
택무수곤	298	항구덕정	43	홍점우륙	411
택상어지취	267	항형무구	32	홍점우릉	414
택상어천쾌	230	해이뇌우작	172	홍점우목	413
택상유뢰귀매	422	해이무	180	홍점우반	409
택상유수절	528	해이서남	172	화동이상	137
택상유풍중부	546	해지시	172	화성	34
통야	137	행과호공	565	화재수상미제	601
파능리길	424	행기정	386,391	화태길	494
팽임야	354	행미견야	253	화태지길	494
편사야	222	행미의야	494	화평	18
포무어	254	행유가야	342	환기군	514
품물함장야	246	행측야	324	환기군원길	514
풍기패	444	향우제입묘	509	환기궁	513
풍뢰익	212	허수인	21	환기혈	519
풍자화출가인	124	험이동	172	환분기궤	512
풍행수상환	509	험이열	296	환유구	514
		험재전야	157	환형	506,507
ㅎ		혁언삼취	344	황어귀신호	438
하가구야	592	혁이당	338	회기명야	102
하가장야	556	혁이신지	338	회기자	458
하불후사야	213	혁지시대의재	338	회려길	128

회망	40,95,125,141	후(后)	248	휵신첩길	55
148,275,337,345,399		후경삼일길	482	흉거길	23
	477,495,512,535	후유칙야	376,378	흉여하야	569
획명이지심	113	후입우지	115	흉이어구	411
획심의야	113	후탈지호	150	흘지역미귤정	315,318
획지	182	휴회종길	361		

본문 색인

ㄱ

간방艮方	402
강재교	140
강태공	486
개과천선	382
걸왕	521
검봉금	468
계룡산	219
계영배	470
고립무원(孤立無援)	294
고종	587, 608
고진감래	536
공리(公利)	214
과공비례	477
과불급	565
구덕괘	195,295,312
군자유종	310
귀방(鬼方)	587
극기복례	72
기러기	404
기자	451
기축년	65
김위제	333

ㄷ

단사표음	312
당강	311
대과	565
대둔산	317
대림목	468
동방칠수	451
동성상응	437
두수	445

ㅁ

맹자	492
모반(謀叛)	234
목목문왕	392
무아지경	386
무정(戊丁)	587
문왕후천팔괘	37,155,171
문화유산	447
민유방본	210

ㅂ

박달나무	255
백두산	21
백발백중	463
백제	591
보름달	554
부부유별	32
부익부 빈익빈	210
북방칠수	451
불교不交	597
불함산不咸山	21
비룡재천	347

ㅅ

사면초가	470
균형	189
사작경신	485
산전수전(山戰水戰)	155
산지박괘	513
산택손괘	26

삼고초려	301,574
삼복더위	485
삼음삼양괘	34,192,206
	418,433,526
삼품	477
석정	317
선천팔괘도	16
성언호간	503
소강절	497
손해	189
쇠비름	239
수레바퀴	77
수산건괘	27
수풍정괘	362
신명행사	356,485

ㅇ

안연,안자	72,367
안면도	65,466
안빈낙도	470
안항雁行	417
야산선생	317,487
양혜왕	492
여로쇄쇄	466
여민동락	492
오지五止	392
오행도참설	333
외도(外道)	42
요순시대	347
유리옥	573
유비	281,326
乙矢口 節矢口	536

일음오양괘	242	퇴계 선생	310		220,394,476,557,612
		팔조목	451	『대학』	124,392,401
ㅈ		포상(褒賞)	86	『도덕경』	594
자강불식	476	풍지관괘	257	『맹자』	82,83,492,522
自天祐之	81				547
전획삼품	482	**ㅎ**		『명심보감』	195
정자	40,289,364	혁면	349	『모구旄丘』	458
정절족	367	혁언삼취	346	『미자』	103
징화수	318	혁이신지	65	『삼경언해』	13
제갈공명,제갈량	281	호랑이	501	『서경』	210,355
	326,574	호연지기	82	『설괘전』	52,75,77,321
제사	72	홍역학洪易學	317		503
제후(諸侯)	86	화생토火生土	536	『誠意章』	8
종즉유시	36	화왕절	485	『시경』	410,417,418,458
주문공,주자	4,364	화이불류	140,496	『신지비사』	332~334
주불방래	301	후천시대	486	『안연』	72,476
주역과 세계	3	훼절	533	『양혜왕』	492,547
지어지선	402			『양화』	557,612
지혜(智慧)	158	**도서명**		『역전易傳』	40
지화명이	451	「건괘 문언전」	343,437	『옹야』	142
진묵대사	469	「庚元吟」	380	『요왈』	220
		「계사전」	7,26,30,118	「魏風, 伐檀」	410
ㅊ			151,179,183,194,195	「이루장구」	522
천명	465		200,208,209,295,303	「잡괘전」	241
천지비괘	508		304,312,364,440,477	『정전』	28
초상지풍	476		505,530,552,613	「주남, 桃夭」	418
출산(出産)	191,199	「계씨」	394	『중용』	32,66,82,140
		「高麗史」	332		565
ㅌ ㅍ		「공손추」	83	「헌문」	66
태괘와 후천	502	「김위제열전」	332	「홍범편」	355
토극수	520	『논어』	66,72,103,140		

* 주역 64괘표도

1. 중천건 重天乾	2. 중지곤 重地坤	3. 수뢰둔 水雷屯	4. 산수몽 山水蒙	5. 수천수 水天需	6. 천수송 天水訟	7. 지수사 地水師	8. 수지비 水地比
9. 풍천소축 風天小畜	10. 천택리 天澤履	11. 지천태 地天泰	12. 천지비 天地否	13. 천화동인 天火同人	14. 화천대유 火天大有	15. 지산겸 地山謙	16. 뇌지예 雷地豫
17. 택뢰수 澤雷隨	18. 산풍고 山風蠱	19. 지택림 地澤臨	20. 풍지관 風地觀	21. 화뢰서합 火雷噬嗑	22. 산화비 山火賁	23. 산지박 山地剝	24. 지뢰복 地雷復
25. 천뢰무망 天雷无妄	26. 산천대축 山天大畜	27. 산뢰이 山雷頤	28. 택풍대과 澤風大過	29. 중수감 重水坎	30. 중화리 重火離	31. 택산함 澤山咸	32. 뇌풍항 雷風恒
33. 천산돈 天山遯	34. 뇌천대장 雷天大壯	35. 화지진 火地晉	36. 지화명이 地火明夷	37. 풍화가인 風火家人	38. 화택규 火澤睽	39. 수산건 水山蹇	40. 뇌수해 雷水解
41. 산택손 山澤損	42. 풍뢰익 風雷益	43. 택천쾌 澤天夬	44. 천풍구 天風姤	45. 택지취 澤地萃	46. 지풍승 地風升	47. 택수곤 澤水困	48. 수풍정 水風井
49. 택화혁 澤火革	50. 화풍정 火風鼎	51. 중뢰진 重雷震	52. 중산간 重山艮	53. 풍산점 風山漸	54. 뇌택귀매 雷澤歸妹	55. 뇌화풍 雷火豊	56. 화산려 火山旅
57. 중풍손 重風巽	58. 중택태 重澤兌	59. 풍수환 風水渙	60. 수택절 水澤節	61. 풍택중부 風澤中孚	62. 뇌산소과 雷山小過	63. 수화기제 水火旣濟	64. 화수미제 火水未濟

* 대성괘 이름과 찾는 법

상괘 하괘	1 乾	2 兌	3 離	4 震	5 巽	6 坎	7 艮	8 坤
1 乾	건·1	쾌·43	대유·14	대장·34	소축·9	수·5	대축·26	태·11
2 兌	리·10	태·58	규·38	귀매·54	중부·61	절·60	손·41	림·19
3 離	동인·13	혁·49	리·30	풍·55	가인·37	기제·63	비·22	명이·36
4 震	무망·25	수·17	서합·21	진·51	익·42	둔·3	이·27	복·24
5 巽	구·44	대과·28	정·50	항·32	손·57	정·48	고·18	승·46
6 坎	송·6	곤·47	미제·64	해·40	환·59	감·29	몽·4	사·7
7 艮	돈·33	함·31	려·56	소과·62	점·53	건·39	간·52	겸·15
8 坤	비·12	취·45	진·35	예·16	관·20	비·8	박·23	곤·2

예를 들어 상괘가 3리화(☲)가 나오고 하괘가 1건천(☰)이라면, 가로로 세 번째의 3리와 세로로 첫 번째인 1건이 만나는 교점 '대유·14(䷍)'를 얻는다. '대유'는 괘명이고, '14'는 64괘 중에 14번째 괘라는 뜻이다.

저자 소개

대산大山 김석진金碩鎭

- 본관은 안동, 호는 대산大山, 1928년 9월 충남 논산 가야곡 출생.
- 6세부터 조부 청하清下 선생으로부터 기초적인 한문을 비롯해서 『통감』, 『사서(대학, 논어, 맹자, 중용)』 등을 수학.
- 19세부터 야산也山 이달李達(1889~1958) 선사로부터 13년 동안 『주역』, 『서전』, 『시전』을 수학. 28세부터 대전 논산 등에서 후학 양성하며, 홍륜학교 한문 강사, 양정학원 원장 역임.
- 58세부터 『주역』을 비롯한 사서삼경과 동양의 고전에 대해 전국단위(서울, 대전, 청주, 춘천, 진천, 제주 등)의 대중강의를 펼침.
- 60세(1987년)에 홍역학회(洪易學會) 창립 회장 역임, 현재 한국홍역학연합회 고문. 동방대학원대학교 석좌교수 역임, 명예 철학 박사.

● 주요 저서

『대산 주역강의』, 『주역전의대전역해』, 『스승의 길 주역의 길』, 『주역과 세계』, 『대산 주역점해』, 『명과 호송』, 『대산 주역강해』, 『미래를 여는 주역』, 『우리의 미래』, 『대산 대학강의』, 『대산 중용강의』, 『도덕경』, 『대산석과』, 『대산의 천부경』, 『대산 천자문 강의』, 『대산 계몽 명심보감 강설』, 『대산 주역강의 DVD』, 『가정의례와 생활역학』, 『한국전통가정의례』 외에 여러 권의 문집 번역이 있다.

교정위원 소개

교정범위	교정자 약력
건괘 ~곤괘	이전利田 이응국李應國 1960년 충남 부여 출생. 1983년 大山문하에 입문. 한국 홍역문화원 대표. 『주역의 정신과 문화』, 『난세의 사상가 야산 이달』
둔괘 ~비괘	시중時中 변상용邊翔庸 1954년 부산 봉래산 출생(본적 제주). 중앙대학교 컴퓨터공학박사. 1989년에 大山문하에 입문. 제주대 컴퓨터공학과 교수 정년 퇴임. 제주홍역학회장. 저서에 『객체지향프로그래밍 기본』 외 다수.
소축괘 ~대유괘	철산哲山 최정준崔廷準 1968년 대전 출생. 철학박사. 동방문화대학원대학교 교수, 경기홍역학회 회장, 1995년 주역전문 통강.
겸괘 ~관괘	수산秀山 신성수申性秀 경희대학교 법학박사. 1985년 大山문하에 입문. 홍역학회 창립회원·학술위원 역임. 동방문화대학원대학교 교수 역임. 저서에 『대산중용강의』, 『주역통해』, 『주역으로 보는 도덕경』, 『현대주역학개론』 등이 있음. ※ 상하경 취합교정
서합괘 ~대축괘	가란嘉蘭 이난숙李蘭淑 철학박사. 강원대학교 연구교수. 고려대학교 강사. 강원대학교 강사. 한림대학교 박사후연구원. 저서 『율곡의 순언醇言-유학자의 노자 도덕경 이해』(공역) 외 논문 다수.
이괘 ~항괘	백산白山 이찬구李讚九 1956년 충남 논산 출생. 대전대 철학박사. 1985년 大山문하에 입문. 대전 중산학회 총무, 서울홍역학회 회장, 겨레얼살리기국민운동본부 사무총장, 『주역과 동학의 만남』, 『홍산문화의 인류학적 조명』 등 다수의 저서가 있음.

돈괘 ~규괘	지산智山 김병운金秉云 서울대학교 법과대학 법학과 졸업. 사법연수원 수료(12기), Columbia Law School 연수(V.S.), 대법원 재판연구관, 서울중앙지방법원 부장판사, 서울고등법원 수석부장판사, 전주·수원지방법원장, 현) 법무법인(유한) 바른 변호사.
건괘 ~구괘	동천東川 선창곤宣昌坤 1969년 전남 장흥 출생. 동양사상연구회 대표, 한국학중앙연구원 한국학대학원 철학석사과정 수료, 도봉문화원, 동양사상연구회, 서울시민대학, 민주평화통일자문회의, 국립중앙도서관 등 강의.
취괘 ~정괘	겸산謙山 임채우林采佑 1961년 충남 부여 출생. 1987년 임상호선생으로부터 수학, 88년 大山문하에 입문. 연세대 철학박사. 현 국제 뇌교육대학원 동양학과장. 『주역 왕필주』, 『주역과 술수역학』, 『주역천진』 외 다수.
진괘 ~려괘	서천笠泉 김태국金泰局 1964년 제주 출생. 1990년 大山문하에 입문. 전주대학교 한문교육과, 한국방송통신대학교 중문학과, 제주대학교대학원 중문학과 석사. 삼성여자고등학교 한문교사.
손괘 ~미제괘	명산明山 박남걸朴南傑 1960년 경기 양주 출생. 세종대 회화과 졸, 1985년 大山문하에 입문. 성균관대 한국철학과 박사수료, 경기대, 중앙대, 추계예술대, 세종대 회화과 겸임교수 역임.
계사전 일러두기 기초강의 부록	건원乾元 윤상철尹相喆 1960년 경기 양주 출생. 1987년 大山문하에 입문. 성균관대학교 철학박사, 대유학당 대표 겸 주역반 교수, 저서에 『주역입문, 시의적절 주역이야기, 후천을 연 대한민국, 주역 신기묘산』, 번역에 『천문류초, 황극경세, 매화역수, 하락리수, 오행대의』 등.
설괘전 서괘전 잡괘전 전체편집	금전錦田 이연실李娟實 1970년 서울 출생. 1991년 大山문하에 입문. 성균관대학교 문학석사, 대유학당 편집실장, 100여 종 편집. 대유학당 자미두수반 교수, 『전의대전역해』 편집위원. 저서 『별자리로 운명 읽기』.

대유학당 출판물 안내

- 자세한 사항은 대유학당으로 문의해 주십시오.
- 전화 : 02-2249-5630 / 팩스 : 02-22449-5631
- 입금계좌 : 국민은행 807-21-0290-497 예금주-윤상철
- 블로그 https://blog.naver.com/daeyoudang
- 서적구입 : www.daeyou.or.kr

분류	도서명	저자	가격
주역	주역입문(2019)	윤상철 지음	16,000원
	대산주역강해(전3권)	김석진 지음	60,000원
	주역전의대전역해(상/하)	김석진 번역	70,000원
	주역인해	김수길·윤상철 번역	20,000원
주역시사	시의적절 주역이야기	윤상철 지음	15,000원
	대산석과(대산의 주역인생 60년)	김석진 지음	20,000원
	우리의 미래(대산선생이 바라본)	김석진 지음	10,000원
주역점운세	황극경세(전5권) 2011년 개정	윤상철 번역	200,000원
	초씨역림(상/하) 2017년	윤상철 번역	180,000원
	하락리수(전3권) 2009개정	김수길·윤상철 번역	90,000원
	하락리수 전문가용 CD	윤상철 총괄	550,000원
	대산주역점해	김석진 지음	30,000원
	매화역수(2014년판)	김수길·윤상철 번역	25,000원
	주역점비결 2019 신간	윤상철 지음	25,000원
	육효 증산복역(전2권)	김선호 지음	50,000원
음양오행학	오행대의(전2권)	김수길·윤상철 번역	44,000원
	연해자평(번역본)	오청식 번역	50,000원
	작명연의	최인영 편저	22,000원
	운명 사실은 나도 그게 궁금했어	윤여진 지음	20,000원
	팔자의 시크릿	윤상철 지음	16,000원
	풍수유람(전2권)	박영진 지음	43,000원

	▸ 어디 역학공부 좀 해 볼까?	이연실 지음	20,000원
기문 육임	▸ 기문둔갑신수결	류래웅 지음	16,000원
	▸ 이것이 홍국기문이다	정혜승 지음	23,000원
	▸ 육임입문123(전3권)	이우산 지음	70,000원
	▸ 육임입문 720과 CD	이우산 감수	150,000원
	▸ 육임실전(전2권)	이우산 지음	54,000원
	▸ 육임필법부	이우산 지음	35,000원
	▸ 대육임직지(전6권)	이우산 지음	192,000원
	▸ 육임을 알면 미래가 보인다	이우산 지음	25,000원
자미 두수	▸ 별자리로 운명 읽기 1, 2	이연실 지음	45,000원
	▸ 자미두수 입문	김선호 번역	20,000원
	▸ 자미두수 전서(상/하)	김선호 지음	100,000원
	▸ 실전 자미두수(전2권)	김선호 지음	50,000원
	▸ 자미두수 전문가용 CD	김선호/김재윤	500,000원
	▸ 중급자미두수(전3권)	김선호 지음	60,000원
	▸ 자미심전 1, 2	박상준 지음	55,000원
불교 미학	▸ 마음이 평안해지는 천수경	윤상철 편저	10,000원
	▸ 마음의 달(전2권)	만행스님 지음	20,000원
	▸ 항복기심(전3권) 2018년 신간	만행스님 지음	60,000원
	▸ 선용기심	만행스님 지음	30,000원
	▸ 동양미학과 미적시전	손형우 지음	20,000원
	▸ 겸재 정선 연구	손형우 지음	23,000원
동양고전	▸ 집주완역 대학	김수길 번역	25,000원
	▸ 집주완역 중용(상/하)	김수길 번역	50,000원
	▸ 동이 음부경 강해	김수길·윤상철 번역	20,000원
	▸ 당시산책	김병각 편저	25,000원
천문	▸ 천문류초	윤상철 지음	30,000원
	▸ 천상열차분야지도 그 비밀을 밝히다	윤상철 지음	25,000원

▶ 태을천문도 9종(개정판)	윤상철 총괄	100,000원
▶ 세종대왕이 만난 우리별자리(전3권)	윤상철 지음	36,000원

손에 잡히는 경전

① 주역점
② 주역인해(원문+정음+해석)
③ 대학 중용(원문+정음+해석)
④ 경전주석 인물사전
⑤ 도덕경/음부경
⑥ 논어(원문+정음+해석)
⑦ 절기체조
⑧~⑨ 맹자(원문+정음+해석)
⑩ 주역신기묘산
⑪ 자미두수
⑫ 관세음보살
⑬ 사자소학 추구
⑭~⑯ 시경(1~3)

각권 288~336p 10,000원

족자 & 블라인드

① 천상열차분야지도
② 태을천문도(라일락/블랙베리)
③ 42수 진언
④ 신묘장구대다라니

족자(가정용) 120,000
족자(사찰용) 150,000
블라인드(120×180cm) 250,000원
블라인드(150×230cm) 300,000원

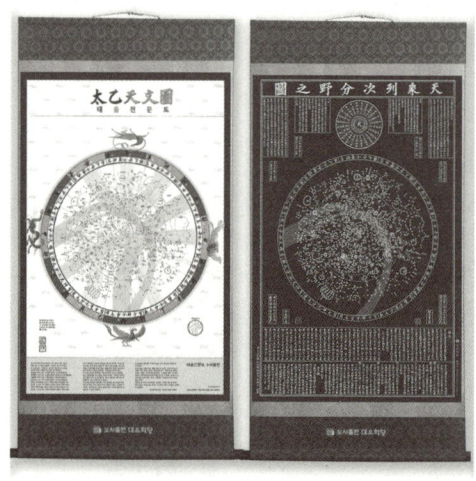

태을천문도   천상열차분야지도

64괘 차서도 - 주역책의 괘명순으로

괘	괘순
괘명	

가장 보편적으로 쓰는 순서로 주역책은 모두 이 순서대로 되어 있으므로 외워 두어야 찾기 편리하다. 외울 때는 괘명만 넷씩 끊어 '건곤둔몽 수송사비 소축리태비… ' 순으로 외우고, 다 외운 후에는 '중천건 중지곤 수뢰둔 산수몽…'처럼 괘명 앞에 괘상을 붙여 외운다.

1 건乾	2 곤坤	3 둔屯	4 몽蒙	5 수需	6 송訟	7 사師	8 비比
9 소축小畜	10 리履	11 태泰	12 비否	13 동인同人	14 대유大有	15 겸謙	16 예豫
17 수隨	18 고蠱	19 림臨	20 관觀	21 서합噬嗑	22 비賁	23 박剝	24 복復
25 무망无妄	26 대축大畜	27 이頤	28 대과大過	29 감坎	30 리離	31 함咸	32 항恒
33 돈遯	34 대장大壯	35 진晉	36 명이明夷	37 가인家人	38 규睽	39 건蹇	40 해解
41 손損	42 익益	43 쾌夬	44 구姤	45 취萃	46 승升	47 곤困	48 정井
49 혁革	50 정鼎	51 진震	52 간艮	53 점漸	54 귀매歸妹	55 풍豐	56 려旅
57 손巽	58 태兌	59 환渙	60 절節	61 중부中孚	62 소과小過	63 기제旣濟	64 미제未濟